GERMANISCHES RECHT II

GRUNDRISS DER GERMANISCHEN PHILOLOGIE

UNTER MITWIRKUNG
ZAHLREICHER FACHGELEHRTER

BEGRÜNDET VON
HERMANN PAUL

HERAUSGEGEBEN VON
WERNER BETZ

5/2

BERLIN

WALTER DE GRUYTER & CO

VORMALS G. J. GÖSCHEN'SCHE VERLAGSHANDLUNG - J. GUTTENTAG, VERLAGS-BUCHHANDLUNG - GEORG REIMER - KARL J. TRÜBNER VEIT & COMP.

1967

GERMANISCHES RECHT

VON

KARL VON AMIRA

VIERTE AUFLAGE

ERGÄNZT VON

KARL AUGUST ECKHARDT

BAND II

RECHTSALTERTÜMER

BERLIN

WALTER DE GRUYTER & CO

VORMALS G. J. GÖSCHEN'SCHE VERLAGSHANDLUNG - J. GUTTENTAG, VERLAGS-
BUCHHANDLUNG - GEORG REIMER - KARL J. TRÜBNER - VEIT & COMP.

1967

Archiv-Nr. 43 05 68/5

 Satz und Druck: Walter de Gruyter & Co., Berlin 30

Heinrich Brunner.

EINLEITUNG

von

KARL AUGUST ECKHARDT

VORWORT

1. Heinrich Brunner, „der Klassiker der deutschen Rechtsgeschichte“[1], zu dem wir „dankbar und in Ehrfurcht aufblicken als zu einem Könige der Wissenschaft“[2], formulierte in der ihm eigenen meisterhaften Kürze[3]:

> „Die Rechtsgeschichte hat es mit dem Werden des Rechtes zu tun; sie lehrt uns, wie das Recht von seinen erkennbaren Anfängen ab bis zur Gegenwart sich entwickelt hat. Dadurch unterscheidet sie sich von den Rechtsaltertümern, welche den dauernden Zustand des Rechtes in einem gegebenen Zeitpunkte der Vergangenheit erfassen, ihren Stoff sonach nicht im Flusse der Entwicklung, sondern als einen ruhenden betrachten.“

Kein Zweifel, daß Karl v. Amira diese Brunner'sche Formulierung vor Augen stand, als er drei Jahre darauf seine Grundzüge des germanischen Rechts veröffentlichte und deren zweitem Teil (der in dem vorliegenden Bande seine vierte Auflage erfährt) die Überschrift „Rechtsaltertümer“ gab. Damit ist dreierlei zum Ausdruck gebracht:

a) Die Darstellung beschränkt sich auf das germanische, fränkische und mittelalterlich-deutsche Recht, bezieht also das Recht der Neuzeit seit der Reichsreform und der grundsätzlichen Rezeption des römischen Rechts in Deutschland nicht ein.

b) Das dargestellte germanisch-deutsche Recht ist nicht in Perioden gegliedert, sondern als Einheit aufgefaßt.

c) Auch wo eine historische Entwicklung gezeichnet wird, ist sie in systematische Kategorien eingeordnet; nicht umgekehrt.

Doch ist die Darstellung keineswegs eine „rechtsantiquarische“. Vielmehr spricht überall der dem modernen Recht seiner Zeit verhaftete Jurist, der am römischen Recht geschulte Dogmatiker, der die Fachausdrücke des heutigen Rechts mit voller Absicht auch dort anwendet, wo sie von Nichtjuristen leicht mißverstanden werden können. Sätze wie „In der ältern geschichtlichen Zeit ist außer oder statt der Geschlechtsleite ein Staatsakt erforderlich, der in der Volksversammlung von einem Beamten vollzogen wird“ (§ 7) oder „Die germanische Ur-

---

[1]) Ulr. Stutz, Heinrich Brunner (ZRG G XXXVI 1915 S. IX).

[2]) Herb. Meyer, Besprechung von Bruno Krusch: Die Lex Bajuvariorum (GGA 1927 S. 256).

[3]) Deutsche Rechtsgeschichte I (1887) S. 3 [[2]1906 S. 4].

verfassung ließ für eine Herrschergewalt Einzelner keinen Spielraum. Das Staatshaupt war die Landsgemeinde. Außer ihr und der Hundertschaftsversammlung gab es keine andern Staatsorgane als Beamte, ja dem Anscheine nach nur solche Beamte, die von der Landsgemeinde gewählt waren. Dennoch knüpft das Aufkommen der Herrschergewalt an jenes Beamtentum an" (§ 19) oder auch „Der wisigotische König gelangt durch Optimatenwahl und gegen Wahlkapitulation zur Herrschaft, ist aber nicht absetzbar. Die andern Reiche sind erblich, das wandalische seit 477 mit Individualsukzession nach dem Grundsatz des Seniorats, das burgundische mit Simultansukzession und Teilbarkeit" (§ 20), denen sich viele andere gleichartige anreihen ließen, werden manchem Leser allzujuristisch bzw. allzumodern erscheinen. Das sind sie indes nur der Wortwahl, nicht dem Gehalt nach. Auch wir Rechtshistoriker würden manches heute anders ausdrücken, beispielsweise den um viele Jahrhunderte jüngern Beamtenbegriff kaum für die ältesten germanischen Verhältnisse verwenden. Aber diese Ausmerzung modernrechtlicher Ausdrücke darf nicht in Purismus ausarten, zumal wir andernfalls jede Möglichkeit wissenschaftlicher Verständigung verlören. Schon an anderer Stelle[4] habe ich dazu ausgeführt:

„Der in Anlehnung an das römische Recht entwickelte moderne Staatsbegriff ist dem germanischen Recht von Haus aus fremd; althochdeutsche Glossen beweisen, daß es für *res publica* keine adäquate Verdeutschung gab. Manche Historiker neigen daher dazu, den älteren Bildungen, ja noch dem vielerörterten ‚Deutschen Staat des Mittelalters' den Staatscharakter überhaupt abzusprechen; sie meinen: schon die Anwendung der Vokabel Staat auf diese ‚vorstaatlichen' Formen sei ein Anachronismus und bedeute ein unhistorisches Hineintragen modernjuristischer Begriffe in eine mit ihnen nicht zu fassende andere Welt.

In Wahrheit ist es unhistorisch, den Staatsbegriff der allgemeinen Staatslehre statisch statt dynamisch zu nehmen und an den heute bestehenden Staaten auszurichten. Wollte man dies zum Prinzip erheben, so dürften wir auch Rechtsausdrücke wie Vertrag, Kauf, Eigentum, Nießbrauch, Reallast, Eheschließung, Vormundschaft, Gütergemeinschaft, Fahrlässigkeit, Diebstahl, Betrug, Verfahren, Vollstreckung und zahllose weitere für die ältere Zeit nicht verwenden, da die Ausdrücke als solche noch nicht vorhanden waren und die durch sie bezeichneten Rechtsinstitute anders aufgefaßt wurden und anders geregelt waren als im heutigen Recht."

---

[4]) Planitz/Eckhardt, Deutsche Rechtsgeschichte (^{2}1961) S. 43.

Da sich kaum ein allseitig anerkannter Maßstab aufstellen ließe, welche der von AMIRA verwendeten Fachausdrücke als noch heute üblich, welche als durch neueren Sprachgebrauch überholt zu gelten haben, wurde AMIRAS Diktion auch insoweit unverändert beibehalten.

2. Der erste Teil dieses Grundrisses „Rechtsdenkmäler" (Band I der vorliegenden vierten Auflage) beruhte nur ausnahmsweise auf eigenen Überlegungen und Untersuchungen AMIRAS und war daher einer durchgängigen Überarbeitung bedürftig und zugänglich. Der zweite Teil „Rechtsaltertümer" (Band II der Neuauflage) ist dagegen AMIRAS ureigenstes Werk, in dem jedes Wort und jeder Satz genau bedacht, jede These vom Verfasser selbst erarbeitet, jedes Steinchen des Mosaiks dem Gesamtbild sorgfältig eingepaßt ist. Man kann keinen Satz herausnehmen oder verändern, ohne das Gesamtbild zu zerstören oder zu verfälschen. Konnte Band I in eine Form gebracht werden, die in vielen Punkten die Zustimmung AMIRAS gefunden haben dürfte, so würde dieser ganz gewiß keine seiner grundlegenden, in einem fast 60jährigen Gelehrtenleben gewonnenen und gefestigten Erkenntnisse (auf Grund mehr essayistisch vorgetragener als wirklich wissenschaftlich fundierter Einwände jüngerer Fachkollegen oder rechtshistorischer Außenseiter) preigegeben haben. Andererseits stehe ich in vielen Fragen auf Seiten der neueren Forschung, und ich habe mich auch in meiner eigenen wissenschaftlichen Arbeit nicht selten von AMIRAS Anschauungen emanzipiert. So bin ich nach mehrjährigen vergeblichen Versuchen, eine Synthese zu finden, zu der (vom Verlag gebilligten) Entscheidung gekommen, die Neuauflage des zweiten Bandes ganz in den Dienst seines ursprünglichen Autors zu stellen und meine eigene, teils mit AMIRA übereinstimmende, teils von ihm abweichende Meinung in einem dritten Band „Rechtsprobleme" darzustellen, aus dem ein 48 Seiten umfassender Auszug vorweg im ‚Kleinen Grundriß der Germanischen Philologie' erscheinen soll.

3. Die Veränderungen, die ich an AMIRAS Text vorgenommen habe, sind lediglich redaktioneller Natur. Gelegentlich wurden Paragraphen zusammengefaßt oder anders abgeteilt, was sich auch auf ihre Betitelung auswirkte, die in der 3. Auflage nur in der Inhaltsübersicht beigegeben ist. Neu ist die Unterteilung der Paragraphen in bezifferte Absätze. Die Rechtschreibung wurde vereinheitlicht; beispielsweise ist AMIRAS Schwanken zwischen ‚Thing' und ‚Ding' zugunsten von ‚Thing' beseitigt worden. Die von AMIRA im Text gebrachten Verweise wurden in Fußnoten gestellt. Bearbeiterzusätze wurden in spitze Klammern ⟨—⟩ geschlossen, offenkundige Versehen stillschweigend berichtigt. Besondere Aufmerksamkeit habe ich der Richtigstellung der leider sehr zahlreichen

Druckfehler der 3. Auflage gewidmet. Daß es sich tatsächlich um solche, nicht um Versehen AMIRAS handelt, ergibt sich in den meisten Fällen schon aus der Art des Fehlers, so wenn immer wieder die Typen þ und p verwechselt worden sind, was einem Sprachkenner vom Range AMIRAS unmöglich unterlaufen konnte; er scheint das Lesen der Korrekturfahnen und -bogen einem sprachlich nicht hinreichend vorgebildeten Assistenten überlassen zu haben, so daß insoweit die 3. Auflage weniger sorgfältig als die vorangegangene 2. gearbeitet ist. Ich hoffe, daß es mir gelungen ist, reinen Tisch zu machen, und daß sich keine sinnstörenden neuen Fehler eingeschlichen haben.

4. Den Literaturzusammenstellungen, die AMIRA zu Beginn des Bandes und an der Spitze jedes Abschnitts gegeben hat, wurden lediglich Verweisungen auf die Literaturangaben neuerer bibliographisch geeigneter Werke für den Zeitraum 1913—1966 angehängt. Eine eigene Zusammenstellung der von mir erfaßten Literatur folgt unmittelbar hinter diesem Vorwort, und zwar jeweils zunächst die grundlegenden Werke, auch soweit sie schon vor 1913 erschienen sind, dann die Spezialliteratur seit 1913. Diese (teilweise schon in Band I geübte) Herausnahme aus dem AMIRAschen Text hat zwei Gründe: einen systematischen und einen drucktechnischen. Systematisch erschien sie geboten, da die AMIRAsche Textgliederung recht eigenwillig ist und die zitierten Schriften sich nur zum Teil auf deren sieben Abschnitte hätten aufteilen lassen; auch die z. T. abweichende Einteilung, die hier gewählt wurde, vermag nicht alle Schwierigkeiten zu beseitigen und wird nicht alle Benutzer zufriedenstellen: da ich jede angeführte Schrift möglichst nur einmal zitieren wollte, mußte ich mich für einen der jeweils in Betracht kommenden Absätze entscheiden, und diese Entscheidung konnte wohl oder übel nur subjektiv ausfallen[5]. Drucktechnisch hat die von mir gewählte Anordnung den Vorzug, daß der mit arabischen Seitenzahlen versehene Hauptteil des Bandes, d. h. AMIRAS „Rechtsaltertümer" und die von mir dazu gefertigten „Register", bei künftigen Auflagen mechanisch nachgedruckt werden kann und nur die mit lateinischen Seitenzahlen versehene Einleitung einer Neufassung und des Neusatzes bedarf. Die bibliographischen Nachweise in dieser Literaturzusammenstellung sind nach meinem eigenen Urteil unzureichend; aber ich verfüge weder über einen Assistenten, der für mich die Bücherschätze und die bibliographischen Hilfsmittel einer Universitätsbibliothek oder einschlägiger Institute nutzen könnte,

---

[5]) Bei der Beschaffung von Bibliotheksbüchern half mein vierter Sohn VOLKMAR ECKHARDT; bei der Zubereitung zum Satz unterstützten mich mein ältester Sohn WILHELM A. ECKHARDT und Studienreferendar HANS HEINTZE.

noch auch über die finanziellen Mittel, deutsche (und vor allem ausländische) Neuerscheinungen der in Betracht kommenden Disziplinen käuflich zu erwerben[6]. Doch hoffe ich, die Beiträge der deutschen rechtsgeschichtlichen Wissenschaft von 1913—1966 im wesentlichen erfaßt zu haben. Im übrigen habe ich mich mit der Anführung von Schriften begnügen müssen, die mir mehr oder weniger zufällig — insbesondere dank der Freundlichkeit ihrer Autoren — zugänglich wurden oder von deren Existenz ich aus dem Besprechungsteil der von mir herangezogenen Zeitschriften erfuhr. Konnte ich auf diese Weise auch nur einen Bruchteil der Neuerscheinungen erfassen, so war ich doch bemüht, für alle angeschnittenen Fragen typische Beispiele zu geben und vor allem solche neueren Bücher und Abhandlungen anzuführen, die ihrerseits als Führer zu weiterer Literatur dienen können. Keinesfalls darf aus der Anführung einer Schrift gefolgert werden, daß ich die darin vertretene Meinung teile, oder daß ich sie für wertvoller als eine andere zum gleichen Thema halte, deren Anführung unterblieb. Wenn ich es (ausnahmsweise) im Interesse der studentischen Benutzer für zweckmäßig erachtete, mich zum Gehalt eines angeführten Werkes zu äußern, so ist diese meine Stellungnahme in eckige Klammern gesetzt.

ECKHARDT

Mittsommer 1967.

---

[6]) Vgl. dazu meine Vorbemerkung zu Sachsenspiegel IV: Eike von Repchow und Hoyer von Valkenstein (Germanenrechte NF 1966) S. 7f.

INHALTSÜBERSICHT

I
LAND

Seite

§ 1. Staatsgebiet 6
§ 2. Unterbezirke 7
§ 3. Mittelbezirke 9
§ 4. Sonderformen 11
§ 5. Politische Gemeinden 12
§ 6. Grenzen. 16

II
LEUTE

§ 7. Freie 19
§ 8. Geburtsadel 22
§ 9. Optimaten 23
§ 10. Ritter 26
§ 11. Klerus 28
§ 12. Freienklassen 28
§ 13. Freigelassene 31
§ 14. Minderfreie 33
§ 15. Unfreie 35
§ 16. Ebenburt 39
§ 17. Rechtsminderung 40
§ 18. Landfremde 40

III
HERRSCHER

§ 19. Kleinkönigtum. 44
§ 20. Aufstieg des Königtums 48
§ 21. Niedergang des Königtums 50
§ 22. Kaisertum 52
§ 23. Immunität 53
§ 24. Munt 56
§ 25. Grundherrschaft 57

IV

VERWANDTSCHAFT

Seite

§ 26. Blutsverwandtschaft 64
§ 27. Sippe 66
§ 28. Verfall der Sippe 71
§ 29. Ehe 73
§ 30. Ehegüterrecht 76
§ 31. Eltern und Kinder 78
§ 32. Bundbrüderschaft 80
§ 33. Ankindung und Gefolgschaft 83
§ 34. Pflegeverwandtschaft 85

V

VERMÖGEN

§ 35. Gesamteigentum an Liegenschaften 88
§ 36. Individualeigentum an Liegenschaften 92
§ 37. Fahrhabe und Geld 95
§ 38. Mobiliareigentum 99
§ 39. Nutzungsrechte 101
§ 40. Besitz 105
§ 41. Schuld 107
§ 42. Haftung 110
§ 43. Rechtsgeschäfte 115
§ 44. Geschäftsformen 117
§ 45. Beurkundung 122

VI

VERBRECHEN UND STRAFEN

§ 46. Friedensbruch 126
§ 47. Absichtslose Tat 128
§ 48. Haustiere und Unfreie 129
§ 49. Neidingswerk 130
§ 50. Geschütztes Gut, Tätermehrheit, Tateinheit 131
§ 51. Friedlosigkeit 134
§ 52. Germanische Sakralstrafen 137
§ 53. Mittelalterliche Strafen 139
§ 54. Sühne 140
§ 55. Verfolgungsrecht 144
§ 56. Privatstrafrecht 145

VII

GERICHT UND RECHTSGANG

Seite

§ 57. Volksgericht 148
§ 58. Schöffengericht 154
§ 59. Königsgericht 157
§ 60. Privatgerichte 159
§ 61. Älterer Rechtsgang 161
§ 62. Jüngerer Rechtsgang 165
§ 63. Älteres Beweisverfahren 166
§ 64. Zweikampf 172
§ 65. Jüngeres Beweisverfahren 174
§ 66. Vollstreckung 177

REGISTER

A. Autoren 183
B. Personennamen 184
C. Ortsnamen 185
D. Quellen 185
E. Sachregister 186
F. Terminologie 211

BEIGABEN

Abkürzungen XVII

Allgemeines Schrifttum XIX

A. Deutsche Rechtsgeschichte: 1. Zusammenfassende Hand- und Lehrbücher. 2. Ausführliche Grundrisse. 3. Kurze Grundrisse . . . XIX

B. Sondergebiete: 1. Deutsche Territorien. 2. Österreich. 3. Ungarn. 4. Schweiz. 5. Flandern. 6. Holland. 7. Friesland. 8. Schleswig. 9. Baltikum XIX

C. Außerdeutsche Rechtsgeschichte: 1. England. 2. Dänemark. 3. Schweden. 4. Norwegen und Island. 5. Spanien und Portugal. 6. Frankreich. 7. Italien XX

D. Zeitschriften: 1. Deutschsprachliche. 2. Fremdsprachliche . . . XXII

E. Abhandlungsreihen XXIII

F. Festschriften XXIII

G. Sammelwerke XXIV

H. Einzelartikel XXIV

I. Aufsatzsammlungen XXV

K. Bibliographien: 1. Zur Rechtsgeschichte. 2. Zur allgemeinen Geschichte XXV

Spezielles Schrifttum XXVII

A. Aspekte XXVII

B. Verfassungsrecht: 1. Grundlegend. 2. Wesenselemente. 3. Gefolgschaft. 4. Merowingerzeit. 5. Karolingerzeit. 6. Fränkisches Urkundenwesen. 7. Fränkisches Königsgut. 8. Fränkischer Adel. 9. Deutsches Mittelalter. 10. Liudolfinger. 11. Salier. 12. Staufer. 13. Vierzehntes Jahrhundert. 14. Hoheitszeichen. 15. Wehrverfassung. 16. Lehnswesen. 17. Königsbann. 18. Reichsfürstenstand. 19. Widerstandsrecht. 20. Regalien. 21. Königswahl. 22. Königsgut im deutschen Mittelalter. 23. Fiskalrechte. 24. Steiermark und Kärnten. 25. Schweizer Eidgenossenschaft. 26. Pfalzgrafen. 27. Kanzlei. 28. Krönung. 29. Das Reich des deutschen Mittelalters. 30. Gottesfrieden und Landfrieden. 31. Adelsherrschaft. 32. Territorien XXVIII

C. Kirchenrecht: 1. Grundlegend. 2. Staat und Kirche. 3. Kaiser und Papst. 4. Kirchliches Verfassungsrecht. 5. Kirchliche Gerichtsbarkeit. 6. Immunität und Vogtei. 7. Eigenkirche. 8. Kirchspiel. 9. Spital. 10. Universität XL

D. Landrecht: 1. Namen als Geschichtsquelle. 2. Siedlungsgeschichte. 3. Wirtschaftsgeschichte. 4. Agrargeschichte. 5. Grafschaft. 6. Hundertschaft. 7. Dorf. 8. Mark. 9. Hufe XLIII

E. Stadtrecht: 1. Städtewesen. 2. Stadtentstehung. 3. Stadttypen. 4. Die Stadt als Siedlung. 5. Stadt und Territorium. 6. Stadtgründer. 7. Einzelne Städte. 8. Markt und Stadt. 9. Burg und Stadt. 10. Städtische Freiheit. 11. Städtische Verwaltung. 12. Ratsverfassung. 13. Patriziat. 14. Kaufmannsgilden. 15. Zünfte. 16. Großhandel. 17. Städtebünde XLV

F. Personenrecht: 1. Allgemeine Darstellungen (siehe unter H). 2. Freiheit und Stände. 3. Adel. 4. Ministeriale. 5. Ritter. 6. Freie. 7. Minderfreie. 8. Unfreie. 9. Fremde. L

G. Verwandtschaftsrecht: 1. Allgemeine Darstellungen (siehe unter H). 2. Geschlecht und Sippe. 3. Eheformen. 4. Eheschließung. 5. Eherecht. 6. Munt. 7. Anbrüderung. 8. Ankindung. 9. Altenteilsrecht. 10. Anerbenrecht. 11. Fideikommiß. 12. Gesetzliches Erbrecht. 13. Testamentsrecht. LIII

H. Vermögensrecht: 1. Grundlegend. 2. Landnahme. 3. Grundeigentum. 4. Dingliche Rechte an Liegenschaften. 5. Regalrechte. 6. Besondere Wirtschaftsarten. 7. Gesamthand und Miteigentum. 8. Gewährschaft. 9. Fahrnisverfolgung und Fahrniserwerb. 10. Geld. 11. Vertragselemente. 12. Schuld. 13. Haftung. 14. Einzelne Schuldverhältnisse. 15. Handels- und Verkehrsrecht. 16. Arbeitsrecht. 17. Bildzeichen. 18. Rechtssymbole. 19. Beurkundung LVII

I. Strafrecht: 1. Grundlegend. 2. Sakrale Elemente. 3. Friedlosigkeit und Fehde. 4. Verbrechen und Strafe. 5. Einzelne Straftaten. 6. Spiegelnde und Schandstrafen. 7. Jüngere Entwicklung. 8. Landfriedensrecht. 9. Territoriales Strafrecht. LXII

K. Prozeßrecht: 1. Grundlegend. 2. Sakrale Elemente. 3. Zweikampf. 4. Gerichtsstätten. 5. Richter und Henker. 6. Richter und Urteiler. 7. Beweis, Jury, Schöffen. 8. Justiz. 9. Prozeß und Vollstreckung. 10. Inquisitionsprozeß. 11. Freigrafschaften und Feme. 12. Gerichtsverfassung. 13. Oberhöfe. 14. Land- und Hofgerichte. 15. Schöffensiegel. LXV

ABKÜRZUNGEN

Sprachen. Die dem Philologen vertrauten Abkürzungen können bei Historikern und Juristen nicht ohne weiteres als bekannt vorausgesetzt werden; daher sind hier nur verwendet: *ahd.* = althochdeutsch; *and.* = altniederdeutsch; *dt.* = deutsch; *hd.* = hochdeutsch; *mhd.* = mittelhochdeutsch; *mnd.* = mittelniederdeutsch; *nhd.* = neuhochdeutsch; *nddt.* = niederdeutsch; *obdt.* = oberdeutsch. Bei den übrigen Sprachbezeichnungen wurde lediglich die Endung weggelassen, z. B. *altengl.* = altenglisch; *ostnord.* = ostnordisch.

Fachausdrücke. *Abh.* = Abhandlung(en); *Anm.* = Anmerkung; *Ann.* = Annalen; *Anz.* = Anzeiger; *Bl.* = Blatt; *Gbll.* = Geschichtsblätter; *GdW.* = Gesellschaft der Wissenschaften; *Ges.* = Gesellschaft; *ges.* = gesamt(e); *GV* = Geschichtsverein; *GW* = Geschichtswissenschaft; *Hrsg.* = Herausgeber; *hrsg.* = herausgegeben; *Jb.* = Jahrbuch; *Jbb.* = Jahrbücher; *LG* = Landesgeschichte; *LK* = Landeskunde; *MA* = Mittelalter; *Mitt.* = Mitteilungen; *Nachr.* = Nachrichten; *NF* = Neue Folge; *RG* = Rechtsgeschichte; *RQ* = *R*echtsquellen; *RW* = Rechtswissenschaft; *S.* = Seite; *SB* = Sitzungsbericht(e); *UB* = Urkundenbuch; *WB* = Wörterbuch; *Z.* = Ziffer. — Wenn auf *Abh.*, *Mitt.*, *Nachr.*, *SB* ein Ortsname folgt, so ist damit die phil. Klasse der betr. Akademie der Wissenschaften gemeint. — Lateinische Ziffern bedeuten die Bände des Werkes, hochgestellte Ziffern die Auflage.

Reihentitel. *AHDE* = Anuario de historia del derecho español; *AKG* = Archiv für Kulturgeschichte; *AÖG* = Archiv f. österr. Geschichte; *AUF* = Archiv für Urkundenforschung; *BlDLG* = Blätter für Dt. Landesgeschichte; *Christ. Videnskss. Forhandlinger* = Forhandlinger i Videnskapsselskapet i Kristiania; *DA* = Deutsches Archiv; *DLZ* = Deutsche Literaturzeitung; *DRW* = Deutsche Rechtswissenschaft; *FDG* = Forschungen z. dt. Geschichte; *FF* = Forschungen u. Fortschritte; *Germ.* = Germania, Vierteljahrsschr. f. dt. Altertumskunde; *GGA* = Götting. gelehrte Anzeigen; *Hist. Tidsskr.* = Historisk Tidsskrift [Christiania|Oslo oder København oder Stockholm]; *Hist. Vjschr.* = Histor. Vierteljahrsschrift; *HZ* = Histor. Zeitschrift; *Kr. Vjschr.* = Kritische Vierteljahrsschrift; *JFT* = Tidskrift utg. av Juridiska föreningen i Finland; *KÅ* = Kyrkohistorisk Årsskrift; *MIÖG* = Mitteilungen des Instituts f. österr. Geschichtsforschung (bzw. des österr. Instituts f. Geschichtsforschung); *MRhGBl.* = Mittelrheinische Geschichtsblätter; *MSD* = MÜLLENHOFF/SCHERER, Denkmäler dt. Poesie u. Prosa aus d. 8.—12. Jahrh.; *MVG Nürnb.* = Mitteilungen d. Vereins f. Geschichte d. Stadt Nürnberg; *NA* = Neues Archiv d. Gesellschaft f. ältere dt. Geschichtskunde; *PBB* = PAUL u. BRAUNES Beiträge z. Geschichte d. dt. Sprache u. Literatur; *RA* = Dt. Rechtsaltertümer von JACOB GRIMM; *RHDF(E)* = Revue historique de droit français (et étranger); *RheinV(j)bl.* = Rheinische Vierteljahrsblätter; *RSDI* = Rivista di storia del diritto italiano; *SvJT* = Svensk Juristtidning; *SVSL* = Skr. Vetensk. Societet. Lund; *Tidsskr. Retsvidensk.* = Tidsskrift for Retsvidenskab [Christiania|Oslo und København]; *TRG* = Tijdschrift voor Rechtsgeschiedenis; *Ups. Univ. Årsskr.* = Upsala Universitets Årsskrift; *Vidensk. Selsk. Skr.* = Skrifter udgivne of det Kgl. Danske Videnskabernes Selskab [København]; *VSLÅ* = Vetenskapssocietetens i Lund

Årsbok; *VSWG* = Vierteljahrsschrift f. Sozial- u. Wirtschaftsgeschichte; *WZ* = Westdeutsche Zeitschrift f. Geschichte u. Kunst; *ZBLG* = Zeitschrift für Bayrische Landesgeschichte; *ZDA* = Zeitschrift f. dt. Altertum; *ZgesStW* = Zeitschrift f. d. gesamte Staatswissenschaft; *Z(G)ORh* = Zeitschrift f. Geschichte d. Oberrheins; *ZGW* = Zeitschrift f. Geschichtswissenschaft; *ZRG* = Zeitschrift f. Rechtsgeschichte; *ZRG G* = Zeitschrift d. Savigny-Stiftung f. Rechtsgeschichte, Germanist. Abt.; *ZRG K* = dsgl. Kanonist. Abt.; *ZRG R* = dgl. Romanist. Abt.; *ZSchR* = Zeitschrift f. schweizerisches Recht; *ZvglRW* = Zeitschrift f. vergleichende Rechtswissenschaft; *ZVHambG* = Zeitschrift d. Vereins f. Hamburgische Geschichte; *ZWürttLG* = Zeitschrift f. württembergische Landesgeschichte.

ALLGEMEINES SCHRIFTTUM

A. DEUTSCHE RECHTSGESCHICHTE

1. Zusammenfassende Hand- und Lehrbücher: HEINR. BRUNNER, Dt. RG I (1887, ²1906), II (1892, ²v. SCHWERIN 1928) [grundlegend u. methodisch unerreicht] (Allgem. RG, Staatsrecht, Rechtsgang u. Strafrecht d. german.-fränk. Zeit); Bd. III (Privatrecht) nicht erschienen, doch inhaltlich zum guten Teil aus BRUNNERS klassischen Einzeluntersuchungen zu erschließen (zusammengefaßt in: Forschungen zur Geschichte d. dt. u. französ. Rechtes, 1894, Abhandlungen zur RG I u. II, ed. K. RAUCH, 1931; Sachregister zu beidem: SIEGFR. REICKE, Generalregister ZRG G I—L, 1932, S. 341—365. — Zur Erstauflage vgl. v. AMIRA, GGA 1888 S. 41—60, 1896 S. 188—211; zur Zweitauflage vgl. A. B. SCHMIDT, HZ CII S. 593f., MAX PAPPENHEIM, DLZ 1928 S. 1526f.). — RICH. SCHRÖDER, Lehrbuch d. dt. RG (1889, ⁷v. KÜNSSBERG 1932) [umfassende, klare Darstellung mit reichen Literaturangaben; in Gefahr zu veralten, da sie den Stand der Forschung in SCHRÖDERS Todesjahr 1917 repräsentiert und die Literaturnachträge nur bis 1932 reichen].

2. Ausführliche Grundrisse: HEINR. BRUNNER, Quellen u. Geschichte d. dt. Rechts (in Holtzendorff/Kohler's Enzyklopädie I 1870, ⁷1915 S. 65—174) [eine meisterhaft geschriebene Übersicht]; erweitert u. verselbständigt unter d. Titel Grundzüge d. dt. RG (1901, ⁷ERNST HEYMANN 1925, ⁸v. SCHWERIN 1930); dann ersetzt durch CL. FRHR. v. SCHWERIN, Grundzüge d. dt. RG (1934, ⁴HANS THIEME 1950). — HANS FEHR, Dt. RG (1921, ⁶1962) [vielseitig u. anregend]. — HANS PLANITZ, German. RG (1936, ³1944) [mit Aufgeschlossenheit u. Stoffbeherrschung geschrieben, zuverlässige Literaturangaben]; weitergeführt als Dt. RG (1950, ²ECKHARDT 1961). — HERM. CONRAD, Dt. RG I: Frühzeit u. Mittelalter (1954, ²1962), II: Neuzeit bis 1806 (1966) [pädagogisch vortrefflich, reiche Literaturangaben, betont konservativ]. — ADOLF ZYCHA, Dt. RG d. Neuzeit (1937, ²1949). — HELM. COING, Röm. Recht in Deutschland (Mailand 1964)

3. Kurze Grundrisse: CL. FRHR. v. SCHWERIN, Dt. RG (in Al. Meister's Grundriß d. Geschichtswissenschaft II, 5 1912, ²1915 [ohne Verfassungsgeschichte, stoffreich]. — RICH. SCHRÖDER, Dt. RG (in Sammlung Göschen, 2 Bde. 1912/13, ²HEINR. GLITSCH 1920) [Auszug aus SCHRÖDERS Lehrbuch]. — PAUL REHME, Dt. RG (in Stammler's Enzyklopädie 1931) [summarisch]. — CL. FRHR. v. SCHWERIN, German. RG (in Rechtswissenschaftl. Grundrisse 1936, ²1943) [aus dem Vollen schöpfend, sehr konzentriert, zeitgebunden]. — HEINR. MITTEIS, Dt. RG (in Jurist. Kurzlehrbücher 1949, ¹⁰HEINZ LIEBERICH 1966) [von hoher Warte, recht knapp]. — KARL S. BADER, Deutsches Recht (in Dt. Philol. im Aufriß II 1961). — K. A. ECKHARDT, German. Recht (im Kleinen Grundriß d. german. Philologie, im Erscheinen).

B. SONDERGEBIETE

1. Deutsche Territorien: BORNHAK, Preuß. Staats- u. RG (1903); FRIEDR. GIESE, Preuß. RG (1920); EBERH. SCHMIDT, Rechtsentwicklung in Preußen (²1923). — SEIBERTZ, Landes- u. RG d. Herzogtums Westfalen I—IV (1860—75). — THU-

DICHUM, RG d. Wetterau (1867). — H. G. GENGLER, Beiträge zur RG Bayerns I—IV (1889ff.); ROSENTHAL, Geschichte d. Gerichtswesens u. d. Verwaltungsorganisation Baierns I (1889), II (1906). HELLM. GENSICKE, Landesgeschichte des Westerwaldes (1958). — KARL E. DEMANDT, Geschichte des Landes Hessens (1959). — H. PATZE, Die Entstehung der Landesherrschaft in Thüringen (1962).

2. Österreich: CHABERT, Bruchstück einer Staats- u. RG d. dt.-österr. Länder (1848); LUSCHIN V. EBENGREUTH, Handbuch d. österr. Reichsgeschichte I (²1914), Grundriß d. österr. Reichsgeschichte (²1918).

3. Ungarn: SCHULER V. LIBLOY, Siebenbürg. RG ²I—III (1867/68). — ERNST HEYMANN, Ungar. Privatrecht (1917).

4. Schweiz: BLUNTSCHLI, Staats- u. RG d. Stadt u. Landschaft Zürich ²I u. II (1856); STETTLER, Staats- u. RG d. Kantons Bern (1845); BLUMER, Staats- u. RG ... der Kantone Uri, Schwyz, Unterwalden, Glarus, Zug u. Appenzell I (1850), II (1859); V. SEGESSER, RG d. Stadt u. Republik Luzern I—IV (1850/54); E. GMÜR, RG d. Landschaft Gaster (1905); V. TSCHARNER, RG d. Obersimmentales bis zum J. 1798 (1908); H. RENNEFAHRT, Grundzüge d. bern. RG I—IV (1928/36). — ANDR. HEUSLER, Schweizer. Verfassungsgeschichte (1920). — EUG. HUBER, System u. Geschichte d. schweizer. Privatrechts IV (1893), und in The Continental Legal History Series I (1912) S. 481ff. — ULR. STUTZ, Die Schweiz in d. dt. RG (1920).

5. Flandern: L. A. WARNKÖNIG, Flandrische Staats- u. RG bis zum J. 1305 I—III (1835/42). — A. VERHULST/M. GYSSELING, Le compte général de 1187 connu sous le nom de ‚Gros Brief' et les institutions financières du comté de Flandre au XIIᵉ siècle (Brüssel 1962).

6. Holland: S. J. FOCKEMA ANDREAE, Bijdragen tot de nederlandsche rechtsgeschiedenis I—IV (1888/1914); VAN APELDOORN, Dietsch recht (in De nieuwe gids 1939). — FOCKEMA ANDREAE, Het oud-nederlandsch burgerlijk recht I u. II (1906); A. S. DE BLÉCOURT, Kort begrip van het oud-vaderlandsch burgerlijk recht (³1930/1932). — K. J. FREDERICKS, Het oud-nederlandsch strafrecht I (1918).

7. Friesland: K. FRHR. V. RICHTHOFEN, Untersuchungen über fries. RG. I—III (1880/86). — PH. HECK, Altfries. Gerichtsverfassung (1894).

8. Schleswig: STEMANN, Geschichte d. öffentl. u. Privatrechts d. Herzogtums Schleswig I u. II (1866); EUG. WOHLHAUPTER, Rechtsquellen Schleswig-Holsteins I (1938). — ERNST V. MOELLER, Die RG d. Insel Helgoland (1904). — MAX PAPPENHEIM, Die Siebenhardenbeliebung vom 17. Juni 1426 (dazu ZRG G LX S. 300ff., LXII S. 358ff.].

9. Baltikum: O. SCHMIDT, RG Liv-, Est- u. Curlands (1895).

C. AUSSERDEUTSCHE RECHTSGESCHICHTE

1. England: PHILLIPS, Versuch einer Darstellung d. Geschichte d. Angelsächs. Rechts (1825); KONR. MAURER, Angelsächs. Rechtsverhältnisse (Krit. Überschau d. dt. Gesetzgebung u. RW I 1853 S. 47ff. u. 405ff., II 1855 S. 30ff. u. 388ff., III 1856 S. 26ff.); R. H. HODGKIN, A History of the Anglo-Saxons I u. II (³1959); GLASSON, Histoire du droit et des institutions de l'Angleterre I—IV (1882/83); POLLOCK/MAITLAND, The history of English law ²I u. II (1898); HOLDSWORTH, A history of English law II (1909); JENKS, A short history of English law (1924). — W. STUBBS,

Constitutional history of England I ([6]1903), II ([4]1896), III ([5]1903) [durch Zusätze erweiterte französ. Übersetzung: Ch. Petit-Dutaillis, Histoire constitutionelle de l'Angleterre I (1907), II (1913)]; R. Gneist, Engl. Verfassungsgeschichte (1882); Fr. W. Maitland, The constitutional history of England (1908); Jul. Hatschek, Engl. Verfassungsgeschichte (1913). B. Wilkinson, The constitutional history of medieval England I—III (1960—1963).

2. Dänemark: Kolderup-Rosenvinge, Grundrids af den danske Retshistorie I u. II (1822/23, [3]1860) [Verdeutscht u. durch Anmerkungen kommentiert von C. G. Homeyer: Grundriß d. dän. RG (1825)]; Chr. L. F. Steman, Den danske Retshistorie indtil Christian V.s Lov (1871); H. Matzen, Forelæsninger over den danske Retshistorie: Offentlig Ret I (1893), II (1894), III (1895), Privatret I (1895), II (1896), Inledning, Retskilder (1897); P. J. Jørgensen, Forelæsninger over den danske Retshistorie I—IV (1908ff.), Udsigt over den danske Retshistorie ([3]I 1926), Dansk Retshistorie (1947).

3. Schweden: J. J. Nordström, Bidrag till den svenska samhällsförfattningens historia I (1839), II (1840)); C. G. Bergman, Översikt av svensk rättutveckling (1918). — Gerh. Hafström, Svenska rättskällornas historia (1964); Gösta Hasselberg, Studier rörande Visby stadslag och dess källor (1953); [dazu Bernh. Rehfeldt, HansGBl LXXII 1954]; K. G. Westman, Tolkningar av några ställen i vestgöta- och östgötalagarna (ANF 1930). — E. Hildebrand, Svenska statsförfattningens historiska utveckling (1896). — Karl v. Amira, Nordgerman. Obligationenrecht I: Altschwed. Obligationenrecht (1882).

4. Norwegen und Island: F. Brandt, Forelæsninger over den norske Retshistorie I u. II (1880/83); Absalon Taranger, Udsigt over den norske retts historie I u. II, 1 (1898/1904), [2]Knut Robberstad 1935) [dazu die von Max Pappenheim, ZRG G LI (1931) S. XLIX mit Anm. 2 aufgeführten Einzelschriften Tarangers]; Konr. Maurer, Vorlesungen über Altnord. RG I: Altnorweg. Staatsrecht u. Gerichtswesen (1907), II: Über Altnord. Kirchenverfassung u. Eherecht (1908), III: Verwandtschafts- u. Erbrecht samt Pfandrecht nach altnord. Rechte (1908), IV: Das Staatsrecht d. isländ. Freistaates (1909), V: Altisländ. Strafrecht u. Gerichtswesen (1910), Register (1938). — Bernh. Rehfeldt, Saga u. Lagsaga, ZRG G LXXII (1955) S. 34—55; Marco Scovazzi, La saga di Hrafnkell e il problema delle saghe islandesi (Arona 1960); K. A. Eckhardt, Nord. Chronologie (1940), Bragi der Alte, ZRG G LXII (1942) S. 1—12. — Karl v. Amira, Nordgerman. Obligationenrecht II: Westnord. Obligationenrecht (1895). — Konr. Maurer, Island (1874); Andr. Heusler d. J., Das Strafrecht d. Isländersagas (1911), Zum isländ. Fehdewesen in d. Sturlungenzeit (1912).

5. Spanien und Portugal: Zempere, Historia del derecho español [verdeutscht von v. Brauchitsch: Geschichte d. span. Rechts (1852)]; Ed. de Hinojosa, Historia general del derecho español I (1887, [2]1924); M. Torres, Lecciones de historia del derecho español I ([2]1935), II ([2]1936); R. Riaza/A. Garcia Gallo, Manial de historia del derecho español I u. II ([3]1924); G. Sánchez, Curso de Historia del Derecho: Introducción y Fuentes ([7]1949). — Ed. de Hinojosa, Das german. Element im span. Recht. ZRG G XXXI (1910) S. 282—359; Ernst Mayer, Studien zur span. RG, ZRG G XL (1919) S. 236—276; F. W. Rauchhaupt, Geschichte d. span. Gesetzesquellen (1923); Theophil Melicher, Der Kampf zw. Gesetzes- u. Gewohnheitsrecht im Westgotenreiche (1930); Paulo Merêa, Estudos de direito visigótico (1948); Alvaro d'Ors, Estudios visigoticos I (Cuadernos del Instituto Jurídico Español V 1956), II: Codigo de Eurico (ebd. XII 1960); Eug. Wohlhaup-

TER, Das german. Element im altspan. Recht u. d. Rezeption d. röm. Rechts in Spanien, ZRG G LXVI (1948). — ERNST MAYER, Historia de las instituciones sociales y politicas de España y Portugal I (1925), II (1926). — ERNST MAYER, Altspan. Obligationenrecht, Zeitschr. für vergl. RW XXXVIII (1920) S. 31ff., XXXIX (1921) S. 1ff. — PAULO MERÊA, Lições de história do direito português (1925), Novos estudos de história do direito (1937) [dazu u. zu einer Reihe weiterer Studien: EUG. WOHLHAUPTER, ZRG G LVIII (1938) S. 933—939]; MARIO JÚLIO DE ALMEIDA COSTA, Enquadramento historico do Codigo Civil português (Boletin da Faculdade de Direito XXXVII, Coimbra 1962).

6. Frankreich: WARNKÖNIG/STEIN, Französ. Staats- u. RG ²I—III (1875); E. GLASSON, Histoire du droit et des institutions de la France I—VIII (1887—1903); P. VIOLLET, Histoire des institutions politiques et administratives de la France I—III (1890—1903), Histoire du droit civil français (³1905); BRISSAUD, Manuel d'histoire du droit français I u. II (1904); A. ESMEIN, Cours élémentaire d'histoire du droit français (¹⁵R. GÉNESTAL 1925); J. DECLARIEUL, Histoire générale du droit français (1925); E. CHÉNON, Histoire générale du droit français public et privé I (1926), II, 1 (1929); F. OLIVIER-MARTIN, Histoire du droit français (1948, ²1951), Précis d'histoire du droit français (1932, ⁴1945). — ROB. HOLTZMANN, Französ. Verfassungsgeschichte (1910); GABRIEL LEPOINTE, Histoire du droit public français (Que sais-je No. 755, 1957). — ZACHARIAE V. LINGENTHAL, Handbuch d. französ. Privatrechts I—IV (³CROME 1894/95); JEAN IMBERT, Histoire du droit privé (Que sais-je No. 408, 1950). — HEINR. MITTEIS, Die german. Grundlagen d. französ. Rechts, ZRG G LXIII (1943) S. 137—213.

7. Italien: A. PERTILE, Storia del diritto italiano ²I—VI (1896—1902), Indice (1903); F. CICCAGLIONE, Manuale di storia del diritto italiano I (1901), II (1903); FR. SCHUPFER, Manuale di storia del diritto italiano (⁴1908); E. BESTA, Storia del diritto italiano I (1923), II (1925); G. SALVIOLI, Trattato di storia del diritto italiano (⁹1930); A. SOLMI, Storia del diritto italiano (³1930); P. S. LEICHT, Storia del diritto italiano I: Le fonti (1938, ³1947), II: Il diritto pubblico (1938, ³1950); ASTUTI GUIDO, Lezioni di storia del diritto italiano: Le fonti, Età romano-barbarica (1953); F. CALASSO, Medioevo del Diritto I: Le fonti (1954). — ERNST MAYER, Italien, Verfassung von d. Gotenzeit bis zur Zunftherrschaft I u. II (1909) [dazu H. NIESE, ZRG G XXXII (1911) S. 365—419], Bemerkungen zur frühmittelalterl. insbes. italien. Verfassungsgeschichte (1912) [dazu H. NIESE, ZRG G XXXIV (1913) S. 475—484]. — NANI, Storia del diritto privato italiano (1902); Fr. SCHUPFER, Il diritto privato dei populi germanici I—IV (1907/09), ²I—III (1913/14); M. ROBERTI, Svolgimento storico del diritto privato in Italia I—III (1933). — HEINR. MITTEIS, Zur Lage d. rechtsgeschichtl. Forschung in Italien, ZRG G LXIX (1952) S. 203—238.

D. ZEITSCHRIFTEN

1. Deutschsprachliche: Zeitschr. für geschichtl. RW I—XV (1815—1850); Zeitschr. für dt. Recht u. dt. RW I—XX (1839—1861); ZRG [= Zeitschr. für RG] I—XIII (1861—1878), Register (1880, wiederholt in ZRG G XII 1891); ZRG G [= Zeitschr. d. Savigny-Stiftung für RG Germanist. Abt.] (1880ff.), Register zu I—L (1932); ZRG R (dsgl. Romanist. Abt.] (1880ff.), Register zu I—L (1932); ZRG K [dsgl. Kanonist. Abt.] (1911ff.). — HZ [= Histor. Zeitschr.] (1859ff.); NA [= Neues Archiv für ält. dt. Geschichtskunde] I—L (1876—1935); DA [=

Dt. Archiv. für Geschichte d. MA] (1937ff.). — MIÖG [= Mitteilungen d. Instituts für österr. Geschichtsforschung] (Wien 1880ff.). — Zeitschr. für schweizer. Recht (Basel 1852ff.). — Zeitschrift für Geschichtswissenschaft (Berlin 1953ff.).

2. Fremdsprachliche: Tijdschrift voor rechtsgeschiedenis (Haarlem 1918ff.). — English Historical Review (London 1886ff.). — [Dansk] Historisk Tidsskrift (Kopenhagen 1840ff.); [Svensk] Historisk Tidskrift (Stockholm 1881ff.); [Norsk] Historisk Tidsskrift (Christiania/Oslo 1871ff.). — (Nouvelle) Revue (historique) de droit français et étranger (Paris 1844—1847, 1855—1869, 1877ff.); Revue historique (Paris 1876ff.). — Anuario de historia del derecho español (Madrid 1923ff.). — Revista portuguesa de história (Coimbra 1941ff.). — Rivista di storia del diritto italiano (Rom 1928ff.). — Istoriko-Pravni Zbornik (Sarajevo 1949ff.). — Český Časopis Historický (Prag 1895ff.). — Przewodnik historycznoprawny (1930ff.); Czasopismo prawno-historyczne (Posen 1948ff.). — Istoričeskij vestnik I—CL (Moskau 1880—1917); Voprosy istorii (Moskau 1945ff.).

E. ABHANDLUNGSREIHEN

Untersuchungen zur Dt. Staats- u. RG (Hrsg. Otto v. Gierke; zuletzt Julius v. Gierke/Karl G. Hugelmann/Eug. Wohlhaupter) I-CL (1878—1940); NF (Hrsg. Adalb. Erler/Walter Schlesinger/Wilh. Wegener) I—VII (1962 bis 1967). — Kirchenrechtliche Abhandlungen (Hrsg. Ulr. Stutz; zuletzt Ulr. Stutz/Joh. Heckel) I—CXII (1902—1932). — Quellen u. Studien zur Verfassungsgeschichte d. Dt. Reiches (Hrsg. Karl Zeumer; dann F. Hartung/S. Reicke/Edm. E. Stengel) I—IX, 2 (1906—1967). — Tübinger Studien für schwäb. u. dt. RG (Hrsg. Friedr. Thudichum) I—III, 2 (1907—1913). — Deutschrechtl. Beiträge (Hrsg. Konr. Beyerle) I—XIV, 2 (1908—1933). — Arbeiten zur Rechts- u. Verfassungsgeschichte (Hrsg. Joh. Haller/Ph. Heck/A. B. Schmidt) I—XII (1919 bis 1939). — Rechtsgeschichtl. Abhandlungen (Hrsg. Alfr. Schultze) I—III (1928—1932). — Deutschrechtl. Forschungen (Hrsg. Guido Kisch) I—VI (1931 bis 1933). — Forschungen zum Dt. Recht (Hrsg. Franz Beyerle/Herb. Meyer/Hans Planitz/Karl Rauch) I—IV, 3 (1934—1942). — Forschungen zur dt. RG (Hrsg. H. E. Feine/Herm. Krause/H. A. Schultze v. Lasaulx) I—V (1960—1967). — Forschungen zur Geschichte d. Strafrechts (Hrsg. Eberh. Schmidt/Hellm. v. Weber) I—III (1939/40). — Deutschrechtl. Archiv (Hrsg. K. A. Eckhardt) I—XI (1940 — 1965). — Rechtshistorische Arbeiten (Hrsg. Karl S. Bader) I—III (1961—1965).

F. FESTSCHRIFTEN

für Felix Dahn (1905); Karl v. Amira (1908); Karl Zeumer (1910); Heinr. Brunner (1910 u. 1914); Otto v. Gierke (1911); Rud. Sohm (1914); Alb. Brackmann (1931); Max Pappenheim (1931); Ernst Heymann (1931/32 u. 1940); Hans (v.) Voltelini (1932); Ernst Mayer (1932); Rob. Holtzmann (1933); Alfr. Schultze (1934 u. 1938); Rud. Hübner (1935); Otto Peterka (1936); Just. Wilh. Hedemann (1938); Karl Bohnenberger (1938); Alfons Dopsch (1938); Th. Knapp (1940); Adolf Zycha (1941); Hans Nabholz (1944); Hans Fehr (1948); Gerhard Ritter (1950); Karl Haff (1950); Herm. Aubin (1951 u. 1956); O. Stolz (1951); Edm. E. Stengel (1952); Fritz Rörig (1953); Karl Otto Müller

(1954); THEODOR MAYER (1954/55); GUIDO KISCH (1955); MAX SPINDLER (1955); ADOLF HOFMEISTER (1955); HAROLD STEINACKER (1956); HEINR. SPROEMBERG (1956); GERHARD KALLEN (1957); HERM. RENNEFAHRT (1958); FRITZ HARTUNG (1958); K. G. HUGELMANN (1959); JOHANNES HECKEL (1959); FRANZ STEINBACH (1960); K. A. ECKHARDT (1961); HERM. NOTTARP (1961); EBERH. SCHMIDT (1961); PAUL KIRN (1961); OTTO BRUNNER (1963); HANS LIERMANN (1964); MAX BRAUBACH (1964); KARL S. BADER (1965); GÜNTHER FRANZ (1967). — Bibliographie jur. Festschriften (HELM. DAU 1962).

G. SAMMELWERKE

HERM. NOLLAU, Germanische Wiedererstehung (1926): OTTO LAUFFER, Die Entwicklungsstufen d. german. Kultur, ANDR. HEUSLER, Altgerman. Sittenlehre u. Lebensweisheit, CL. FRHR. V. SCHWERIN, Der Geist d. altgerman. Rechts, K. HELM, Die Entwicklung d. german. Religion, u. a. — THEODOR MAYER: Der Vertrag von Verdun 843 (1943); Adel u. Bauern im dt. Staat d. MA (1943); Kaisertum u. Herzogsgewalt im Zeitalter Friedrichs I. (1944); Vorträge u. Forschungen I: Grundfragen d. alemann. Geschichte (1955, [2]1962), II: Das Problem d. Freiheit in d. dt. u. schweizer. Geschichte (1953), III: Das Königtum, seine geistigen u. rechtl. Grundlagen (1954), IV: Studien zu d. Anfängen d. europäischen Städtewesens (1955/56), V: Studien zum mittelalterl. Lehnswesen (1956), VI: Königtum, Burgen u. Königsfreie; Königsumritt u. Huldigung (1961), VII/VIII: Die Anfänge der Landgemeinde (1964). — HELLM. KÄMPF/M. HELLMANN, Wege der Forschung I: Die Entstehung d. dt. Reiches, Deutschland um 900 (1956), II: Herrschaft u. Staat im MA (1956), III. Corona Regni (1961). — GERD TELLENBACH: Studien u. Vorarbeiten zur Geschichte d. großfränk. u. frühdt. Adels (1957).

WATTENBACH/LEVISON, Deutschlands Geschichtsquellen im MA: Vorzeit u. Karolinger I—IV u. Beiheft Die Rechtsquellen (1952—1963); WATTENBACH/HOLTZMANN, Dsgl. Deutsche Kaiserzeit I, 1—4 (1938—1948). — TH. FRINGS, Grundlegung einer Geschichte d. dt. Sprache ([3]1957). — G. EHRISMANN, Geschichte d. dt. Literatur bis zum Ausgang des MA I u. II (1918—1927); FRIEDR. NEUMANN, Geschichte der altdt. Literatur 800—1600 (1966). — GEORG STEINHAUSEN, Geschichte d. dt. Kultur I ([4]EUG. DIESEL 1936); AD. SPAMER, Die dt. Volkskunde I u. II (1935).

H. EINZELARTIKEL

HOOPS' Reallexikon d. german. Altertumskunde I—IV (1911—1919) [rechtshistorisch: RUD. HÜBNER, KARL LEHMANN, LUSCHIN V. EBENGREUTH, HERB. MEYER, PAUL PUNTSCHART, S. RIETSCHEL, H. SCHREUER, CL. V. SCHWERIN]. — ERLER/KAUFMANN, HandWB zur dt. RG (seit 1964 bisher vier Lieferungen) [Beiträge recht unterschiedlichen Werts]. — Vgl. auch die einschlägigen Artikel im Dt. StaatsWB von J. G. BLUNTSCHLI; im HandWB d. Staatswissenschaften von J. CONRAD/L. ELSTER [4]I—VIII u. Erg. Bd. (1923—1929); im Biogr. WB zur dt. Geschichte (1952, [2]in Vorbereitung) und im SachWB zur dt. Geschichte (1958, [2]in Vorbereitung), beide von H. RÖSSLER/G. FRANZ [rechtshistorisch: WILH. EBEL, K. A. ECKHARDT, verfassungsgeschichtlich: K. BOSL, WILLY HOPPE]. — Kulturhistorisk Leksikon for nordisk middelalder I—V (København. 1956—1966).

I. AUFSATZSAMMLUNGEN

u. a. von FRIEDR. BAETHGEN, ALB. BRACKMANN, OTTO BRUNNER HEINR. DANNENBAUER, C. ERDMANN, JOH. HALLER, E. KLEBEL, H. W. KLEWITZ, R. KÖTZSCHKE, P. LEHMANN, MART. LINTZEL, TH. MAYER, HEINR. MITTEIS, HERM. NOTTARP, PET. RASSOW, FRITZ RÖRIG, HEINR. SPROEMBERG, EDM. E. STENGEL.

K. BIBLIOGRAPHIEN

1. Zur Rechtsgeschichte: E. H. COSTA, Bibliographie d. dt. RG (1958); H. PLANITZ/THEA BUYKEN, Bibliographie zur dt. RG I u. II (1952); Quellenhefte zum Dt. RechtsWB (1912, 1930, 1953). — FOCKEMA ANDREAE, Overzicht van oud-nederlandsche rechtsbronnen (1881). — A. AAGESEN, Fortegnelse over Restsamlinger, Retsliteratur m. m. i. Danmark, Norge, Sverig og til Dels Finland (1876) V. A. SECHER, Fortegnelse over den danske Rets Literatur 1876—1883 (Ugeskrift for Retsvæsen 1884), nebst Nachträgen 1884—1888 (ebd. 1889) u. 1889—1893 (ebd. 1895); KARL LEHMANN, Verzeichnis d. Litteratur d. nordgerman. RG, ZRG G VII (1887) S. 205—234, VIII (1888) S. 170—173 [dazu K. v. AMIRA, Lit. Bl. für german. u. roman. Philol. (1887) Sp. 249—255; HJ. HAMMARSKJÖLD, Tidskr. f. Retsvidenskab (1888) S. 158].

2. Zur allgemeinen Geschichte: DAHLMANN/WAITZ, Quellenkunde d. dt. Geschichte (^{9}H. HAERING 1931, ^{10}HERM. HEIMPEL/H. GEUSS, seit 1965 im Erscheinen); GÜNTHER FRANZ, Bücherkunde zur dt. Geschichte (1951); Die dt. Geschichtswissenschaft im zweiten Weltkrieg I u. II (1951); Jahresberichte für dt. Geschichte NF (1949ff.). — P. HERRE, Quellenkunde zur Weltgeschichte (1910); GÜNTHER FRANZ [u. andere], Bücherkunde zur Weltgeschichte (1956). — Bibliographie internationale des travaux historiques publiés dans les volumes de Mélanges [1880—1939] (Paris 1955). — WILFRID BONSER, An Anglo-Saxon and Celtic Bibliography 450—1087 I u. II (1957). — Excerpta historica nordica [Referate engl., franz. oder dt.] (Kopenhagen 1955ff.). — HANS EBERH. MAYER, Bibliographie zur Geschichte d. Kreuzzüge (1960).

SPEZIELLES SCHRIFTTUM

A. ASPEKTE

Alf. Dopsch, Wirtschaftl. u. soziale Grundlagen d. europ. Kulturentwicklung ^{2}I u. II (1923), Die Wirtschaftsentwicklung d. Karolingerzeit I u. II (^{2}1921/22); Herm. Aubin, Maß u. Bedeutung d. röm.-german. Kulturzusammenhanges (1922); Ulr. Stutz, Alfons Dopsch u. d. dt. RG (ZRG G XLVI 1926 S. 331—359). — Erna Patzelt, Die Kontinuitätsfrage (Festschr. f. Dopsch 1938); O. Höfler, Das german. Kontinuitätsproblem (HZ CLVII 1937); P. E. Hübinger, Spätantike u. frühes MA, ein Problem histor. Periodenbildung. (Vierteljahrsschr. für Literaturwissenschaft u. Geistesgeschichte XXVI 1952); Franz Miltner, Die Grenzmarke zw. Antike u. MA (Steinacker-Festgabe 1955); R. Buchner, Die röm. u. d. german. Wesenszüge in d. neuen polit. Ordnung d. Abendlandes (Settimane di studio del Centro italiano di studi sull'alto medioevo V 1958); Wern. Suerbaum, Vom antiken zum frühmittelalterl. Staatsbegriff (Orbis antiquus XVI/XVII 1961). — W. Schlesinger, Europ. Sozialgeschichte (Festschr. O. Brunner 1963); K. Bosl, Frühformen d. Gesellschaft im europ. Mittelalter (1964). — C. Erdmann/Friedr. Baethgen, Forschungen zur polit. Ideenwelt d. Frühmittelalters I (1951); Heinr. v. Eicken, Geschichte u. System d. mittelalterl. Weltanschauung (^{4}1923); Alois Dempf, Die Hauptformen d. mittelalterl. Weltanschauung (1925), Sacrum imperium (1929); Helm. Beumann, Zur Entwicklung transpersonaler Staatsvorstellungen (Vorträge III 1956); Heinr. Büttner, Aus den Anfängen d. abendländ. Staatsgedankens (Vorträge III 1956); R. W. u. A. J. Carlyle, History of political theory I—VI (London 1903—1936; ^{2}I 1927); Geoffr. Barraclough, The medieval empire, idea and reality (Oxford 1950); Ch. Hom. Haskins, Studies of the mediaeval culture (Oxford 1929). — Mart. Grabmann, Mittelalterl. Geistesleben (1924), Über d. Einfluß d. aristotel. Philosophie (1934); Ottm. Dittrich, Geschichte d. Ethik II (1926). — W. Gehl, Ruhm u. Ehre bei d. Nordgermanen (1937), Der german. Schicksalsglaube (1939). — Wilh. Arendt, Staats- u. Gesellschaftslehren Alberts d. Großen (1929); O. Schilling, Die Staats- u. Soziallehren d. hl. Thomas von Aquino (^{2}1930); Manser, Das Naturrecht in thomistischer Beleuchtung (1944). — W. Schönfeld, Vom Problem d. RG (1927); H. Fehr, Mehr Geistesgeschichte in d. RG (Dt. Vjschr. f. Literaturw. u. Geistesgeschichte V 1927 S. 1—8); Jul. Binder, Rechtsbegriff u. RG (Festschr. f. E. Mayer 1932 S. 1). — W. Merk, Der Gedanke d. gemeinen Besten in d. dt. Rechtsentwicklung (Festschr. Alfr. Schultze 1934 S. 451 bis 520), Wachstum u. Schöpfung im german. Recht (Festg. Erich Jung 1937 S. 127—175); K. S. Bader, Gesunkenes Rechtsgut (Festg. f. H. Fehr. 1948 S. 1 bis 25). — Herb. Meyer, Recht u. Volkstum (Gött. Rektoratsrede 1929); Adalb. Erler, Völkerkunde u. RG (Paideuma IV 1950 S. 39—50); Eberh. Frhr. v. Künssberg, RG u. Volkskunde (Jb. f. hist. Volkskunde I 1925 S. 69—125; vgl. ebd. S. 314—327), Rechtl. Volkskunde (1936); Cl. Frhr. v. Schwerin, Volkskunde u. Recht (Die Volkskunde 1927 S. 5—25), „Volksrechtskunde" u. „Rechtl. Volkskunde" (Studi in onore di Enrico Besta II Mailand 1939 S. 5—24). — Cl. Frhr. v. Schwerin, RG u. Geschichtswissenschaft (Zeitschr. Ak. Dt. R V 1938); G. K. Schmelzeisen, RG u. soziale Wirklichkeit (Festschr. Lenz. 1961); O. Brunner, Moderner Verfassungsbegriff u. mittelalterl. Verfassungsgeschichte (1939, ²1956); K. Bosl, Der „Soziologische Aspekt" in d. Geschichte (HZ 1965/66), Der Mensch u. seine Werke (Festschr. G. Franz 1967).

B. VERFASSUNGSRECHT

1. Grundlegend: Georg Waitz, Dt. Verfassungsgeschichte I—VIII (1844/78, ³I u. II 1880/82, ²III u. IV 1883/85, ²V K. Zeumer 1893, ²VI G. Seeliger 1896) [v. Schwerin, Einführung in d. Studium, S. 174: „für d. Verfassungsgeschichte unübertroffen, aber in d. jurist. Durcharbeitung d. Materials unzureichend"]. — Ernst Mayer, Dt. u. französ. Verfassungsgeschichte (1905). — Andr. Heusler, Dt. Verfassungsgeschichte (1905). — Aloys Meister, Dt. Verfassungsgeschichte (in Teubners Grundrissen 1907, ²1922). — Wilh. Ebel, Geschichte d. Gesetzgebung in Deutschland (²1958). — Otto Brunner, Land u. Herrschaft (1939, ³1943); W. Schlesinger, Die Entstehung d. Landesherrschaft I (1941, ²1964).

2. Wesenselemente: H. Naumann, Altdeutsches Volkskönigtum (1940); O. Höfler, German. Sakralkönigtum I (1952), Der Sakralcharakter d. german. Königtums (Vorträge III 1956); Marc. Bloch, Les rois thaumaturges (1923); R. Folz, Zur Frage d. heiligen Könige: Heiligkeit u. Nachleben in d. Geschichte d. burgund. Königtums (DA XIV 1958); W. Schlesinger, Das Heerkönigtum (Vorträge III 1956). — W. Merk, Der german. Staat (1927), Vom Werden u. Wesen d. dt. Rechts (³1935); Mart. Lintzel, German. Monarchien u. Republiken in d. Germania d. Tacitus (ZRG G LIV 1934 S. 227—237). — Friedr. Maurer, Nordgermanen u. Alemannen (²1943); Ernst Schwarz, Goten, Nordgermanen, Angelsachsen (1951), German. Stammeskunde (1956); Reinh. Wenskus, Stammesbildung u. Verfassung, Das Werden d. frühmittelalterl. gentes (1961). — Edw. Schröder, „Herzog" u. „Fürst" (ZRG G XLIV 1924 S. 1—29); Rud. Much, „Herzog", ein altgerman. Name d. dux. (ZRG G XLV 1925 S. 1—12, 406—407); Herb. Meyer, Das Wesen d. Führertums in d. german. Verfassungsgeschichte (1938). — Rich. v. Kienle, German. Gemeinschaftsformen (1939); W. Schlesinger, Beiträge zur dt. Verfassungsgeschichte d. MA I: Germanen, Franken, Deutsche (1963), II: Städte u. Territorien (1963). — B. Rehfeldt, König, Volk u. Gefolgschaft im nord. Altertum (1942); Karl Olivecrona, Döma till konung (1942); A. E. Christensen, Kongemagt og aristokrati (Københ. 1945); Ernst Mayer, Schilderhebung (ZRG G XXXV 1914 S. 436). — W. H. Vogt, Zum altnorweg. Königsfrieden, Amtmannsbuße (ZRG G LII 1932 S. 1—42); Ulr. Wilcken, Über Entstehung u. Zweck d. Königsfriedens (1942). — O. Höfler, Kultische Geheimbünde d. Germanen I (1934); Lily Weiser, Altgerman. Jünglingsweihen u. Männerbünde (1927); Falk W. Zipperer, Das Haberfeldtreiben (1938); Adalb. Erler, Burschenbrauchtum vor d. Schranken d. Ingelheimer Oberhofes (ZRG G LXXIX 1962 S. 254—264).

3. Gefolgschaft: Th. Melicher, Die german. Gefolgschaft im Heliand (MIÖG LI 1937); H. Kuhn, Die Grenzen d. german. Gefolgschaft (ZRG G LXXIII 1956 S. 1—83); Ernst Mayer, Pairs (ZRG G XLI 1920 S. 376—381).

4. Merowingerzeit: Jost Trier, Vorgeschichte d. Wortes Reich. (Nachr. Göttingen 1943); Willy Krogmann, A[lt]s[ächs.] *hardburi*, ahd. *hartpuri* (ZRG G LXXIV 1957 S. 233—234); K. Fr. Freudenthal, Arnulf.-karol. Rechtswörter (1949); Kl. v. See, Altnord. Rechtswörter (1964); Bengt Löfstedt, Studien über d. Sprache d. langobard. Gesetze (1961); Hans-Dietr. Kahl, Europäische Wortschatzbewegungen im Bereich d. Verfassungsgeschichte (ZRG G LXXVII 1960 S. 154—240). — H. W. KLEWITZ, German. Erbe im fränk. u. dt. Königtum (Welt als Geschichte 1941); RICH. SCHOLZ, German. u. röm. Kaisergedanke (Ztschr. für dt. Geisteswissenschaft III 1940); ROB. FOLZ, L'idée de l'empire en occident du Ve au XIVe siècle (Aubier 1953); HEINZ ZATSCHEK, German. Raumerfassung u. Staatenbildung in Mitteleuropa (HZ CLXVIII 1943); HEINZ LÖWE, Von Theoderich d. Gr. zu Karl d. Gr. (DA IX 1952). — RUD. THURNEYSEN, Das keltische Recht (ZRG G LV 1935 S. 81—104); W. V. WARTBURG, Die Entstehung d. romanischen Völker (1939); CAM. JULLIAN, Histoire de la Gaule I—VIII ([2-5]Paris 1907—1926).—R. BUCHNER, Die Provence in merowing. Zeit (1933), Das merowing. Königtum (Vorträge III 1956); KLAUS SPRIGADE, Abschneiden d. Königshaares u. kirchl. Tonsur bei d. Merovingern (Welt als Geschichte XXII 1962). — FRANZ STEINBACH, Austrien u. Neustrien (Rhein. VJBl. X 1940). — F. L. GANSHOF, Het tolwezen in het Frankisch Rijk onder de Merowingen (Mededelingen van de Vlaamse Academie van België XX 1958 Nr. 4), Meroving. Gesandtschaftswesen (Festschr. Steinbach 1960).

5. Karolingerzeit: LEOP. PERELS, Pippins Erhebung zum König (Z. Kirchen-G. LIII 1934); FRANZ STEINBACH, Das Frankenreich (1935); ALF. DOPSCH, Der Reichsgedanke zur Zeit d. Karolinger (1940); TH. MAYER, Staatsauffassung in d. Karolingerzeit (Vorträge III 1956). — ARTH. KLEINCLAUSS, Charlemagne (Paris 1934); K. HAMPE, H. NAUMANN, HERM. AUBIN, MART. LINTZEL, ALB. BRACKMANN, C. ERDMANN u. a., Karl d. Große oder Charlemagne (1935); W. BRAUNFELS/ H. BEUMANN/B. BISCHOFF/H. SCHNITZLER/P. E. SCHRAMM, Karl d. Große, Lebenswerk u. Nachleben I—IV (1965—1967); JOS. CALMETTE, Karl d. Große (1947). — ERNA PATZELT, Die karoling. Renaissance (1924), Die fränk. Kultur u. d. Islam (1932); HENRI PIRENNE, Mahomet et Charlemagne ([7]Paris 1937). — WERN. OHNSORGE, Der Patricius-Titel Karls d. Gr. (Byzantin. Ztsch. LIII 1960); K. HELDMANN, Das Kaisertum Karls d. Großen (1928); P. E. SCHRAMM, Kaiser, Rom u. Renovatio I, 2 (1929); LOUIS HALPHEN, Charlemagne et l'empire carolingien, (Paris 1947, [2]1949); F. L. GANSHOF, The imperial coronation of Charlemagne (1949); HEINR. FICHTENAU, Das karoling. Imperium (1949). Byzanz u. d. Pfalz zu Aachen, (MIÖG LIX 1951); WERN. OHNSORGE, Renovatio regni Francorum (Festschr. Staatsarchiv Wien II 1951); P. E. SCHRAMM, Die Anerkennung Karls d. Gr. als Kaiser (HZ CLXXII 1951); HELM. BEUMANN, Romkaiser u. fränk. Reichsvolk (Stengel-Festschr. 1952); PET. CLASSEN, Romanum gubernans imperium, (DA IX 1952); HEINR. FICHTENAU, Karl d. Gr. u. d. Kaisertum (MIÖG LXI 1953); P. MUNZ, The Origin of the Carolingian Empire (1960); HEINZ LÖWE, Von d. Grenzen d. Kaisergedankens in d. Karolingerzeit (DA XIV 1958). — RICH. DRÖGEREIT, Kaiseridee u. Kaisertitel bei d. Angelsachsen (ZRG G LXIX 1952 S. 24—73); EDM. STENGEL, Imperator u. Imperium bei d. Angelsachsen (DA XVI 1960). — ED. EICHMANN, Die Kaiserkrönung im Abendland (1942). — ALFR. SCHULTZE, Das Testament Karls d. Gr. (Gedächtnisschr. f. Georg v. Below 1928 S. 46—81); HEINZ ZATSCHEK, Die Reichsteilungen unter Kaiser Ludwig d. Fr. (MIÖG XLIX 1935); F. L. GANSHOF, Die ordinatio imperii von 817 (Kisch-Festschr. 1955); TH. MAYER (mit DÖLGER, HÜBINGER, MITTEIS, TELLENBACH, ZATSCHEK u. a.), Der Vertrag von Verdun (1943); F. L. GANSHOF, Zur Entstehungsgeschichte u. Bedeutung d. Vertrages von Verdun 843 (DA XII 1956). — W. SCHLESINGER, Kaiser Arnulf u. d. Entstehung d. dt. Staates u. Volkes (HZ CLXIII 1940); GERD TELLENBACH, Zur Geschichte Kaiser Arnulfs, (HZ CLXV 1942). — LAETITIA BOEHM, Rechtsformen u. Rechtstitel d. burgund. Königserhebungen im 9. Jahrh. (Hist JB LXXX 1961); L. AUZIAS, L'Aquitaine carolin-

gienne (Toulouse 1937). — FRANZ STEINBACH, Studien zur westdt. Stammes- u. Volksgeschichte (1926); K. WELLER, Geschichte d. schwäb. Stammes (1944); IGN. ZIBERMAYER, Noricum, Baiern u. Österreich (1944, ²1956); KURT REINDEL, Herzog Arnulf u. d. Regnum Bavariae (ZBLG. XVII 1954); ALPH. LHOTSKY, Ostarichi (1946); JOH. BÄRMANN, Der Mittelrhein als verfassungsrechtl. Zentrum d. fränk.-dt. Reiches (1962). ED. HLAWITSCHKA, Franken, Alemannen, Bayern u. Burgunder in Oberitalien 774—962 (1960); ER. ZÖLLNER, Die rechtl. Stellung d. Völker im Frankenreich (1950). — ROL. FAULHABER, Der Reichseinheitsgedanke zur Zeit d. Karolinger (1931); FRIEDR. PRINZ, Die Ausbreitung d. fränk. Reichskultur (Vorträge IV 1958); HEINZ LÖWE, Die Karoling. Reichsgründung u. d. Südosten (1937); EUG. EWIG, Zum christl. Königsgedanken im Frühmittelalter (Vorträge III 1956). — K. SCHMITZ, Ursprung u. Geschichte d. Devotionsformeln (1913); BRUNO KRUSCH, Studien zur fränk. Diplomatik: Der Titel d. fränk. Könige (1937); INGRID HEIDRICH, Titulatur u. Urkunden d. arnulf. Hausmeier (Archiv f. Diplomatik XI/XII 1965/66 S. 71ff.); PERCY E. SCHRAMM, Studien zu frühmittelalterlichen Aufzeichnungen über Staat u. Verfassung (ZRG G XLIX 1929 S. 167—232). — P. KIRN, Reklamationsbriefe u. Reklamationsrecht in d. Karolingerzeit (Stengel-Festschr. 1952).

6. Fränkisches Urkundenwesen: H. EUG. MEYER, Die Pfalzgrafen d. Merowinger u. Karolinger (ZRG G XLII 1921 S. 380—463); RICH. HEUBERGER, Fränkisches Pfalzgrafenzeugnis u. Gerichtsschreibertum (MIÖG XLI 1926); H. W. KLEWITZ, Kanzleischule u. Hofkapelle (Da IV 1941); JOS. FLECKENSTEIN, Die karoling. Hofkapelle (1959); P. F. KEHR, Die Kanzlei Ludwigs d. Dt. (1932), Die Kanzlei Ludwigs d. Kindes (1940), TH. SCHIEFFER, Die lothringische Kanzlei um 900 (DA XIV 1958); H. W. KLEWITZ, Cancellaria; ein Beitrag zur Geschichte d. geistl. Hofdienstes (DA I 1937); JOH. BÄRMANN, Zur Entstehung d. Mainzer Erzkanzleramtes (ZRG G LXXV 1958 S. 1—92). — BERNH. BISCHOFF, Die südostdt. Schreibschulen u. Bibliotheken in d. Karolingerzeit I (²1960); HARRY BRESSLAU, Handbuch d. Urkundenlehre I (³1958), II, 1 (³1958), II ,2 (²H. W. KLEWITZ 1958); R. THOMMEN/LUDW. SCHMITZ-KALLENBERG, Urkundenlehre (²1913).

7. Fränkisches Königsgut: W. ELSNER, Zur Entstehung d. Capitulare de villis (1929); ALFONS DOPSCH, Westgotisches Recht im Capitulare de villis (ZRG G XXXVI 1915 S. 1—23). — R. KÖTZSCHKE, Karl d. Gr. als Agrarpolitiker (Stengel-Festschr. 1952); CARLRICHARD BRÜHL, Das fränk. Fodrum (ZRG G LXXVI 1959 S. 53—81); OSK. BALDAUF, Das karoling. Reichsgut in Unterrätien (1930); CH. EDM. PERRIN, Recherches sur la seigneurie rurale en Lorraine d'après les plus anciens censiers, 9ᵉ—12ᵉ siècle (Paris 1935); WOLFG. METZ, Zum Stand d. Erforschung d. karoling. Reichsguts, (HJB LXXVIII 1959), Das karoling. Reichsgut (1960). — FERDIN. LOT, L'impôt foncier et la capitation personelle sous le Bas-Empire (Paris 1928); ARRIGO SOLMI, L'amministrazione finanziari del Regno Italico (Pavia 1930); J. W. THOMPSON, The dissolution of the Carolingian fisc in the ninth century (Berkeley 1935).

8. Fränkischer Adel: ROLF SPRANDEL, Dux u. comes in d. Merovingerzeit (ZRG G LXXIV 1957 S. 41—84); H. ZEISS, Herzogname u. Herzogsamt (Wiener Prähistor. Z. XIX 1932); W. KIENAST, Der Herzogtitel in Frankreich u. Deutschland 9.—12. Jahrh. (1967); E. KLEBEL, Herzogtümer u. Marken bis 900 (DA II 1938 S. 1—53). — AL. BERGENGRUEN, Adel u. Grundherrschaft im Merowingerreich (VSWG Beiheft XLI 1958); MART. LINTZEL, Zur Stellung d. ostfränk. Aristokratie u. d. Entstehung d. Stammesherzogtümer (HZ CLXVI 1942); IRMGARD DIENE-

MANN-DIETRICH, Der fränkische Adel im 8. u. 9. Jahrh. (Vorträge I 1955); E. KLEBEL, Bayern u. d. fränk. Adel im 8. u. 9. Jahrh. (Vorträge I 1955); M. MITTERAUER, Karoling. Markgrafen im Südosten, Fränk. Reichsaristokratie u. bayer. Stammesadel im österr. Raum (1963). — PRINZ ISENBURG/BARON FREYTAG V. LORINGHOVEN, Stammtafeln zur Geschichte d. europ. Staaten I u. II ([2]1953), III ([2]1958), IV (1957); ERICH BRANDENBURG, Die Nachkommen Karls d. Gr. (1935); O. FRHR. V. DUNGERN, Aus dem Blute Widukinds ([2]1936); S. OTTO BRENNER, Nachkommen Gorms d. Alten (1965); WILH. WEGENER, Genealogische Tafeln zur mitteleurop. Geschichte (1957—1967); ERICH ZÖLLNER, Die Herkunft der Agilolfinger (MIÖG LIX 1951); K. A. ECKHARDT, Genealogische Funde zur allgem. Geschichte ([2]1963), Merowingerblut I: Die Karolinger u. ihre Frauen (1965), II: Agilolfinger u. Etichonen (1965); ED. HLAWITSCHKA, Die Vorfahren Karls d. Gr. (Karl d. Gr., Persönlichkeit u. Geschichte I 1965 S. 51—82); H. F. FRIEDERICHS, Karls d. Gr. Vorfahren (Genealogie VIII [XV] 1966 S. 81—86); SZABOLCZ DE VAJAY, A propos de l'ascendance carolingienne (Armas et Troféus VII, 3 1966), L'heraldique, image de la psychologie sociale (Atti dell' Accademia Pontaniana NS XVI 1967). — PRINZ ISENBURG, Ahnentafeln d. Regenten Europas u. ihrer Gemahlinnen (1938); BANNIZA V. BAZAN/R. MÜLLER, Dt. Geschichte in Ahnentafeln I ([2]1940), II (1942). O. FRHR. V. DUNGERN, Comes, liber, nobilis (AUF XII 1932); ER. FRHR. V. GUTTENBERG, Iudex h. e. comes aut grafio (Stengel-Festschrift 1952); SABINE KRÜGER, Studien zur sächs. Grafschaftsverfassung im 9. Jahrh. (1950); BENNO EIDE SIEBS, Grundlagen u. Aufbau d. altfries. Verfassung (1933). —

9. Deutsches Mittelalter: JOH. HALLER, Die Epochen d. dt. Geschichte (1942); HERM. HEIMPEL, Dt. MA (1941); K. HAMPE, Das Hochmittelalter (Tellenbach [4]1953, [5]1963); HEINR. GÜNTER, Das dt. MA (1936, 1939); K. BOSL, Geschichte d. MA (1950). — HERM. AUBIN, Vom Aufbau d. mittelalterl. Dt. Reichs (HZ CLXII 1940); HEINZ ZATSCHEK, Wie d. erste Reich d. Deutschen entstand (1940); GERD TELLENBACH, Wann ist d. Deutsche Reich entstanden? (DA VI 1943); MART. LINTZEL, Die Anfänge d. Dt. Reiches (1942). — GEORG V. BELOW, der dt. Staat d. MA I (1914, [2]1925); FRIEDR. KEUTGEN, Der dt. Staat d. MA (1918); HEINR. MITTEIS, Der Staat d. hohen MA (1940, [7]1962); FRITZ KERN, Recht u. Verfassung im MA (HZ. CXX 1919, Sonderausgabe 1952); ALOYS SCHULTE, Der deutsche Staat, Verfassung, Macht u. Grenzen 919—1914 (1933); AD. DIEHL, Die Entwicklung d. mittelalterl. Imperiums zum Hl. Röm. Reich Dt. Nation (HZ CLVI 1937); AD. WAAS, Herrschaft u. Staat im dt. Frühmittelalter (1938). — GERD TELLENBACH, Königtum u. Stämme in d. Werdezeit d. Dt. Reiches (1939); EUG. ROSENSTOCK, Königshaus u. Stämme zw. 911 u. 1250 (1914); W. MERK, Die dt. Stämme in d. RG (ZRG G LVIII 1938 S. 1—41). — TH. MAYER, Die Ausbildung d. Grundlagen d. modernen Staates im hohen MA (HZ CLIX 1939); O. STOLZ, Das Wesen d. Staates im dt. MA (ZRG G LXI 1941 S. 234—249); BRUNO KUSKE, Das mittelalterl. dt. Reich in seinen wirtschaftl. u. sozialen Auswirkungen (VSWG XXXV 1942); K. G. HUGELMANN, Die dt. Nation u. d. dt. Nationalstaat im MA (HJb LVI 1931), Stämme, Nation u. Nationalstaat im dt. MA (1955). — EDM. STENGEL, Regnum u. Imperium (1930), Kaisertitel u. Souveränitätsidee (DA III 1939); R. BUCHNER, Der Titel rex Romanorum in dt. Königsurkunden d. 11. Jahrh. (DA XIX 1963); W. HOLTZMANN, Das mittelalterl. Imperium u. d. werdenden Nationen (1953); ROB. HOLTZMANN, Der Weltherrschaftsgedanke d. mittelalterl. Kaisertums u. d. Souveränität d. europ. Staaten (HZ CLIX 1939); ALEX CARTELLIERI, Die Weltstellung d. Dt. Reiches (1932); FRITZ RÖRIG, Mittelalterl. Kaisertum u. d. Wende d. europ. Ordnung 1197 (Das Reich u.

Europa S. 22—50). — W. SCHLESINGER, Die Anfänge d. deutschen Königswahl (ZRG G LXVI 1948 S. 381—440); O. FRHR. V. DUNGERN, War Deutschland ein Wahlreich? (Festschr. für Wach 1913); FRITZ RÖRIG, Geblütsrecht u. freie Wahl, (Abh. Berlin 1948); ERNST MAYER, Kaiserliche Gewalt u. Königswahl (ZRG G XXXIV 1913 S. 418—419). — FRIEDR. KEMPF, Das mittelalterl. Kaisertum (Vorträge III 1956); GERD TELLENBACH, Die Unteilbarkeit des Reichs (HZ CLXIII 1940); W. SCHLESINGER, Kaisertum u. Reichsteilung (Festschr. Hartung 1958). — FRANZ BECKER, Das Königtum d. Thronfolger im dt. Recht d. MA (1913); H. HIRSCH, Das Recht d. Königserhebung durch Kaiser u. Papst (Heymann-Festschr. 1940); WERN. OHNSORGE, Das Mitkaisertum in d. abendländischen Geschichte d. früher. MA (ZRG G LXVII 1950 S. 309—335), Das Zweikaiserproblem im Frühmittelalter (1947). — THILO VOGELSANG, Die Frau als Herrscherin im hohen MA (1954).

10. Liudolfinger: ROB. HOLTZMANN, Geschichte d. sächsischen Kaiserzeit ([2]1943). — MART. LINTZEL, König Heinrich I. u. die Gründung d. Dt. Reiches (Thür. Sächs. Z. XXIV 1936). — J. O. PLASSMANN, Reich u. Gefolgschaft im 10. Jahrh. (Germanien XV 1943), Princeps u. Populus, Gefolgschaft im otton. Staatsaufbau nach d. sächs. Geschichtsschreibern d. 10. Jahrh. (1955); LUDMIL HAUPTMANN, Universalismus u. Nationalismus im Kaisertum d. Ottonen (Festschr. Hugelmann I 1959); HELMUT BEUMANN, Die sakrale Legitimierung d. Herrschers im Denken d. otton. Zeit (ZRG G LXVI 1948 S. 1—45); HERM. KRAUSE, Königtum u. Rechtsordnung in d. Zeit d. sächs. u. sal. Herrscher (ZRG G LXXXII 1965 S. 1—98); MART. LINTZEL, Die Beschlüsse d. dt. Hoftage 911—1056 (1924). — HELM. BEUMANN, Widukind von Korvei (1950); BRIGITTA SCHREYER, Zum Begriff d. Designation bei Widukind (ZRG G LXVII 1950 S. 407—416); GUNTHER WOLF, „Designation" u. „designare" bei Widukind von Corvey (ZRG G LXXIII 1956 S. 372 bis 375), Über d. Wort- u. Rechtsbedeutung von „designare" im 9. u. 10. Jahrh. (ZRG G LXXV 1958 S. 367—372). — MART. LINTZEL, Zu d. dt. Königswahlen d. Ottonenzeit (ZRG G LXVI 1948 S. 46—63); K. SCHMID, Die Thronfolge Ottos d. Gr. (ZRG G LXXXI 1964 S. 80—163); ROB. HOLTZMANN, Kaiser Otto d. Gr. (1926); HERB. GRUNDMANN, Betrachtungen zur Kaiserkrönung Ottos I. (SB München 1962, 2); MART. LINZEL, Die Kaiserpolitik Ottos d. Gr. (1943); FRITZ RÖRIG, Die Kaiserpolitik Ottos d. Gr. (Stengel-Festschr. 1952); GUNTH. WOLF, Über die Hintergründe d. Erhebung Liudolfs von Schwaben (ZRG G LXXX 1963 S. 315—325); MATH. UHLIRZ, Die rechtliche Stellung d. Kaiserinwitwe Adelheid im Dt. u. im Ital. Reich (ZRG G LXXIV 1957 S. 85—97). — MATHILDE UHLIRZ, Zur Kaiserkrönung Ottos III. (Stengel-Festschr. 1952); REINH. WENSKUS, Studien zur histor.-polit. Gedankenwelt Brunos von Querfurt (1955); MATH. UHLIRZ, Die staatsrechtl. Stellung Venedigs zur Zeit Kaiser Ottos III. (ZRG G LXXVI 1959 S. 82—110).

11. Salier: K. HAMPE, Dt. Kaisergeschichte im Zeitalter der Salier u. Staufer (Baethgen [10]1948, [11]1963). — TH. SCHIEFFER, Heinrich II. u. Konrad II. (DA VIII 1951); MART. LINTZEL, Zur Wahl Konrads II. (Stengel-Festschr. 1952). — R. BUCHNER, Geschichtsbild u. Reichsbegriff Hermanns von Reichenau (AKG XLII 1960); HELM. BEUMANN, Das Imperium u. d. Regna bei Wipo (Festschr. Steinbach 1960). — RICH. GAETTENS, Das Geburtsjahr Heinrichs V. 1081 oder 1086? Rechtsgeschichtl. u. numismat. Erörterungen (ZRG G LXXIX 1962 S. 52—71).

12. Staufer: EDM. STENGEL, Die Entstehung d. Kaiserchronik u. d. Aufgang d. stauf. Zeit (DA XIV 1958, XVI 1960); E. KANTOROWICZ, Zu den Rechtsgrundlagen d. Kaisersage (DA XIII 1957). — CH. HOM. HASKINS, The renaissance of the 12. century (Cambridge 1927). — HERM. HEIMPEL, Kaiser Friedrich Barbarossa u. d. Wende d. stauf. Zeit (1942); PET. RASSOW, Honor imperii (1940, ²1961); H. APPELT, Der Vorbehalt kaiserl. Rechte in d. Diplomen Friedrich Barbarossas (MIÖG LXVIII 1960); H. C. PEYER, Friedrich Barbarossa, Monza u. Aachen (DA VIII 1951); HEINR. BÜTTNER, Die Alpenpaßpolitik Friedrich Barbarossas bis zum Jahre 1164/65 (Vorträge I 1955); ADALB. ERLER, Die Ronkal. Gesetze d. Jahres 1158 u. d. oberitalien. Städtefreiheit (ZRG G LXI 1941 S. 127—149); GERH. KALLEN, Friedrich Barbarossas Verfassungsreform u. d. Landrecht d. Sachsenspiegels (ZRG G LVIII 1938 S. 560—583); H. FEHR, Die Staatsauffassung Eikes von Repgau (ZRG G XXXVII 1916 S. 131—260); K. HAMPE, Friedrich Barbarossa u. seine Nachfolger, (²1934). — E. PERELS, Der Erbreichsplan Heinrichs VI. (1927); E. KANTOROWICZ, Kaiser Friedrich II. I. u. II. (1927—1931); E. u. O. SCHÖNBAUER, Die Imperiumspolitik Kaiser Friedrichs II. (Festschr. Hugelmann I 1959); R. M. KLOOS, Nikolaus von Bari, eine neue Quelle zur Entwicklung d. Kaiseridee unter Friedrich II. (DA XI 1954/55); EM. FRANZEL, König Heinrich VII. (1929); K. G. HUGELMANN, Die Wahl Konrads IV. (1914); AUG. NITSCHKE, Der Prozeß gegen Konradin (ZRG K LXXIII 1956).

13. 14. Jahrhundert: CONR. BORNHAK, Staatskirchl. Anschauungen u. Handlungen am Hofe Kaiser Ludwigs d. Bayern (1933); HEINZ LIEBERICH, Kaiser Ludwig d. Baier als Gesetzgeber (ZRG G LXXVI 1959 S. 173—245). — HEDWIG SANMANN-V. BÜLOW, Die Inkorporationen Karls IV. (1942); H. E. FEINE, Die Approbation d. luxemburg. Kaiser (ZRG K XXVII 1938).

14. Hoheitszeichen: HERB. MEYER, Die rote Fahne (ZRG G L 1930 S. 310 bis 353), Blutfahne u. Oriflamme (Forschungen u. Fortschritte VI 1930 S. 373—375), Sturmfahne u. Standarte (ZRG G LI 1931 S. 204—257); C. ERDMANN, Kaiserfahne u. Blutfahne (1932); HERB. MEYER, ,,Kaiserfahne u. Blutfahne" (ZRG G LIII 1933 S. 291—299). — HERB. MEYER, Heerfahne u. Rolandsbild (1930), Freiheitsroland u. Gottesfrieden (Hans.GBl. LVI 1931); HERB. MEYER/K. STEINACKER, Das Roland zu Braunschweig u. d. Löwenstein (Nachr. Göttingen 1933); TH. GOERLITZ, Der Ursprung u. d. Bedeutung der Rolandsbilder (1934); K. HOEDE, Deutsche Rolande (1934); ELIS WADSTEIN, Roland als Name von Rechtssinnbildern (Hans. GBl. XLI 1937); A. D. GATHEN, Rolande als Rechtssymbole (1960); ILIJA MITIĆ, Die Rolandsäule in Ragusa/Dubrovnik (ZRG G LXXXII 1965 S. 306—316). — P. WENTZCKE, Die dt. Farben (1927, ²1954), Hoheitszeichen u. Farben d. Reiches (1938); LUDW. BUSCHKIEL, Die dt. Farben (1935); E. GROHNE, Zur Geschichte der dt. u. d. brem. Hoheitszeichen (Brem. JB XLVI 1959); H. HORSTMANN, Die Rechtszeichen d. europ. Schiffe im MA I: Vorheraldische Zeit (Brem. JB L 1965). — CONR. BORCHLING, Rechtssymbolik im german. u. röm. Recht (Vorträge d. Bibliothek Werbung III 1926 S. 227—251); CL. FRHR. V. SCHWERIN, Zur Herkunft d. Schwertsymbols (Festschr. Koschaker III 1939 S. 324—349); ERICH JUNG, Hammer, Schwert u. Speer als Götterbeigaben u. Rechtssinnbilder (Volkswerk, Jb. d. staatl. Museums f. Volkskunde ca. 1940 S. 58—74); H. W. KLEWITZ, Die hl. Lanze Heinrichs I. (DA VI 1943); W. HOLTZMANN, König Heinrich I. u. d. Hl. Lanze (1947); WILH. WEGENER, Die Lanze d. heiligen Wenzel (ZRG G LXXII 1955 S. 56—82). — MACHETANZ, Dt. Königskrone u. röm. Kaiserkrone (1954); FRITZ HARTUNG, Die Krone als Symbol d. monarch. Herrschaft im ausgeh. MA (1940 = Wege d. Forschung III 1961); JOS. KARPAT, Zur Geschichte d. Begriffs Corona regni in Frankreich u. England (1941 = Wege d. Forschung III 1961); P. E. SCHRAMM, Sphaira, Globus, Reichsapfel (1958). — G. SCHNATH, Das Sachsenroß, Entstehung u. Bedeutung d. niedersächs. Landeswappens, (1958); Nochmals: Der Ursprung d. Sachsenrosses (ZRG G LXXIX 1962 S. 242—248).

15. Wehrverfassung: HERM. CONRAD, Geschichte d. dt. Wehrverfassung I (1939). Zu vergleichen: WILH. ERBEN, Kriegsgeschichte d. MA (HZ Beiheft XVI 1929); EUG. V. FRAUENHOLZ, Das Heerwesen d. german. Frühzeit, d. Frankenreichs u. d. ritterl. Zeitalters (1935), Das Heerwesen in d. Zeit d. freien Söldnertums I: Schweizer Eidgenossenschaft (1936); ECKHARDT/CONRAD, Der Krieg im german. u. dt. Rechtsdenken (1941); HERM. CONRAD, Gottesfrieden u. Heerverfassung in d. Zeit d. Kreuzzüge (ZRG G LXI 1941 S. 71—126); K. G. CRAM, Judicium belli (1955 [dazu HERM. CONRAD, ZRG G LXXIV 1957 S. 324—327; HERM. NOTTARP, MIÖG LXV, 1957, S. 121f.]); FRANK PIETZCKER, Die Schlacht bei Fontenoy 841, Rechtsformen im Krieg d. frühen MA (ZRG G LXXXI 1964 S. 318—340). — HEINR. DANNENBAUER, Die Freien im karoling. Heer (Th. Mayer-Festschr. I 1954), Paraveredus — Pferd (ZRG G LXXI 1954 S. 55—73); ERNST MAYER, Leudes-curiales (ZRG G XXXVI 1915 S. 438—439); H. PLANITZ, Die Scharmannen von Prüm (Festschr. Heinr. Lehmann 1937); J. M. VAN WINTER, Scarmannen-Konningsvrijen (Dancwerc Th. Enklaar 1959). — FRITZ POPELKA, Die Judenburger Ritterstadt u. d. karoling. Wehrsystem in Karantanien (MIÖG LXII 1954); C. ERDMANN, Die Burgenordnung Heinrichs I. (DA VI 1943). — FRANZ BEYERLE, Zur Wehrverfassung im Hochmittelalter (Festschr. f. E. Mayer 1932); HERM. MAY, Reichsbanneramt u. Vorstreitrecht in hess. Sicht (Stengel-Festschr. 1952); ERICH SANDER, Wehrhoheit (AKG XXXVI 1954). — I. MODÉER, Forntida svens försvarsberedskap (Saga och sed 1937); ERIK ARUP, Leding og ledingsskat i det 13. aarhundrede ([Dansk] Hist. Tidsskr. 8. R. V 1914/15 S. 141—237). — H. FEHR, Das Waffenrecht d. Bauern im MA (ZRG G XXXV 1914 S. 111—211, XXXVIII 1917 S. 1—114). — H. FEHR, Vom Lehnsheer zum Söldnerheer (ZRG G XXXVI 1915 S. 455—458); P. SCHMITTHENNER, Lehnskriegswesen u. Söldnertum (HZ 1933); GÜNTH. FRANZ, Von Ursprung u. Brauchtum d. Landsknechte (MIÖG LXI 1953; Die Burg VII/VIII 1966).

16. Lehnswesen: HERM. KRAWINKEL, Feudum, Jugend eines Wortes (1938), Untersuchungen zum fränkischen Benefizialrecht (1936), Zur Entstehung d. Lehnswesens (1936); FERDIN. LOT, Origines et nature du bénéfice (AHDE X 1933); F. L. GANSHOF, Note sur les origines de l'union du bénéfice avec la vassalité, (Brüssel 1937), Qu'est ce que la féodalité? ([3]1957), deutsch: Was ist d. Lehnswesen (1961); CL. SANCHEZ-ALBORNOZ, En torno de los origines del feudalismo I—III (Mendoza 1942); P. KEHR, Die Belehnungen d. süditalien. Normannenfürsten durch d. Päpste (Abh. Berlin 1934). — H. FRHR. V. MINNIGERODE, Die Rechtsnatur d. Treue im ältesten dt. Recht (Festg. Erich Jung 1937 S. 176ff.); W. KIENAST, Untertaneneid u. Treuvorbehalt (ZRG G LXVI 1948 S. 111—147). Untertaneneid u. Treuvorbehalt in Frankreich u. England (1952); DIETR. V. GLADISS, Fidelis regis (ZRG G LVII 1937 S. 442—451); HERB. HELBIG, Fideles Dei et regis (AKG XXXIII 1951). — ALF. DOPSCH, Die leudes u. das Lehnwesen (MIÖG XLI 1926, XLVI 1932); C. PÖHLMANN, Das ligische Lehensverhältnis (ZRG G XLVII 1927 S. 678—684). — HERB. GUNIA, Der Leihezwang (1938); WERN. GOEZ, Der Leihezwang (1962); WILH. EBEL, Über d. Leihegedanken in d. dt. RG (Vorträge V 1960). — HEINR. MITTEIS, Lehnsrecht u. Staatsgewalt (1933, Neudruck 1958), Zur Geschichte d. Lehnsvormundschaft (Festschr. Alfr. Schultze 1934 S. 129—174); ULR. STUTZ, Der Herrenfall (Abh. Berlin 1934); W. KIENAST, Lehnrecht u. Staatsgewalt im MA (HZ CLVIII 1938); ROB. BOUTRUCHE, Seigneurie et Féodalité (Paris 1959); J. W. THOMPSON,

Feudal Germany (Chicago 1928); P. S. LEICHT, L'introduzione del feudo nell'Italia franca e normanna (RSDJ XII 1939). — GERH. THEUERKAUF, Land u. Lehnswesen vom 14.—16. Jahrh. (1961); HEINZ LIEBERICH, Zur Feudalisierung d. Gerichtsbarkeit in Bayern (ZRG G LXXI 1954 S. 243—338); WILLEM VAN ITERSON, Feudalisierungsversuche im westerlauwerschen Friesland (ZRG G LXXIX 1962 S. 72—105).

17. Königsbann: H. v. VOLTELINI, Königsbannleihe u. Blutbannleihe (ZRG G XXXVI 1915 S. 290—335); PH. HECK, Die Bannleihe im Sachsenspiegel (ZRG G XXXVII 1916 S. 260—290); ROB. SCHEYHING, Eide, Amtsgewalt u. Bannleihe (1960).

18. Reichsfürstenstand: JUL. FICKER, Vom Reichsfürstenstand II, 1—3, hrsg. von Puntschart (1911—1923); GERD TELLENBACH, Vom karoling. Reichsadel zum dt. Reichsfürstenstand (1944); RICH. MOELLER, Die Neuordnung d. Reichsfürstenstandes u. d. Prozeß Heinrichs d. Löwen (ZRG G XXXIX 1918 S. 1—44); EDM. E. STENGEL, Land- u. lehnrechtliche Grundlagen d. Reichsfürstenstandes (ZRG G LXVI 1948 S. 294—342); FRITZ SCHÖNHERR, Die Lehre vom Reichsfürstenstande d. MA (1914). — TH. MAYER, Fürsten u. Staat (1950); O. FRHR. V. DUNGERN, Königsgericht u. Reichsfürstenrat (Festschr. Dopsch 1938); ALOYS SCHULTE, Fürstentum u. Einheitsstaat in d. dt. Geschichte (1921); HERB. HELBIG, Königtum u. Ständeversammlungen in Deutschland am Ende d. MA (Standen en Landen XXIV 1962); FRITZ RÖRIG, Ursachen u. Auswirkungen d. dt. Partikularismus (1937).

19. Widerstandsrecht: K. ZEUMER, Das vermeintliche Widerstandsrecht gegen Unrecht d. Königs u. Richters im Sachsenspiegel (ZRG G XXXV 1914 S. 68—75); FRITZ KERN, Gottesgnadentum u. Widerstandsrecht (1915, R. Buchner ^{2}1954, ^{3}1962), Recht u. Verfassung im MA (HZ CXX 1919, ^{2}1952); FRIEDR. V. BEZOLD, Die Lehre von d. Volkssouveränität während des MA (1918); C. HEYLAND, Das Widerstandsrecht d. Volkes (1950).

20. Regalien: H. THIEME, Die Funktion d. Regalien (ZRG G LXII 1942 S. 57—88); IRENE OTT, Der Regalienbegriff im 12. Jahrh. (ZRG K LXVI 1949); O. STOLZ, Der Regalienbegriff (VSWG XXXIX 1952); PETER CLASSEN, Der Prozeß um Münzsteuer 1154—76 u. d. Regalienlehre Gerhochs von Reichersberg (ZRG G LXXVII 1960 S. 324—345). — LUDOLF FIESEL, Zum früh- u. hochmittelalterl. Geleitsrecht (ZRG G XLI 1920 S. 1—40). — EBERH. FRHR. V. KÜNSSBERG, Fährenrecht u. Fährenfreiung (ZRG G XLV 1925 S. 144—205).

21. Königswahl: ULR. STUTZ, Reims u. Mainz in d. Königswahl des 10. u. zu Beginn des 11. Jahrh. (SB Berlin 1921); HEINR. SPROEMBERG, Eine rhein. Königskandidatur im Jahre 1125 (Festschr. Steinbach 1960); ULR. STUTZ, Zur Geschichte d. dt. Königswahlrechtes im MA: 1. Inthronisation vor d. Krönung? 2. Der Rangstreit von Mainz u. Trier (ZRG G XLIV 1924 S. 263—288); ULR. STUTZ, Neue Forschungen zur Geschichte d. dt. Königswahlrechtes (ZRG G XLVII 1927 S. 646—657); HEINR. MITTEIS, Die dt. Königswahl, ihre Rechtsgrundlagen bis zur Goldenen Bulle (^{2}1944), Die Krise d. deutschen Königswahlrechts (SB München 1950). — MAX BUCHNER, Kaiser- u. Königmacher, Hauptwähler u. Kurfürsten (HJb Görres-Ges. LV 1935 S. 182—223); MARIO KRAMMER, Das Kurfürstenkolleg (1913); CH. C. BAYLEY, The formation of the German College of electors (Toronto 1940); MART. LINTZEL, Die Entstehung d. Kurfürstenkollegs (Verh. Leipzig XCIX, 2 1952); ULR. STUTZ, Das Mainzer Erststimmrecht bei d. Wahl Richards v. Cornwallis im Jahre 1257 (ZRG G XLII 1921 S. 466—474). — F. FRENSDORFF, Die Rechtsbücher u. d.

Königswahl (Nachr. Göttingen 1923, 1924, 1926); FRIEDR. MESS, Wartburgkrieg u. Sachsenspiegel (ZRG G LXXIV 1957 S. 241—256), Heinrich von Ofterdingen: Wartburgkrieg (1963). — FRIEDR. BAETHGEN, Zur Geschichte d. Wahl Adolfs von Nassau (DA XII 1956); EDM. STENGEL, Baldewin von Luxemburg (1937); FERDIN. ELSENER, Zur Geschichte d. Majoritätsprinzips (ZRG K LXXIII 1956); ALPH. LHOTSKY, Zur Königswahl d. Jahres 1440 (DA XV 1959); ER. HEINZE, Das kursächs. Reichsvikariat vor d. Goldenen Bulle (Hist. Vjschr. XXII 1925); ULR. STUTZ, Die Abstimmungsordnung d. Goldenen Bulle (ZRG G XLIII 1922 S. 217 bis 266); E. HOYER, Die Selbstwahl vor, in u. nach d. Goldenen Bulle (ZRG G XLII 1921 S. 1—109). — EDM. E. STENGEL, Die Quaternionen d. dt. Reichsverfassung (ZRG G LXXIV 1957 S. 256—261). — WILH. WEIZSÄCKER, Der Böhme als Obermann bei d. dt. Königswahl (Heymann-Festschr. I 1940); ULR. KRÜGER, Geschichte d. Böhm. Kur (AUF X 1928); E. PERELS, Zur Geschichte d. böhm. Kur im 14. u. 15. Jahrh. (ZRG G XLV 1925 S. 83—143).

22. Königsgut im deutschen Mittelalter: DIETR. V. GLADISS, Die Schenkungen d. dt. Könige zu privatem Eigen (DA I 1937, VSWG XXX 1937). — MANFR. STIMMING, Das dt. Königsgut im 11. u. 12. Jahrh. (1922); K. WELLER, Zur Organisation d. Reichsgutes in d. späteren Stauferzeit (1915); WOLFG. METZ, Staufische Güterverzeichnisse (1964). — BRUNO HEUSINGER, Servitium regis in d. dt. Kaiserzeit (1922); K. SCHROD, Das Verzeichnis d. Tafelgüter d. röm. Königs (1938); HEINR. DANNENBAUER, Das Verzeichnis d. Tafelgüter d. röm. Königs (ZWürttLG XII 1953); KL. BENDER, Das Verzeichnis d. königl. Tafelgüter u. Servitien (ZGW II 1954); CARLRICHARD BRÜHL, Nochmals d. Datierung d. Tafelgüterverzeichnisses (DA XII 1956); K. A. ECKHARDT, Eschwege im Tafelgüterverzeichnis d. röm. Königs (Hess. JB für LG VI 1956); WOLFG. METZ, Das Tafelgüterverzeichnis d. röm. Königs . . . (Niedersächs. JB XXXII 1960). — K. GLÖCKNER, Ein Urbar d. rheinfränk. Reichsgutes (MIÖG XXXVIII 1920), Reichsgut im Rhein- u. Maingebiet (Arch. Hess. Gesch. NF XVIII 1934); RUD. KRAFT, Das Reichsgut im Wormsgau (1934), Das Reichsgut von Oppenheim (Hess. JB f. LG XI 1961); KARLHEINZ MASCHER, Reichsgut u. Komitat am Südharz im MA (1957).

23. Fiskalrechte: HEINR. FRHR. V. MINNIGERODE, Königszins, Königsgericht, Königsgastung (1928). — H. J. RIECKENBERG, Königsstraße u. Königsgut in liudolfing. u. frühsal. Zeit 919—1056 (AUF XVII 1942). — HEINR. TROE, Münze, Zoll u. Markt u. ihre finanzielle Bedeutung für d. Reich (1927); GEORG V. BELOW, Zur Raffelstädter Zollordnung (VSWG XVII 1924). — GERO KIRCHNER, Die Steuerliste von 1241, ein Beitrag zur Entstehung d. stauf. Königsterritoriums (ZRG G LXX 1953 S. 64—104); ALB. WERMINGHOFF, Die dt. Reichskriegssteuergesetze von 1422 (ZRG K V 1915).

24. Steiermark und Kärnten: FRITZ POSCH, Die Entstehung d. steir. Landesfürstentums (MIÖG LIX 1951); K. RAUCH, Die Erwerbung d. Herzogtums Steiermark durch d. Babenberger (ZRG G XXXVIII 1917 S. 269—299), Die Übertragung d. steir. Allode an das österreich. Herzogsgeschlecht d. Babenberger, eine Erbvergabung durch Scheinverkauf (ZRG G LVIII 1938 S. 448—477). — K. TORGGLER, Zur Auslegung d. Schwabenspiegeleinschubes über d. Rechte d. Herzogs von Kärnten (ZRG G LX 1940 S. 291—300); K. RAUCH, Die Kärntner Herzogseinsetzung, nach alemann. Handschriften (Festschr. für Zycha 1941 S. 173—232); P. PUNTSCHART, Einige Ergänzungen zur kritischen Literatur über d. bäuerl. Herzogseinsetzung in Kärnten (ZRG G LXV 1947 S. 337—344).

25. Schweizer Eidgenossenschaft: ULR. STUTZ, Die Schweiz in d. dt. RG (SB Berlin 1920). — H. FEHR, Die Entstehung d. Schweizer. Eidgenossenschaft (Bern 1929); BRUNO MEYER, Die ältesten eidgenöss. Bünde (1938); K. MEYER, Der Ursprung d. Eidgenossenschaft (1941), Aufsätze u. Reden (Zürich 1952); HAROLD STEINACKER, Die Habsburger u. d. Ursprung d. Eidgenossenschaft (MIÖG LXI 1953); AD. GASSER, Entstehung u. Ausbildung d. Landeshoheit im Gebiet d. Schweizer. Eidgenossenschaft (Aarau 1930); JOH. DIERAUER, Geschichte d. schweizer. Eidgenossenschaft I—V ($^{2/4}$1920—1926); H. NABHOLZ u. a., Geschichte d. Schweizer Eidgenossenschaft I u. II (1933); TH. MAYER, Die Entstehung d. Schweizer Eidgenossenschaft u. d. dt. Geschichte (DA VI 1943 S. 150—187). — LUDW. PEYER, Der Empfang d. Königs im mittelalterl. Zürich (Festschr. Largiadèr 1958). — ED. EICHHOLZER, Zur Geschichte u. Rechtsstellung d. zürcherischen Untervogtes (ZRG G XLIV 1924 S. 197—215).

26. Pfalzgrafen: MART. LINTZEL, Der Ursprung d. dt. Pfalzgrafschaften (ZRG G XLIX 1929 S. 233—263); ER. HEINZE, Entwicklung d. Pfalzgrafschaft Sachsen (Sachsen u. Anhalt I 1925); R. AHLFELD, Die Herkunft d. sächs. Pfalzgrafen (Hofmeister-Festschr. 1955); RUTH GERSTNER, Die Geschichte d. lothring. u. rhein. Pfalzgrafen (1941); G. DROEGE, Pfalzgrafschaft, Grafschaften u. allodiale Herrschaften zw. Maas u. Rhein in sal.-stauf. Zeit (Rhein. VjBl. XXVI 1961).

27. Kanzlei: MAX BUCHNER, Zur Interpretation d. ,,palatinus regalis aulae“ (ZRG G XXXV 1914 S. 441—447). — SIEGFR. GÖRLITZ, Beiträge zur Geschichte d. königl. Hofkapelle im Zeitalter d. Ottonen u. Salier (1936); H. M. SCHALLER, Die stauf. Hofkapelle im Königreich Sizilien (DA XI 1954/55). — A. J. WALTER, Die dt. Reichskanzlei während d. Endkampfes zwischen Staufen u. Welfen (1938).

28. Krönung: ALOYS SCHULTE, Die Kaiser- u. Königskrönungen zu Aachen 813—1531 (1924). — P. E. SCHRAMM, Die Ordines d. mittelalterl. Kaiserkrönung (AUF XI 1930, XV 1938; ZRG K LIV—LVII, 1934—1937; DA I 1937), Geschichte des engl. Königstums im Lichte der Krönung (1937), Der König von Frankreich d. Wesen d. Monarchie vom 9. bis zum 16. Jahrh. I u. II (1939, ^{2}1960), Der König von Navarra 1035—1512, mit einem Anhang: Die Baskischen Provinzen in ihrem Verhältnis zu d. Königen von Navarra u. Kastilien (ZRG G LXVIII 1951 S. 110—210).

29. Das Reich des deutschen Mittelalters: P. KIRN, Polit. Geschichte d. dt. Grenzen (^{2}1938); W. SCHLESINGER, West u. Ost in d. dt. Verfassungsgeschichte d. MA (Festg. Kirn 1961). — W. KIENAST, Deutschland u. Frankreich in d. Kaiserzeit (1943); ANNA HEDW. BENNA, Der Kaiser u. d. König von Frankreich im Recht d. später. MA (ZRG G LXVIII 1951 S. 397—410); W. KIENAST, Die dt. Fürsten im Dienste d. Westmächte I u. II, 1 (1924, 1931); LOTTE HÜTTEBRÄUKER, Cambrai, Deutschland u. Frankreich 1308—1378, Untersuchungen zum Kampf um d. dt. Westgrenze (ZRG G LIX 1939 S. 88—135). — AD. HOFMEISTER, Deutschland u. Burgund im frühen MA (1914); ULR. STUTZ, Schwäb. u. burgund. Recht im Kampf um d. Vormundschaft über Anna von Kiburg (Festschr. Welti 1937); RUD. HOKE, Die Freigrafschaft Burgund, Savoyen u. d. Reichsstadt Besançon im Verbande d. mittelalterl. dt. Reiches (ZRG G LXXIX 1962 S. 106—194). — W. REESE, Die Niederlande u. d. Dt. Reich (1942). — HERM. AUBIN, Rechtsgeschichtl. Betrachtungen zum Nordseeraum (ZRG G LXXII 1955 S. 1—33); AD. HOFMEISTER, Der Kampf um d. Ostsee vom 9. bis 12. Jahrh. (1931); ROB. HOLTZMANN, Aufsätze zur dt. Geschichte im Mittelelberaum (1962); ER. KEYSER, Geschichte d. dt. Weichsellandes (^{2}1940). — HELLM. RÖSSLER, Mittel- u. Ostdeutschland im nationalen

Schicksal (Steinacker-Festg. 1955); W. HÜLLE, Westausbreitung u. Wehranlagen d. Slawen in Mitteldeutschland (1940); HERM. AUBIN, Die Ostgrenze d. alten dt. Reichs (Hist. Vjschr. XXVIII 1934); K. HAMPE, Der Zug nach d. Osten (1935); HERM. AUBIN, Deutschland u. d. Osten (Z ges StW C 1940); R. KÖTZSCHKE, Die dt. Marken im Sorbenland (Festschr. für Seeliger 1920); R. KÖTZSCHKE/WOLFG. EBERT, Geschichte d. ostdt. Kolonisation (1937, [2]1944); K. KASISKE, Das Dt. Siedelwerk d. MA in Pommerellen (1938); RAIM. FRIEDR. KAINDL, Zur Geschichte d. dt. Rechtes im Osten (ZRG G XL 1919 S. 275—280); FRIEDR. SCHILLING, Ursprung u. Frühzeit d. Deutschtums in Schlesien u. im Land Lebus (1938). — BERTH. BRETHOLZ, Geschichte Böhmens u. Mährens I—IV (1921—1924); WILH. WEGENER, Böhmen/Mähren u. d. Reich im Hochmittelalter (1959); O. PETERKA, Rechtsgeschichte d. böhmischen Länder I (1928) u. II (1933). — FRIEDR. SCHNEIDER, Die neueren Anschauungen über d. dt. Kaiserpolitik d. MA ([5]1942); H. HOSTENKAMP, Die mittelalterl. Kaiserpolitik in d. dt. Historiographie (1934); FRIEDR. BAETHGEN, Die italien. Kaiserpolitik d. MA (1927); GERTR. DEIBEL, Die finanzielle Bedeutung Reichs-Italiens für die stauf. Herrscher d. zwölften Jahrh. (ZRG G LIV S. 134—177); FRITZ KERN, Der dt. Staat u. d. Politik d. Römertums (1928); W. GOETZ, Römer u. Italiener (Kronprinz-Rupprecht-Festg. 1953); HEINR. SCHMIDINGER, Patriarch u. Landesherr, d. weltliche Herrschaft d. Patriarchen von Aquileja bis zum Ende der Staufer (1954); ED. STHAMER, Aufgaben d. Geschichtsforschung in Unteritalien mit besond. Berücksichtigung d. mittelalterl. Verfassungs- u. Verwaltungsgeschichte (ZRG G XLVI 1926 S. 132—162). — FRIEDR. BAETHGEN, Europa im Spätmittelalter, Grundzüge seiner polit. Entwicklung (1951); GEOFFR. BARRACLOUGH, The origins of modern Germany ([2]Oxford 1947; deutsch von FRIEDR. BAETHGEN, Die mittelalterl. Grundlagen des modernen Deutschland 1953); FRIEDR. HEER, Zur Kontinuität d. Reichsgedankens im Spätmittelalter (MIÖG LVIII 1950); ALB. WERMINGHOFF, Zur Lehre von d. Erbmonarchie im 14. Jahrh. (Hist. Vjschr. XX 1922). — HERM. KRAUSE, Kaiserrecht u. Rezeption (1952). — WILLY ANDREAS, Deutschland vor d. Reformation ([4]1943). — FRANZ DÖLGER, Byzanz u. d. Westreich (DA VIII 1951); K. J. HEILIG, Ostrom u. d. Dt. Reich (1944). — HEINR. MITTEIS, Politische Verträge im MA (ZRG G LXVII 1950 S. 76—140).

30. Gottesfrieden und Landfrieden: H. HOFFMANN, Gottesfriede u. Treuga Dei (1964); JOACH. GERNHUBER, Staat u. Landfrieden im dt. Reich des MA (Recueils de la société Jean Bodin XV, 2, Brüssel 1961); H. ANGERMEIER, Königtum u. Landfrieden im dt. Spätmittelalter (1966). — C. VAN CAENEGEM, La paix publique dans les Iles britanniques du XIe au XVIIIe siècle (Recueils de la société Jean Bodin XV, 2, Brüssel 1961); WIEBKE V. THADDEN-FESEFELDT, Engl. Staatstheorie d. 13. Jahrh. (1962); RALPH E. GIESEY, The juristic basis of dynastic right to the french throne (Philadelphia 1961).

31. Adelsherrschaft: O. FRHR. V. DUNGERN, Adelsherrschaft im MA (1927); HEINR. MITTEIS, Formen d. Adelsherrschaft im MA (Fritz Schulz-Festschr. 1951); H. K. SCHULZE, Adelsherrschaft u. Landesherrschaft ... im hohen MA (1963); H. LIEBERICH, Landherren u. Landleute, zur polit. Führungsschicht Bayerns im MA (1966). — ALOYS SCHULTE, Der Adel u. d. dt. Kirche im MA ([2]1922, [3]1958).

32. Territorien: GERH. LÄWEN, Stammesherzog u. Stammesherzogtum (1935); H. WERLE, Titelherzogtum u. Herzogsherrschaft (ZRG G LXXIII 1956 S. 225—299). — B. SCHMEIDLER, Franken u. d. Dt. Reich im MA (1930); EDM. STENGEL, Der Stamm d. Hessen u. d. Herzogtum Franken (Heymann-Festschr. I 1940); K. BOSL, Aus d. Anfängen d. Territorialstaates in Franken (JB f. fränk.

Landesforschung XXII 1962); GÜNTH. SCHMIDT, Das würzburg. Herzogtum (1913); ER. SCHRADER, Vom Werden u. Wesen d. würzburg. Herzogtums Franken (ZRG G LXXX 1963 S. 27—81); ER. FRHR. V. GUTTENBERG, Die Territorienbildung am Obermain (1927). — W. SCHLESINGER, Mitteldt. Beiträge zur dt. Verfassungsgeschichte des MA (1961); H. PATZE, Die Entstehung d. Landesherrschaft in Thüringen I (1962); H. PATZE / W. SCHLESINGER, Geschichte Thüringens III (1967); HERB. HELBIG, Der wettinische Ständestaat (1955). — LEOP. GENICOT, Noblesse et principautés en Lotharingie des XIe au XIIIe siècle (Louvain 1961); EUG. EWIG, Zum lothring. Dukat d. Kölner Erzbischöfe (Festschr. Steinbach 1960); HERM. AUBIN, Die Entstehung d. Landeshoheit nach niederrhein. Quellen (1920); FRITZ ZIMMERMANN, Die Weistümer u. d. Ausbau d. Landeshoheit in d. Kurpfalz (1937). — ER. MASCHKE, Das Geschlecht d. Staufer (1943); HEINR. MITTEIS, Zur stauf. Verfassungsgeschichte (ZRG G LXV 1947 S. 316—337); H. WERLE, Staufische Hausmachtpolitik im 12. Jahrh. (ZGORh CX 1962); HEINR. BÜTTNER, Staufer u. Zähringer im polit. Kräftespiel zw. Bodensee u. Genfer See (Mitt. d. Antiquar. Ges. Zürich 1961); TH. MAYER, Der Staat d. Herzöge von Zähringen (1935); K. S. BADER, Der dt. Südwesten in seiner territorialstaatl. Entwicklung (1950), Territorienbildung u. Landeshoheit (BlDLG XC 1953); TH. MAYER, Analekten zum Problem d. Entstehung d. Landeshoheit, vornehml. in Süddeutschl. (BlDLG LXXXIX 1952). — LOTTE HÜTTEBRÄUKER, Das Erbe Heinrichs d. Löwen (1927); RUTH HILDEBRAND, Der sächs. ,,Staat" Heinrichs d. Löwen (1937); GERH. LÄWEN, Die herzogl. Stellung Heinrich d. Löwen in Sachsen (1937); K. A. ECKHARDT, Heinrich d. Löwe an Werra u. Oberweser (^{2}1958); ALB. HÖMBERG, Westfalen u. d. sächs. Herzogtum (1963); E. BOCK, Der Kampf um d. Landfriedenshoheit in Westfalen u. d. Freigerichte bis zum Ausgang d. 14. Jahrh. (ZRG G XLVIII 1928 S. 379—441). — MAX SPINDLER, Die Anfänge d. bayer. Landesfürstentums (1937); O. STOLZ, Zur Entstehung u. Bedeutung d. Landesfürstentums im Raume Bayern-Österreich-Tirol (ZRG G LXXI 1954 S. 339—353); TH. MAYER, Das österreich. Privilegium minus (Mitt. d. Oberösterr. Landesarchivs V 1957); Die Würzburger Herzogsurkunde von 1168 u. d. österr. Privilegium minus (Festschr. Steinbach 1961); O. STOLZ, Zur Geschichte d. Landeshoheit im Unterengadin u. in Tirol (ZRG G XLIX 1929 S. 439—449); ALFR. HOFFMANN u. a., Probleme d. Entstehung d. Landes ob d. Enns (Mitt. d. Oberösterr. Landesarchivs VII 1960); H. ER. FEINE, Die Territorialbildung d. Habsburger im dt. Südwesten vornehml. im späten MA (ZRG G LXVII 1950 S. 176—308); ALF. DOPSCH, Die Landesherrlichkeit in Österreich (VSWG XX 1928); O. H. STOWASSER, Zwei Studien zur österreich. Verfassungsgeschichte (ZRG G XLIV 1924 S. 114—167); O. STOLZ, Die Staatsverträge d. österr. Landesfürsten im 13. u. 14. Jahrh. (MIÖG LVIII 1950). — MANFR. STIMMING, Die Entstehung d. weltl. Territoriums d. Erzbistums Mainz (1915); G. GLAESKE, Die Erzbischöfe von Hamburg-Bremen als Reichsfürsten 937—1258 (1962); W. SCHMIDT-EWALD, Entstehung d. weltl. Territoriums d. Bistums Halberstadt (1916); H. W. KLEWITZ, Studien zur territorialen Entwicklung d. Bistums Hildesheim (1932); JOS. PRINZ, Das Territorium d. Bistums Osnabrück (1934); HILDEGARD FRIEMANN, Die Territorialpolitik d. münster. Bischofs Ludwig von Hessen 1310—1357 (1937); LUDW. SCHMITZ-KALLENBERG, Die Landstände d. Fürstbistums Münster (Westf. Ztschr. XCII 1936). — ALBR. ECKHARDT, Der Lüneburger Kanzler Balth. Klammer u. sein Compendium juris (1964). — ER. CASPAR, Hermann von Salza u. d. Gründung d. Deutschordensstaats (1924); EDM. E. STENGEL, Hochmeister u. Reich, d. Grundlagen d. staatsrechtl. Stellung d. Deutschordenslandes (ZRG G LVIII 1938 S. 178—213). — TH. MAYER, Über Entstehung u.

Bedeutung d. älter. dt. Landgrafschaften (ZRG G LVIII 1938 S. 138—162). — URSULA SCHEIL, Zur Genealogie d. einheim. Fürsten von Rügen (1962). — TH. ILGEN, Das Herzogtum Cleve I (1921); WILLY MOORMEYER, Die Grafschaft Diepholz (1938); MARGARETE FRISCH, Die Grafschaft Mark (1937). — ANTONIE MOCK, Die Entstehung d. Landeshoheit d. Grafen von Wirtemberg (1926). — H. MÖLLER, Studien zur RG d. „Schauenburgischen Lande" in Holstein (1939). — GEWIN/HULSHOFF/VAN SCHILFGAARDE, Geschiedenis der Graven van Limburg Stirum I, 2, II, 1—3, III, 1—3 (Assen 1961—1963); C. PÖHLMANN, Regesten d. Grafen von Zweibrücken (1962); FRIEDR. UHLHORN, Geschichte d. Grafen Solms im MA (1931); GERD HEINRICH, Die Grafen von Arnstein (1961); W. SCHLESINGER, Die Landesherrschaft d. Herren v. Schönburg (1954). — O. STOLZ, Die Landstandschaft d. Bauern in Tirol (Hist. Vjschr. XXVIII 1933, XXIX 1934); BRANDT, Der Kampf d. bremischen Marschbauern um ihre landständ. Rechte (Stader Arch. NF XXVII 1937); G. M. AGENA, Eine Studie über d. verfassungs- u. verwaltungsrechtl. Verhältnisse d. Norderlandes im 13. u. 14. Jhrh. (1962).

C. KIRCHENRECHT

1. Grundlegend: PAUL HINSCHIUS, System d. kathol. Kirchenrechts mit besond. Rücksicht auf Deutschland I—VI, 1 (1869/97). — EDG. LOENING, Geschichte d. dt. Kirchenrechts I u. II (1878). — RUD. SOHM, Kirchenrecht I (1892), II (1923), — ULR. STUTZ, Kirchenrecht (in HOLTZENDORFF/KOHLERS Enzyklopädie II ²1914). — ALB. WERMINGHOFF, Verfassungsgeschichte d. dt. Kirche im MA (in Teubners Grundrissen 1907, ²1913). — HANS ERICH FEINE, Kirchliche Rechtsgeschichte I (1950, ⁴1964). — GOD. JOS. EBERS, Grundriß d. kathol. Kirchenrechts: Rechtsgeschichte u. System (1950). — WILLIB. M. PLÖCHL, Geschichte d. Kirchenrechts I (1953), II (1955). — ADALB. ERLER, Kirchenrecht (²1957). — Zu vergleichen: ALB. HAUCK, Kirchengeschichte Deutschlands ⁴I—IV (1904/13), ²V (1911/20); HANS V. SCHUBERT, Geschichte d. christl. Kirche im FrühMA I, 1 (1917), I, 2 (1921), sowie in HOOPS' Reallexikon I (1911/13) S. 218—232; B. KAHLE ebd. S. 232—243; WALTER BAETKE, Religion u. Politik in d. Germanenbekehrung (1937), Die Aufnahme d. Christentums durch d. Germanen (Die Welt als Geschichte 1944 S. 143 ff.); HANS KUHN, Das nordgerm. Heidentum in d. ersten christl. Jahrhunderten (ZDA LXXIX 1942 S. 133ff.).

2. Staat und Kirche: H. V. SCHUBERT, Zur Germanisierung d. Christentums (Festgabe für Harnack 1921); K. D. SCHMIDT, Die Germanisierung d. Christentums im frühen MA (Jb d. dt. evang. Heidenmission 1934 S. 1—20). — H. E. FEINE, Vom Fortleben d. röm. Rechtes in d. Kirche (ZRG K LXXIII 1956); K. VOIGT, Staat u. Kirche von Konstantin d. Gr. bis zum Ende d. Karolingerzeit (1936); H. V. SCHUBERT, Staat u. Kirche in d. röm. Königreichen u. im Staate Chlodwigs (1922); EUG. EWIG, Kirche u. Civitas in d. Merowingerzeit (Le Chiese nei regni dell'Europa Occidentale, Spoleto 1960). — H. WÜRDINGER, Einwirkungen d. Christentums auf d. angelsächs. Recht (ZRG G LV 1935 S. 105—130). — JOS. LORTZ, Bonifatius u. d. Grundlegung d. Abendlandes (1954); TH. SCHIEFFER, Winfried-Bonifatius u. d. Grundlegung Europas (1954); ER. CASPAR, Pippin u. d. röm. Kirche (1914); F. L. GANSHOF, L'Église et le pouvoir royal sous Pépin III et Charlemagne (Le Chiese nei regni dell' Europa Occidentale, Spoleto 1960); HEINR. BÜTTNER, Frühmittelalterl. Christentum u. Fränk. Staat zw. Hochrhein u. Alpen (1961). — HERM. NOTTARP, Die Bistumserrichtung in Deutschland im 8. Jahrh. (1920); P. HIERON. FRANK, Die Klosterbischöfe d. Frankenreichs (1932); LEO UEDING, Geschichte d. Klostergründungen d. frühen Merovingerzeit (1935); K. H. GANAHL, Studien zur Verfassungsgeschichte d. Klosterherrschaft St. Gallen (1931); ROLF SPRANDEL, Das Kloster St. Gallen in d. Verfassung d. karol. Reiches (Forschungen zur oberrhein. LG VII 1958). — H. ZIMMERMANN, Papstabsetzungen d. MA I: Die Zeit der Karolinger (MIÖG LXIX 1961). — WERN. OHNSORGE, Die Konstantinische Schenkung, Leo III. u. d. Anfänge d. kurialen römischen Kaiseridee (ZRG G LXVIII 1951 S. 78—109); RUTH BORK, Zu einer neuen These über d. Konstantin. Schenkung (Hofmeister-Festschr. 1955); HORST FUHRMANN, Konstantinische Schenkung u. Silvesterlegende in neuer Sicht (DA XV 1959). — JOH. SCHUR, Königtum u. Kirche im ostfränk. Reich (1931).

3. Kaiser und Papst: LEO SANTIFALLER, Zur Geschichte d. otton.-salischen Reichskirchensystems (Abh. Wien CCXXIX, 1 1954, ²1964); H. L. MIKOLETZKY, Kaiser Heinrich II. u. d. Kirche (1946). — HAL KOCH, Danmarks Kirke i den begyndende Højmiddelalder I (Københ. 1936). — KASS. HALLINGER, Zur geistigen Welt d. Anfänge Klunys (DA X 1953/54); GERD TELLENBACH, Libertas, Kirche u. Weltordnung im Zeitalter d. Investiturstreits (1936); GERH. KALLEN, Der Investiturstreit als Kampf zwischen german. u. roman. Denken (1937); JOS. SZÖVÉRFFY, Der Investiturstreit u. d. Petrus-Hymnen des MA (DA XIII 1957); E. KLEBEL, Alemann. Hochadel im Investiturstreit (Vorträge I 1955); EUG. SÖHNGEN, Die Bestätigungen d. dt. Königswahl durch Papst Gregor VII. (1936). — LOTTE KNABE, Die gelasian. Zweigewaltentheorie bis zum Ende d. Investiturstreits (1936); WILH. LEVISON, Die mittelalterl. Lehre von d. beiden Schwertern (DA IX 1952); HARTM. HOFFMANN, Die beiden Schwerter im hohen MA (DA XX 1964). — TH. SCHIEFFER, Nochmals d. Verhandlungen von Mouzon 1119 (Stengel-Festschr. 1952); AD. HOFMEISTER, Das Wormser Konkordat (Festschr. für Schäfer 1915). — ALEX. CARTELLIERI, Der Vorrang d. Papsttums zur Zeit d. ersten Kreuzzüge (1941); ED. EICHMANN, Die Adoption d. dt. Königs durch d. Papst (ZRG G XXXVII 1916 S. 291—312); FRIEDR. BAETHGEN, Der Anspruch d. Päpste auf d. Reichsvikariat (ZRG K X 1920); ALF. M. STICKLER, Imperator vicarius Papae (MIÖG LXII 1954); ROB. HOLTZMANN, Der Kaiser als Marschall des Papstes (1928); K. VOIGT, Das Problem „Staat u. Kirche" im Hoch- u. Spätmittelalter (Welt als Gesch. V 1939). — H. BAUER, Das Recht d. ersten Bitte bei d. dt. Königen (1919). — GERD TELLENBACH, Röm. u. christl. Reichsgedanke in d. Liturgie d. frühen MA (SB Heidelberg I 1934); FRIEDR. KEMPF, Papsttum u. Kaisertum bei Innocenz III. (Miscellanea historiae pontificae XIX 1954); HELENE TILLMANN, Zur Frage d. Verhältnisses von Kirche u. Staat in Lehre u. Praxis Papst Innocenz' III. (DA IX 1952), Papst Innocenz III. (1954); LEO SANTIFALLER u. a., Studien u. Vorarbeiten zur Edition d. Register Papst Innocenz' III. (MIÖG LXV 1957); FRIEDR KEMPF, Die zwei Versprechen Ottos IV. an d. röm. Kirche 1200—1201 (Stengel-Festschr. 1952). — EDM. STENGEL, Avignon u. Rhens (1930); GIOV. DE VERGOTTINI, Il papato e la comitinanza nello stato della chiesa (1953); JEAN GAUDEMET, Le rôle de la papauté dans le règlement des conflits entre états aux XIIIe et XIVe siècles (Recueils e la société Jean Bodin XV, 2, Brüssel 1961). — HERM. HEIMPEL, Regensburger Berichte vom Konstanzer Konzil (Festschr. Hugelmann I 1959).

4. Kirchliches Verfassungsrecht: TH. MAYER, Die Anfänge des Bistums Bamberg (Stengel-Festschr. 1952); MARC. BECK u. HEINR. BÜTTNER, Die Bistümer Würzburg u. Bamberg in ihrer Bedeutung für d. Geschichte d. dt. Ostens (1937);

Ludmil Hauptmann, Das Regensburger Privileg von 1086 für d. Bistum Prag. (MIÖG LXII 1954). — Willy Krogmann, Zur Überlieferung d. Bischofssühne (ZRG G LXXVI 1959 S. 338—343). — Verena Labhart, Zur Rechtssymbolik d. Bischofsrings (Köln/Graz 1963). — Arn. Pöschl, Die Regalien d. mittelalterl. Kirche (1928); Heinr. Fel. Schmid, Der Gegenstand d. Zehntstreites zwischen Mainz u. d. Thüringern im 11. Jahrh. u. d. Anfänge d. decima constituta in ihrer kolonisationsgeschichtl. Bedeutung (ZRG G XLIII 1922 S. 267—300).

5. Kirchliche Gerichtsbarkeit: Franz Gescher, Das Offizialat d. Erzbischöfe von Köln (Ann. d. hist. Ver. f. d. Niederrhein CXV 1929), Der kölnische Dekanat u. Archidiakonat (1919); B. Panzram, Die Anfänge d. schles. Archidiakonate (1936). — K. Stenzel, Die geistl. Gerichte zu Straßburg (ZGORh LXVIII 1914, LXIX 1915); Just. Hashagen, Zur Charakteristik d. geistl. Gerichtsbarkeit (ZRG K VI 1916); Leonh. Frohn, Das Sendgericht in Aachen (1913). — H. Barion, Das fränk.-dt. Synodalrecht d. frühen MA (1931); Franz Gescher, Synodales (ZRG K LX 1940).

6. Immunität und Vogtei: Ém. Lesne, Histoire de la propriété ecclésiastique en France I—VI (Paris 1910—1943). — Konr. Hofmann, Die engere Immunität in d. dt. Bischofsstädten (1914); H. Hirsch, Die Klosterimmunität seit d. Investiturstreit (1913), vgl. Die hohe Gerichtsbarkeit im dt. MA (1922, [2]Th. Mayer 1958). — Ad. Waas, Vogtei u. Bede I u. II (1919—1923) [Dazu Planitz, ZRG G XLI S. 421, XLII S. 462]; E. F. Otto, Die Entwicklung d. dt. Kirchenvogtei im 10. Jahrh. (1933); Gerh. Kallen, Das Gandersheimer Vogtweistum von 1188 (1927).

7. Eigenkirche: Ulr. Stutz, Die Eigenkirche (Sonderausgabe Libelli XXVIII 1955), Papst Alexander III. gegen die Freiung langobard. Eigenkirchen (1936); H. E. Feine, Studien zum langobard.-ital. Eigenkirchenrecht (ZRG K LXI—LXIII 1941—1943), Ursprung, Wesen u. Bedeutung des Eigenkirchentums (MIÖG LVIII 1950).

8. Kirchspiel: K. Haff, Die Urpfarreien in Ostschwaben als Markgenossenschaften u. Siedlungsverbände (ZRG G LXV 1947 S. 284—297); Heinz Stoob, Dithmarschens Kirchspiele im MA (Zeitschr. Schlesw.-Holstein. Geschichte LXXVII 1953). — Jos. Höffner, Bauer u. Kirche im dt. MA (1939). —Alfr. Schultze, Stadtgemeinde u. Kirche im MA (Festg. Sohm 1914); K. Frölich, Kirche u. städt. Verfassungsleben im MA (ZRG K XXII 1933); Joh. Dorn, Der Ursprung der Pfarreien u. die Anfänge des Pfarrwahlrechts im mittelalterl. Köln (ZRG K V 1915); Konr. Beyerle, Die Pfarrverbände d. Stadt Köln im MA u. ihre Funktionen im Dienst d. weltl. Rechts (Jb d. Görres-Ges. 1929/30 S. 3—14); Em. Reicke, Stadtgemeinde u. Stadtpfarrkirchen der Reichsstadt Nürnberg (MVG Nürnberg XXVI 1925). — Alfr. Schultze, Stadtgemeinde u. Reformation (1918). — P. Johansen, Die Kaufmannskirche im Ostseegebiet (Vorträge IV 1958).

9. Spital: Siegfr. Reicke, Das deutsche Spital u. sein Recht im MA I u. II (1932).

10. Universität: Gerh. Ritter, Die Heidelberger Universität I: Das MA (1936); Gotth. Bohne, Die jurist. Fakultät der alten Univers. Köln in den beiden ersten Jahrhunderten ihres Bestehens (1938).

D. LANDRECHT

1. Namen als Geschichtsquelle: Eug. Rosenstock, Unser Volksname Deutsch u. d. Aufhebung d. Herzogtums Bayern (Mitt. d. Schles. Ges. f. Volkskunde XXIX 1928 S. 1—66); Joh. Leo Weisgerber, þeudisk, d. dt. Volksname u. d. westl. Sprachgrenze (1940), Der Sinn d. Wortes „Deutsch" (1949); Franz Specht, Zu dem Wort „Deutsch" (ZDA LXXVIII 1941). — Edw. Schröder, Deutsche Namenkunde (^{2}L. Wolff 1944); Eberh. Frhr. v. Künssberg, Flurnamen u. RG (1936); H. Krahe, Ortsnamen als Geschichtsquelle (1949); K. Bohnenberger, Frühalamann. Landstrichnamen (ZWürttLG VII 1943, ZGORh XCV 1943); Fritz Langenbeck, Untersuchungen über Wesen u. Eigenart d. Ortsnamen (ZGORh XCIX 1951). — Ludw. Leiss, Der Hundertschaftsrichter in baier. Ortsnamen (ZRG G LIII 1933 S. 277—287); E. Christmann, Von Gaudingstatt u. Hundo (Hunno) in Bodennamen zwischen Rhein u. Saar (ZRG G LXX 1953 S. 312—320).

2. Siedlungsgeschichte: H. Zeiss, Die german. Grabfunde zw. mittlerer Seine u. Loiremündung (FF XIX 1943); Franz Petri, German. Volkserbe in Wallonien u. Nordfrankreich (1937); Hektor Amman, Die französ. Südostwanderung im Rahmen d. mittelalterl. französ. Wanderungen (Steinacker-Festg. 1955). — Sigm. Riezler, Die Landnahme d. Baiuwaren (SB München 1920); Nik. Grass, Zur Kontinuität im bäuerlichen Rechte d. Alpenländer (ZRG G LXVI 1948 S. 516 bis 524); Wilh. Erben, Dt. Grenzaltertümer aus d. Ostalpen (ZRG G XLIII 1922 S. 1—65); Rich. Heuberger, Rätien im Altertum u. Frühmittelalter (1933). — Rud. Kötzschke, Die Anfänge d. dt. Rechtes in der Siedlungsgeschichte d. Ostens (SB Leipzig 1941); Jos. Pfitzner, Besiedlungs-, Verwaltungs- u. Verfassungsgeschichte d. Breslauer Bistumslandes I (1926); Th. Goerlitz, Das fläm. u. d. fränk. Recht in Schlesien u. ihr Widerstand gegen d. sächs. Recht (ZRG G LVII 1937 S. 138—181). — Wilh. Ebel. Das Ende d. fries. Rechts in Ostfriesland (1961). — Ulr. Stutz, Rechtshistorisches in u. zu d. „Ackermann aus Böhmen" (ZRG G XLI 1920 S. 388—390).

3. Wirtschaftsgeschichte: K. Helleiner, Europas Bevölkerung u. Wirtschaft im später. MA (MIÖG LXII 1954); Georg v. Below, Probleme d. Wirtschaftsgeschichte (1920); Heinr. Bechtel, Wirtschaftsstil d. dt. Spätmittelalters (1930); Th. Ilgen, Die Grundlagen d. mittelalterl. Wirtschaftsverfassung am Niederrhein (W.Z. XXXIII 1913). — Horst Wagenführ, Über altnord. Gesellschafts- u. Wirtschaftsauffassung (ZgesStW XCV 1935 S. 413—439).

4. Agrargeschichte: K. Wührer, Beiträge zur ältesten Agrargeschichte d. german. Nordens (1935). [dazu K. Haff, HZ CLV 1936 S. 98—107]. — Georg v. Below, Geschichte d. dt. Landwirtschaft d. MA (1937, ^{2}Lütge 1966); Friedr. Lütge, Die Agrarverfassung d. frühen MA im mitteldt. Raum, vornehml. in der Karolingerzeit (1937), Geschichte d. dt. Agrarverfassung vom frühen MA bis zum 19. Jahrh. (1963); Louis Halphen, L'agriculture et la propriété rurale dans l'empire carolingien (Paris 1921); Aug. Dumas, La grande et la petite propriété à l'époque carolingienne (RHDF L 1926); Silv. Hofbauer, Die Ausbildung d. großen Grundherrschaften im Reich d. Merowinger (Brünn 1927); Schill-Krämer, Ländl. Grundbesitz in d. Karolingerzeit (VSWG XVII 1924); Barthel Huppertz, Räume u. Schichten bäuerl. Kulturformen in Deutschland (1939). — Wilh. Abel, Agrarkrisen u. Agrarkonjunktur in Mitteleuropa vom 13. bis zum 19. Jahrh. (1935), Preis, Lohn u. Agrargeschichte (Festschr. G. Franz 1967), Die Wüstungen d. ausgehenden MA (1943, ^{2}1955). — Wolfg. Ebert, Ländl. Siedelformen im dt. Osten

(1937); FRIEDR. LÜTGE, Die mitteldt. Grundherrschaft ([2]1957); ERNA SCHILL-KRÄMER, Ländl. Grundbesitz (VSWG XVII 1924); A. KLAAR, Siedlungstechn. Grundzüge (JB LK Niederösterr. NF XXIX 1948); KARLHEINZ BLASCHKE, Zur Siedlungs- u. Bevölkerungsgeschichte d. Oberlausitz (Oberlausitzer Forschungen 1961); W. BRANDT, Marschbauern (Stader Archiv NF XXVII 1937); KARLHEINZ BLASCHKE, Grundzüge u. Probleme einer sächs. Agrarverfassungsgeschichte (ZRG G LXXXII 1965 S. 223—287); FRANZ STEINBACH, Beiträge zur bergischen Agrargeschichte (1922).

5. Grafschaft: R. KLOSS, Das Grafschaftsgerüst d. dt. Reiches im 10. Jahrh. (1940); WOLFG. METZ, Bemerkungen über Provinz u. Gau in d. karolingischen Verfassungs- u. Geistesgeschichte (ZRG G LXXIII 1956 S. 361—372); DIETR. CLAUDE, Untersuchungen zum frühfränk. Comitat (ZRG G LXXXI 1964 S. 1—79); ROLF SPRANDEL, Bemerkungen zum frühfränk. Comitat (ZRG G LXXXII 1965 S. 288—291). — WOLFG. HESSLER, Mitteldeutsche Gaue d. frühen u. hohen MA (1957); WOLFG. METZ, Studien zur Grafschaftsverfassung Althessens im MA (ZRG G LXXI 1954 S. 167—208); ALB. BAUER, Gau u. Grafschaft in Schwaben (1927); H. KALISCH, Die Grafschaft u. d. Landgericht Hirschberg (ZRG G XXXIV 1913 S. 141—194).

6. Hundertschaft: ERNST MAYER, Hundertschaft u. Zehntschaft (1916); HEINR. DANNENBAUER, Hundertschaft, Centena u. Huntari (HJb LXII/LXIX 1949); FRANZ STEINBACH, Hundertschar, Centena u. Zentgericht (RheinVbl XV/XVI 1950/51); TH. MAYER, Staat u. Hundertschaft in fränk. Zeit (RheinVbl. XVII 1952); WOLFG. METZ, Zur Geschichte d. fränkischen centena (ZRG G LXXIV 1957 S. 234—241). — K. KOLLNIG, Die Zenten in d. Kurpfalz (ZGORh. NF XLIX 1936); K. KROESCHELL, Die Zentgerichte in Hessen u. d. fränk. Centene (ZRG G LXXIII 1956 S. 300—360), [dazu CLAUS CRAMER, Neue Thesen zur althess. Verfassungsgeschichte (Hess. Jahrbuch für Landesgeschichte VIII 1958 S. 246—292)]; E. MAYER, Die Hundertschaft, insbes. nach ostniederländ. Recht (ZRG G XLVI 1926 S. 290 bis 330); OLOF S. ANDERSON, The English hundrednames (Lund 1934—1939); HEINR. GLITSCH, Der alamann. Zentenar u. sein Gericht (1917); K. KROESCHELL, Zur Entstehung d. sächs. Gogerichte (Festschr. Hugelmann I 1959); EWALD SCHMEKEN, Die sächs. Gogerichtsbarkeit im Raum zw. Rhein u. Weser (1961). — FRANZ BEYERLE, Zum Problem d. alamann. Baaren (ZRG G LXII 1942 S. 305—322); K. BOHNENBERGER, Zu d. Baaren (ZRG G LXIII 1943 S. 319—324); H. JÄNICHEN, Baar u. Huntari (Vorträge I 1955).

7. Dorf: N. P. GRAZIANSKIJ, Zur Auslegung d. terminus „villa" in d. Lex Salica (ZRG G LXVI 1948 S. 368—381). — K. S. BADER, Entstehung u. Bedeutung d. oberdt. Dorfgemeinde (1937), Studien zur RG d. mittelalterl. Dorfes I: Das mittelalterl. Dorf als Friedens- u. Rechtsbereich (1957; [2]1967) II: Dorfgenossenschaft u. Dorfgemeinde (1962); HERM. WIESSNER, Beiträge zur Geschichte d. Dorfes u. d. Dorfgemeinde in Österreich (Klagenfurt 1946); M. P. VAN BUIJTENEN, Het Friese dorp in de middeleeuwen rechtshistorisch verkend (Drachten 1961). — ERNST MAYER, Dorf-Geschlechtsverband (ZRG G XLI 1920 S. 375—376). — HERM. WIESSNER, Twing u. Bann (Wien 1935); K. S. BADER, Über Herkunft u. Bedeutung von Zwing u. Bann (ZGORh. NF L 1937); ULR. STUTZ, Zur Herkunft von Zwing u. Bann, ein Versuch (ZRG G LVII 1937 S. 289—354); HENRI DUBLED, La notion de ban en Alsace au moyen âge (RHDFE XXXIX 1961), Grundherrschaft u. Dorfgerichtsbarkeit im Elsaß (DA XVII 1961). — BERNH. POLL, Das Heimfallsrecht auf d. Grundherrschaften Österreichs (1925); K. H. QUIRIN, Herrschaft u.

Gemeinde nach mitteldt. Quellen (1952); PETER BLICKLE, Leibherrschaft als Instrument d. Territorialpolitik im Allgäu (Festschr. G. Franz 1967); GERH. BUCHDA, Untertanenpflicht, Frauenschwurgebärde u. ein paar ältere Rechtswörter in einem Meusebacher Gerichtsbuch (ZRG G LVII 1937 S. 468—474); K. H. GANAHL, Langen-Erchingen (Langdorf), ein Beitrag zur ländl. Verfassungsgeschichte (ZRG G LVIII 1938 S. 389—420). — GERH. BUCHDA, Eine Bemerkung zum Sachsenspiegel II Artikel 55 (ZRG G LXII 1942 S. 353—355); HARM WIEMANN, Der Heimbürge in Thüringen u. Sachsen (1962).

8. Mark: WILH. BERGDOLT, Badische Allmenden (1926); K. WEIMANN, Landesherr u. Allmende (1928). — K. H. GANAHL, Über d. Mark in d. älter. St. Galler Urkunden (ZRG G LX 1940 S. 197—251, LXI 1941 S. 21—70); MART. WELLMER, Zur Entstehungsgeschichte d. Markgenossenschaft: Der Vierdörferwald bei Emmendingen (1938); NIK. GRASS, Comaun Kastelrut (ZRG G LXXI 1954 S. 353—366).

9. Hufe: HEINR. FEL. SCHMID, Lehn = Hufe (ZRG G XLIV 1924 S. 289—291); FRIEDR. LÜTGE, Hufe u. Mansus (VSWG XXX 1937); H. TH. HOEDERATH, Hufe, Manse u. Mark in d. Quellen d. Großgrundherrschaft Werden am Ausgang d. Karolingerzeit (ZRG G LXVIII 1951 S. 211—233). — K. HAFF, Gewann-Aas (ZRG G XLII 1921 S. 465—466), Bofæ, Bol u. Hufe in d. dt.-dän. Grenzbezirken (Festschr. f. E. Mayer 1932 S. 111).

E. STADTRECHT

1. Städtewesen: FRANZ BEYERLE, Zur Typenfrage in d. Stadtverfassung (ZRG G L 1930 S. 1—114.) — FRIEDR. VITTINGHOFF, Zur Verfassung d. spätantiken „Stadt“ (Vorträge IV 1958); FERNAND VERCAUTEREN, Étude sur les Civitates de la Belgique Seconde (Brüssel 1934); H. PLANITZ, Römerstädte an Rhein u. Donau (Wien. Anz. 1946); HAR. V. PETRIKOVITS, Das Fortleben röm. Städte an Rhein u. Donau (Vorträge IV 1958). — EDITH ENNEN, Die europ. Stadt d. MA (1941); H. PLANITZ, Frühgeschichte d. dt. Stadt (ZRG G LXIII 1943 S. 1—91), Die dt. Stadtgemeinde (ZRG G LXIV 1944 S. 1—85), Die dt. Stadt im MA von d. Römerzeit bis zu d. Zunftkämpfen (1954); EDITH ENNEN, Frühgeschichte d. europ. Stadt (1953; auch RheinVbl. XVII 1952). — HERB. JANKUHN, Eine germanische Stadt d. Frühzeit (²1938), Die frühmittelalterl. Seehandelsplätze im Nord- u. Ostseeraum (Vorträge IV 1958); W. VOGEL, Wik-Orte u. Wikinger (Hans. Gbll. LX 1936); HERB. LUDAT, Der Ursprung d. ostdt. Wieken (VSWG XXIX 1936). — HENRI PIRENNE, Les villes et les institutions urbaines I (²Paris 1939); FRANZ PETRI, Die Anfänge d. mittelalterl. Städtewesens in d. Niederlanden u. d. angrenzenden Frankreich (Vorträge IV 1958); HEINR. BÜTTNER, Studien zum frühmittelalterl. Städtewesen in Frankreich, vornehml. im Loire- u. Rhonegebiet (Vorträge IV 1958); F. L. GANSHOF, Étude sur le développement des villes entre Loire et Rhin (1943); YVETTE DOLLINGER -LEONARD, De la cité romaine à la ville médiévale dans la région de la Moselle et la Haute Meuse (Vorträge IV 1958); HEKTOR AMMANN, Vom Städtewesen Spaniens u. Westfrankreichs im MA (Vorträge IV 1958). — ULR. STUTZ, Neue Forschungen zur Geschichte d. italien. Städtewesens (ZRG G XLVIII 1928 S. 444—447); G. DAHM, Untersuchungen zur Verfassungs- u. Strafrechtsgeschichte d. italien. Stadt im MA (1941); S. CONDANARI-MICHLER, Zur frühvenezian. Collegantia (1937); GERH. DILCHER, Bischof u. Stadtverfassung in Oberitalien (ZRG G LXXXI 1964 S. 225—266); E. KLEBEL, Über d. Städte Istriens

(Vorträge IV, 1958). — AD. ZYCHA, Über d. Ursprung d. Städte in Böhmen (1914); HERB. LUDAT, Frühformen d. Städtewesens in Osteuropa (Vorträge IV 1958). — A. SCHÜCK, Studier rörande det svenska stadsväsendets uppkomst och äldsta utveckling (1926), Sveriges stadsväsen under medeltiden (Nordisk kultur XVIII 1933), Sjöborgar och hamnstäder (Fornvännen 1924).

2. Stadtentstehung: EDM. STENGEL, Die fränk. Wurzel d. mittelalterl. Stadt in hess. Sicht (Rörig-Gedächtnisschr. 1953). — W. SCHLESINGER, Städtische Frühformen zw. Rhein u. Elbe (Vorträge IV 1958); W. GERLACH, Krit. Bemerkungen über d. Anfänge d. Städte im MA (Hist. Vjschr. 1919 S. 331—345). — C. HAASE, Die Entstehung d. westfäl. Städte (1960, [2]1965); K. KROESCHELL, Weichbild (1960), Stadtgründung u. Weichbildrecht in Westfalen (1960). — HEINR. V. LOESCH, Die schles. Weichbildverfassung d. Kolonisationszeit (ZRG G LVIII 1938 S. 311—336).

3. Stadttypen: P. SANDER, Geschichte d. dt. Städtewesens (1922); E. HAMM, Die dt. Stadt im MA (1935); MAX WEBER, Die Stadt (Wirtschaft u. Gesellschaft [4]1956). — ELISABETH RÜTIMEYER, Stadtherr u. Stadtherrschaft in d. rhein. Bischofsstädten (1928). — O. GÖNNENWEIN, Das Hauptstadtproblem in d. Geschichte (JB d. dt. Ostens I 1952).

4. Die Stadt als Siedlung: HERB. FISCHER, Doppelstadt u. Stadtverlegung (ZRG G LXVI 1948 S. 236—260), Die Siedlungsverlegung im Zeitalter d. Stadtbildung (1952). — A. KLAAR, Die siedlungstechn. Grundzüge d. niederösterr. Stadt (JB f. LK von Niederösterreich NF XXIX 1948); P. J. MEIER, Niedersächs. Städteatlas I ([2]1926); K. FRÖLICH, Zur Verfassungstopographie d. dt. Städte des MA (ZRG G LVIII 1938 S. 275—310), Zur Verfassungstopographie von Köln u. Lübeck im MA (Ztschr. Lüb. Gesch. XXIII 1925), Beiträge zur Topographie von Goslar im MA (Ztschr. d. Harzvereins LXI), Das Stadtbild von Goslar (1949), Um d. mittelalterlichen Straßennamen (HSG 1949); Die Goslarer Straßennamen (1949); H. KOEPPEN, Gewerbe, Stand u. Volkstum im Spiegel d. Straßennamen von Stralsund (Hofmeister-Festschr. 1955). — K. WITHOLD, Die frühgeschichtl. Entwicklung d. Würzburger Stadtplanes (Vorträge IV 1958); HAR. KELLER, Oberbayr. Stadtbaukunst (Festg. W. Götz 1948).

5. Stadt und Territorium: GEORG V. BELOW, Territorium u. Stadt ([2]1923); H. SPANGENBERG, Territorialwirtschaft u. Stadtwirtschaft (1932). — HEINZ (HEINR.) DANNENBAUER, Die Entstehung d. Territoriums d. Reichsstadt Nürnberg (1928); HEINZ GERMER, Die Landgebietspolitik d. Stadt Braunschweig (1937); HERB. FISCHER, Zum Gebietsrecht d. Stadtallmende (ZRG G LXXI 1954 S. 209 bis 242).

6. Stadtgründer: K. WELLER, Die stauf. Städtegründung in Schwaben (1930); GÜNTH. HASSELIER, Die Markgrafen von Baden u. ihre Städte (ZGORh. CVII 1959); E. HAMM, Die Städtegründungen d. Herzöge von Zähringen in Südwestdeutschl. (1932). — FRITZ RÖRIG, Heinrich d. Löwe u. die Gründung Lübecks (DA I 1937); JOH. BÄRMANN, Die Städtegründungen Heinrichs d. Löwen u. d. Stadtverfassung d. 12. Jahrh. (1961); BERND DIESTELKAMP, Die Städteprivilegien Herzog Ottos d. Kindes (1961), Welfische Stadtgründungen u. Stadtrechte d. 12. Jahrh. (ZRG G LXXXI 1964 S. 164—224). — K. HOFFMANN, Die Stadtgründungen Mecklenburg-Schwerins in d. Kolonisationszeit (1930).

7. Einzelne Städte: ER. KEYSER, Deutsches Städtebuch I—IV (1939—1959). — H. PLANITZ, Das Kölner Recht u. seine Verbreitung in d. später. Kaiserzeit (ZRG

G LV 1935 S. 131—168); RICH. KÖBNER, Die Anfänge d. Gemeinwesens d. Stadt Köln (1922); HEINR. V. LOESCH, Die Grundlagen d. ältesten Kölner Gemeindeverfassung (ZRG G LIII 1933 S. 89—207), Das Recht d. Niederichs (ZRG G LII 1932 S. 322—336); BRUNO KUSKE, „Köln", Zur Geltung d. Stadt, ihrer Waren u. Maßstäbe (JB Köln. XVII 1935), Zur Rohstoff- u. Stapelpolitik d. Reichsstadt Köln (JB. Köln XIX 1937). — HERM. CONRAD, Stadtgemeinde u. Stadtfrieden in Koblenz während d. 13. u. 14. Jahrh. (ZRG G LVIII 1938 S. 337—366); HEINR. HÖHN, Die Entwicklung d. Mainzer Stadtrechts im MA (1936); HEINR. BÜTTNER, Zur Stadtentwicklung von Worms im Früh- u. Hochmittelalter (Festschr. Steinbach 1961). — JAN HENDR. HOLWERDA, Dorestad en onze vroegste middeleeuwen (Leiden 1929); WILLEM VAN ITERSON, Die Stadt Groningen u. ihre Beziehungen zum Reich (ZRG G LXXXII 1965 S. 99—139). — ECKART THURICH, Die Geschichte d. Lüneburger Stadtrechts im MA (1960); K. FRÖLICH, Zur Vor- u. Frühgeschichte von Goslar (Niedersächs. JB VI, VII u. IX 1929—1932), Die Verfassungsentwicklung von Goslar im MA (ZRG G XLVII 1927 S. 287—486); M. SCHINDLER, Buxtehude, Studien zur mittelalterl. Geschichte einer Gründungsstadt (VSWG Beiheft XLII 1959). — BERENT SCHWINEKÖPER, Die Anfänge Magdeburgs (Vorträge IV 1958); ALB. BRACKMANN, Magdeburg als Hauptstadt d. dt. Ostens (1937). — TH. GOERLITZ, Verfassung, Verwaltung u. Recht d. Stadt Breslau I: MA (hrsg. von Ludw. Petry 1962); HORST JECHT, Zur Handelsgeschichte d. Stadt Görlitz (Oberlausitzer Forschungen 1961). — JOH. BÄRMANN, Die Verfassungsgeschichte Münchens im MA (1939); ALFR. V. WRETSCHKO, Zur Rechts- u. Verfassungsgeschichte einer einst bayer. Innstadt: Rattenberg (ZRG G XLIX 1929 S. 449—462, L 1930 S. 391—393); E. KLEBEL, Regensburg (Vorträge IV 1958); HERB. KLEIN, Juvavum/Salzburg (Vorträge IV 1958); O. BRUNNER, Geschichtl. Stellung d. Städte Krems u. Stein (1948). — H. V. VOLTELINI, Die Anfänge d. Stadt Wien (1913); E. KLEBEL, Zur Frühgeschichte Wiens (1932); MAX RINTELEN, Das Wiener Merkantilprotokoll (ZRG G XXXIV 1913 S. 258—312). — WILH. WEIZSÄCKER, Wien u. Brünn in d. Stadtrechtsgeschichte (ZRG G LXX 1953 S. 125—158); WILH. WEIZSÄCKER, Die Altstadt Prag u. d. Nürnberger Recht (ZRG G LX 1940 S. 117—142); MAX HEIN, Geschichte d. Handels u. Gewerbes von Olmütz im MA (Olmütz 1935).

8. Markt und Stadt: WERN. SPIESS, Das Marktprivileg (1916); W. SCHLESINGER, Forum, villa fori, ius fori (Festschr. Steinbach 1960); TRAUTE ENDEMANN, Markturkunde u. Markt in Frankreich u. Burgund vom 9.—11. Jahrh. (1964); HEINR. BÜTTNER, Die Bremer Markturkunden von 888 u. 965 u. d. otton. Marktrechtsentwicklung (Brem. JB L 1965); RICH. DRÖGEREIT, Das älteste Bremer Marktprivileg (Brem. JB L 1965). — E. KLEBEL, Die Städte u. Märkte d. bair. Stammesgebiets (Ztschr. f. bayer. LG XII 1940); O. GÖNNENWEIN, Marktrecht u. Städtewesen im alemann. Gebiet. (ZGORh. XCVIII 1951); O. FEGER, Untersuchungen zu d. älter. Marktrechten d. Bodenseeraumes (ZGORh. CVI 1958). — LOTH. GROSS, Stadt u. Markt im späteren MA (ZRG G XLV 1925 S. 65—82).

9. Burg und Stadt: W. GERLACH, Die Entstehungszeit d. Stadtbefestigungen in Deutschland (1913); C. HAASE, Die mittelalterl. Stadt als Festung (Studium Generale XVI 1963); HERB. FISCHER, Burgbezirk u. Stadtgebiet im dt. Süden (1956); G. DROEGE, Über die Rechtsstellung d. Burgen u. festen Häuser im später. MA (Niederrhein JB IV 1959); H. F. SCHMIDT, Die Burgbezirksverfassung bei d. slav. Völkern (Jbb f. Kultur u. Geschichte d. Slaven NF II 1926 S. 81—132); K. VOGT, Die Burg in Böhmen (Reichenberg 1938); N. LITHBERG, Kastaler och borgar (Riga 1932). — K. A. ECKHARDT, Präfekt u. Burggraf (ZRG G XLVI 1926

S. 163—205); FERNAND VERCAUTEREN, Étude sur les châtelains comtaux de Flandre (Brüssel 1937); A. C. F. KOCH, Die flandr. Burggrafschaften, Wesenszüge u. Entstehung (ZRG G LXXVI 1959 S. 153—172); KONR. BEYERLE, Die Fälschungen d. Burggrafen Heinrichs III. von Arberg (1915). — E. SANDER, Die Wehrhoheit in d. dt. Städten (AKG XXXVI 1954); WERN. HAHLWEG, Das Kriegswesen d. Stadt Danzig (1937); GERH. MEISSNER, Das Kriegswesen d. Reichsstadt Nordhausen (1939).

10. Städtische Freiheit: H. STRAHM, Mittelalterl. Stadtfreiheit (Schweiz. Beitr. z. Allg. Gesch. 1948); HEINR. MITTEIS, Über d. Rechtsgrund d. Satzes „Stadtluft macht frei" (Stengel-Festschr. 1952); H. STRAHM, Stadtluft macht frei (Vorträge II 1955). — WILH. EBEL, Die Willkür (1953), Der Bürgereid (1958). — ADALB. ERLER, Bürgerrecht u. Steuerpflicht im mittelalterl. Städtewesen (1939, ²1963); TH. GOERLITZ, Die Haftung d. Bürgers u. Einwohners für Schulden d. Stadt u. ihrer Bewohner nach Magdeburger Recht (ZRG G LVI 1936 S. 150—177). — ERNST MAYER, Hansa, Schöffe, Pfahlbürger, Mulefe [Maulaffe], Jodute [Roland] (ZRG G XLIV 1924 S. 291—297); EDW. SCHRÖDER, Pfahlbürger (Heymann-Festschr. I 1940). — G. K. SCHMELZEISEN, Die Rechtsstellung d. Frau in d. dt. Stadtwirtschaft (1935); K. HAFF, Die Kaufmannsehefrau nach d. Hamburger Privatrecht (Festschr. E. Heymann I 1931 S. 309—315).

11. Städtische Verwaltung: HERM. LAGEMANN, Polizeiwesen u. Wohlfahrtspflege in Lübeck (1916); O. GÖNNENWEIN, Anfänge d. kommunalen Baurechts (Festg. für Fehr 1948); FRANZ STEINBACH, Geschichtl. Grundlagen d. kommunalen Selbstverwaltung in Deutschland (1932).

12. Ratsverfassung: LUISE V. WINTERFELD, Versuch über d. Entstehung d. Marktes u. d. Ursprung d. Ratsverfassung in Lübeck (Ztschr. Lüb. G. XXV 1929); LUISE V. WINTERFELD, Nochmals Gottesfrieden u. dt. Stadtverfassung (ZRG G LIV 1934 S. 238—240); H. NABHOLZ, Die Anfänge d. hochmittelalterl. Stadt u. ihrer Verfassung als Frage d. Forschungsmethode betrachtet (Bericht österr. Geschichtsvereine [1949], 1950). — H. H. EBERLE, Bestellung d. städt. Organe (1914); F. LINDBERG, Fogde, råd och menighet (1941); H. E. FEINE, Der Goslarische Rat (1913); K. FRÖLICH, Zur Ratsverfassung von Goslar im MA (Hans.GBl XXI 1915); TH. GOERLITZ, Die Anfänge d. Schöffen, Bürgermeister u. Ratmannen in Magdeburg (ZRG G LXV 1947 S. 70—85). H. RABE, Der Tat d. niederschwäbischen Reichsstädte (1966). — LEOP. SAILER, Die Wiener Ratsbürger d. 14. Jahrh. (Wien 1931); O. BRUNNER, Das Wiener Bürgertum in Jans Enikels Fürstenbuch (MIÖG LVIII 1950); K. WAHLE, Die Wiener Genannten als Urkundspersonen (MIÖG XXXIV 1913); WILH. EBEL, Bürgerl. Leben zur Hansezeit in Lübecker Ratsurteilen (1954); H. FEHR, Das Stadtvolk im Spiegel d. Augsburger Eidbuches (Jb f. hist. Volkskunde I 1924 S. 38—66). — O. RENKHOFF, Stadtwappen u. Stadtsiegel (Stengel-Festschr. 1952).

13. Patriziat: H. PLANITZ, Zur Geschichte d. städt. Meliorats (ZRG G LXVII 1950 S. 141—175). — H. PLANITZ, Studien zur RG d. städt. Patriziats (MIÖG LVIII 1950); FRANS BLOCKMANS, Het Gentsche Stadspatriciaat tot omstreeks 1302 (Antwerpen 1938); LUISE V. WINTERFELD, Handel, Kapital u. Patriziat in Köln (Pfingstbl. d. Hans. GV XVI 1925); FRIEDR. V. KLOCKE, Patriziat u. Stadtadel im alten Soest (1927); WERN. FINK, Die Frage d. lübeckischen Patriziates (Ztschr. Lüb. G. XXXIX 1938); H. KOEPPEN, Führende Stralsunder Ratsfamilien (1938); FRIEDR. CLAUSS, Wetzlarer Richter-, Schöffen- u. Ratsfamilien (1937); Julie

Meyer, Entstehung d. Patriziates in Nürnberg (MGV. Nürnberg XXVII 1928); Fritz Morré, Ratsverfassung u. Patriziat in Regensburg bis 1400 (1935).

14. Kaufmannsgilden: H. Planitz, Kaufmannsgilde u. städt. Eidgenossenschaft in niederfränk. Städten im 11. u. 12. Jahrh. (ZRG G LX 1940 S. 1—116); F. L. Ganshof, Einwohnergenossenschaft u. Graf in d. flandr. Städten während d. 12. Jahrh. (ZRG G LXXIV 1957 S. 98—118); Wilh. Silberschmidt, Die Bedeutung d. Gilde, insbes. d. Handelsgilde, für die Entstehung d. italien. Städtefreiheit (ZRG G LI 1931 S. 132—174); Em. Usteri, Die Schildner zum Schneggen, Geschichte einer altzürcher Gesellschaft (1960); K. Frölich, Kaufmannsgilden u. Stadtverfassung im MA (Festschr. Alfr. Schultze 1934); Manfr. Weider, Das Recht d. dt. Kaufmannsgilden d. MA (1931).

15. Zünfte: H. Lentze, Der Kaiser u. d. Zunftverfassung in d. Reichsstädten bis zum Tode Karls IV. (1933). — Willy Sonntag, Der Zunftzwang in Köln bis zum Ausgang d. MA (1937); Toni Heinzen, Zunftkämpfe, Zunftherrschaft u. Wehrverfassung in Köln (1939). — Konr. Lübeck, Die Fuldaer Bürgeraufstände 1331/32 (ZRG G LXVIII 1951 S. 410—433). — H. Lentze, Die rechtl. Struktur d. mittelalterl. Zunftwesens in Wien u. den österr. Städten (1935); Heinz Zatschek, Einung u. Zeche, ein Beitrag zur Geschichte d. Wiener Handwerks (Stengel-Festschr. 1952); Wern. Schultheiss, Die Münchner Gewerbeverfassung im MA (1936). — Gunnar Mickwitz, Die Kartellfunktionen d. Zünfte u. ihre Bedeutung bei d. Entstehung d. Zunftwesens (Helsingf. 1936). — Märta Åsdahl Holmberg, Studien zu den ndd. Handwerkerbezeichnungen d. MA (Lund 1950).

16. Großhandel: Aloys Schulte, Geschichte d. großen Ravensburger Handelsgesellschaft I—III (1923); P. Rehme, Das rechtl. Wesen d. großen Ravensburger Handelsgesellschaft (ZRG G XLVII 1927 S. 487—566). — Er. Köhler, Einzelhandel im MA (1938). — O. Gönnenwein, Das Stapel- u. Niederlagsrecht (1939). —Cl. Frhr. v. Schwerin, Forköp u. Verwandtes in nordischen Rechten (Beitr. zum Wirtschaftsrecht I 1931); Heinr. Crebert, Künstl. Preissteigerung durch Fürkauf u. Aufkauf (1916); Eberh. Schmieder, Unterkäufer im Mittelalter (VSWG XXX 1937). J. A. van Houtte, Les courties au moyen-âge (RHDFE XV 1936). — Gunnar Mickwitz, Luxus- oder Massenware im spätmittelalterl. Tuchfernhandel (VSWG XXXII 1939); Henri Laurent, Un grand commerce d'exportation au moyen âge (Paris 1935). — K. O. Müller, Welthandelsbräuche 1480—1540 (1934/1962). — Wern. Sombart, Der moderne Kapitalismus I u. II (^{2}1916, 1917); Jak. Strieder, Zur Genesis d. modernen Kapitalismus (^{2}1935).

17. Städtebünde: Franç. Olivier-Martin, L'organisation corporative de la France d'Ancien Régime (Paris 1938). — F. Wagner, Der rhein. Städtebund (MRhGBl VII 1927); Er. Bielfeldt, Der Rheinische Bund von 1254 (1937); Luise v. Winterfeld, Westfalen in d. großen rhein. Bund von 1254 (Westf. Ztschr. XCIII 1937). — H. Angermeier, Städtebünde u. Landfrieden im 14. Jahrh. (HJB LXXVI 1957); E. Bock, Der Schwäbische Bund u. seine Verfassungen (1929); K. Czok, Der Oberlausitzer Sechsstädtebund (Oberlausitzer Forschungen 1961). — Dietr. Schäfer, Die deutsche Hansa (^{3}1925); W. Stein, Zur Entstehung u. Bedeutung d. dt. Hansa (Hans. Gbl XIX 1913, XX 1914, XXI 1915); W. Vogel, Kurze Geschichte d. dt. Hansa (1915); Jul. v. Gierke, Die deutsche Hansa (1918); Friedr. Keutgen, Ursprung u. Wesen d. dt. Hanse (1935); Fritz Rörig, Die dt. Hanse (1935), Wesen u. Leistung d. dt. Hanse (1937), Hansische Beiträge zur dt. Wirtschaftsgeschichte (1928), Unternehmerkräfte im flandrisch-hansischen Raum

(HZ CLIX 1939); K. G. GRANDINSON, Studier i hanseatisk-svensk historia I Tiden till 1332 (1884); GEORG A. LÖNING, Deutsche u. Gotländer in England im 13. Jahrh. (Hans. Gbl LXVII/LXVIII 1943); FRITZ RÖRIG, Reichssymbolik auf Gotland (Hans. Gbl LXIV 1940); H. G. v. RUNDSTEDT, Die Hanse u. d. Dt. Orden in Preußen (1937); H. SCHWARZWÄLDER, Bremens Aufnahme in d. Hanse 1368 (Hans. GBl XXIX 1961); EM. DÖSSELER, Der Niederrhein u. d. dt. Ostseeraum zur Hansezeit (1940); FRANZ PETRI, Die Stellung d. Südersee- u. Ysselstädte im flandr.-hans. Raum (Hans. GBl XXIX 1961); HEINR. SPROEMBERG, Die Hanse in europ. Sicht (Dancwerc Th. Enclaar 1959).

F. PERSONENRECHT

1. Allgemeine Darstellungen des Privatrechts siehe unter *H.*

2. Freiheit und Stände: A. J. NJEUSSYCHIN, Der Freiheitsbegriff im Edikt d. Rothari (ZRG G LXVI 1948 S. 64—110); FREYER/GRUNDMANN/v. RAUMER/ SCHÄFER, Das Problem d. Freiheit im europ. Denken (1958); H. v. VOLTELINI, Der Gedanke d. allgemeinen Freiheit in d. dt. Rechtsbüchern (ZRG G LVII 1937 S. 182—209); ERW. HÖLZLE, Idee einer altgerman. Freiheit vor Montesquieu (1925). — K. NEUMEYER, Statutenkollision u. persönliche Rechte (ZRG G XXXIX 1918 S. 309—314); ROB. v. KELLER, Freiheitsgarantien für Person u. Eigentum im MA (1933); MICHI ONORY, Studi sulle origini storiche dei diritti essenziali della persona (1937). — PH. HECK, Die Standesgliederung d. Sachsen (1927), Blut u. Stand im altsächs. Rechte u. im Sachsenspiegel (1935), Übersetzungsprobleme im frühen MA (1931); H. HATTENHAUER, Zum Übersetzungsproblem im hohen MA (ZRG G LXXXI 1964 S. 341—358); WILH. SCHWER, Stand u. Ständeordnung im Weltbild d. MA (^{2}1952); MART. LINTZEL, Zur altsächs. RG (ZRG G LII 1932 S. 294—321), Die Stände d. dt. Volksrechte, hauptsächl. d. Lex Saxonum (1933); ANT. HAGEMANN, Die Stände d. Sachsen (ZRG G LXXVI 1959 S. 111—152); A. JENKIS, Probleme d. nordalbing. Standesgliederung (Ztschr. d. Ges. f. Schlesw.-Holstein. Geschichte LXXXV/LXXXVI 1961); ANT. HAGEMANN, Von d. mittelalterl. Ständen Westfalens (ZRG G LXIX 1952 S. 328—340); W. JAPPE ALBERTS, Zur Entstehung d. Stände in d. weltl. Territorien am Niederrhein (Festschr. Steinbach 1961). — E. MAYER, Spanisches zur Ständegliederung u. Einkleidung (ZRG G XXXIV 1913 S. 419—422). — AD. ZYCHA, Anfänge d. kapital. Ständebildung (VSWG XXXI 1938).

3. Adel: ERNST MAYER, Zur Lehre vom German. Uradel (ZRG G XXXVII 1916 S. 93—130); K. HAFF, Die letzten Spuren eines Uradels in Südschweden u. Dänemark (ZRG G XLI 1920 S. 373—374); STURE BOLIN, Ledung och frälse (Lund 1934); JOS. BALON, Etudes Franques I: Aux origines de la noblesse (Namur 1963); ROLF SPRANDEL, Struktur u. Geschichte d. merowing. Adels (HZ CXCIII 1961). — K. SCHMID, Neue Quellen zum Verständnis d. Adels im 10. Jahrh. (ZGORh CVIII 1960); E. F. OTTO, Adel u. Freiheit im dt. Staat d. frühen MA (1937). — VIKTOR ERNST, Die Entstehung d. niederen Adels (1916), Mittelfreie (1920); ULR. STUTZ, Zum Ursprung u. Wesen d. niederen Adels (SB Berlin XXVII 1937); HAR. SCHIECKEL, Zur Herkunft u. Verbreitung d. Niederlausitzer Adels im MA (Festg. R. Lehmann 1958). — W. C. FRHR. v. WINTZINGERODE, Geschichte d. Familie v. Wintzingerode I (1913); GROTEFEND, Urkunden d. Familie v. Saldern 1102—1500 I (1932),

II (1938); E. E. BECKER, Die Riedesel zu Eisenbach I (1923), II (1924) ff.; FRIEDR. SCHUNDER, Die v. Löwenstein zu Löwenstein I—III (1955); K. A. ECKHARDT, Die Schenken zu Schweinsberg (1953), Eike von Repchow u. Hoyer v. Valkenstein (1967).

4. Ministeriale: EDM. STENGEL, Über den Ursprung d. Ministerialität (Festg. für Kehr 1926 S. 168—184). — DIETR. V. GLADISS, Beiträge zur Geschichte d. stauf. Reichsministerialität (1934); UDO SEGNER, Die Anfänge d. Reichsministerialität bis zu Konrad III. (1938); K. BOSL, Die Reichsministerialität als Träger stauf. Reichspolitik (1941), Die Reichsministerialität als Element d. mittelalterl. dt. Staatsverfassung (Adel u. Bauern 1943 S. 74), Die Reichsministerialität d. Salier u. Staufer I u. II (1950/51); GERO KIRCHNER, Staatsplanung u. Reichsministerialität (DA X 1953/54); K. BOSL, Individuum u. historischer Prozeß (DA X 1953/54). — JOS. BAST, Die Ministerialität d. Erzstiftes Trier (1928); PH. HECK, Die Stellungnahme Erzbischof Wichmanns von Magdeburg zur Kinderfolge bei d. Heirat eines Dienstmannes mit einer freien Frau (ZRG G LX 1940 S. 257—261); W. BARKHAUSEN, Die Gesetzgebung Wichmanns von Magdeburg (DA IV 1941 S. 495—503); KONR. LÜBECK, Die Hofämter d. Fuldaer Äbte im frühen MA (ZRG G LXV 1947 S. 177—207); K. A. ECKHARDT, Das Fuldaer Vasallengeschlecht vom Stein (1941, [3]1960). — H. W. KLEWITZ, Ministerialität im Elsaß (1929); F. L. GANSHOF, Étude sur les ministériales en Flandre et en Lotharingie (Brüssel 1926); TER KUILE, Karolingische Standen en de Ministerialiteit in Nederland (1939); D. TH. ENKLAAR, De ministerialiteit in het graafschap Holland (1943) (dazu TRG XVII Haarlem 1941 S. 457); FRIEDR. V. KLOCKE, Rechts- u. Sozialgeschichte d. Ministerialität in Westfalen (1939); WERN. CARSTENS, Untersuchungen zur Geschichte d. Adels u. d. adeligen Gutes in Holstein (1935); O. HÄNDLE, Die Dienstmannen Heinrichs d. Löwen (1930); HAR. SCHIECKEL, Herrschaftsbereich u. Ministerialität d. Markgrafen von Meißen im 12. u. 13. Jahrh. (1956). — K. WEIMANN, Die Ministerialität im später. MA (1924); K. FRHR. V. SCHOWINGEN, Zum Ministerialenproblem: Eine Reichenauer Urkunde von 1363 (ZRG G LXI 1941 S. 274—282).

5. Ritter: H. NAUMANN u. GÜNTH. MÜLLER, Höfische Kultur (1929); K. WEIMANN, Der gesellschaftl. Aufbau d. dt. Volkes im MA (1931). — A. V. GLEICHEN-RUSSWURM, Der Ritterspiegel ([4]1918); E. F. OTTO, Von d. Abschließung d. Ritterstandes (HZ CLXII 1940); [HANS DÜRST], Rittertum, Dokumente zur aargauischen Kulturgeschichte II (1960); JOACHIM BUMKE, Studien zum Ritterbegriff im 12. u. 13. Jahrh. ([2]1964). WERN. SCHULZE, Die Gleve, d. Ritter u. sein Gefolge (1940). — O. MERKER, Die Ritterschaft d. Erzstifts Bremen im Spätmittelalter (1962). — ALFR. V. WRETSCHKO, Zur Erteilung d. Ritterwürde durch d. Kaiser im 16. Jahrh. (ZRG G XLVI 1926 S. 374—378). — ER. MASCHKE u. K. KASISKE, Der Dt. Ritterorden (1942).

6. Freie: BENNO HILLIGER, Ursprung u. Wert d. Wergeldes im Volksrecht (Hist. Vjschr. XXIX 1935); K. H. GANAHL, Hufe u. Wergeld (ZRG G LIII 1933 S. 208—246); THIBAULT, La question des „Gemeinfreie" (Rev. histor. XLVI 1922); DETM. PHILIPPI, Die Erbexen (1920). — GÜNTHER FRANZ, Quellen zur Geschichte d. dt. Bauernstandes im MA (1967), desgl. in d. Neuzeit (1963), Quellen zur Geschichte d. Bauernkrieges (1963), Der dt. Bauernkrieg ([2]1943), Der 30jährige Krieg u. d. dt. Volk ([3]1961). — TH. MAYER, Die Königsfreien u. d. Staat d. frühen MA (Vorträge II 1955), Die Entstehung d. „modernen" Staates im MA u. d. freien Bauern (ZRG G LVII 1937 S. 210—288); ALF. DOPSCH, Herrschaft u. Bauer in d. dt. Kaiserzeit (1939); PH. DOLLINGER, L'évolution des classes rurales en Bavière

(Paris 1949); FRIEDR. SCHMIDT, Die freien bäuerl. Eigengüter in Oberösterreich (1941); O. STOLZ, RG d. Bauernstandes in Tirol (1949); TH. MAYER, Über d. Freiheit d. Bauern in Tirol u. in d. Schweiz. Eidgenossenschaft (Festschr. F. Huter 1959); BRUNO MEYER, Freiheit u. Unfreiheit in d. alten Eidgenossenschaft (Vorträge II 1955); HERM. RENNEFAHRT, Die Freiheit d. Landleute im Berner Oberland (Bern 1939); PET. LIVER, Mittelalterl. Kolonistenrecht u. freie Walser in Graubünden (Zürich 1943); HEINR. BÜTTNER, Anfänge d. Walserrechtes im Wallis (Vorträge II 1955); K. HAFF, Der freie Bergbauer als Staatsgründer (ZRG G LXVII 1950 S. 394—407); K. WELLER, Die freien Bauern in Schwaben (ZRG G LIV 1934 S. 178—226); K. A. ECKHARDT, Freibauern im Raum Eschwege (Festschr. G. Franz 1967); K. S. BADER, Das Freiamt im Breisgau u. d. freien Bauern am Oberrhein (1936), Bauern u. Bauernfreiheit im späten MA (HJB LXI 1941); GERO KIRCHNER, Landflucht u. bäuerl. Erbrecht (ZBLG XIX 1956). — H. THIEME, Zum hess. Landsiedelrecht (Festschr. für Schultze 1934); ECKH. G. FRANZ, Grangien u. Landsiedel (Festschr. G. Franz 1967); ER. MOLITOR, Verbreitung u. Bedeutung d. Hägerrechtes (1944).

7. Minderfreie: KONR. BEYERLE, Die Pfleghaften (ZRG G XXXV 1914 S. 212—425); PH. HECK, Pfleghafte u. Grafschaftsbauern in Ostfalen (1916); ER. MOLITOR, Die Pfleghaften d. Sachsenspiegels u. d. Siedlungsrecht (1941); WOLFG. METZ, Zur Geschichte d. Bargilden (ZRG G LXXII 1955 S. 185—193). — ED. EICHHOLZER, Über d. Stellung d. Tauner nach d. RQ d. Kantons Zürich (ZRG G XXXVIII 1917 S. 115—129). — MAUR. KROELL, Étude sur l'institution des lites (Études Girard II 1923); LUDMIL HAUPTMANN, Colonus, Barschalk u. Freimann (Festschr. für Dopsch 1938); ANNA JANDA, Die Barschalken (1926); H. ZEISS, Die Barschalken u. ihre Standesgenossen (ZBLG I 1928).

8. Unfreie: FRITZ RÖRIG, Luft macht eigen (Festg. für Seeliger 1921). — ARN. EHRHARDT, Rechtsvergl. Studien zum antiken Sklavenrecht (ZRG R LXVIII 1951); AD. ZYCHA, Über den Anteil d. Unfreiheit am Aufbau von Wirtschaft u. Recht (1915). — K. H. GANAHL, Gotteshausleute u. freie Bauern (Adel u. Bauern 1943 S. 130); W. MÜLLER, Freie und leibeigene St. Galler Gotteshausleute (NeujahrsBl. d. Hist. Ver. des Kantons St. Gallen CI 1961), Die Abgaben von Todes wegen in d. Abtei St. Gallen (1961); HERB. KLEIN, Die bäuerl. Eigenleute d. Erzstiftes Salzburg (Mitt. d. Ges. f. Salzb. Landeskunde LXXIII u. LXXIV 1933/34), Die Salzburger Freisassen (Vorträge II 1955); ALFR. V. WRETSCHKO, Über Eigenleute u. Eigenleuteteilungen in Tirol (ZRG G XLVI 1926 S. 366—374). — ULR. STUTZ, Zweitbesthaupt (ZRG G XL 1919 S. 282—283); FERD. MENTZ, Nasenzins im Elsaß? (ZRG G XLVII 1927 S. 669—673); GEORGE A. LÖNING, Muntepennige — eine mittelalterl. Abgabe in Norddeutschl. (ZRG G LIX 1939 S. 273—277); K. PIVEC, Servus u. Servitium in d. frühmittelalterl. Salzburger Quellen (Steinacker Festg. 1955). — C. PÖHLMANN, Was ist Seltertum? (ZRG G LV 1935 S. 243—244); ALB. BECKER, Was ist Seltertum? (ZRG G LVI 1936 S. 398—399). — E. MAYER, iuvero, iubilius (ZRG G XXXV 1914 S. 436).

9. Fremde: ULR. STUTZ, Das Wergeld d. Romanus nach d. fränk. Volksrechten (Abh. Berlin 1934), J. Brissaud u. Heinr. Brunners Erklärung d. Römerwergeldes (ZRG G LV 1935 S. 287—289). — H. OPEL, Die Rechtsstellung d. mit d. Anschluß Lothringens (925) zum deutschen Reich gekommenen Franzosen während d. MA (1954). — HERB. LUDAT u. a., Siedlung u. Verfassung d. Slawen zw. Elbe, Saale u. Oder (1960); R. KÖTZSCHKE, Deutsche u. Slawen im mitteldt. Osten (Ausgewählte

Aufsätze 1961); K. G. HUGELMANN, Die Rechtsstellung d. Wenden im dt. MA, ein Beitrag zum Recht d. Fremdsprachigen im mittelalterl. dt. Reich (ZRG G LVIII 1938 S. 214—256). — WILH. WEIZSÄCKER, Die Landfremden im böhm. Stadtrecht (1924), Die Fremden im böhm. Landrechte d. 13. u. 14. Jahrh. (ZRG G XLV 1925 S. 206—249). — WILH. v. BRÜNNECK, Zur Geschichte d. Magdeburger Rechts u. d. Statuten d. Armenier in Lemberg (ZRG G XXXV 1914 S. 1—40). — H. FEHR, Dt. Recht u. jüd. Recht (ZRG G XXXIX 1918 S. 314—318); FRITZ BAER, Die Juden im christl. Spanien I (1929), II (1936); G. FRANZ, Der Jude im kathol. Kirchenrecht (DRW II 1937 S. 157—166); GEORG CARO, Sozial- u. Wirtschaftsgeschichte d. Juden I (1908), II (1920); GUIDO KISCH, Forschungen zur Rechts- u. Sozialgeschichte d. Juden in Deutschland während d. MA (1955); SELMA STERN-TAEUBLER, Zur Rechts- u. Sozialgeschichte d. Juden Deutschlands (VSWG XLV 1958); GUIDO KISCH, The Jewry-Law of the medieval German law-books I u. II (New York 1937/41, [2] 1946), The Jews in medieval Germany (Chicago 1949), Zur Rechtsstellung d. Juden im MA (ZRG G LXXXI 1964 S. 358—365); GEORGE A. LÖNING, Juden im mittelalterl. Bremen u. Oldenburg (ZRG G LVIII 1938 S. 257—274); HERB. FISCHER, Die Judenprivilegien d. Goslarer Rates im 14. Jahrh. (ZRG G LVI 1936 S. 89—149); H. K. CLAUSSEN, Der Judeneid (DRW II 1937 S. 166—189).

G. VERWANDTSCHAFTSRECHT

1. Allgemeine Darstellungen des Privatrechts siehe unter *H.*

2. Geschlecht und Sippe: FEL. GENZMER, Die german. Sippe als Rechtsgebilde (ZRG G LXVII 1950 S. 34—49); K. HAFF, Der umstrittene Sippebegriff u. d. Siedlungsprobleme (ZRG G LXX 1953 S. 320—325). K. KROESCHELL, Die Sippe im german. Recht (ZRG G LXXVII 1960 S. 1—25). — JOS. BALON, Ius medii aevi II: Lex iurisdictio (Namur 1960); Å. HOLMBÄCK, Ätten och arvet enligt Sveriges medeltidslagar (1919). — K. SCHMID, Zur Problematik von Familie, Sippe u. Geschlecht, Haus u. Dynastie beim mittelalterl. Adel (ZGORh CV 1957); K. HAUCK, Geblütsheiligkeit (P. Lehmann-Festgabe 1950); K. A. ECKHARDT, Die Nachbenennung in d. Königshäusern d. Goten (Steinacker-Festgabe 1955); K. HAUCK, Haus- u. sippengebundene Literatur mittelalterl. Adelsgeschlechter (MIÖG LXII 1954). — JOH. KÖHLER, Die Struktur d. Dithmarscher Geschlechter (Kieler Diss. 1915); K. BOIE, Die mittelalterl. Geschlechter Dithmarschens u. ihre Wappen (1937); HEINZ STOOB, Die Dithmarsischen Geschlechterverbände (1951), Geschichte Dithmarschens im Regentenzeitalter (1959). — ERNST MAYER, German. Geschlechtsverbände u. d. Problem d. Feldgemeinschaft (ZRG G XLIV 1924 S. 30—113); K. HAFF, Geschlechtshöfe u. freie Marken in Skandinavien u. Deutschland (VSWG XXVIII 1935 S. 126—139), Überbleibsel strenger Feldgemeinschaft auf fries. u. skandinav. Inseln (ZRG G XLVI 1926 S. 378—383), Die alten Feld- u. Wiesengemeinschaften d. Insel Föhr u. ihre Erbbücher (ZRG G XLVII 1927 S. 673—678); K. WEBER, Zur RG d. Wiesengemeinschaften d. Hallig Hooge (Hamburg Diss. 1930). — HERB. MEYER, Menschengestaltige Ahnenpfähle aus german. u. indogerman. Frühzeit (ZRG G LVIII 1938 S. 42—68); JOHN MEIER, Ahnengrab u. Brautstein (1944); HERB. MEYER, Das Handgemal als Gerichtswahrzeichen d. freien Geschlechtes (1934); WILLY KROGMANN, Handmahal (ZRG G LXXI 1954 S. 126—166); JOS. BALON, L'Handgemal à l'épreuve du droit: Justice publique, justice privée (ZRG G LXXIII 1956 S. 141—224). — K. K. A. RUPPEL, Die Hausmarke, d. Symbol d.

germ. Sippe (1939); CHR. U. FRHR. V. ULMENSTEIN, Über Ursprung u. Entstehung d. Wappenwesens (1935); B. THORDEMAN, Medeltidens folkvapen (Svenska vapenhistoriska sällskapets årsskrift 1940/41).

3. Eheformen: ED. HERMANN, Die Eheformen d. Urindogermanen (Nachr. GdW Göttingen 1934); P. KOSCHAKER, Die Eheformen bei d. Indogermanen (1937). — K. R. V. WIKMANN, Die Einleitung d. Ehe, eine vergleichend ethno-soziolog. Untersuchung über d. Vorstufe d. Ehe in d. Sitten d. schwed. Volkstums (Åbo 1937); G. NECKEL, Liebe u. Ehe bei d. vorchristl. Germanen (1932); HERB. MEYER, Ehe u. Eheauffassung d. Germanen (Heymann-Festschrift I 1940); ALFR. SCHULTZE, Zum altnord. Eherecht (1939), Das Eherecht in d. älter. angelsächs. Königsgesetzen (1941), Über westgot.-span. Eherecht (1944). — ERNST HOYER, Die Ehen minderen Rechts in d. fränk. Zeit (Brünn 1926); HERB. MEYER, Friedelehe u. Mutterrecht (ZRG G XLVII 1927 S. 198—286); RUD. KÖSTLER, Raub-, Kauf- u. Friedelehe bei d. Germanen (ZRG G LXIII 1943 S. 92—136), ʽΕΔΝΑ, Ein Beitrag zum homerischen Eherecht (Anzeiger Wien 1944). — K. WÜHRER, Zum altschwed. Eherecht (ZRG G LXXIV 1957 S. 231—233); GERH. HAFFSTRÖM, Vängåvan (Skrifter utg. av Inst. f. Rättshistorisk forskning II, 1 Lund 1951 S. 157—183). — ADHÉMAR ESMEIN, Le mariage en droit canonique I (Paris 1929), II (Paris 1935); PET. RASSOW, Zum Kampf um d. Eherecht im 12. Jahrh. (MIÖG LVIII 1950).

4. Eheschließung: FERDIN. FRENSDORFF, Verlöbnis u. Eheschließung (Hans. GBl. XXIII 1917, XXIV 1918); HANNS BÄCHTOLD, Die Gebräuche bei Verlobung u. Hochzeit (Straßburg 1914); ANT. DÖRRER, Brotspenden als Verlöbnis u. Gemeinschaftsbrauch (ZRG G LXXIV 1957 S. 266—271); EUG. FEHRLE, Dt. Hochzeitsbräuche (1937); EMIL GOLDMANN, Hochzeitsgebräuche, Seelenreise (Wien 1956); O. LAUFFER, Jungfernkranz u. Brautkrone (Zeitschr. f. Volksk. NF II 1930 S. 25 bis 29); EDW. SCHRÖDER, Brautlauf u. Tanz (ZDA LXI 1923); NILS LITHBERG, Bröllopsseder på Gottland (Fataburen 1907); SVEN AXELSON, Historiska brudrovsvisor från 1200-talet (Hist. Tidsskr. 1957). — TH. MELICHER, Der Kampf zw. Gesetzes- u. Gewohnheitsrecht im Westgotenreiche (1930), Die german. Formen d. Eheschließung im westgot.-span. Recht (1940). — HERB. MEYER, Die Eheschließung im „Ruodlieb" u. d. Eheschwert (ZRG G LII 1932 S. 276—293); O. V. ZALLINGER, Die Eheschließung im Nibelungenlied u. in d. Gudrun (SB Wien CXLIX 1923), Heirat ohne Trauung (Festschr. f. Redlich 1928), Die Ringgaben bei d. Heirat u. d. Zusammengeben im mittelalterl. dt. Recht (1931); R. KÖSTLER, Ringwechsel u. Trauung (ZRG LIII = K XXII 1933 S. 1—35); K. FRÖLICH, Die Eheschließung d. dt. Frühmittelalters (Hess. Bl. für Volksk. XXVII 1929); RG u. Volkskunde im nddt. Eheschließungsbrauchtum (Nachr. d. Gießener HochschulGes. XX 1951 S. 102—138). — K. A. ECKHARDT, Beilager u. Muntübergang zur Rechtsbücherzeit (ZRG G XLVII 1927 S. 174—197); ED. HLAWITSCHKA, Eine oberitalien. Muntverkaufsurkunde aus d. Jahre 975 in d. Stiftsbibl. St. Gallen (ZRG G LXXVI 1959 S. 328—338); RAGN. HEMMER, Om bilägret som akt i äldre svensk rätt (JFT 1952); LIZZIE CARLSSON, Das Beilager im altschwed. Eherecht (ZRG G LXXV 1958 S. 349—352); RAGNAR HEMMER, Über d. Beilager im german. Recht (ZRG G LXXVI 1959 S. 292—301, LXXVIII 1961 S. 298—309); LIZZIE CARLSSON, Vom Alter u. Ursprung d. Beilagers im german. Recht (ZRG G LXXVII 1960 S. 311—323), Jag giver dig min dotter (Lund 1965). — JOHANNE BAHR-WILLE, Morgengabe u. Erbrecht d. Ehefrau in d. german. Volksrechten (Gött. maschinenschr. Diss. 1925); H. W. QUACK, Die Morgengabe in den ältesten ... Rechtsaufzeichnungen (Bonner maschinenschr. Diss. 1948); LIZZIE CARLSSON, Morgongåvan i Gustav Vasas bibel (KÅ 1961). —

Ulr. Stutz, Jacob Grimm über d. meta d. Langobard. Edikts (ZRG G XLIV 1924 S. 262—263); Ebbe Kock, Om hemföljd (Förtida arv) i svensk rätt (1926) [dazu J. E. Almquist, Strödda bidrag till familjerättens historia (Svens Juristtidning 1932)]; Rob. Besnier, Les donations entre époux ou futurs époux en Normandie (RHDFE XV 1936).

5. Eherecht: Ol. Klose, Die Familienverhältnisse auf Island (1929); Lizzie Carlsson, Några synpunkter på äldre svensk äktenskapsrätt (VSLÅ 1956); Ragn. Hemmer, Äktenskapets fullbordan enligt äldre svens rätt (JFT 1955; vgl. S. 416 bis 455 auch 1959; ferner ZRG G LXXVI u. LXXVIII); Lizzie Carlsson, Äktenskapsrätten i Visby stadslag (HT 1961), Högsätet och hemfriden (Rig 1935). — Rob. Besnier, Le mariage en Normandie des origines au XIIIe siècle (Paris 1934); L. J. v. Apeldoorn, Geschiedenis von het Nederlandsche huwelijksrecht (Amsterdam 1925); Gertrud Schubart-Fikentscher, Das Eherecht im Brünner Schöffenbuch (1935). — Gerda Merschberger, Die Rechtsstellung d. german. Frau (1937); Wolfg. Krause, Die Frau in d. Sprache d. altisländ. Familiengeschichten (1926); Heinr. Finke, Die Frau im Mittelalter (1913); Luise Hess, Die deutschen Frauenberufe d. MA (1940); H. Thieme, Die Rechtsstellung d. Frau in Deutschland (Recueil de la Société Jean Bodin XII 1962). — P. Mikat, Rechtsgeschichtl. u. rechtspolit. Erwägungen zum Zerrüttungsprinzip (Ehe u. Familie IX 1962); A. Thomson, Stöld av annans hustru (Studier utg. av Kungl. Hum. Vetenskapssamfundet i Lund III 1963) [dazu L. Carlsson, KÅ 1963, Arv 1964; R. Hemmer JFT 1963].

6. Munt: Jost Trier, Vater, Versuch einer Etymologie (ZRG G LXV 1947 S. 232—260). — Er. Molitor, Zur Entwicklung d. Munt (ZRG G LXIV 1944 S. 112—172); Willem van Iterson, Vrouwenvoogdij (TRG XIV Haarlem 1936, XV Haarlem 1937). — K. A. Eckhardt, Stufen d. Handlungsfähigkeit (DRW II 1937), Die Volljährigkeitsgrenze von 24 Jahren, ein Beitrag zur Geschichte d. Auctor vetus de beneficiis (ZRG G LXI 1941 S. 1—20).

7. Anbrüderung: Alfr. Schultze, Zur Rechtsgeschichte d. german. Brüdergemeinschaft (ZRG G LVI 1936 S. 264—348); Wolfg. Fritze, Die fränk. Schwurfreundschaft d. Merowingerzeit (ZRG G LXXI 1954 S. 74—125); K. Frölich, Beiträge zum älter. Brüderschaftswesen in Deutschland (Ztschr. d. Harzver. LV 1922); Reinh. Schneider, Brüdergemeinde u. Schwurfreundschaft . . . im Spiegel d. caritas-Terminologie in d. Verträgen d. karling. Teilkönige d. 9. Jahrh. (Histor. Studien CCCLXXXVIII 1964); Link, Die geistlichen Brüderschaften d. MA (Z. Lüb. G. XX 1920); Gertr. Brandes, Die geistl. Brüderschaften in Hamburg (Z. V. Hamb. G. XXXIV—XXXVI 1934—1937). — M. Pappenheim, Die Speisegemeinschaft (mǫtuneyti) im älteren westnord. Recht (Festschr. Dt. Juristentag 1931); Ant. Dörrer, Alte Mahlgemeinschaften im Lichte ihrer Zeit (ZRG G LXX 1953 S. 267—311). — Siegfr. Sieber, Nachbarschaften, Gilden, Zünfte u. ihre Feste (AKG XI, 1914, XII 1915); Nils Ahnlund, Medeltida gillen i Uppland (Rig 1923).

8. Ankindung: H. Kuhn, Philologisches zur Adoption bei d. Germanen (ZRG G LXV 1947 S. 1—14). — Adalb. Erler, Das Ritual d. nord. Geschlechtsleite (ZRG G LXIV 1944 S. 86—111); K. Haff, Das „Werven der echtinge" d. Friedelkindes (ZRG G LIII 1933 S. 316—317). — Louis Gougaud, La légitimation des enfants sub pallio (TRG VII Haarlem 1926); Alb. Weitnauer, Die Legitimation d. außerehel. Kindes in d. Germanenrechten d. MA (1940); Gerh. Bückling, Die

Rechtsstellung d. unehel. Kinder (1920); S. W. Geipel, Die Stellung d. unehel. Kindes in d. Magdeburger RQ (1924).

9. Altenteilsrecht: Alfr. Schultze, Die Rechtslage d. alternden Bauers nach d. altnord. Rechten (ZRG G LI 1931 S. 258—317); Jul. Frost, Über d. Alter d. norweg. Aasäterechts (ZRG G LXI 1941 S. 250—252); K. Haff, Hofübergabe u. Ältestenrecht (ZRG G LXII 1942 S. 377—382).

10. Anerbenrecht: Edwin Mayer-Homberg, Studien zur Geschichte d. Verfangenschaftsrechts I (1913). — O. Werner, Ehemal. Kölner Erbenwartrecht (1936); Günt. Hagmeister M. z. R., Die Entwicklung d. Ravensberg. Anerbenrechts im MA (1936); Gesine Agena, Grundbesitz, Beispruch u. Anerbenrecht in Ostfriesland (1938); Th. Mayer-Edenhauser, Untersuchungen über Anerbenrecht u. Güterschluß in Kurhessen (1942); K. Haff, Zur Herkunft d. Anerbenrechts (VSWG XXXVI 1944). — H. Fehr, Sozial- u. Privatrechtliches aus d. Höngger Meiergerichtsurteilen (ZRG G LVIII 1938 S. 506—524).

11. Fideikommiß: G. Frommhold, Die Familienstiftung (Arch. f. zivil. Prax. CXVII 1918); Herb. Meyer, Die Anfänge d. Familienfideikommisses in Deutschl. (Festschr. Sohm 1914), Eine süddt. Stammgutstiftung (Festschr. J. W. Hedemann 1938 S. 65—72).

12. Gesetzliches Erbrecht: Alfr. Schultze, Der Einfluß d. Kirche auf d. Entwicklung d. german. Erbrechts (ZRG G XXXV 1914 S. 75—110). Herm. Henrici, Über Schenkungen an d. Kirche (1916); Alfr. Schultze, Augustin u. d. Seelteil d. german. Erbrechts. Studien zur Entstehungsgeschichte d. Freiteilrechts (1928). Nachträge zu „Augustin u. d. Seelteil" (ZRG G L 1930 S. 376—385), Der Einfluß d. kirchl. Ideen u. d. röm. Rechts auf d. german. Hausgemeinschaft (Pavia 1934); Stig Iuul, Fællig og Hovedlod, Studier over Formueforholdet mellem Ægtefæller i Tiden før Christian V.s Danske Lov (København 1940) [dazu P. J. Jørgensen in Ugeskrift for Retsvæsen LXXIV (1940) S. 293—306]. — H. v. Voltelini, Nordgerman. Grabfunde in ihrer Bedeutung für d. german. RG (ZRG G LI 1931 S. 111—131); Wolf. Brückner, Roß u. Reiter im Leichenzeremoniell (Rhein. JB f. Volkskunde XV/XVI 1964/65); J. Prochnow, Straßen- u. Brückenbau als Seelgerät (VSWG XXXII 1939); Alfr. Schultze, Seelgerät u. Besthaupt (ZRG G XXXVIII 1917 S. 301—304). — K. Haff, Ein Herwedekatalog aus einer verschollenen Handschrift d. Oldenburger Stadtrechts (ZRG G XLVIII 1928 S. 447—448). — Hans Herold, Der Dreißigste u. d. rechtsgeschichtliche Bedeutung d. Totengedächtnisses (Z. Schw. R. NF. LVII 1938). — E. M. Meijers, Eine german. Zählung d. Verwandtschaftsgrade (TRG VI Haarlem 1925 S. 1—52), Le droit Ligurien de succession I: Les pays alpins (1928), Het ligurische erfrecht in de Nederlanden II: Het West-vlaamsche erfrecht (1932), III: Het Oost-vlaamsche erfrecht (1936); Herb. Meyer, „Ligurisches" Erbrecht (ZRG G L 1930 S. 354—375). — Verner Dahlerup, Forelæsninger over førtse bog af Jyske Lov ved Jørgen Glahder (Københ. 1919); H. Tägert, Familienerbe in Friesland (1937); Pierre Paillot, La représentation successorale dans les coutumes du Nord de la France, (Paris 1935); Willem van Iterson, Ouderve en vorderlijk goed in het Nedersticht (TRG XVI Haarlem 1935); P. Hradil, Über eheliche Errungenschaftsgemeinschaft auf Grund österreich. RQ d. späteren MA (ZRG G XXXVI 1915 S. 459—477); Matthäus Fritz, Die gesetzliche Verwandtenerbfolge d. älteren schwedischen Rechts (ZRG G XXXVI 1915 S. 137—275); O. P. Clavadetscher, Die erbrechtl. Repräsentation in Graubünden während d. MA (Zeitschr. f. Schweiz. Recht CII 1961

S. 27—61); Sylvia Rüdin-Bader, Die erbrechtl. Stellung d. Stiefkinder u. Halbgeschwister nach d. zürcher. RQ (1959); H. v. Voltelini, Der Ältere teilt, d. Jüngere wählt (ZRG G XXXVI 1915 S. 478); Jean Yver, La tripartizione dei beni mobili nell'antico diritto francese (RSDI XII 1939); Anno Elfgen, Die Mejora, Geschichte u. Dogmatik im span. u. südamerik. Recht (1962).

13. Testamentsrecht: Theo Jungbluth, Die donatio post obitum u. d. donatio reservato usufructu in d. Kölner Schreinseintragungen (1939). — W. Schönfeld, Die Vollstreckung d. Verfügungen von Todes wegen im MA (ZRG G XLII 1921 S. 240—379). — Günt. Aders, Das Testamentsrecht d. Stadt Köln im MA (1932); H. Lentze, Der Rat u. d. Wiener Testamentsrecht d. MA (Wien. GBl. II 1947), Das Wiener Testamentsrecht d. MA (ZRG G LXIX 1952 S. 98—154, LXX 1953 S. 159—229); H. Piper, Testament u. Vergabung von Todes wegen im braunschweig. Stadtrecht (Braunschweiger Werkstücke XXIV 1960).

H. VERMÖGENSRECHT

1. Grundlegend: O. Stobbe, Handbuch d. dt. Privatrechts I (1871, ³K. Schulz 1893), II—IV (1875/84, ³H. O. Lehmann 1896/1900), V (1885). — Andr. Heusler, Institutionen d. dt. Privatrechts I (1885), II (1886). — Otto v. Gierke, Dt. Privatrecht I: Allgem. Teil. u. Personenrecht (1895), II: Sachenrecht (1905), III: Schuldrecht (1917); Grundzüge d. dt. Privatrechts (in Holtzendorff / Kohlers Enzyklopädie I 1870, ⁷1915 S. 175—302). — Rud. Hübner, Grundzüge d. dt. Privatrechts (1908, ⁵1930). — Cl. Frhr. v. Schwerin, Grundzüge d. dt. Privatrechts (1919, ²1928). — Ernst Frhr. v. Schwind, Dt. Privatrecht I (1919), II (1921). — H. Schreuer, Dt. Privatrecht (1921). — H. Planitz, Grundzüge d. dt. Privatrechts (1925, ³1949). — K. Haff, Institutionen d. dt. Privatrechts I: Personen- u. Sachenrecht (1927), II: Familienrecht (1934, ² 1947). — Heinr. Mitteis, Dt. Privatrecht (1950, ⁴Lieberich 1963). — Franz Wieacker, Privatrechtsgeschichte d. Neuzeit (1952, ²1967); Er. Molitor, Grundzüge der neueren Privatrechtsgeschichte (1949); Gerh. Wesenberg, Neuere dt. Privatrechtsgeschichte (1954). — Otto v. Gierke, Dt. Genossenschaftsrecht I—IV (1868—1913). — Levin Goldschmidt, Universalgeschichte d. Handelsrechts ³I, 1 (1891); Paul Rehme, Geschichte d. Handelsrechtes (Ehrenbergs Handbuch d. gesamten Handelsrechts I 1913). Zu vergleichen: Aloys Schulte, Geschichte d. mittelalterl. Handels u. Verkehrs zw. Westdeutschland u. Italien I u. II (1900). — Rud. Wagner, Handbuch d. Seerechts I (1884) S. 57ff.; Max Pappenheim, Die geschichtl. Entwicklung d. Seehandels u. seines Rechts (Schriften d. Vereins für Sozialpolitik CIII, 2 1903). Zu vergleichen: A. Schaube, Handelsgeschichte d. roman. Völker d. Mittelmeergebiets bis zum Ende d. Kreuzzüge (1906); Walther Vogel, Geschichte d. dt. Seeschiffahrt I (1915); Fel. Genzmer, German. Seefahrt u. Seegeltung (1944). — Hjärne, Vederlag och sjöväsen, Ett bidrag till det danska statsskickets äldsta historia (NoB 1929). — Å. Holmbäck, Studier i äldre sjörätt (UUÅ 1926). — V. Niitemaa, Strandrecht in Nordeuropa im MA (1956). — Jul. v. Gierke, Geschichte d. dt. Deichrechts I (1901), II (1917).

2. Landnahme: E. Gamillscheg, Germanische Siedlung in Belgien u. Nordfrankreich I (1938); Schmitz, Landnahme d. Westgermanen im Gebiet von Nordfrankreich (Rhein. Bl. XVIII 1941). — N. K. Andersen/Stig Juul/P. J. Jørgensen/P. Skautrup u. a. in Med Lov skal Land bygges (Udg. af Juristforbundet

København. 1941), dazu: M. OLSEN, Maal og Minne (1946); DAG STRÖMBÄCK, Att helga land, Studier i Landnáma och det äldsta rituella besittningstagandet (Festskrift tillägnad Axel Hägerström 1928); MARCO SCOVAZZI, Il diritto islandese nella Landnámabók (Mailand 1961).

3. Grundeigentum: K. HAFF, Zur Geschichte d. german. Grundeigentums (ZRG G XLIX 1929 S. 433—435); VIKTOR ERNST, Entstehung d. dt. Grundeigentums (1926); W. MERK, Das Eigentum im Wandel d. Zeiten (1934); ARRIGO SOLMI, Studi storici sulla proprietà fondiaria (Rom 1937); F. E. MEYER, Zur Geschichte d. Immobiliarrechts in d. dt. Schweiz (1921); P. PUNTSCHART, Das „Inwärts-Eigen" im österreich. Dienstrecht d. MA (ZRG G XLIII 1922 S. 66—102); GERH. BUCHDA, Dursal, dursal eigen (ZRG G LIX 1939 S. 194—207); O. FRHR. v. DUNGERN, Über d. Freiheit d. Eigentums im MA (ZRG G LIII 1933 S. 287—291); E. KLEBEL, Freies Eigen u. Beutellehen in Ober- u. Niederbayern (Z. bayr. LG XI 1938). — HAROLD STEINACKER, „Traditio cartae" u. „traditio per cartam" (Archiv. f Diplomatik V./VI. 1959/60 S. 1—72); W. MERK, Grundstücksübertragung nach d. alemann. Volksrecht (Festschr. für E. Mayer 1932 S. 125); W. MERK, Die Grundstücksübertragung in Meersburg am Bodensee (ZRG G LV 1935 S. 169—215, LVI 1936 S. 1 bis 88); WOLFG. SCHMIDT, Die Auflassung im MA nach niederrhein. RQ (1932); GOTTFR. RICHTER, Die Grundstücksübereignung im ostfäl. Sachsen (1934); HERM. CONRAD, Liegenschaftsübereignung u. Grundbucheintragung in Köln während d. MA (1935); TH. MAYER-EDENHAUSER, Das Recht d. Liegenschaftsübertragung in Freiburg im Breisgau (1937); MANFR. KLEINBUB, Das Recht d. Übertragung u. Verpfändung von Liegenschaften in d. Reichsstadt Ulm (961). — KONR. BEYERLE, Die Anfänge d. Kölner Schreinswesens (ZRG G LI 1931 S. 318—509); H. PLANITZ, Konstitutivakt u. Eintragung in d. Kölner Schreinsurkunden d. 12. u. 13. Jahrh. (Schultze-Festschr. 1934); FRZ. KOVÁTS, Preßburger Grundbuchführung u. Liegenschaftsrecht im Spätmittelalter (ZRG G XXXIX 1918 S. 45—87, XL 1919 S. 3—69).

4. Dingliche Rechte an Liegenschaften: H. PLANITZ ,Das Grundpfandrecht in d. Kölner Schreinskarten (ZRG G LIV 1934 S. 1—88), Das dt. Grundpfandrecht (1936), Schuldbann u. Liegenschaftsvollstreckung (als Mscr. gedruckt 1932). — K. S. BADER, Ländl. Wegerecht im MA (ZGORh NF XLIX 1936). — KARL FISCHER, Die Erbleihe im Köln d. 12.—14. Jahrh. (Diss. Köln 1939); HEINR. REINCKE, Die Ablösung von Erbzins nach hamburg. Recht (Hans. Gbl. LXIII 1938); ADAM MAIDHOFF, Das Passauer Gültenwesen (1927); HERM. KLEINAU, Der Grundzins in d. Stadt Braunschweig (1929); JOH. HEINR. GEBAUER, Worthzins u. Fronzins in d. Stadt Hildesheim (ZRG G LXI 1941 S. 150—207).

5. Regalrechte: E. SCHÖNBAUER, Beiträge zur Geschichte d. Bergbaurechts (1929); ER. SCHRADER, Zum Bergrecht u. zum Schatzrecht im Sachsenspiegel I 35 (ZRG G LXXIV 1957 S. 178—197); WILH. WEIZSÄCKER, Sächs. Bergrecht in Böhmen (1926); O. STOLZ, Die Anfänge d. Bergbaues u. Bergrechtes in Tirol (ZRG G XLVIII 1928 S. 207—263); K. FRÖLICH, Die älter. Quellen zur Geschichte d. Bergbaus am Rammelsberge bei Goslar (DA X 1953/54); AD. ZYCHA, Montani et Silvani, zur älter. Bergwerksverfassung von Goslar (DA III 1939); HERM. LÖSCHER, Zur Frühgeschichte d. Freiberger Bergrechts (ZRG G LXXVI 1959 S. 343—352); W LH. WEIZSÄCKER, Das alte Zinnbergrecht von Graupen im Erzgebirge (ZRG G L 1930 S. 233—309); HEROLD, Die Salpetergewinnung in d. RG (Festschr. Rennefahrt 1958). — K. TH. v. EHEBERG, Die Reichswälder bei Nürnberg (1914); H. HAUSRATH, Geschichte d. Waldeigentums im Pfälzer Odenwald (1913); ADALB. ERLER, Bäuerliche Waldgerechtsame an d. Schwanne im Odenwald (ZRG G LXV 1947

S. 348—361); FRIEDR. RANZI, Königsgut u. Königsforst im Zeitalter d. Karolinger u. Ludolfinger (1939); H. RUBNER, Untersuchungen zur Forstverfassung d. mittelalterl. Frankreich (1965); B. SCHMID, Forst u. Forestis als Reichsgebiet (Festschr. Rennefahrt 1958); K. HAFF, Die Wildbannverleihungen unter Kaiser Heinrich III. u. IV. an d. Bischöfe von Augsburg u. Brixen u. d. Paßhut (ZRG G LXIX 1952 S. 301—309). — WILH. V. BRÜNNECK, Zur Geschichte d. altpreuß. Jagd- u. Fischereirechts (ZRG G XXXIX 1918 S. 88—144); GUIDO KISCH, Geschichte d. Fischereirechts im Deutschordensgebiete (1931), Zur Geschichte d. Fischereiregals (Heymann-Festschr. 1931); MELL, Der Schutz d. steir. Fischwässer (Ztschr. Steiermark XXX 1936); O. STOLZ, Geschichtskunde d. Gewässer Tirols (1936); K. HAFF, Über d. alten Wasserrodegenossenschaften im Etschtal mit einer Urkunde vom Jahre 1333 (ZRG G LVIII 1938 S. 810—812). — HARM WIEMANN, Beiträge zur Geschichte d. Mühlenrechts (ZRG G LXVI 1948 S. 477—500); GUIDO KISCH, Das Mühlenregal im Deutschordensgebiete (ZRG G XLVIII 1928 S. 176—193); RÜD. MOLDENHAUER, Mühlen- u. Mühlenrecht in Mecklenburg (ZRG G LXXIX 1962 S. 195—236).

6. Besondere Wirtschaftsarten: E. WOHLHAUPTER, Die Biene im alten dt. Recht (Bayer. Heimatschutz XXXI 1935); K. HAFF, Zum Bienenrecht in d. schwed. u. dän. Landschaftsgesetzen (ZRG G LX 1940 S. 253—257). — KARL S. BADER, Gartenrecht (ZRG G LXXV 1958 S. 252—273). — O. GÖNNENWEIN, Zur Geschichte des Weinbaurechts (ZRG G LXXX 1963 S. 157—196). — K. HAFF, Zum älteren norweg. u. dt. Alprecht (VSWG XXVI 1933 S. 146—154); NIK. GRASS, Beiträge zur RG d. Alpwirtschaft (1948), Forschungen zur RG d. Alpwirtschaft (ZRG G LXXXI 1964 S. 368—378); RICH. WEISS, Das Alpwesen Graubündens (Erlenbach-Zürich 1941).

7. Gesamthand und Miteigentum: G. FROMMHOLD, Zur Geschichte d. gesamten Hand (ZRG G XXXVII 1916 S. 504—506); GERH. BUCHDA, Geschichte u. Kritik d. deutschen Gesamthandslehre (1936). — H. OPPIKOFER, Eigentumsgemeinschaften im mittelalterl. Recht (1924); HEINZ WAGNER, Geteiltes Eigentum (Diss. Tübingen 1938); FRANZ NOVAK, Das Stockwerkseigentum im Wiener Recht d. MA (ZRG G LIV 1934 S. 89—116).

8. Gewährschaft: ERNST MAYER, Zur Einkleidung (Gewere) (ZRG G XXXV 1914 S. 431—435), Zur Lehre von d. Einkleidung (ZRG G XXXVI 1915 S. 439—441); GÜNTHER ULLRICH, Eine Urkunde über Gewährschaft nach fränk. Recht (ZRG G LIX 1939 S. 269—270). — THEO MAYER-MALY, Ebenteuer (ZRG G LXXII 1955 S. 216—232). — GOTTFR. PARTSCH, Zur Entwicklung d. Rechtsmängelhaftung d. Veräußerers nach mittelalterl. südfranzös. u. span. Quellen (ZRG G LXXVII 1960 S. 87—153).

9. Fahrnisverfolgung und Fahrniserwerb: HERB. MEYER, Gerüft, Handhaftverfahren u. Anefang (ZRG G XXXVII 1916 S. 382—497); EM. GOLDMANN, Tertia manus u. Intertiation im Spurfolge- u. Anefangsverfahren des fränk. Rechtes (ZRG G XXXIX 1918 S. 145—222, XL 1919 S. 199—235); K. RAUCH, Spurfolge u. Dritthandverfahren in d. fränk. Rechtsentwicklung (ZRG G LXVIII 1951 S. 1 bis 77); ECKARD MEISTER, Fahrnisverfolgung u. Unterschlagung im dt. Recht (1913); H. PLANITZ, Fahrnisverfolgung im dt. Recht (ZRG G XXXIV 1913 S. 424—429); W. MERK, Entwicklung d. Fahrnisverfolgung im französ. Recht (1914); MARIO KRAMMER, Die ursprüngliche Gestalt u. Bedeutung d. Titel De filtorto u. De vestigio minando d. sal. Gesetzes (ZRG G XXXVI 1915 S. 336—437). — K. A. ECKHARDT/ JENS JESSEN, Fahrniserwerb vom Nichtberechtigten (Rechtsvergl. HWB II 1929

S. 307—312); L. CHR. HOFMANN, Hand muß Hand wahren (Leiden 1927); L. J. v. APELDOORN, Roerend goed heeft geen gevolg (Rechtsgel. Magazijn XLIX 1930). — JOH. HÜBNER, Der Fund (1914).

10. Geld: BENNO HILLIGER, Das Goldpfund d. röm. Kaiserzeit (Bl. f. Münzfreunde 1938); B. THORDEMAN, Sverigs medeltidsmynt (Nordisk kultur XXIX 1936); HUGO JAEKEL, Die leichten Goldschillinge d. merowing. Zeit u. d. Alter d. Lex Salica (ZRG G XLIII 1922 S. 103—216); J. WERNER, Waage u. Geld in d. Merowingerzeit (1954); D. CLAUDE, Zu Fragen d. merowing. Geldgeschichte (VSWG XLVIII 1961); K. A. ECKHARDT, Zur Entstehungszeit d. Lex Salica (Festschr. d. Göttinger Akad. 1951, S. 6ff. u. 16ff.); WILH. JESSE, Noch einmal d. Denar d. Lex Salica (Hamburg. Beiträge zur Numismatik III 1956); ALF. DOPSCH, Das Münzwesen d. Karolingerzeit, vornehml. in Deutschland (Zeitschr. f. Münz- u. Medaillenkunde II 1913 S. 1—48); H. H. VÖLCKERS, Karol. Münzfunde d. Frühzeit 751—800 (1965). — ARN. LUSCHIN V. EBENGREUTH, Allgem. Münzkunde u. Geldgeschichte d. MA u. d. Neuzeit ([2]1926); FERDIN. FRIEDENSBURG, Münz- u. Geldgeschichte d. Einzelstaaten d. MA u. d. neuer. Zeit (1926); GEORGE A. LÖNING, Das Münzrecht im Erzbistum Bremen (1937). — W. TÄUBER, Geld u. Kredit im MA (1932).

11. Vertragselemente: MARCO SCOVAZZI, Il diritto germanico e l'origine dei contratti (RSD XXXIII 1960); ERNST MAYER, Das altspan. Obligationenrecht (Z. vgl. RW XXXVIII 1920); F. E. MEYER, Über d. Schuldrecht d. dt. Schweiz (1913); HERB. MEYER, Öffentl. u. Privatrecht nach german. Anschauung (Zeitschr. Akad. Dt. Recht 1935 S. 49—55); J. E. ALMQUIST, Strödda bidrag till civilrättens historia (1953). — WILH. WEIZSÄCKER, Rechtssprichwörter als Ausdrucksformen d. Rechts (Z. vgl. RW LVIII 1955); FRANZ BEYERLE, Sinnbild u. Bildgewalt im älter. dt. Recht (ZRG G LVIII 1938 S. 788—807); W. MERK, Veräußerlichung u. Durchschnittlichkeit im Recht (Festschr. E. Heymann I 1931 S. 88—172); BERNH. REHFELDT, Die Vergeistigung d. Rechts (ZRG G LXVII 1950 S. 373—393); HERM. KRAUSE, Dauer u. Vergänglichkeit im mittelalterl. Recht (ZRG G LXXV 1958 S. 206—251); WILH. WEIZSÄCKER, Das Spielelement im dt. Recht (Ostdt. Wissenschaft VIII 1961). — HEINR. REINCKE, Die Bedeutung d. Gelöbnisgebärde (ZRG G XL 1919 S. 280—282); RUD. HIS, Schlichtes Gelöbnis u. Gelöbnis auf Treue (ZRG G XLI 1920 S. 386—387); GERH. WALDEM. BRAUER, Die ehrenwörtliche Bekräftigungsform (ZRG G LIV 1934 S. 117—133). — FRITZ BRAUN, Ohne Arglist (ZRG G LIV 1934 S. 246—253); GUNTER GUDIAN, Zur rechtl. Bedeutung d. Formel „ane geverde" im Spätmittelalter (ZRG G LXXXII 1965 S. 333—336).

12. Schuld: ERNST HEYMANN, Das Verschulden bei Erfüllungsverzug (1913); HEINR. MITTEIS, Rechtsfolgen d. Leistungsverzugs beim Kaufvertrag (1913); ALFR. SCHULTZE, Über Gläubigeranfechtung u. Verfügungsbeschränkung d. Schuldners nach dt. Stadtrecht d. MA (ZRG G XLI 1920 S. 210—280); HEINR. MITTEIS, Studien zur Geschichte d. Versäumnisurteils, besonders im französ. Recht (ZRG G XLII 1921 S. 137—239); FRANZ KLEIN-BRUCKSCHWAIGER, Jahr u. Tag (ZRG G LXVII 1950 S. 441—446). — LUITP. WALLACH, Der älteste chronikal. Beleg für salmannus (ZRG G LIV 1934 S. 240); CORGNALLI, Sal, Salmannus, Sellen (1942); H. WÜRDINGER, Geschichte d. Stellvertretung (agency) in England (1933). — G. BUCH, Zur Zession im dt. mittelalterl. Recht (ZRG G XXXIV 1913 S. 429—433); H. SCHUMANN, Die Forderungsabtretung (1924).

13. Haftung: K. HAFF, Studien zum Bürgschaftsrecht in altburgund., savoyischen u. westschweizer. Rechtsquellen (Zeitschr. f. Schweizer. Recht NF XLIII

1924 S. 129—155); FRANZ BEYERLE, Der Ursprung d. Bürgschaft. Ein Deutungsversuch vom german. Rechte her (ZRG G XLVII 1927 S. 567—645), Die Treuhand im Grundriß d. dt. Privatrechts (1932); EKKEH. KAUFMANN, Die Bürgschaft im Recht d. Ingelheimer Oberhofes (ZRG G LXXIV 1957 S. 198—219); WERN. OGRIS, Die persönl. Sicherheiten im Spätmittelalter (ZRG G LXXXII 1965 S. 140 bis 189). — RUD HIS, Eine eigentüml. Klausel in westfäl. Schuldurkunden (ZRG G XLII 1921 S. 481—483); GUIDO KISCH, Die Pfändungsklausel (ZRG G XXXV 1914 S. 41—68). — WILH. LUDEWIG, Beiträge zur Geschichte d. unerlaubten Handlungen im älter. dt. Recht I (1925). — WALTH. LAMPE, Die dilatura im german. Recht (Götting. maschinenschr. Diss. 1921); EM. GOLDMANN, Zum Problem d. dilatura (ZRG G LII 1932 S. 43—52). — GEORGE A. LÖNING, Zur Zufallshaftung im schwed. Vertragsrecht (ZRG G LXII 1942 S. 179—209). — HERM. LANGE, Schadensersatz u. Privatstrafe in d. mittelalterl. Rechtstheorie (1955); EKKEH. KAUFMANN, Das spätmittelalterl. dt. Schadensersatzrecht u. d. Rezeption d. „actio iniuriarum aestimatoria" (ZRG G LXXVIII 1961 S. 93—139). — HERB. MEYER, Das jüdische Hehlerrecht (DRW II 1937 S. 97—111); RUD. RUTH, Das Kanonische Zinsverbot, (Heymann-Festschr. I 1931 S. 316—348), Wucher u. Wucherrecht d. Juden im MA (ebd. S. 111—157); EKKEH. KAUFMANN, Canel contra Moschel, ein Schadensersatzprozeß vor d. Ingelheimer Oberhof (Festg. Kirn 1961).

14. Einzelne Schuldverhältnisse: MAX PAPPENNEIM, Über d. Rechtsnatur d. altgerman. Schenkung (ZRG G LIII 1933 S. 35—88). — SIEGFR. REICKE, Stiftungsbegriff u. Stiftungsrecht im MA (ZRG G LIII 1933 S. 247—276); H. LENTZE, Die unabhängige Treuhänderstiftung im mittelalterl. Wien (JB d. Ver. f. Geschichte d. Stadt Wien XV/XVI 1959/60); DIETER PLEIMES, Weltliches Stiftungsrecht (1938), Irrwege d. Dogmatik im Stiftungsrecht (1954); H. LIERMANN, Geschichte d. Stiftungsrechts (1963). — O. PETERKA, Der Kauf im Altstadt Prager u. Brünner Recht (ZRG G LVIII 1938 S. 421—447); H. REINHARD, Der Marktkauf in d. schweizer. Städten d. MA (1959); EM. GOLDMANN, Scammonia (ZRG G LI 1931 S. 510—512). — P. SCHULIN, Zur Geschichte d. mittelalterl. Miete in west- u. süddt. Städten (ZRG G XLI 1920 S. 127—209); JOHN. GILISSEN, Huur gaat voor Koop (TRG XVI Haarlem 1939); JAC. WACKERNAGEL, Die Viehverstellung (1923). — EUG. WOHLHAUPTER, Zur RG d. Spiels in Spanien (Span. Forschungen III 1931 S. 55—128). — B. GÄTJEN, Der Rentenkauf in Bremen (1928); AHASV. V. BRANDT, Der Lübecker Rentenmarkt (1935); O. CREMER, Der Rentenkauf im mittelalterl. Köln (1937); FRITZ RÖRIG, Kündigungsrecht d. Rentners beim Rentenkauf? (ZRG G LVII 1937 S. 451—457); WERN. OGRIS, Der mittelalterl. Leibrentenvertrag (Wien/München 1961). — JAC. WACKERNAGEL, Städtische Schuldscheine als Zahlungsmittel (VSWG Beih. 2 1924); H. A. SCHULTZE- V. LASAULX, Beiträge zur Geschichte d. Wertpapierrechts (1931).

15. Handels- und Verkehrsrecht: H. PLANITZ, Handelsverkehr u. Kaufmannsrecht im fränk. Reich (Festschr. E. Heymann I 1940 S. 175—190), Über hansisches Handels- u. Verkehrsrecht (Hans. Gbll. XXXI 1926); WILH. EBEL, Hansisches Recht, Begriff u. Probleme (1949). — HEINR. MITTEIS, Zum Schuld- u. Handelsrecht d. Kreuzfahrerstaaten (Heymann-Festschr. I 1931). — H. OPPIKOFER, Das Unternehmensrecht (1927); CLEM. BAUER, Unternehmung u. Unternehmungsformen (1936). — MAX PAPPENHEIM, Zur Entwicklungsgeschichte d. Seefrachtvertrags (ZRG G LI 1931 S. 175—203); EUG. WOHLHAUPTER, Beiträge zum Recht d. Personenbeförderung über See im Mittelalter (HJB LVII 1937); SAYOUS, Le Sendevegeschäft et la Widerlegung, pendants germaniques de la commande et de la societas maris du bassin de la Méditerranée au moyen âge (1936). — W. SCHMIDT-RIMPLER, Geschichte d. Kommissionsgeschäftes in Deutschl. I (1915).

16. Arbeitsrecht: O. GIERKE, Die Wurzeln d. Dienstvertrags (1914); GERH. BUCHDA, Der Hirtenschutt (1935); EBERH. FRHR. V. KÜNSSBERG, Arbeit u. Rhythmus im Rechtsleben (ZRG G XLI 1920 S. 370—373); WILH. EBEL, Gewerbl. Arbeitsvertragsrecht im dt. MA (1934). — AD. ZYCHA, Beitrag zur Frühgeschichte d. dt. Erfinderrechts (ZRG G LVIII 1939 S. 208—232).

17. Bildzeichen: TH. GOERLITZ, Die rechtl. Behandlung d. gewerbl. Bildzeichen in Deutschl. seit d. 14. Jahrh. (ZRG G LV 1935 S. 216—229); K. O. MÜLLER, Ein Warenzeichenschutzprozeß um 1500 (ZRG G LV 1935 S. 244—263); MAX GMÜR, Schweizer. Bauernmarken u. Holzurkunden (Bern 1917); A. S. DE BLÉCOURT, Aantekeningen vor marken (TRG I Haarlem 1918/19). — KARL S. BADER u. a., Festschrift f. Th. Knapp: Grenzrecht u. Grenzzeichen (1940).

18. Rechtssymbole: K. V. AMIRA, Die Dresdener Bilderhandschrift d. Sachsenspiegels II 1 (1925), II 2 (1926). — ARTHUR METHNER, Zwei alte Danziger Rechtssymbole: Nagel u. Ring; Strohwisch (ZRG G LVII 1937 S. 457—468); ADALB. ERLER, Das Hissen eines Besens als Rechtssymbol (ZRG G LXII 1942 S. 371 bis 375); WILH. FUNK, Speer, Pfandschaub, Kreuz u. Fahne (ZRG G LXV 1947 S. 297—315); C. PÖHLMANN, Gerichtssäule: dreimaliges Ausbieten von Grundstücken, an ihr durch d. Gläubiger; Auslösung durch d. Erben (ZRG G XLI 1920 S. 387—388); BERENT SCHWINEKÖPER, Der Handschuh im Recht (Gött. phil. Diss. 1938); H. FEHR, Übertragungssymbole (ZRG G LXIV 1944 S. 276—277). — G. FROMMHOLD, Das Andelang-Rätsel (ZRG G XXXV 1914 S. 426—431); JOS. BALON, L'andelangus en face du droit (ZRG G LXXIX 1962 S. 32—51). — E. LIPPERT, Glockenläuten als Rechtsbrauch (1939). — FRANZ BEYERLE, Weinkauf u. Gottespfennig, an Hand westdt. Quellen (Schultze-Festschr. 1934).

19. Beurkundung: K. FRÖLICH, Zum Goslarer Urkundenwesen im 14. Jahrh. (Stengel-Festschr. 1952); ARMANDO PETRUCCI, Notarii (Mailand 1958); GERH. BURGER, Die südwestdt. Stadtschreiber im MA (1960); K. H. REXROTH, Die Entstehung d. städt. Kanzlei in Konstanz (1960); HERM. SCHULTZE-V. LASAULX, Geschichte d. Hamburg. Notariats (1961); FERDIN. ELSENER, Notare u. Stadtschreiber, Zur Geschichte d. schweizer. Notariats (Winterthur 1962). — K. A. ECKHARDT, Die geschichtl. Entwicklung d. Personenstandsurkunde (Vorträge d. Verwaltungswissenschaftl. Woche f. Standesbeamte 1934 S. 27—31).

I. STRAFRECHT

1. Grundlegend: ED. WILH. WILDA, Das Strafrecht d. Germanen (1842). — RUD. HIS, Das Strafrecht d. dt. MA I (1920), II (1935); Geschichte d. dt. Strafrechts bis zur Karolina (1928). — ROB. V. HIPPEL, Dt. Strafrecht I (1925). — EBERH. SCHMIDT, Einführung in d. Geschichte d. dt. Strafrechtspflege (1947, ²1951); HANS V. HENTIG, Die Strafe I (1954), II (1955); K. V. AMIRA, Die german. Todesstrafen (1922); RUD. HIS, Die Körperverletzungen im Strafrecht d. dt. MA (ZRG G XLI 1920 S. 75—126), Das Strafrecht d. Friesen im MA (1901); OSENBRÜGGEN, Das alemann. Strafrecht (1860), Das Strafrecht d. Langobarden (1863).

2. Sakrale Elemente: H. SCHREUER, Altgermanisches Sakralrecht I (ZRG G XXXIV 1913 S. 313—404); ALFR. BERTHOLET, Der Sinn d. kult. Opfers (Abh. Berlin 1942); H. SCHREUER, Das Recht d. Toten (ZVglRW XXXIII u. XXXIV 1916); R. HIS, Der Totenglaube in d. Geschichte d. german. Strafrechts (1929); P. FISCHER, Strafen u. sichernde Maßnahmen gegen Tote im german. u. dt. Rechte (1936); K. O. MÜLLER, Der Rechtsbrauch d. Verpfählens (ZRG G XLII 1921 S. 110—136); K. A. ECKHARDT, Ein neuer Moorleichenfund (ZRG G LX 1940 S. 252—253), Altsteinzeitl. Justizpflege (ZRG G LX 1940 S. 252). — DAG STRÖMBÄCK, Ha de germanska dödstraffen sakral ursprung? (Saga och sed 1942); FOLKE STRÖM, On the sacral Origin of the Germanic Death Penalties (Lund 1942); B. REHFELDT, Todesstrafen u. Bekehrungsgeschichte (1942); K. A. ECKHARDT, Die Todesstrafe in d. RG (Anstöße = Berichte aus d. Arbeit d. Evangelischen Akad. Hofgeismar 1957 S. 1ff.). — H. v. HENTIG, Sinnvoller Zufall, eine alte Rechtsanschauung (ZRG G LXXX 1963 S. 344—357). — V. ACHTER, Die Geburt d. Strafe (1950); HINR. SIUTS, Bann u. Acht u. ihre Grundlagen im Totenglauben (1959); H. FEHR, Zur Geschichte d. Bannes (ZRG G LV 1935 S. 237—238). — G. FROMMHOLD, Zur Klage mit d. toten Mann u. mit d. toten Hand (ZRG G XXXVI 1915 S. 458—459); P. E. WALLÉN, Die Klage gegen d. Toten im nordgerman. Recht (Skrifter utg. av Inst. f. rättshistorisk forskning I, 5 1958) [dazu L. CARLSSON, Rig 1958, Arv 1960]. — ANT. LARGIADÈR, Ein später Fall von strafrechtl. Wüstung (ZRG G LXXII 1955 S. 244—253); E. FISCHER, Die Hauszerstörung als strafrechtl. Maßnahme im dt. MA (1957). — L. HAMMERICH, Clamor (K. Danske Vidensk. Selskab. Hist.-filol. Meddelelser XXIX, 1 Københ. 1941); CL. FRHR. V. SCHWERIN, Die Formen d. Haussuchung in indogerman. Rechten (1942); RAGN. HEMMER, Hemfridens lokala utsträckning enligt svensk landskapsrätt (SvJT 1945). — BERNH. REHFELDT, Die Wurzeln des Rechtes (1951), Recht, Religion u. Moral bei d. früh. Germanen (ZRG G LXXI 1954 S. 1—22). — ORTWIN HENNSLER, Formen d. Asylrechtes u. ihre Verbreitung bei d. Germanen (1954); MART. SIEBOLD, Das Asylrecht d. röm. Kirche (1930).

3. Friedlosigkeit und Fehde: FRANZ BEYERLE, Das Entwicklungsproblem im german. Rechtsgang I (1915). — FEL. GENZMER, Rache, Wergeld u. Klage im altgerman. Rechtsleben (1941); C. DELIN, Om blodshämnden och götalagarnas straffbestämmelser för enkelt viljadråp (Skrifter tillägnande Johan C. W. Thyrén 1926); RAINER ZACHARIAS, Die Blutrache im Dt. MA (ZDA XCI 1962). — T. WENNSTRÖM, Fredlösheten några rättshistoriska och filologiska synpunkter (VSLÅ 1933); H. MUNKTELL, Till frågan om fredlöshetens utveckling (Ups. Univ. Årsskr. 1943); G. CHRIST. V. UNRUH, Wargus, Friedlosigkeit u. mag.-kult. Vorstellungen bei d. Germanen (ZRG G LXXIV 1957 S. 1—40); K. HAFF, Zur Friedlosigkeit nach holstein. Rechte (ZRG G LXII 1942 S. 375—377). — WILH. EBEL, Die Rostocker Urfehden (1938); FRIEDR. V. KLOCKE, Beiträge zur Geschichte von Faustrecht u. Fehdewesen in Westfalen (Westfäl. Zeitschr. XCIV 1938 S. 3—56); FRANS BLOCKMANS, Een patricische veete te Gent op het einde der 13e eeuw (Brüssel 1935). — EBERH. FRHR. V. KÜNSSBERG, Vogelfrei (ZRG G LVIII 1938 S. 525—533).

4. Verbrechen und Strafe: T. WENNSTRÖM, Brott och böter, Rättsfilologiska studier i svenska lanskapslagar (1940) [dazu v. SCHWERIN ZRG G LXI (1941) S. 480—485, HEMMER SvJT 1941]; POUL GÆDEKEN, Retsbrudet og Reaktionen derimod i gammeldansk og germansk Ret (Køb. 1934) [dazu IUUL, Ugeskrift f. Retsvæsen (1935) S. 338ff.; RAGN. HEMMER, Tidsskrift for Retsvidenskap (1935) S. 406—419; v. SCHWERIN, ZRG G LVII (1937) S. 493—503]; RAGNAR HEMMER,

Die Missetat im altschwed. Recht (Helsinki 1965); Rolf Reuter, Verbrechen u. Strafen nach altem lübischem Recht (Hans. Gbll. XLI 1937); Gerh. Hafström, Böter och baugar (1957); T. Wennström, Studier över böter och myntvärden i västgötalagarna (SVSL XIII 1931); Ragn. Hemmer, Studier rörande straffutmätningen i medeltida svenskrätt (Helsingf. 1928). — O. Schnettler, Totschlagsühnen in Westfalen (Beitr. Dortm. XLIII 1937); Sonnen, Totschlagsühnen im Bereich d. Herzogtums Berg (1938); H. Jänichen, Schwäb. Totschlagsühnen im 15. u. 16. Jahrh. (Ztschr. Württemb. LG XIX 1960); J. van Rompaey, Het Compositierecht in Vlaanderen van de veertiende tot de achttiende eeuw (TRG XXIX 1961).

5. Einzelne Straftaten: P. L. Jørgensen, Manddrabrforbrydelsen i den skaanske Ret fra Valdemarstiden (Festkrift udg. af Københavns Universitet 1922); I. W. Sjögren, Dråpsprocessen enligt Upplandslagen (Festskrift till Nils Stjernberg 1940); Christoph Riggenbach, Die Tötung u. ihre Folgen. Ein Beitrag zur alamann.-schweizer. RG im MA (ZRG G XLIX 1929 S. 57—166). — Rud. His, Die Körperverletzungen im Strafrecht d. dt. MA (ZRG G XLI 1920 S. 75—126). — Edith Kiessling, Zauberei in d. german.Volksrechten (1941). — P. J. Jørgensen, Hærværksforbrydelsen i Landskabslovene (Festkrift til Kristian Erslev 1927); J. Goebel, Felony and Misdemeanor I (1937); J. M. Ritter, Verrat u. Untreue an Volk, Reich u. Staat (1942). — T. Wennström, Tjuvnad och fornæmi, Rättsfilologiska Studier i Svenska landskapslagar (1936) [Dazu v. Schwerin ZRG G LVII (1937) S. 503—519, Hemmer SvJT 1937]; P. J. Jørgensen, Begreberne Tyveri og Ran i de danske Landskabslove (Festskrift til Vinding Kruse, København 1940); Leo Leesment, Die Verbrechen d. Diebstahls u. d. Raubes nach d. Rechten Livlands im MA (Acta univ. Tartuensis XXIV, 1, Dorpat 1931); Pflugraub im MA (ZRG G LVIII 1938 S. 534—547). — N. Stjernberg, Några blad ur horsbrottets historia i svensk rätt (Festskrift för Berndt Jul. Grotenfelt, Helsingf. 1929); F. v. Daumiller, Ehebruch u. Bigamie . . . in Altbayern (1933). — Heinz Jähnicke, Die Blutschande (Kieler Diss. 1929). — J. Thyrén, Förberedande utkast till strafflag, Specielle delen II: Ärekränkningsbrottet (Lund 1919).

6. Spiegelnde und Schandstrafen: H. Munktell, Om s. k. speglande straff (SvJT 1941). — Guido Kisch, Ehrenschelte u. Schandgemälde (ZRG G LI 1931 S. 514—520); Lizzie Carlsson, De medeltida skamstraffen (1934); George A. Löning, Schandlaken, Schandmantel, Schandkleid (ZRG G LXIV 1944 S. 335 bis 338); P. Sarolea, De tertio vocationis modo, Roeping en schering als onschadelijkmaking, Straf en genade in het Rijk der Franken (TRG XXIX Haarlem 1961).

7. Jüngere Entwicklung: Gotth. Bohne, Die Magna Charta von 1215 u. d. strafrechtl. Analogieverbot (1937). — Ekkeh. Kaufmann, Die Erfolgshaftung (1958); P. Mikat, Erfolgshaftung u. Schuldgedanke im Strafrecht d. Angelsachsen (Festschr. v. Weber 1963); Ragnar Hemmer, Warum war d. Verbrechensversuch nach altgerman. Recht straflos (Helsinki 1962). — Ernst Mayer, Asto [animo] (ZRG G XXXVIII 1917 S. 300—301). — Heinr. Frhr. v. Minnigerode, Unwedersatt u. widrisittolo (ZRG G LIX 1939 S. 249—253); George A. Löning, vorsate u. vorrat (ZRG G LXI 1941 S. 266—274).

8. Landfriedensrecht: H. Hirsch, Die hohe Gerichtsbarkeit (1922, [2]Th. Mayer 1958). — Joach. Gernhuber, Die Landfriedensbewegung in Deutschland (1952); K. S. Bader, Probleme d. Landfriedensschutzes im mittelalterl. Schwaben (1939); Bruno Meyer, Die Sorge für d. Landfrieden im Gebiete d. werdenden Eidgenossenschaft 1250—1350 (Zürich 1935); Wolfg. Schnelbögl, Die innere Entwicklung d. bayer. Landfrieden d. 13. Jahrh. (1932).

9. Territoriales Strafrecht: Maria Theresia Wüstendörfer, Das baier. Strafrecht d. 13. u. 14. Jahrh. (1942); Th. Knapp, Altregensburgs Gerichtsverfassung, Strafverfahren u. Strafe (1914); Werner Harke, Das Strafrecht d. Münchner Blutbannbuches (Diss. München 1950). — Joh. Ullmann, Das Strafrecht d. Städte d. Mark Meißen, d. Oberlausitz, d. Pleißener-, Oster- u. Vogtlandes (1928). — W. Müller, Die Stadtverweisung als Strafe im niederländ. Stadtrechte d. MA (1935). — K. Metzger, Die Verbrechen u. ihre Straffolgen im Basler Recht d. später. MA I (Basel 1931); Heinr. Glitsch, Zum Strafrecht d. Zürcher Richtebriefs (ZRG G XXXVIII 1917 S. 203—268); Henri Truffer, Der Einfluß d. Standes im allgem. u. zürcher. Strafrecht von 1300—1798 (Winterthur 1960); Meret Zürcher, Die Behandlung jugendl. Delinquenten im alten Zürich 1400—1798 (Winterthur 1960). — K. G. Bonnekamp, Die Zimmerische Chronik als Quelle zur Geschichte d. Strafrechts (1940). — Georg Dahm, Das Strafrecht Italiens im ausgehenden MA (1931), Untersuchungen zur Verfassungs- u. Strafrechtsgeschichte d. italien. Stadt im MA (1941); Ullmann, Der Versuch nach d. mittelalterl. italien. Lehre (TRG XVII 1941).

K. PROZESSRECHT

1. Grundlegend: Rud. Sohm, Die fränk. Reichs- u. Gerichtsverfassung (1871, Neudruck 1911). Zu vergleichen: Eckard Meister, Ostfäl. Gerichtsverfassung im MA (1912); Ed. Kern, Geschichte d. Gerichtsverfassungsrechts (1954). — J. W. Planck, Das Dt. Gerichtsverfahren im MA I u. II (1879). — H. Planitz, Die Vermögensvollstreckung im dt. mittelalterl. Recht I: Die Pfändung (1912); Guido Kisch, Der dt. Arrestprozeß in seiner geschichtl. Entwicklung (1914). Zu vergleichen: Ad. Wach, Der italien. Arrestprozeß (1868).

2. Sakrale Elemente: W. H. Vogt, Fluch, Eid, Götter: altnord. Recht (ZRG G LVII 1937 S. 1—57). — Max Pappenheim, Rasengang u. Fußspurzauber (ZRG G XL 1919 S. 70—86), Über d. Anfänge d. german. Gottesurteils (ZRG G XLVIII 1928 S. 136—175); Adalb. Erler, Der Ursprung d. Gottesurteile (Paideuma II 1941); Cl. Frhr. v. Schwerin, Rituale für Gottesurteile (1933), Das Gottesurteil des Poppo (ZRG G LVIII 1938 S. 69—107); H. Fehr, Gottesurteil u. Folter (Festg. R. Stammler 1926 S. 231—254); Herm. Nottarp, Gottesurteile, eine Phase im Rechtsleben der Völker (1949), Gottesurteilstudien (1956); C. Leitmaier, Die Kirche u. d. Gottesurteile (1953); Fel. Liebermann, Ordalien heißen u. kalten Wassers vermengt (ZRG G XLI 1920 S. 382). — Herb. Thoma, Ein Gottesgericht an Tieren (ZRG G LXX 1953 S. 325—329); H. A. Berkenhoff, Tierstrafe, Tierbannung u. rechtsrituelle Tiertötung im MA (1937); O. Opet, Zur Personifikation d. Tiere im Strandrecht (MIÖG XLVIII 1934 S. 414—423). — H. Fehr, Das Bahrrecht, insbes. in d. Schweiz (Dt. JB f. Volkskunde VI 1960).

3. Zweikampf: H. Fehr, Zur Geschichte d. Zweikampfes (ZRG G XXXIV 1913 S. 422—424); Carlo Guido Mor, ‚Signum libertatis‘? Un possibile significato giuridico dei pugnali nelle tombe langobarde (Standen en Landen XXVII 1963).

4. Gerichtsstätten: Benno Eide Siebs, Stal-Roland-Rosengarten, Zur mag. Bedeutung d. Gerichtsstätten (ZRG G LXXVI 1959 S. 246—266); Ahasv. v.

BRANDT, Ältere Lübecker Gerichtsstätten (JustizministerialBl. Schleswig-Holstein 1962); K. FRÖLICH, Stätten mittelalterl. Rechtspflege (1938), Alte Dorfplätze (1938). — FRIEDR. WIELANDT, Pranger u. Prangerstrafe in Konstanz (ZRG G LIV 1934 S. 253—257); G[RETE] BADER-WEISS/KARL S. BADER, Der Pranger (1935); LOUIS CARLEN, Der Pranger im Wallis (ZRG G LXXIII 1956 S. 396—404); EUG. WOHLHAUPTER, Haargalgen, Müllergalgen (ZRG G LXIII 1943 S. 324—326). — H. BLESKEN, Ältere deutsche Gefängnisnamen (ZRG G LXXX 1963 S. 357—378).

5. Richter und Henker: WILH. EBEL, Über Redensarten u. Recht (Moderna Språk 1960 S. 1—12). — FEL. LIEBERMANN, Zum Stabbrechen d. Richters (ZRG G XLI 1920 S. 382); M. PAPPENHEIM, Zum Schlagen d. Kreises bei Hinrichtungen (Zeitschr. f. Schlesw.-Holsteinische Geschichte LVII 1928). — TH. GOERLITZ, Das Trinken aus d. Büttels Flasche oder Steintragen um d. Ring, eine Breslauer Strafe (Beiträge zur Geschichte d. Stadt Breslau, Sonderdruck S. 1—7); O. LAUFFER, Der Büttelstab (ZRG G LXI 1941 S. 252—257). — H. v. HENTIG, Studien zur Kriminalgeschichte (Bern 1962); ALBR. KELLER, Der Scharfrichter in d. Kulturgeschichte (1921); HELM. SCHUHMANN, Der Scharfrichter (Allgäuer Heimatbücher LXVII 1964); LUTZ MACKENSEN, Henkersmahl u. Johannisminne (ZRG G XLIV 1924 S. 318—328); H. v. HENTIG, Vom Ursprung d. Henkersmahlzeit (1958); ELSE ANGSTMANN, Der Henker in d. Volksmeinung (1938). — JOACH. GERNHUBER, Strafvollzug u. Unehrlichkeit (ZRG G LXXIV 1957 S. 119—177); HEINR. LANGE, Das Verbot d. Berufsausübung im MA (1940).

6. Richter und Urteiler: K. HAFF, Der german. Rechtssprecher als Träger d. Kontinuität (ZRG G LXVI 1948 S. 364—368). — RUD. BECHERT. Die Einleitung d. Rechtsgangs nach angelsächs. Recht (ZRG G XLVII 1927 S. 1—114); J. E. ALMQUIST, Om formerna för tingsfridens lysning i Sverige under äldre tid (Hist. studier tillägn Sven Tunberg 1942). — K. HAFF, Gerhaben-Stellen aus unveröffentlichten Urkunden d. Allgäus (ZRG G LI 1931 S. 512—514); RUD. BECHERT, Eine dunkle Stelle d. Graugans (ZRG G XLVIII 1928 S. 442—444); ULR. STUTZ, Der Jüngste stimmt zuerst (ZRG G XLIX 1929 S. 435—439). — FEL. LIEBERMANN, Zur Teilung d. Justizertrags zwischen Herrscher u. Gerichtshalter (ZRG G XLVI 1926 S. 365—366).

7. Beweis, Jury, Schöffen: ULR. STUTZ, Die Beweisrolle im altdt. Rechtsgang (ZRG G XLIX 1929 S. 1—25); RUD. BECHERT, Recht oder Pflicht zur Beweisführung? unter Berücksichtigung d. nord. Rechte vornehmlich nach fränk. u. angelsächs. untersucht (ZRG G XLIX 1929 S. 26—56); EDWIN MAYER-HOMBERG, Beweis u. Wahrscheinlichkeit nach älterem Recht (1921); ER. HOLDEFLEISS, Der Augenscheinsbeweis im mittelalterl. dt. Strafverfahren (1933). — R. RUTH, Zeugen u. Eideshelfer in d. dt. RQ des MA I (1922); HENRI LÉVY-BRUHL, Les témoins de la loi Salique (TRG III Haarlem 1922); CL. FRHR. v. SCHWERIN, Zur altschwed. Eideshülfe (1919), Zum westgötischen Prozeß (Festschr. Alfr. Schultze 1934 S. 423—449). — HANS MIDDERHOFF, Thinggericht u. Zwölferspruch in Altisland (ZRG G LXXVII 1960 S. 26—86); K. HAFF, Beweisjury und Rügeverfahren im fränk. u. altdän. Recht (ZRG G XXXVIII 1917 S. 130—145); E. M. MEYERS, Trial by jury (TRG VII Haarlem 1927). — FRANZ BEYERLE, Wortsinn u. ursprüngl. Aufgabe d. altfränk. Rachinburgen (Angebinde f. John Meier 1949 S. 43—51); BERNARD ALTHOFFER, Les scabins (Nancy 1938).

8. Justiz: H. HATTENHAUER, „Minne u. recht" als Ordnungsprinzipien d. mittelalterl. Rechts (ZRG G LXXX 1963 S. 325—344). — P. KIRN, Über die angebliche Billigkeitsjustiz d. fränk. Königs (ZRG G XLVII 1927 S. 115—129), Aequitatis iudicium von Leo d. Gr. bis zu Hinkmar von Reims (ZRG G LII 1932 S. 53—64); EKKEH. KAUFMANN, Aequitatis Iudicium (1959). — ULR. STUTZ, Das Stadtrecht gegen d. Formstrenge im Strafverfahren (ZRG G XXXVIII 1917 S. 367—372). — ADALB. ERLER, Die Haftung für rechtes Gericht (Festg. Kirn 1961); Ad. SCHMITT-WEIGAND, Rechtspflegedelikte in d. fränk. Zeit (1962). — H. WASER, Quellen zur Schiedsgerichtsbarkeit im Grafenhause Savoyen 1251—1300 (Zürich 1961); HERB. OBENAUS, Recht u. Verfassung d. Gesellschaften mit St. Jörgenschild in Schwaben, Untersuchungen über Adel, Einung, Schiedsgericht u. Fehde im 15. Jahrh. (1961).

9. Prozeß und Vollstreckung: HEINR. MITTEIS. Politische Prozesse d. frühen MA (SB Heidelberg 1926); H. NIESE, Zum Prozeß Heinrichs d. Löwen (ZRG G XXXIV 1913 S. 195—258); EDM. E. STENGEL, Zum Prozeß Heinrichs d. Löwen (DA V 1942 S. 493—510); C. ERDMANN, Der Prozeß Heinrichs d. Löwen (1944); K. SCHAMBACH, Der genaue Tag d. Achtspruches u. Oberachtspruches im Prozesse Heinrichs d. Löwen (ZRG G LXIX 1952 S. 309—328). — H. PLANITZ, Studien zur Geschichte d. dt. Arrestprozesses (ZRG G XXXIV 1913 S. 49—140), Studien zur Geschichte d. dt. Arrestprozesses (ZRG G XXXIX 1918 S. 223—308, XL 1919 S. 87—198), Zur sächs. Vollstreckungsgeschichte (Festschr. Sohm 1914), Schuldbann u. Liegenschaftsvollstreckung (1932), Der Schuldbann in Italien (ZRG G LII 1932 S. 134—259), Die Personalexekution im italienischen Recht d. MA (Atti del Congresso internazionale del diritto Romano 1934), Die Fronung [Hrsg. von Thea Buyken] (ZRG G LXXVIII 1961 S. 39—63), ARTHUR BAUHOFER, Zwangsvollstreckung u. Ungehorsamsverfahren im Schuldprozesse d. zürcher. Richtebriefes (ZRG G LI 1931 S. 70—92); K. H. GANAHL, Der Fürbann im bayer. Rechtsgebiet (ZRG G LIV 1934 S. 257—266). — REINH. MÜLLER, Studien zum Inzichtverfahren nach bayer. Quellen (1939).

10. Inquisitionsprozeß: ERNST MAYER, Geschworenengericht u. Inquisitionsprozeß (1916); RICH. SCHMIDT, Herkunft d. Inquisitionsprozesses (1916); H. MAISONNEUVE, Études sur les origines de l'inquisition (L'église et l'état au moyen âge VII 1960); EBERH. SCHMIDT, Inquisitionsprozeß u. Rezeption (1940); ALFONS VOGT, Die Anfänge d. Inquisitionsprozesses in Frankfurt a. M. (ZRG G LXVIII 1951 S. 234—307). — H. FEHR, Zur Lehre vom Folterprozeß (ZRG G LIII 1933 S. 317—318); H. MUNKTELL. Tortvren i svens rättshistoria (Lychnos 1939/40); H. v. HENTIG, Über d. Indiz d. Tränenlosigkeit im Hexenprozeß (Schweiz. Zeitschr. f. Strafrecht XLVIII 1934 S. 368—381); H. FEHR, Tod u. Teufel im alten Recht (ZRG G LXVII 1950 S. 50—75).

11. Freigrafschaften und Feme: RICH. BORGMANN, Die dt. Freigrafschaften u. Freigerichte im MA (Blätter f. dt. LG LXXXIV 1938); AD. WAAS, Zur Frage d. Freigrafschaften, vornehml. in d. Wetterau (ZRG G XXXVIII 1917 S. 146—163); ALB. HÖMBERG, Grafschaft, Freigrafschaft, Gografschaft (1949); Die Entstehung d. westfäl. Freigrafschaften (1953); HEINR. DANNENBAUER, Freigrafschaften u. Freigerichte (Vorträge II 1955). — C. W. SCHERER, Die westfäl. Femgerichte u. d. Eidgenossenschaft (1941); LUDW. VEIT, Nürnberg u. d. Feme (1955); K. v. AMIRA, Das Femgerichtsbild d. Soester Stadtarchivs (1928).

12. Gerichtsverfassung: K. HAFF, Volksgericht u. Repräsentationsgericht in Norwegen (ZRG G XLII 1921 S. 464—465). — YVONNE BONGERT, Recherches sur les cours laiques du Xe au XIIIe siècle (1949). — K. WEIMANN, Das tägliche

Gericht (1913); ER. SCHRADER, Zur Gerichtsbestimmung d. Privilegium minus (ZRG G LXIX 1952 S. 371—385); GEORG GOETZ, Niedere Gerichtsbarkeit u. Grafengewalt im Linzgau (1913); E. KLEBEL, Ungeld u. Landgerichte in Nieder- u. Oberösterreich (MIÖG LII 1938); EUG. WOHLHAUPTER, Hoch- u. Niedergericht in d. mittelalterl. Gerichtsverfassung Bayerns (1929); H. EBERHARDT, Die Gerichtsorganisation d. Landgrafschaft Thüringen im MA (ZRG G LXXV 1958 S. 108—180). — WILH. EBEL, Justizverträge niedersächs. Städte im MA (Festschr. OLG Celle 1961). —HEINR. HEINEN, Die Gerichte d. Kölner Rates im 14. u. 15. Jahrh. (JB Köln. GV. XVI 1934); ANDR. HEUSLER, Basels Gerichtswesen im MA (1922); RUD. HIS, ,,Dank" in d. alten Basler Rechtssprache, ein Beitrag zum Dt. RWB (ZRG G LVII 1937 S. 474—476); WILH. V. BRÜNNECK, Zur Geschichte d. Gerichtsverfassung Elbings, Alt- u. Neustadt (ZRG G XXXVI 1915 S. 24—136); E. WAGNER, Das älteste Erfurter Vogteizinsbuch (1941); WILH. V. BRÜNNECK, Zur Geschichte d. Gerichtsverfassung d. Stadt Frauenburg im Ermlande (ZRG G XXXVII 1916 S. 313—382); H. RETZLAFF, Die Entwicklung d. Rechtsgangs nach d. Freiberger Stadtrechtsbuch (1929); GERH. BUCHDA, Hegung u. Aufhebung d. Vogtgerichts zu Kindleben (ZRG G LXII 1942 S. 355—358); WILH. EBEL, Lübeck in d. dt. RG (JustizministerialBl. Schleswig-Holstein 1962); K. O. MÜLLER, Das Gericht zu Ottendorf (ZRG G XLIV 1924 S. 168—196). — OSC. HÖLDER, Die Pürschgerichtskarte d. Reichsstadt Rottweil (1936). — ALFR. LOCH, Der Pulltag (ZRG G XLVIII 1928 S. 448—455).

13. Oberhöfe: ULR. STUTZ, Der Oberhof zu Eltville (ZRG G XLIII 1922 S. 303—304); D. ANDERNACHT, Beiträge zur Geschichte d. Frankfurter Oberhofes (Festg. Kirn 1961); GUNTER GUDIAN, Der Oberhof Ingelheim (ZRG G LXXXI 1964 S. 267—297); ADALB. ERLER, Die Stillegung d. Schöffenstuhles im Recht d. Ingelheimer Oberhofes (ZRG G LXXVI 1959 S. 267—291); WILH. V. BRÜNNECK, Zur Geschichte d. kulmer Oberhofes (ZRG G XXXIV 1913 S. 1—48).

14. Land- und Hofgerichte: ROB. SCHEYHING, Das kaiserl. Landgericht auf d. Hofe zu Rottweil (Ztschr. f. Württ. LG XX 1961); H. E. FEINE, Die kaiserl. Landgerichte in Schwaben im Spätmittelalter (ZRG G LXVI 1948 S. 148—235); G. LEIBER, Das Landgericht d. Baar . . . 1283—1632 (1964); FRIEDR. SCHUNDER, Das Reichsschultheißenamt in Frankfurt a. M. (1954). — ALOYS SCHULTE, Der hohe Adel d. dt. Hofrichters (Festschr. Hertling 1913); H. KRUPICKA, Urkundenwesen d. königl. Hofgerichts 1273—1378 (1937); LOTTE HÜTTEBRÄUKER, Ein Kampf um d. Lütticher Friedensgericht (AUF XI S. 258—281), Ein Reichshofgerichtsprozeß zur Zeit Karls IV. (ZRG G LVI 1936 S. 178—201); TH. KNAPP, Das württemberg. Hofgericht zu Tübingen u. d. württemberg. Privilegium de non appellando (ZRG G XLVIII 1928 S. 1—135); F. L. GANSHOF, Die Rechtsprechung d. gräflichen Hofgerichtes in Flandern vor d. Mitte d. 13. Jahrh. (ZRG G LVIII 1938 S. 163—177). — H. SPANGENBERG, Die Entstehung d. Reichskammergerichts u. d. Anfänge d. Reichsverwaltung (ZRG G XLVI 1926 S. 231—289). — P. LENEL, Scheidung von Richter u. Urteilern in d. dt. Gerichtsverfassung seit d. Rezeption d. fremden Rechte (ZRG G XXXIV 1913 S. 440—447).

15. Schöffensiegel: GERH. BUCHDA, Schöffenstuhlsiegel, I: Magdeburg (ZRG G LXI 1941 S. 257—265); TH. GOERLITZ, Die Magdeburger Schöffensiegel: Hängesiegel, aufgedrückte Siegel u. Sekrete sowie ihre verschiedenartige Verwendung (ZRG G LXIII 1943 S. 327—333).

RECHTSALTERTÜMER

von

KARL von AMIRA

ALLGEMEINE DARSTELLUNGEN

Bearbeitungen vor Jacob Grimm sind genannt bei H. G. PH. GENGLER, Dt. RG im Grundriß (1850) S. 9—13; HEINR. BRUNNER, Dt. RG ²I S. 21f.; J. C. H. DREYER, Beiträge zur Litt. der nord. Rechtsgelahrtheit (Hamburg 1794) S. 153 bis 212. — Hinzuzufügen: JOH. STJERNHÖÖK, De jure Sueonum et Gothorum vetusto (Stockh. 1672) ⟨photomech. Nachdruck Stockh. 1962⟩.

Bearbeitungen seit Jacob Grimm: FRANCIS PALGRAVE, The rise and progress of the English commonwealth I (1831), II (1832); O. GÖSCHEN, Die Goslarischen Statuten (1840) S. 125—521; EMIL FRANZ RÖSSLER, Dt. Rechtsdenkmäler aus Böhmen u. Mähren I (Prag 1845) S. *13—*21, *45—*102, II (Prag 1852) S. *1—*31, *56—*99; J. A. TOMASCHEK, Dt. Recht in Österreich im 13. Jahrh. (Wien 1859) S. 166—189; V. HASENÖHRL, Das Österr. Landesrecht im 13. u. 14. Jahrh. (Wien 1867) S. 37—235; M. J. NOORDEWIER, Nederduitsche Regtsoudheden (Utrecht 1853); H. ZOEPFL, Altertümer des dt. Reichs u. Rechts I u. II (1860), III (1861) [zu I vgl. K. MAURER in Kr. Vjschr. II S. 269—293]; ED. OSENBRÜGGEN, Studien zur dt. u. schweiz. RG (Schaffhausen 1868); Derselbe, Rechtsaltertümer aus österr. Pantaidingen (SB Wien XLI 1863 S. 166—222; W. C. C. v. HAMMERSTEIN-LOXTEN, Der Bardengau (1869); A. BAUMSTARK, Urdt. Staatsalterthümer (1873); Derselbe, Ausführliche Erläuterungen der Germania des Tacitus I: Allg. Teil (1875), II: Besond. Teil (1880); H. G. PH. GENGLER, Dt. Stadtrechts-Alterthümer (1882); ED. ROSENTHAL, Beiträge zur dt. Stadtrechtsgeschichte I: Landshut, II: Straubing (1883); S. MULLER, De middeleeuwsche rechtsbronnen der stad Utrecht I: Inleiding (Werken der Vereeniging I, 3 'sGravenhage 1883) S. 9—331; FEL. DAHN, Dt. Geschichte I, 1 (1883) S. 162—268, I, 2 (1883) S. 418—749; JOSEF KOHLER, Beiträge zur german. Privatrechts-Geschichte I—III (1885—1888); M. S. POOLS, Westfriesche stadrechten I (Werken der Vereeniging I, 7 'sGravenhage 1888) S. *13—*234; O. GIERKE, Der Humor im dt. Recht (²1886); VK. LIEBRECHT, Zur Volkskunde (1879) S. 1—16, 296—305, 414—436; LÉON VANDERKINDERE, Introduction à l'histoire des institutions de la Belgique au moyen âge, jusqu'au traité de Verdun 843 (Brüssel 1890) S. 157ff. — JOHN MITCH. KEMBLE, History of the Saxons in England I u. II (1849, ²W. DE GRAY BIRCH London 1876; deutsch von H. B. CHR. BRANDES, Die Sachsen in England I u. II 1853/54) [dazu K. MAURER in Kr. Überschau der dt. Gesetzgebung u. RW I—III (1853—1856)]; REINHOLD SCHMID, Die Gesetze der Angelsachsen (²1858), Antiquar. Glossar S. 521—680; ADAMS/LODGE/YOUNG/LAUGLIN, Essays in Anglo-Saxon law (1876) [darüber K. MAURER in Kr. Vjschr. XIX S. 581—589]; W. S. HOLDSWORTH, A history of English law II (London 1909, ³London 1922/23), Angelsächs. Recht S. 1—106; FEL. LIEBERMANN, Die Gesetze der Angelsachsen II, 2: Rechts- u. Sachglossar (1912). — FEL. DAHN, Westgot. Studien (1874). — C. MOLBECH, Indledning og Udkast til en Skildring af den german.-skandinav. indvortes Forfatning etc. (Dansk Histor. Tidsskr. IV S. 369—522); F. C. DAHLMANN, Geschichte von Dänemark I (1840) S. 127—174, II (1841) S. 180—282, 294—370, III (1843) S. 3—86; J. STEENSTRUP, Danelag (Normannerne IV Københ. 1882); ROSENBERG, Nordboernes Åndsliv II (Københ. 1880) S. 95—155. — A. N. STRINNHOLM, Svenska folkets historia I (Stockh. 1834) S. 490—619; J. J. NORDSTRÖM, Bidrag till den svenska samhälls-författningens historia I (Helsingf. 1839), II (ebd. 1840) [dazu Bergfalk in der Ztschr. Frey (Ups. 1841) S. 158—220]; G. O. Hyltén-Cavallius, Wärend och Widarne II (1868) ⟨Neudruck 1922⟩ S. 256—412. — J. F. G. Schlegel, Commentatio historica et critica (Hin forna Lögbók Islendínga sem nefnist Grágás, Københ. 1829 S. *70—*114); P. A. Munch, Det norske Folks Historie I (Christiania ⟨Oslo⟩ 1852; deutsch von Claussen, Die nordgerman. Völker usw. 1853); Rud. Keyser, Norges stats- og retsforfatning i middelalderen (Efterladte Skrifter II, Christiania ⟨Oslo⟩ 1867) [dazu K. Maurer in Kr. Vjschr. X S. 360—404]; K. Maurer, Island von seiner ersten Entdeckung bis zum Untergange des Freistaats (1874); V. Finsen, Ordregister in Grágás III (Københ. 1883).

Außer den hier ein für allemal genannten Arbeiten ist auf die in ⟨Bd. I⟩ § 2 angeführten rechtsgeschichtlichen Werke zu verweisen. ⟨Die Literatur zu den „Gesamtgermanischen u. südgermanischen Quellenwerken“ ist ebd. vor § 1, diejenige zu den „Nordgermanischen Quellenwerken“ ist ebd. zu § 12 verzeichnet.⟩

⟨1913—1966⟩

⟨Literatur bei Hans Planitz/Thea Buyken, Bibliographie zur dt. RG I u. (Registerband) II (1952) S. 3—117 (Nachträge 748—765), 184—189 (776f.), 239—246 (781—783), 319—321 (789). — Hans Planitz/Karl Aug. Eckhardt, Dt. RG (^{2}1961) §§ 1 u. 2; Herm. Conrad, Dt. RG I: Frühzeit u. Mittelalter (^{2}1962) S. *17—*27, II: Neuzeit (1966). — Hans Planitz, Grundzüge des dt. Privatrechts (^{3}1949); F. L. Ganshof, Geschiedkundige Inleiding tot het Burgerlijk Recht (Gent 1962) S. 124—133.⟩

Erster Abschnitt

LAND

Literatur bei Heinr. Brunner, Dt. RG ^{2}I (1906) §§ 7, 10, 11, 16, II ⟨^{2}v. Schwerin 1928⟩ §§ 79—82; Rich. Schröder, Lehrbuch der dt. RG ⟨^{7}v. Künssberg 1932⟩ §§ 4, 6, 18, 19, 39, 51; Heinr. Siegel, Dt. RG (1886) §§ 19, 68, 88, 90, auch 96; Cl. Frhr. v. Schwerin, Dt. RG (1912) ⟨^{2}1915⟩ ^{2}S. 45—54; Fr. Brandt, Forelæsninger over den norske Retshistorie II (Christiania ⟨Oslo⟩ 1883) [dazu K. Maurer in Kr. Vjschr. XI S. 410ff.] §§ 61, 62.

Dazu: v. Schwerin, Die altgerman. Hundertschaft (1907); Siegfr. Rietschel in ZRG G XXVII (1906) S. 234—252, XXVIII (1907) S. 342—434; v. Schwerin, ebd. XXIX (1908) S. 261—304; Rietschel, ebd. XXX (1909) S. 193—223; Gerh. Seeliger in Hist. Vjschr. 1909 S. 98—107. — K. v. Spruner, Bayerns Gauen nach den drei Volksstämmen usw. (1831); v. Peucker, Das dt. Kriegswesen der Urzeiten II (1862), S. 346—462; H. Böttcher, Diöcesan- u. Gaugrenzen Norddeutschlands I—IV (1874—1876); R. Werneburg, Gau, Grafschaft u. Herrschaft in Sachsen (Forschungen zur Geschichte Niedersachsens III, 1 1911); A. Luschin v. Ebengreuth, Österr. Reichsgeschichte I u. II (1895/96) §§ 9, 13, 36; K. Frhr. v. Richthofen, Untersuchungen über Fries. RG II, 1 u. 2 (1882) S. 1—145, 511—939, 1138—1193, 1201—1310, III, 1 (1886) S. 1—49; Ph. Heck, Die altfries. Gerichtsverfassung (1894) S. 20—34, 123—137, 428—431; K. Kretschmer, Histor. Geographie von Mitteleuropa (1904). — M. Pappenheim zu K. Hegel, Städte u. Gilden der german. Völker, in Kr. Vjschr. XXXIV (1892) S. 172—218; K. Schulte in GGA 1891 S. 520—531; Fr. v. Wyss in Ztschr. für schweiz. Recht I S. 22—118 (= Abhandl. zur Geschichte des schweiz. öffentl. Rechts 1892, S. 3ff.); Andr. Heusler, ebd. X S. 3—25. — Will. Stubbs, Constitutional history of England I (^{6}Oxford 1897) S. 19, 82—118; Rud. Gneist, Engl. Verfassungsgeschichte (1882) §§ 3, 5; Emil Hildebrand, Engelska samhällsförhållanden före den norm. eröfringen (Stockh. 1875) S. 51ff.; Hect. Munro Chadwick, Studies on Anglo-Saxon institutions (Cambridge 1905) S. 202—307; Fred. Will. Maitland, Domesday book and beyond (Cambridge 1897, ^{2}1907 ⟨^{3}1921⟩) S. 172—219; P. Vinogradoff, English society in the eleventh century (Oxford 1908) S. 90—107. — Sven Tunberg, Studier rörande Skandinaviens äldsta politiska indelning (Ups. 1911) [dazu E. Mayer in Hist. Vjschr. 1913 S. 54—68]. — O. Nielsen, Bidrag til Oplysning om Sysselinddelingen i Danmark (Københ. 1867); J. Steenstrup, Studier over Kong Valdemars Jordebog I (Københ. 1873) S. 1—25, 115—148, 188—192; Derselbe in Histor. Tidsskr. Københ. 1883 S. 519—521; Derselbe in Danske Vidensk. Selsk. Forhandl. 1896 S. 375—404. — Carl Joh. Schlyter, Juridiska Afhandlingar II (Lund 1879) S. 38—126, 161—170, 202; R. Tengberg, Om den äldsta territoriala indelningen och förvaltningen i Sverige (Stockh. 1875); Hans Hildebrand, Sveriges medeltid, Kulturhistorisk skildring I (Stockh. 1879) S. 242 bis 260, 365f. — P. A. Munch, Historisk-geographisk Beskrivelse over kongeriget Norge i Middelalderen (Christiania ⟨Oslo⟩ 1849); K. Maurer, Gulathing in Ersch u. Gruber, Encyklopädie XCVII (1878) S. 389ff.; Derselbe in Festgabe für Ludw. Arndts (1875) S. 60ff.; Derselbe, Vorlesungen I, 1 (1907) S. 37—68, 345—364,

IV (1909) S. 36—116; v. SCHWERIN in GGA 1909 S. 782—801; ABS. TARANGER in Histor. Tidsskr. Christiania ⟨Oslo⟩ 1887 S. 337—401 [dazu K. MAURER in Kr. Vjschr. XXXI S. 223—237]; C. C. STYFFE, Skandinavien under unionstiden (Stockh. 1867); C. O. Montan, Några blad ur de skand. Kommunalinstitut. utvecklingshistoria (1883).

⟨1913—1966⟩

⟨Literatur bei PLANITZ/BUYKEN, Bibliographie I S. 123—149 (Nachträge 765—771), 202—213 (778f.), 247—254 (783), 263—264 (784), 327—396 (790—794), 456—464 (799f.). — PLANITZ/ECKHARDT, RG [2]§§ 3, 5, 10, 18, 24, 35, 46, 52, 53 Z. 1; CONRAD, RG [2]I S. 3—10, 82—89, 103—111, 243—267.⟩

§ 1

Staatsgebiet

Die Germanen der geschichtlichen Zeit sind seßhaft, ihre Rechtsverbände bedürfen eines Landes innerhalb beständiger Grenzen. Auch wenn sich die Rechtsgenossenschaft auf die Wanderung begibt, geschieht es nur um einen neuen Boden dieser Art aufzusuchen. Es hängt mit ganz ausnahmsweisen Verhältnissen zusammen, wenn das älteste Gemeinwesen auf Island seiner Natur nach unterritorial ist[a]. Anfänglich sind die Germanen über eine sehr beträchtliche Zahl von Staaten verteilt, welche meist so klein sind, daß ihre Bewohner nur Teile von Stämmen ausmachen. Oft umfaßt das Gebiet eines solchen Staates nur das Tal eines einzigen kurzen Flusses. Erst im weiteren Verlauf der Geschichte wird eine Mehrzahl von Kleinstaaten zu größeren Gemeinwesen vereinigt, wozu den Übergang Staatenbündnisse und noch öfter Realunionen unter erobernden Herrschern bilden. Auch in den Kolonisationsgebieten wiederholen sich diese Hergänge. Verliert ein Staat seine Unabhängigkeit, so wird er doch nicht sogleich zum bloßen Bezirk desjenigen Staates, in welchen er eintritt. Vielmehr gibt er zunächst nur bestimmte Funktionen an denselben ab, behält daher aber seine ursprüngliche äußere Gestalt bei. Und das so begründete Verhältnis pflegt mehrere Jahrhunderte fortzudauern. Der germanische Großstaat ist gewöhnlich ein zusammengesetzter Staat. Das germanische Staatsgebiet heißt *land*, und wenn es unter einem Herrscher steht, *rîki* (got. *reiki*, altengl. *rice* usw.) = Machtgebiet, „Reich", gegenteils — wenigstens im skandinavischen Sprachkreis — ein *folkland* oder *fylke* = Volksgebiet[b]. Von den andern Ländern seinesgleichen wird das Land,

a) Vgl. § 25, 5.
b) Über „Mark" vgl. § 6.

und zwar auch das „Reich", unterschieden durch Nennung seiner Bewohner, seltener durch Angabe geographischer Merkmale, und erst im MA zuweilen durch Angabe des Ortes, von wo aus es beherrscht wird.

§ 2

Unterbezirke

1. Erfordern es Raum und Verkehrsverhältnisse des „Landes", so wird es in Bezirke geteilt zu Zwecken der ordentlichen Rechtspflege, der Heeres- und Polizei-, in jüngeren Zeiten auch der Finanz- und kirchlichen Verwaltung. Der germanische Kleinstaat kennt in der Regel nur eine Gattung von Bezirken. Diese erscheint bei Deutschen und Skandinaven in der Zeit der Rechtsdenkmäler als „Hundertschaft" — *hundari* (alamann. *huntari*, altschwed. *hundari*, vielleicht auch **hundina* — latein. von den Franken durch *centena* übersetzt, daher mhd. *zent*), ursprünglich wohl für eine nicht als Zahl von 100 oder 120, sondern als „Menge" zu denkende Volksabteilung, die einen rein persönlichen Verband, ein Heereskontingent und eine Gerichtsversammlung ausmachte, nachher erst, sicher aber schon in frühgeschichtlicher Zeit — als Wohnplatz dieses Verbandes — räumlicher Begriff. Dasselbe gilt von dem in den drei skandinavischen Hauptländern der Hundertschaft entsprechenden *heraþ* (*herraþ*, wahrscheinlich = Heervorrat, Heerbezirk), wogegen das erst gegen 940 vorkommende altengl. *hundred* (die „Hundertzahl") den Quellen nach ursprünglich und teilweise bis in die normannische Zeit einen Bezirk bedeutete, den der Fiskus 100 Steuerhufen gleichsetzte[a]. Im dänischen Gebiet Nordenglands entspricht dem *hundred* als Gerichtsbezirk in der Regel das *wǽpengetæc* (*wǽpentac*) = „Bezirk der Waffenberührung", (so wegen der Form der Thingbeschlüsse genannt). Spezifisch deutsch scheint die Benennung *bant* (ahd. *panz*) für die Hundertschaft, nur friesisch in der gleichen Bedeutung *bifang* (später auch *ban* oder *ombecht*), unskandinavisch wenigstens die in Deutschland eine so große Rolle spielende Benennung „Gau" (got. *gawi*, ahd. *gewi*, altfries. *gâ*, *gô*, altsächs. *gô* usw. von bis jetzt nicht ermittelter Grundbedeutung). Sooft aber die letztere auch vorkommt, sie ist doch — außer in Sachsen — nie ein fester Rechtsterminus geworden, bezieht

a) Die (Hufen-, Höfe-, Familien-, Heeres-)Theorien, die bis in die neueste Zeit Vertretung fanden, suchen in *hundari*, **hundina*, *herað* Zahlbegriffe. Zu Ende gedacht, führen sie zu phantastischen Vorstellungen über die Bildung der germanischen Staaten. Sie können auch vor einer nüchternen Betrachtung der vermeintlichen Quellenbelege nicht standhalten.

sich vielmehr stets und vor allem auf einen geographischen Begriff, kann daher nicht nur die Hundertschaft, sondern auch den aus mehreren Hundertschaften zusammengesetzten Mittelbezirk[b] und ebensowohl eine Gegend bedeuten, die gar kein Bezirk ist. Anderseits wird in Friesland die Hundertschaft zuweilen als ein Bruchteil des Landes benannt. Daß eine Hundertschaft als solche in kleinere Distrikte zerlegt wird, findet sich bei Südgermanen selten, häufiger bei den Skandinaven, insbesondere in Schweden, wo dann der Distrikt als Bruchteil der Hundertschaft bezeichnet wird.

2. Künstlicher als die Einteilung des Landes in Hundertschaften und nur zu Zwecken der Seewehr wie nur an Küstenstrichen durchgeführt, ist die Einteilung in Schiffsbezirke, welche in den drei skandinavischen Hauptreichen und seit der 2. Hälfte des 10. Jahrhs. auch in England vorkommt. Das Ausrüsten, Erhalten und Bemannen der Kriegsschiffe ist auf diese Bezirke umgelegt. Der Name für einen solchen ist in Schweden *skiplagh* oder *skiplæghi* (= Schiffsgenossenschaft), in Dänemark *skipæn* (= Anordnung, Rüstung), in Norwegen *skipreiða* (= Schiffsreede) oder *skipsysla* (= Schiffsdienst), in England *skipsócn* oder *skipfylleð* (= Schiffsmannschaft). Der Schiffsbezirk fällt in Norwegen und in Schweden regelmäßig mit der Hundertschaft räumlich zusammen, so daß diese von jenem geradezu den Namen annimmt. In Dänemark dagegen kann er ebensowohl einen Teil der Hundertschaft oder einen Verein von Hundertschaften wie eine einzige Hundertschaft ausmachen. In England endlich scheint er der Regel nach drei Hundertschaften umfaßt zu haben. Räumliche Unterabteilungen des Schiffsbezirks entstehen in den ostnordischen Staaten dadurch, daß die Stellung der Ruderer und Seekrieger auf den Grundbesitz umgelegt wird. *Ar* (mascul. = Ruder) oder *har* (= Ruderlager) heißt ein solcher Distrikt in Schweden, *hafna* (= Mannsplatz) im ganzen ostnordischen Gebiet.

3. Die bisher genannten Bezirke dienen in der älteren Zeit der vom Volke selbst ausgehenden und von ihm in seinen Versammlungen — *þing* oder **maþal* — oder doch von seinen Beamten — dem taciteischen *princeps*, dem *satrapa* Bedas, dem salfränk. **thunkin*[c], dem norweg. *herser*, dem schwed. *hæraþs höfþingi*, dem got. *hundafaþs* (?) — ausgeübten Verwaltung. In den altfriesischen Hundertschaften entsprach

b) Vgl. § 3, 1.

c) Handschriftl. bald *thunginus* bald *thunzinus*, was auf *thuncinus* führt. Vor andern Erklärungen empfiehlt sich als die wenigst gewaltsame **thunc-ina* von **thuncjan* abzuleiten: **thuncina* wäre dann = Abhalter des **thunc* (mhd. *dunc*), was in den lateinischen Quellen durch *thunchinium* latinisiert und durch *placitum* buchstäblich übersetzt ist. Vgl. § 57, 3. Anderer Meinung KÖGEL in PBB XVI 513.

diesem Organe der Selbstverwaltung der *abba* („Verrufer") oder *hodere* oder *kok* („Hüter", „Bewahrer"), im altengl. *hundred* dessen Aldermann (*hundredes ealdor*). Bei starker Entwicklung des Königtums geht die Bezirksverwaltung ganz oder doch in der Hauptsache auf den Herrscher über, so daß der Volksbeamte im Bezirke durch einen königlichen Diener, wie z. B. der **thunkin* durch den *hunno*[d] (*centenarius*, wovon mhd. *zentenære, zentgrâve*) oder „Schultheißen" (ahd. *skultheizo*, mnd. *skulthete*, fries. *skeltata*, auch *frana* = Herrendiener), der *herser* in Norwegen durch den *lendrmaðr*, in Dänemark durch den *umbuzman* oder *foghet* ersetzt wird.

§ 3

Mittelbezirke

1. Zu gemeinsamer Ausübung ihrer Funktionen können mehrere Hundertschaften in einen Verein treten. Von einem solchen Verein muß unterschieden werden der Mittelbezirk, welcher sich zwischen Land und Hundertschaft einschiebt, wenn auch seine Grenzen allerdings mit Hundertschaftsgrenzen zusammenfallen. Nur in wenigen Ländern dient er der Selbstverwaltung, so z. B. der gotländ. *þriþiunger*. Regelmäßig ist vielmehr der Mittelbezirk Amtssprengel für einen Diener des Herrschers und schon deshalb jüngern Ursprungs als die Hundertschaft. Dieses ist am deutlichsten erkennbar bei der Grafschaft (*grafia, comitatus*) der fränkischen Reichsverfassung. Sie ist sogar nach dem königlichen Statthalter, dem „Grafen" (fränk. *grâfio*, woraus mnd. *greve*, fries. *greva*, daneben ahd. *grâvo*, woraus mhd. *grâve*), d. h. dem „Befehlshaber", benannt, auf den die Kanzleisprache den Titel des römischen Bezirkskommandanten (*comes*) übertragen hat. Sein Amtsbezirk ist eben die Grafschaft. Erst im MA wird sie als „Gau"[a] bezeichnet. Erst jetzt hört (z. B. in Sachsen) die Hundertschaft auf, der ordentliche Gerichtssprengel des Grafen zu sein, und wird die Grafschaft einheitlicher Bezirk des Grafengerichts oder echten Things. Wiederum schon durch ihren Namen als Amtssprengel kennzeichnet sich die norwegische und westdänische *sysla* (*syssel*). Hiermit gar wohl vereinbar ist, daß räumlich manche *sysla* sich mit einem ehemals selbständigen „Land" deckte. Vereinigungen von mehreren Grafschaften, die an der Reichsgrenze lagen, unter einem und dem nämlichen Beamten (*prae-*

d) Vgl. Kluge, Urgermanisch (^{3}1913) §§ 59 u. 278.

a) Vgl. § 2, 1.

fectus limitis, comes marchiae, marchio, marchisus, dux limitis) und unter dem Namen „Markgrafschaften" wurden als Militärgrenzen im fränkischen Reich zuerst von Karl d. Gr. geschaffen, dann von den Königen des ostfränkischen Reiches neuorganisiert und vermehrt.

2. In dem Maß, als die Feodalisierung[b] des Staats einreißt, verlieren Mittelbezirke wie Hundertschaften ihre Geschlossenheit, ja überhaupt ihre Bedeutung als Bezirke. Sie werden zuerst von eximierten Gebieten durchbrochen; was dann von ihnen übrig bleibt, wird selbst zu neuen Herrschaften, auf welche die alten von örtlichen Merkmalen entlehnten Namen nicht mehr passen, weswegen sie nun nach ihren Inhabern oder nach den Stammsitzen derselben benannt werden. In Deutschland, wo dieser Prozeß am frühesten eingetreten und am weitesten gediehen ist, kann man daher von einer völligen Auflösung der Bezirke in feodale Herrschaften sprechen. In diesen erst, namentlich in den landesherrlichen Territorien, ist es wieder zu einer neuen und je nach Größe des Gebietes, rechtlichem Charakter seiner Bestandteile, Gewalten seines Beherrschers, eigenartigen Einteilung in Verwaltungssprengel (Landgerichte, Vogteien, Ämter) gekommen. Zusammengesetzt aus fertigen Herrschaftsgebieten, daher geographischer Einheit prinzipiell unbedürftig sind in Deutschland die „Kreise", deren Einführung im Spätmittelalter mehrmals versucht, aber erst am Beginn der Neuzeit gelungen ist, und die in den voraufgehenden Landfriedensbündnissen von Städten und Fürsten ihr Vorbild hatten.

3. Andererseits beginnt im Frühmittelalter die dauernde Vereinigung der skandinavischen „Länder" zu größeren, zusammengesetzten Staaten (Reichen)[c]. Eine Zwischenbildung liegt in den norwegischen Thingverbänden vor, welche in der schwedischen Landschaft Upland und wohl auch im dänischen Jütland ihr Seitenstück haben: Eine Anzahl, und zwar zuerst nur eine kleine Gruppe von Volklanden tritt, dem Anschein nach unter wesentlicher Einwirkung des Königtums, zu einer Art Bundesstaat mit einer gesetzgebenden und richtenden Zentralgewalt zusammen, welche von einer zu gesetzlicher Zeit und am gesetzlichen Ort stattfindenden Thingversammlung (in Norwegen *lǫgþing*) ausgeübt wird, ohne doch die ältere Landsgemeinde als Gerichts- und Kultversammlung überflüssig zu machen. Im Großreiche erhält dann der Thingverband[d] die Stellung einer autonomen Provinz. Seit dem Ausgang des 13. Jahrhs. vervielfältigen sich die ältern (vier) Thingverbände Nor-

b) Vgl. §§ 21, 1; 23, 3; 25, 2.
c) Vgl. § 1.
d) Vgl. I § 16, 2.

wegens durch Teilung, da nun das ganze Reich in Gesetzsprecherbezirke (*lǫgmansdœme*) eingeteilt ist, von denen jeder sein eigenes *lǫgþing* erhält.

§ 4

Sonderformen

1. Von den andern germanischen Bezirksverfassungen prinzipiell verschieden war, wenn wir von den romanischen der gotisch-wandilischen Reiche absehen, die langobardische in Italien, die der angelsächsischen Staaten und die isländische[a]. Die langobardische Bezirksverfassung, lediglich auf die Hierarchie der königlichen Ämter berechnet, geht aus vom römischen territorium civitatis, indem sie dieses zum Amtskreis des königlichen Statthalters (*dux, judex* im engern Sinn) macht. Daher heißt nun das territorium *ducatus* oder *judicaria.* Voneinander werden die Dukate unterschieden durch Angabe der Städte, welche ihre Mittelpunkte und die Amtssitze der *duces* bilden. Regelmäßig gesondert von der Statthalterei ist die Krongutsverwaltung im Dukat. Sie wird von einem *gastald* (auch *comes*) geleitet. Doch kommt auch Verwaltung des Dukates durch den Gastalden vor, und im 8. Jahrh. werden die Funktionen des *dux* im Bereich des Kronguts auf die Gastalden übertragen. Im einen wie im andern Falle wird der Gastald zum *judex.* Unterbezirk des Dukates ist das „Schultheißenamt“ (*sculdascia*), nämlich der Sprengel der richterlichen, finanziellen, militärischen und polizeilichen Unterinstanz unter dem *dux,* des *sculdhais* (im 8. Jahrh. auch *centenarius* genannt). Unterste, doch bloß polizeiliche und militärische Instanz mit räumlich abgegrenztem Distrikt, sei es Stadtbezirk (*civitas*), sei es ländlichem Ortsbezirk (*decania*), ist der *locopositus* bzw. *decanus.* Im königlichen Forst (*saltus*) entspricht dem *decanus* der *saltarius.* Nicht mit den vorhin erwähnten *duces* im langobardischen Reich von Pavia dürfen verwechselt werden die *duces* von Benevent und Spoleto, welche die Stellung von Unterkönigen einnehmen wie der alamannische, bayerische, thüringische *dux* unter den fränkischen Oberkönigen. Ihre Reiche (*ducatus*) sind in Stadtbezirke (*actiones, actus*) oder in Verwaltungen (*gastaldatus*) eingeteilt, deren vom Herzog ernannte Vorsteher die Funktionen des Schultheißen mit denen des Gastalden vereinigen.

2. Von der Sprengelbildung für die Zuständigkeit eines Beamten geht auch die Einteilung der angelsächsischen Länder in *scire* aus. Die *scir* (latein. durch *comitatus, provincia* wiedergegeben, eigentl. =

---

a) Über die isländische vgl. §§ 5, 3; 25, 5.

procuratio) ist der Amtsbezirk des königlichen Statthalters (*ealdorman — dux, subregulus, comes*) und seines Gehilfen, des „Bezirksscharmeisters" (*scirgeréfa, scirman — vicecomes*). Sie hat ihre eigene Gerichtsversammlung (*scirgemót, folcgemót*). Im Verlauf ihrer Geschichte wird sie allerdings auch ein Gemeindebezirk, da sie seit dem 10. Jahrh. mit eigener Kasse erscheint und für Schadensleistungen verantwortlich gemacht wird. Eine Vorstufe hierzu mag dadurch gegeben gewesen sein, daß manche *scir* ursprünglich mit einem Staatsgebiet zusammengefallen war. Zwischen die *scir* und das *hundred*[b] wurde in einigen Ländern noch ein Mittelbezirk eingeschoben, so die *thriðing* in Yorkshire und Lincolnshire, der *leð* (*lathe*) in Kent, der *rape* in Sussex, von denen aber nur die beiden ersten der Rechtspflege dienten.

§ 5

Politische Gemeinden

1. Die Ansiedlung oder der Wohnort (got. *haims*, altnord. *heimr*, ahd. *heim* usw. — skandinav. öfter *bygð*) als solcher hat in der ältern Zeit der germanischen Rechte keinerlei politische Bedeutung, gleichviel ob Einzelhof (nord. *ból* oder *garðr* — mhd. *einôte, einœde* — ahd. *sedal*?) oder Dorf (altnord. altengl. altsächs. *þorp*, altfränk. *thurp*, ahd. *dorf*, dafür auch altschwed. *býr*, altdän. *by*, westnord. *bœ́r* und altengl. *tún*, nddt. *wîc*, got. *veihs*). Einen staatsrechtlich administrativen Ortsbezirk hat die langobardische Verfassung in Italien in der *decania* bzw. *civitas*[a] geschaffen. Aber erst im MA kommt die politische Gemeinde, d. h. eine Gemeinde mit staatsrechtlichen Funktionen, zur Ausbildung, und zwar hauptsächlich in Form der Stadt. Die Grundzüge ihrer Entstehungsgeschichte sind in der ganzen germanischen Welt die nämlichen. Daher konnte auch in seiner Fortentwicklung das nordische Städtewesen durch das in Deutschland und England gegebene Muster bestimmt werden. Überall geht die Stadt aus dem Markt hervor. Unwesentlich dagegen, wenn auch, namentlich in Deutschland, sehr häufig ist, daß der Markt den Wohnplatz einer Landgemeinde bildet. Handelsplätze wurden sicher schon in ältesten Zeiten unter einen erhöhten strafrechtlichen Schutz, den Marktfrieden, gestellt, der, von Haus aus erweiterter Kultfriede wie z. B. beim altschwed. *disaþing*, später ein Ausfluß des den Kultfrieden ersetzenden Königsfriedens, sogar über dem

b) Vgl. § 2, 1.

a) Vgl. § 4, 1.

Fremden waltete. Dem Friedensbewahrer, d. h. in jüngerer Zeit dem Herrscher, konnte ein Zoll gebühren. So wurde der Markt zur Zollstätte, seine Anlage und sein Schutz eine Finanzquelle und Vorrecht des Herrschers. Uraltes Befriedungszeichen, daher auch Wahrzeichen der befriedeten Handelsstätte ist der aufgesteckte Strohbund (ahd. *wîfa*, mnd. *wîp* — oder *scoup*, altengl. *scéaf*), wie ja angeheftete Strohwische auch die zu Markt geführten Waren von jeher und marktfeile Pferde[b] noch heute kennzeichnen. In christlicher Zeit tritt an die Stelle des Strohbundes oftmals das Kreuz (Marktkreuz, altengl. *griðcross* = Friedenskreuz), an dessen Arm mitunter noch das Symbol der herrschaftlichen Verleihung des Marktrechts, der Handschuh oder eine hölzerne Hand hängt. Genauer noch als das Marktkreuz bringt die Marktfahne den königlichen Frieden zum Ausdruck, weswegen sie oft neben dem Kreuz, freilich nur temporär, vorkommt. Im Norden pflegte man in frühester Zeit zu Handelsplätzen Inseln auszusuchen: *bjarkey*, ursprünglich vielleicht nur Name eines einzigen Eilandes (vgl. Birca im Mälarsee), wurde dort zur Bezeichnung einer jeden als Handelsplatz dienenden Insel; aber auch auf die auf festem Lande gelegene Handelsstätte (*kaupangr*) konnte er übertragen werden. So haben die Angelsachsen und Flandern den Namen *port* (*poort*) auf jeden Handelsplatz angewandt. *Bjarkeyjar réttr* westnord., *biærköa retter* altschwed., *biærkeræt* altdän.[c] und *wîcbelede* nddt., *wîchbilde* obdt.[d] heißt das Sonderrecht, welches im Handelsort gilt. Wirtschaftliche Bedürfnisse rufen es hervor. Befördert aber wird es durch die Erhebung des Handelsortes zum staatlichen Gerichtsbezirk. Auf solche Weise wird das Marktgebiet zu einem Ausschnitt aus der Hundertschaft oder Grafschaft — daher jetzt im Norden Gegensatz zwischen *bœr* oder *kaupangr* einer- und *herað* andererseits, zwischen *býþing* und *heraðsþing*. Nun wird die Ansiedlung mit eigenen Verteidigungsanlagen bewehrt, an die Stelle des Dorfzaunes (*tún* altengl.) treten Pfahlwerk oder Mauer, Wall und Graben, d. h. der Markt wird zum geschlossenen Militär- und folgeweise auch Polizeibezirk, wie er geschlossener Gerichtsbezirk ist. Damit ist der Begriff der S t a d t gegeben, der auch bei künstlicher Gründung einer „Stadt" festgehalten wird. In der technischen Benennung der Stadt und ihrer Einrichtungen ist dieses klar ausgesprochen: eine „Burg" heißt sie bei allen Germanen, *burcgrâve* mhd., *borchgrêve* mnd. (*castellanus* insbes. in Flandern) der Stadtgraf in Deutschland, *burhgeréfa* der Vorsteher der städtischen Hundertschaft in England, *burhgemót* ihr Thing ebenda, *burcbann* ihr

b) Berthold von Regensburg II (STROBL 1880) S. 187.

c) Vgl. I §§ 16, 3 u. 4; 14, 3; 13, 4.

d) Vgl. I §§ 1, 6; 20, 1; 24, 4; 25, 2 (S. 171).

Gerichtsbezirk in Deutschland, wo auch der alte Marktfriede als *burcvride* fortlebte. Durch das Zusammenwirken der Bewohner zu öffentlichen Zwecken, insonderheit im Dienst der Finanz- und Militärverwaltung, entsteht die, seit dem 12. Jahrh. unter einem „Rat" (*consules*) sich organisierende, politische Stadtgemeinde, besonders leicht natürlich, wenn zuvor schon eine Landgemeinde da war. In letzterem Falle hat die Stadtverfassung oftmals auch Organe der Landgemeinde, wie z. B. in Deutschland den „Bauermeister", übernommen. In vielen Städten ist der Gemeinderat aus einem Kolleg der geschworenen Urteiler des Stadtgerichts, in einigen dagegen aus einem Rat des Stadtherrn hervorgegangen. Bei planmäßiger Gründung von Städten wurde er gewöhnlich nach dem Muster eines anderwärts schon bestehenden Gemeindeorgans vom Stadtherrn eingeführt. Als *civitas* wird fortan die Stadtgemeinde von der *villa forensis*, d. h. vom Markt unterschieden, und diesem Gegensatz entspricht der andere von *cives* (= *burger, bœjarmenn*) und *villani*. Das befestigte Tor in der Stadtmauer auf dem Siegel der Stadt ist das Zeichen der Bürger als Körperschaft. Auch jetzt noch ist der Marktplatz der rechtliche wie der wirtschaftliche Mittelpunkt der Ansiedlung. Aber das Marktkreuz genügt nicht mehr als erschöpfendes Sinnbild der Sonderstellung der Stadt und ihres Rechts; es wird (in Nieder- und Mitteldeutschland) ergänzt oder ersetzt durch den „Roland", d. h. das Standbild des gekrönten oder ungekrönten Inhabers der Hoheitsrechte im Gemeinwesen, um deren Besitz und Ausübung sich die städtische Verfassungsentwicklung dreht.

2. Die Landgemeinde (mhd. *bûrschaft, dorfschaft*, fries. *burar* plur., *liodgarda, elmetha, elmente* mascul.) ist auf kontinental deutschem Boden insgemein erst durch die Grundherrschaft[e] zum politischen Bezirk gemacht worden, zunächst zum Bezirk für die Ausübung der grundherrlichen Obrigkeit, dann aber auch mitunter zum Selbstverwaltungsbezirk, sofern der Gemeinde die Wahl des Dorfvorstandes und allenfalls gar ein Recht der „Einung" d. h. die Autonomie zugestanden wurde. In norddeutschen und rheinischen Landgemeinden treten schon im Frühmittelalter „Bauermeister" mit staatsrechtlichem Geschäftskreis auf. Kolonistendörfern wurde oftmals schon durch Vertrag zwischen den Ansiedlern und dem Grundherrn ein weitgehendes Maß politischer Selbstverwaltung zuteil, wie z. B. den flämischen in Sachsen und in Siebenbürgen. In der Schweiz ist infolge der Auflösung der Hundertschaften in kleine Niedergerichtsbezirke („niedere Vogteien") oftmals der Gemeindebezirk mit dem öffentlichen Gerichtsbezirk zusammen-

e) Vgl. § 25, 1.

gefallen. In England nehmen seit ungefähr 1100 Bauerschaften (altengl. *gebúrscipe, túnscipe,* latein. *villae,* normann. *villatae*) den Charakter von politischen Gemeinden an, wenn sie mit der „Zehnerschaft" (*téoðung*) und der Freibürgschaft (*friborg,* normann. *francum plegium, plegium liberale*) zusammenfielen, justiz- und kirchenpolizeilichen Verbänden, die der spätangelsächsischen Zeit entstammten, seit Knut miteinander verschmolzen waren und in anglonormannischer Zeit territorialisiert wurden. In der Eigenschaft als Kirchspiel wurde die ostnordische Landgemeinde zur Erfüllung staatlicher Aufgaben herangezogen, indem der periodisch zu Verwaltungszwecken der Pfarrei (*kirkiu sokn, sokn*), und zwar gewöhnlich auf dem Kirchhof stattfindenden Versammlung der vollberechtigten Kirchspielgenossen (*soknastæmna, soknaþing, kirkiustæmna*) Funktionen der freiwilligen Gerichtsbarkeit, der Wohlfahrtspflege und der Polizei übertragen wurden. In Deutschland sind es nachweislich niedersächsische Gaue, wo das Kirchspiel von den nämlichen Ausgangspunkten aus wie in Skandinavien zur politischen Einheit emporgestiegen und nun aber auch mit sehr viel mehr entscheidenden Funktionen ausgestattet worden ist. Deutlich verrät sich der Entwicklungsgang darin, daß der Siegelbewahrer, Gerichtshalter, Exekutivbeamte und Polizeiherr des Kirchspiels in Dithmarschen und auf Fehmarn der *sluter* (*claviger*) oder Kirchenkämmerer ist. Durch Vermittlung des Kirchspiels ist dann in Dithmarschen die Bauerschaft, welche hier einen Teil desselben ausmachte, Niedergerichtsbezirk geworden. Jenen niedersächsischen Kirchspielen durch ihre staatsrechtlichen Funktionen verwandt sind die in einigen friesischen Gauen und in einzelnen Schweizer Alpenländern, wie z. B. die „Kirchgäng" in Obwalden. Eine ähnliche Entwicklung der Parochie zu einer politischen Sondergemeinde hat sich in größeren deutschen, insbesondere rheinischen Städten schon im Frühmittelalter vollzogen. Als politische Gemeinden, insofern eine Sonderverwaltung von Polizei und Rechtspflege in ihrer Hauptaufgabe liegt, haben sich während des MA auch die deutschen, namentlich friesischen und niedersächsischen Deich- und Sielverbände ausgebildet.

3. Eine politische Gemeinde eigener Art ist der isländ. *hreppr,* ein geographisch abgegrenzter Bezirk, nach Bedarf in Unterbezirke zerlegt, mit der Aufgabe der Armenpflege und Versicherung der Insassen auf Gegenseitigkeit nach dem Prinzip der Selbstverwaltung. Daß diese Einrichtung in Norwegen ihr Vorbild gehabt habe, ist wahrscheinlich, während zweifelhaft bleibt, ob sie mit dem *rape* in Sussex[f] parallelisiert

f) Vgl. § 4, 2.

werden darf. Anderseits teilt das isländische mit den andern westnordischen Kolonialrechten die Eigentümlichkeit, daß es im MA keine politische Ortsgemeinde entwickelt hat.

§ 6

Grenzen

Die Grenze (skandinav. *mǽre*, altengl. *gemǽre*) oder der „Rand“ (*marka* = latein. *margo*!) oder das „Gewende“ (ahd. *giwant*, mhd. *gewande*, femin.) oder das „Ende“, (got. *andeis*, ahd. *enti* usw.), des Landes und seiner Teile ist in älteren Zeiten, wenn auch eine Scheide (altfries. *skata*, mhd. *lantscheide*, ostnord. *skæl*) verschiedener Gebiete, so doch weder künstlich vermessen, noch allemal eine bloße Trennungslinie. Staaten, ja auch Bezirke innerhalb derselben waren durch natürliche Verkehrshindernisse, die meist neutrale Zonen bildeten, voneinander entfernt gehalten: durch Wildnis (altschwed. poët. *þangbrekka*), insbesondere Wald, weswegen das Wort für Grenze (*marka*, im westnord. *mǫrk*) zur Bedeutung von Wald gelangte. Bei fortschreitender Ansiedelung erst verschwindet dieser neutrale Streifen, so daß die Grenze den Nachbargebieten gemeinschaftlich — westnord. ein *mót*, altdt. eine „Schneide“ (ahd. *sneida*, altengl. *snád*, mnd. *snêde*) oder eine „Nähe“ (altfries. *swethe*) wird. Aber auch jetzt noch kann der Grenzlauf der Festigkeit entbehren. Vielfach nämlich wird nicht bloß bei seiner erstmaligen, sondern bei seiner jedesmaligen Ermittlung auf den Ausgang von Ereignissen abgestellt, die man nicht völlig in seiner Gewalt hat. Die norwegischen Schiffsreeden z. B. erstrecken sich anfangs soweit landeinwärts, „als der Lachs geht“. In deutschen Rechten spielt eine analoge Rolle, wie dort der Lachsgang, der Fall eines Schattens, das Rinnen von Wassern oder ein eigens veranstalteter Lauf von Männern oder auch von Tieren, das Fliegen von Vögeln, das Walzen einer Kugel, eines Eies, eines Schlegels. Das Werfen eines Hammers, einer Axt, eines Speers, eines Pflugeisens war allgemein verbreitetes Mittel der Grenzbestimmung. An solchen Rechtsbräuchen wurde noch spät im MA festgehalten, nachdem man längst gelernt hatte, die „Schneide“ durch bleibende Zeichen kenntlich zu machen. Das Grenzzeichen (westnord. *endimark*, altschwed. *mærki, rift, ramarkar*) befindet sich meist nur an einem bestimmten Punkt des Grenzlaufs, so daß nun dieser selbst durch eine Luftlinie zwischen den bezeichneten Punkten gegeben ist. Dazu kann dienen ein Fels, ein Berggipfel, ein Totenhügel, ein Baum (mhd.

mâlboum, lâchboum, mnd. *snâtboum*) mit eingeschnittener Kerbe (langobard. *snaida*, mhd. *lâche, lâchene*, wie z. B. die *decuria*) oder mit eingeschlagenen Nägeln, ein Pfahl, eine von Wissenden gesetzte Steingruppe (drei verschiedene altschwed. Arten: *ringrör, þræstene, tiældra*, eine westnord. das *lýritti*), in christlicher Zeit ein Holz- oder Steinkreuz, der Mittelpunkt eines Wohnhauses (in Niederdeutschland oft der „Kesselhaken", in Österreich der Ofen), so daß die Grenze das Haus durchschneidet, — wogegen Inschriften (in Deutschland seit römischer Zeit) als Grenzzeichen immer selten bleiben. Der Grenzlauf kann aber auch, streckenweise wenigstens, ununterbrochen bezeichnet sein, was durch Rinnsale und Gräben, Gebirgsgrate, getretene Pfade, gepflügte Furchen, aufgeworfene Raine und Wälle geschieht. Der „Landgraben" dient während des MA in ganz Deutschland nicht nur in Verbindung mit dem ausgeworfenen Erdwall als „Landwehr", sondern auch in seiner Sohle als Landmark. Aber auch unter dem Schutz von Gottheiten standen in heidnischer Zeit die Grenzen. Manches Grenzzeichen war gemeinsame Kultstätte der Nachbarschaften oder doch einem göttlichen Wesen geweiht. Daher mußte absichtliches Verletzen des Grenzzeichens nach sakralem Strafrecht gesühnt werden[a] und diente Kultzwecken wie dem Feststellen und Überliefern der Grenzen der Markbegang (altnord. *merkjaganga*, ahd. *marchgang, marchleita*, altengl. *þa gemǽru lædan, ymbgang*) oder Grenzumritt, der nicht bloß aus Anlaß von Besitzeinweisungen und Grenzuntersuchungen, sondern auch periodisch und dann feierlich, unter Beobachtung eines Rituals vorgenommen wurde und selbst in christlicher Zeit zuweilen noch einen sakralen Charakter bewahrt hat.

a) Vgl. § 52.

Zweiter Abschnitt

LEUTE

Literatur bei H. Brunner, RG ^{2}I §§ 14, 30—33, 35, 36; demselben, Grundzüge der dt. RG ⟨^{8}v. Schwerin 1930⟩ §§ 4, 11, 25, 45, 60; R. Schröder, Lehrbuch ^{7}§§ 9, 16, 25 Anm. 98, 29, 42, 45, 46, 50 Anm. 98; Siegel, RG §§ 17—19, 71, 72, 93—96, 109, 125—133, 136; v. Schwerin, RG ^{2}S. 38—45; Rud. Hübner, Grundzüge des dt. Privatrechts ⟨^{5}1930⟩ §§ 8—14; J. L. A. Kolderup-Rosenvinge, Grundrids af den danske Retshistorie I u. II (Københ. ^{3}1860, Neudruck 1880; deutsch von C. G. Homeyer 1825) §§ 14—16, 38, 40—42, 91—94; Brandt, Forelæsninger I (Christiania ⟨Oslo⟩ 1880) §§ 17—19.

Siehe ferner: Heinr. v. Sybel, Die Entstehung des dt. Königthums (^{2}1881) §§ 3—5, 10, 11; Ernst Mayer, Fries. Ständeverhältnisse (Festschrift für Hugo v. Burkhard 1910) [dazu v. Schwerin, ZRG G XXXI (1910) S. 577—593]; Derselbe, Der german. Uradel (ZRG G XXXII 1911 S. 41—228); Derselbe, Italien. Verfassungsgeschichte I (1909) §§ 1—5, 7—11, 13; Erich Molitor, Die Stände der Freien in Westfalen u. der Sachsenspiegel (1910); Derselbe, Der Stand der Ministerialen (1912); O. Frhr. v. Dungern in Dt. LitZtg. 1912 Sp. 1157—1166; H. Wopfner, Die Lage Tirols zu Ausgang des MA (1908) S. 69—83; F. Güterbock, Die Neubildung des Reichsfürstenstandes u. der Prozeß Heinrichs d. L. (Histor. Aufsätze [für] Karl Zeumer 1910 S. 579—590); A. Schulte in MIÖG XXXIV (1903) S. 43—81; H. V. Sauerland, Die Immunität von Metz (1877) S. 92 ff.; K. Th. Eheberg, Über das ältere dt. Münzwesen u. die Hausgenossenschaften (1879) S. 118—176; L. Frhr. v. Borch, Beiträge zur RG des MA mit bes. Rücksicht auf die Ritter u. Dienstmannen (Innsbruck 1881); Hugo Loersch, Der Ingelheimer Oberhof (1885) S. *59—*70; K. Bücher, Die Bevölkerung von Frankfurt a. M. im 14. u. 15. Jahrh. I (1886); A. Luschin v. Ebengreuth, Österr. Reichsgeschichte I (1895 ⟨^{2}1914⟩) §§ 12, 35—37; Wilh. Oechsli, Die Anfänge der schweiz. Eidgenossenschaft (Bern 1891) S. 153—201; Th. Lindner, Die Veme (1888, Neudruck 1896) Abschn. 81 u. 82; O. Stobbe, Handbuch des dt. Privatrechts I (1871) §§ 39—42, 46, 47; Sijbr. Joh. Fockema-Andreae, Het oud Nederlandsch burgerlijk recht I (Haarlem 1906) §§ 1—8; P. Hinschius, Das Kirchenrecht der Katholiken u. Protestanten in Deutschland IV (1888) § 260. — Sam. Heywood, A dissertation upon the distinction in society, and ranks of the people, under the Anglo-Saxon governments (London 1818); W. Stubbs, Constitutional history I S. 42—47, 78—81, 149—162; E. Hildebrand, Engelska samhällsförhållanden, S. 75 ff.; R. Gneist, Engl. Verfassungsgeschichte S. 3 f., 10, 64—68, 71—84; Fred. Seebohm, The English village community (^{4}London 1905; deutsch von T. v. Bunsen, Die engl. Dorfgemeinde 1885); A. G. Little in Engl. histor. Review 1889 S. 723 ff. [dazu F. Liebermann in Dt. Ztschr. für GW VI S. 169 f.]; H. M. Chadwick, Studies on Anglo-Saxon institutions S. 76—171, 308—315, 378—411; F. W. Maitland, Domesday book ^{2}S. 26—79; P. Vinogradoff, Villainage in England (Oxford 1892) S. 138—210; Derselbe, English society in the eleventh century S. 14—89; Fred. Pollock/F. W. Maitland, The history of English law before the time of Edward I (Cambridge 1895 ⟨^{2}1923⟩) S. 32—36

⟨dazu H. Brunner, ZRG G XVII 1896 S. 125—135⟩. — C. Molbech in (Dansk) Histor. Tidsskr. II (Københ.) S. 393—514; N. M. Petersen in Annaler for Nord. Oldkyndighed 1847 S. 228—327; J. E. Larsen, Forelæsninger §§ 77—81, 52—55, 57—65; J. Kinch, Om den danske Adels Udspring fra Thinglid (Aarbøger for Nord. Oldkyndighed 1875 S. 247—350; J. Steenstrup, Studier over K. Valdemars Jordebog I S. 67—148; Derselbe in Hist. Tidsskr. V, 6 S. 393—462; Derselbe, Den danske Bonde og Friheden (Københ. 1888). — E. S. Bring, Om statsförfattningen och krigsväsendet hos de fordna Svear och Göther (Lund 1832) S. 18—56; C. J. Schlyter, Juridiska Afhandlingar I (Ups. 1836) S. 43—50; A. N. Strinnholm, Svenska folkets historia IV S. 560—596; C. Th. Odhner, Bidrag till Svenska städernas och borgareståndets historia, före 1633 (Akad. avhandl. Ups. 1860); H. Hildebrand, Sveriges medeltid II S. 143—222; K. G. Westman, Svenska rådets historia till år 1306 (Akad. avhandl. Ups. 1904) S. 70—99. — Ebbe Hertzberg, En fremstilling af det norske aristokratis historie indtil Kong Sverres tid (Christiania ⟨Oslo⟩ 1869); J. E. Sars, Udsigt over den norske historie (Christiania ⟨Oslo⟩ 1877) ^{2}I S. 106—144, II S. 1—32; K. Maurer in SB München 1889 II S. 169—207, und im Arkiv f. nord. filol. VI (1890) S. 272—280; Derselbe, Vorlesungen I, 1 (1907) S. 95—213, 345—450 [dazu v. Schwerin, GGA 1909 S. 801 bis 821].

⟨1913—1966⟩

⟨Literatur bei Planitz/Buyken, Bibliographie I S. 149f. (Nachträge 771), 218f. (779), 267—269 (784), 280f. (786), 464—478 (799f.), 671—677 (814f.). — Planitz/Eckhardt, RG ^{2}§§ 13 Z. 1, 27, 28, 47, 58 Z. 1; Conrad, RG ^{2}I S. 31f., 115—120, 152f., 296—308, 395—399.⟩

§ 7

Freie

1. Zwei Hauptklassen sind vom Beginn der geschichtlichen Zeit an bis tief ins MA hinein in der Bevölkerung aller germanischen Länder zu unterscheiden: die Freien und die Unfreien. Der Freie (**frija* eigentl. = geschont, unverletzlich, davon abgeleitet altsächs. *frîling*) oder „Freihals" (ahd. mhd. *frîhals*, westnord. *frjáls*, ostnord. *fræls*) heißt so, weil er unter Rechtsschutz steht und daher auch nicht gehalten ist, seinen Nacken einem Eigentümer zu beugen. Deswegen ist die Freiheit „Freihalsigkeit" (got. *freihals*, westnord. *frjálse, frelse*, altengl. *fréols*, fries. *frihelse*, ahd. *frîhalsi*) oder — bei den Skandinaven — „Mannheiligkeit" (westnord. *mannhelgr*, altschwed. *manhælghi*, *manhælgþ*, altdän. *manhælgh*). Aber nicht bloß unter Rechtsschutz stehen die Freien, von ihnen geht auch Recht, und zwar in ältester Zeit alles Recht[a], aus, ob sie es nun finden im Gericht, oder ob sie es bestimmen in der gesetzgebenden Versammlung. Ebenso sind ursprünglich die Freien auch zum Regieren

a) Vgl. I § 1, 8.

des Staats berufen, welche Funktion sie wie die gesetzgeberische in der (von Neueren sogenannten) Landsgemeinde (dem *concilium* des Tacitus — ostnord. *lanzþing*, charakteristischer aber noch wie konkreter *aldra Göta, aldra Svia þing, Gutnalþing*) erfüllen. Korrelat dieser Rechte ist die Pflicht der Untertanen, jedem Rechtsgenossen zu seinem Recht zu helfen, z. B. als Zeuge, als Urteiler, dann bei der Vollstreckung, sowie für den Staat die Waffen zu tragen, womit sie sich auf eigene Kosten auszurüsten haben. Diese Pflicht ist mit der physischen Waffentüchtigkeit gegeben. Von der Erfüllung jener ist die Ausübung der wichtigsten Rechte bedingt. Der freie Mann ist und heißt demnach „Heer-Mann" (*hariman, exercitalis*), die Versammlung der freien Männer in friedlicher wie in kriegerischer Tätigkeit „Heer" oder „Heerversammlung" (westnord. *allr herr, alls herjar þing*, langobard. frankolatein. *exercitus*). Schon weil das Heer nur aus Freien besteht, weil ferner und insbesondere allein die Freien rechtsfähig und berechtigt sind, bilden auch allein die Freien das „Volk" (in alten dt. und skandinav. Sprachen *folk*) oder die „Leute" (fries., altsächs. u. altengl. sing. *liud, léod*, sonst gewöhnlich plur. tantum wie ahd. *liuti* usw. oder altsächs. *liudskepi*, altengl. *léodscipe* = die Völkerschaft). Sie allein tragen darum den Sondernamen ihres Volkes (siehe oben *Götar, Sviar, Gutar*, ferner die Völkernamen in Verbindung mit *lex, pactus, edictus*[b]). Abzeichen des freien Germanen ist in älteren Zeiten herabhängendes Haar, bei Männern das Tragen der gewöhnlichen Waffen („Volkwaffen").

2. Die Freiheit erlangt man nach ältestem Recht durch Geburt von freier Mutter, wogegen später, soweit Ehen zwischen Freien und Unfreien anerkannt werden, die deutschen Rechte das Kind „der ärgern Hand", ostnordische Rechte das Kind „der bessern Hälfte" folgen lassen. Einem Unfreien kann die Freiheit zuteil werden durch Rechtsgeschäft. Solange das Gemeinwesen auf einem Bündnis von Geschlechtern beruhte, d. h. in vorgeschichtlicher Zeit, gehörte dazu feierliche Einführung des Unfreien in ein freies Geschlecht. Als wesentlicher Bestandteil der Freilassung dauert dieser Akt noch in einigen historischen Rechten bis ins MA fort (eidliche „Geschlechtsleite" — *ætleþing* — im ostnord. Recht, der eidlichen Anbrüderung[c] vergleichbar, *manumissio per hantradam* in der Lex Chamavorum?). Anderwärts erinnern daran wenigstens noch die familienrechtlichen Beziehungen, die zwischen dem Freigelassenen und dem Freilasser anerkannt bleiben. In der ältern geschichtlichen Zeit ist außer oder statt der Geschlechtsleite ein Staatsakt

b) Vgl. I §§ 4, 1; 6, 2 u. 3; 8, 1 u. 2; 9, 1—4.
c) Vgl. § 32, 1.

erforderlich, der in der Volksversammlung von einem Beamten, und zwar wahrscheinlich durch Wehrhaftmachung mittels symbolischen Überreichens von Waffen vollzogen wird. Verhältnismäßig am reinsten zeigt sich die Gestalt dieses Geschäfts im anglonormannischen Recht. Rudimente davon sind einerseits die langobard. Freilassung *per gairethinx*[d], anderseits die Freilassung durch Herrschers Hand in verschiedenen deutschen Rechten, das *leiða i lǫg* (= Einführung in den Rechtsverband) durch den *goðe* auf Island und die fast überall fortdauernde Öffentlichkeit der Freilassung. Arten des Freiheitserwerbs für einen Unfreien sind nach einigen jüngern, unter römischer und kirchlicher Einwirkung stehenden Rechten: Ersitzung der Freiheit, Eintritt in den geistlichen Stand, Strafe des Herrn für bestimmte Vergehen, Belohnung des Knechts für bestimmte Verdienste.

3. An Recht wie an Ehre sind die Freien nicht sämtlich in der gleichen Lage. Klassen unter ihnen rief schon der Gegensatz von Waffenfähigkeit und Waffenunfähigkeit hervor. Als Waffenunfähige darbten Weiber und bevormundete Männer der Thingfähigkeit, der Fähigkeit zu Solemnitätszeugnis und Eideshilfe sowie zur Vormundschaft, Weiber in frühgeschichtlicher Zeit prinzipiell auch der Vermögensfähigkeit. Im Lehensstaat des MA wurden Weiber allerdings (ausnahmsweise) regierungsfähig. Die Vermögensfähigkeit wurde ihnen zwar grundsätzlich schon früher zugestanden; doch blieben sie darin den Männern nachgesetzt[e]. Organstellungen sowohl in privaten wie in öffentlichen Genossenschaften blieben ihnen versagt. In ähnlicher Weise und ähnlichem Maße zeigt sich in deutschen Rechten bei freien Menschen von anomaler Leibesbeschaffenheit, bei Tobsüchtigen, Geistesschwachen und Aussätzigen die Rechtsfähigkeit beschränkt. Klassen unter den Freien sind aber auch zu unterscheiden auf Grund von Geburt, Beziehung des einzelnen zu andern, später außerdem noch auf Grund von Dienst, Besitz, politischer Macht, Lebensweise, Religion[f]. Hauptsächlich ist es die gesetzliche Taxe seines Mannwertes (altengl. *manwyrð*) in Gestalt des „Wergeldes" oder „Leutgeldes"[g] und der von ihm zu empfangenden, mitunter auch der zu gebenden Buße, woran man den Stand des Freien kennt, dann aber auch die Kraft seines Eides, seine politischen und prozessualen Rechte, gewisse Privatrechte, Art der Tracht, der Wohnung, ja sogar der Bestattung. Dabei nennen wir im Sinne des ältesten Rechts diejenige

d) Vgl. § 57, 4.
e) Vgl. § 27, 3; auch I § 28, 6.
f) Hierüber §§ 8—14.
g) Vgl. § 54, 2.

Klasse, deren Rechtslage zum Normal- oder doch Durchschnittsmaßstab für die aller andern Klassen dient, die „Gemeinfreien". Auf sie beschränkt sich zuweilen der Begriff der „Leute" (altfränk. burgund. *leudi*, altengl. *leode*) schlechthin, und nur wenig allgemeiner ist der des „Volkfreien" (langobard. *fulcfree*, altengl. *folcfréo*, altschwed. *folkfræls*).

§ 8

Geburtsadel

Der höhere Stand über der Gemeinfreiheit ist der Adel (*aþal* = Beschaffenheit, Abkunft, Geschlecht). In ältester Zeit ist er nur durch angeborene Art gegeben. Darum aber hatten auch Weiber wie Männer daran Teil. Wer solche Art an sich trägt, heißt adelig: **aþiling* (altengl. *æðeling*, altfries. *etheling*, ahd. *edeling* und *adaling*). Das altgermanische Edelgeschlecht ist legendarisches Geschlecht. Als Helden besungen zu werden, geziemt seinen männlichen Mitgliedern, weswegen auch die Rechtssprache dem Mann von Adelsart den Heldennamen (altnord. *jarl*, altengl. *eorl*, ahd. *erl* in Eigennamen) gibt, im Gegensatz zum geringeren Freien dem „gemeinen Mann" (altengl. *ceorl*, *ceorlisc man*, ahd. *charal*, altnord. *karl*). Dem Edelgeschlecht wird göttliche Abkunft beigelegt. Mit anderen Worten: sein Urahn fordert und genießt dauernden Kult. Daher schreibt der Volksglaube der edlen Art auch Kräfte zu, die über die gewöhnlichen der Menschen hinausgehen (z. B. in der Rígsþula Str. 45, 47 das Verständnis der Vogelsprache[a]). Daher ferner glaubt man im Edelgeschlecht Land und Leute von der Gottheit geschirmt. Daher nun auch der höhere Wert, den das Recht wie die Gesellschaft auf den Menschen von edler Art legt. Das Volk nimmt mit Vorliebe seine Beamten, insbesondere seinen König aus dem Adel, und die Vertragstreue des Volkes gegen andere Völker gilt dann als die festeste, wenn es Edle als Geiseln gestellt hat. Das Recht aber zeichnet, wenigstens bei den Südgermanen und hier von früh auf, den Adel durch gesteigertes Wergeld und gesteigerte Bußen vor allen andern Freien aus. Bayern, Alamannen und Burgunden machen in dieser Hinsicht unter den Adelsgeschlechtern selbst wieder Unterschiede, so daß die geringeren als *mediani* (*medii*, *mediocres*) zwischen dem hohen Adel (*primi*, *meliorissimi*, *optimates*) und den Gemeinfreien (*minores*, *minoflidi*, *inferiores*, *leudes*, *liberi*) stehen. Bei Friesen und Sachsen entspricht (im 8. Jahrh.) der höheren Werttaxe des Adeligen eine erhöhte Glaubwürdigkeit, weswegen

---

a) Vgl. Asbjørnsen u. Moe Nr. 145 (gegen Ende).

derselbe einer geringern Zahl von Eidhelfern bedarf als der Gemeinfreie, sodann bei den Sachsen auch eine schwerere strafrechtliche Verantwortlichkeit. Das sächsische Recht sucht ferner das Herabsinken des Adeligen zur Gemeinfreiheit dadurch zu verhindern, daß es dem freien Mann geringerer Herkunft die Heirat mit der adeligen Frau verbietet. Im Wesen des altgermanischen Geburtsadels liegt seine Beschränkung auf eine geschlossene Zahl von Geschlechtern, die nur vermindert, nicht vermehrt werden kann. Daher verschwindet dieser Adel bei einigen südgermanischen Stämmen wie Franken, Goten, Burgunden, Alamannen schon während oder doch bald nach der Völkerwanderung und bei andern immerhin noch vor dem Frühmittelalter, wie bei den Bayern, wogegen er bei den Angelsachsen und den Nordgermanen sich auf die herrschenden Familien beschränkt und nur bei den Friesen bis ins 16. Jahrh. als ein nunmehr auch politisch privilegierter Stand von „Herren" oder „Häuptlingen" vermöge einer eigentümlichen Verbindung mit privilegierten Erbgütern (*ethel*) oder „adeligen Vollhufen" (*edelen heerden*) oder „gerichtführenden Hausstätten" (*riuchtferande statha*) fortdauert.

§ 9

Optimaten

1. Die Stelle des ausgehenden altgermanischen Geburtsadels nimmt zunächst ein und seine Reste nimmt in sich auf ein Dienst- oder (den latein. Quellen nach) „Optimaten"-Adel, der sich nach der Völkerwanderung bei den Südgermanen, unter dem Einfluß der letzteren im MA auch in den monarchisch verfaßten skandinavischen Staaten ausbildet. Durch Eintritt in den Dienst des Königs gelangt man in seinen besonderen Schutz und leicht zu Macht wie zu Ansehen. Hierdurch erhöht man in der südgermanischen Welt seinen Mannwert, außerdem in Kent noch seine prozessuale Glaubwürdigkeit, gewinnt man ferner in Wessex das Burgrecht (nach Ine 45 verglichen mit Ælfréd 40) und später in ganz England das Asylrecht sowie Freiung gegen jede Privatgerichtsbarkeit, bei den Wisigoten straf- und staatsrechtliche Privilegien verschiedener Art. Da aber der König fast überall Herr des gesamten öffentlichen Dienstes wird, so gehören zu diesem neuen Dienstadel nicht bloß die Hofleute und die kriegerischen Gefolgsmannen[a] des Königs, sondern auch die Staatsbeamten, wenigstens auf den höheren Stufen. Nun aber kann hinter dem Königsdienst Gottes Dienst nicht zurück-

---

a) Vgl. § 33, 2 u. 3.

stehen. Darum wird auch der Klerus dem Dienstadel eingeordnet, teilweise sogar mit größeren Vorzügen ausgestattet als der weltliche. Nur im Langobardenreich, wo übrigens vor dem 8. Jahrh. auch der weltliche Dienstadel nicht hervortritt, ist dem Klerus eine solche Stellung nicht eingeräumt worden. Sonst unterscheidet im Anschluß ans kirchliche das weltliche Recht auch noch die Rangstufen des Klerus. In ähnlicher Weise macht das angelsächsische und das langobardische Recht Unterschiede unter den weltlichen Optimaten. Das erstere z. B. schlägt an Wergeld und Buße den *ealdorman*[b] mindestens dreimal so hoch an, wie des Königs kriegerischen Hofdiener (*cyninges þegn* oder *cyn. geneát*), der ein „Zwölfhunderter" (*twelfhynde*) ist, d. h. ein Wergeld von 1200 *scill.* hat und an sechs Gemeinfreien gerächt wird, wogegen des Königs kriegerischer Gefolgsmann (in Wessex), der *gesíð* oder *gesíðcundman*, der allerdings seit Ælfred zurücktritt, nur ein „Sechshunderter" (*sixhynde*) ist. Der Optimatenadel wird bei den Angelsachsen im Frühmittelalter zusammen mit den Aethelingen unter dem Namen der *eorlas*[c] begriffen, bis dieser unter dänischem Einfluß ein Amtstitel wird.

2. Hauptsächlich fortentwickelt hat sich die Amts- und Dienstaristokratie während des MA in Deutschland. Aus ihr ist unter Ausscheidung der untergeordneten Bestandteile auf Grund seiner politischen Macht der Reichsfürstenstand hervorgegangen. Reichsfürsten (mhd. *vürsten*, md. *vorsten, principes [regni]*, anfänglich auch noch *primates, primores*) sind bis ca. 1180 die Könige und die Mitglieder der königlichen Familie, die (einst vom König investierten) Bischöfe, die Reichsäbte, der Propst von Aachen, der Reichskanzler, die Herzöge, Markgrafen, Landgrafen und (persönlich freien) Grafen, die Laien mit dem Titel *illustris*, die Geistlichen mit dem Titel *venerabilis* — später, nachdem infolge der Ächtung Heinrichs des Löwen einige Grafschaften, die zuvor Afterlehen des Reiches gewesen waren, unmittelbare Lehen geworden, andere mittelbar geblieben waren, nur noch die, welche Zepter- bzw. Fahnenlehen vom König haben und nicht Mannen eines anderen Fürsten, oder welche vom König zu Reichsfürsten erhoben sind. Ihr Wergeld und ihre Bußen sind jetzt zwar nicht mehr nach allen Quellen höher als Wergeld und Bußen der Gemeinfreien, wenn auch ehrenhalber jene Zahlungen in Gold gemacht werden müssen. Dagegen haben die Fürsten von Standes wegen das ausschließliche Recht der Teilnahme am Reichstag, über ihren Leib und ihr Leben kann nur vor dem König und über Fürsten kann in bestimmten Sachen nur von

b) Vgl. § 4, 2.
c) Vgl. § 8.

Fürsten Urteil gefunden werden. Anderseits sind die Bußen (*wetten*), welche Fürsten an den König zahlen, höher als die jedes andern Freien. Die im Besitz von Hochgerichten befindlichen, aber nicht zum Fürstenstand gehörigen Großen, die *vrien herren* (*magnates, barones, nobiles,* auch *liberi,* nachmals „Grafen und Herren", in den österreich. Ländern *landherren*) übertreffen die höhere Klasse der Gemeinfreien[d] noch an Wergeld und Bußen und behaupten als „Fürstengenossen" ihren Gerichtsstand, teilweise auch die Reichsstandschaft neben den Fürsten.

3. Den norwegischen Dienstadel bilden auf dem Höhepunkte seiner Entwicklung, d. h. in der zweiten Hälfte des 12. und im 13. Jahrh., von Laien der *jarl* (Statthalter des Königs), der Herzog (*hertoge*), die *lender menn,* d. h. die in des Königs Dienstmannschaft eingetretenen und von ihm mit einer *veizla*[e] beliehenen und so „mit Land ausgestatteten" Nachfolger der alten Hundertschaftshäuptlinge, der königliche Marschall (*stallare*) und Fahnenträger (*merkismaðr*), die „Tischdiener" (*skutilsveinar*), aber auch die Goldschmiede des Königs und im Dienst die sonstigen Königsdiener und die Führer der königlichen Kaufschiffe; von Geistlichen die Bischöfe, die Priester, die Äbte und Äbtissinnen. Sie verteilen sich auf verschiedene Rangstufen, denen besondere (bis 1274 gesetzlich fixierte) Wergelder und Bußsätze entsprechen, und zwar so, daß die unterste Rangstufe der obersten von den übrigen Freien gleichsteht. Außer den Werttaxen zeichnen den norwegischen Dienstadel noch ein privilegiertes Strandrecht und gegendenweise besondere Begräbnisplätze, ferner, da die Frau am Stand ihres Mannes teilhat, eine gesteigerte Selbständigkeit der Ehefrauen vor den unteren Klassen der unadeligen Freien aus. Die dänischen Optimaten, unter der Benennung der „ehrenwerten Leute" — *heþvarþæ mæn* (*nobiles*) — mitbegriffen, bestehen aus den „Herren" (*hærrar*), d. h. vom König abgesehen, dessen Blutsfreunden, den „Herzögen" und „Grafen", sodann aus den freien zu Roß dienenden Mannen dieser „Herren" (*hærra mæn, hærmæn, homines dominorum*). Sie genießen erhöhter Rechtsfähigkeit, bestimmter Privilegien verfassungs-, straf- und prozeßrechtlicher Art, insbesondere der Freiheit von Abgaben und Steuern, weswegen die Benennung *fri ok fræls* nur noch dem Edelmann zukommt. „Herren" wie den König, den „Herzog", den Bischof, den (königlichen) „Ratmann", den „Ritter" mit Dienstgefolge zeichnet das schwedische Recht durch erhöhte Beleidigungsbußen für volle Körperverletzungen ihrer Dienstmannen aus, wogegen um 1285 nicht nur sie, sondern auch ihre

---

d) Vgl. § 12, 1.

e) Vgl. § 39, 6.

Dienstmannen und jeder, der den Roßdienst im Reichsheer übernimmt, durch Abgaben- und Steuerfreiheit zu *frælsismæn* werden. Immerhin bleiben die „Herren" eine besonders privilegierte Klasse, die regierende Aristokratie, insofern die „guten" oder „edlen" Männer, denen gegenüber die andern *frælsismæn* „mindere" Männer sind.

4. Obgleich Vererblichkeit nicht im Wesen des Dienst- und Amtsadels an sich liegt, findet sich doch, daß die Ehre des Optimaten auf seine Nachkommen teilweise übergeht. In Deutschland sind ebenbürtige Nachkommen der Fürsten freie Herren[f] und „Fürstengenossen". Sie führen sogar Amtstitel und Abzeichen des Fürsten. Das angelsächsische Recht legt beim Zumessen des Wergeldes u. a. Gewicht darauf, ob einer *þegenboren* oder *gesiðcund* (= von Gefolgenart) sei. In Norwegen und später in Schweden kommt vor, daß bis zu einem bestimmten Lebensalter der Sohn eines Optimaten der väterlichen Standesrechte genießt.

5. Wisigoten und Burgunden, nachdem sie das spätrömische Possessorenwesen mit seinem patrocinium über Hintersassen übernommen, stellten die Großgrundbesitzer dem Dienstadel als Optimaten gleich. Bei den Angelsachsen tritt im MA die Lehre auf, dem freien Grundeigentümer im Besitz von mindestens fünf Hufen komme das Standesrecht der königlichen Dienstmannen (*þegenriht*) zu. Ja, Reichtum überhaupt kann seinem Inhaber diese Auszeichnung verschaffen; denn auch der Kaufmann, der aus eigenen Mitteln „dreimal über die weite See gefahren", ist „Thegenrechtes" würdig. Und das jüngere schwedische Recht stellt neben den Herzog und Bischof unter die „Herren"[g] einen, der auf eigene Kosten einen Stall- und Küchenmeister und einen Vierzigruderer hält.

§ 10

Ritter

1. Höfische, vor allem ritterliche Lebensweise ist im MA, und zwar zunächst unter französischem Einfluß seit dem 11. Jahrh. in Deutschland Grund einer neuen Art von Adel geworden, des Ritterstandes. Nur wer zu dem von der Sitte gebildeten *ordo militaris* (*ordo equestris*) gehört, der „Ritter" (mhd. *ritter, rîter,* latein. *miles*) oder Rittermäßige (*homo synodalis, sempære,* weil unmittelbar dem bischöflichen Gericht in der Diözesansynode und dem weltlichen Gericht des Landesherrn unterstellt), ist lehenfähig und fähig zum ritterlichen Zweikampf wie

f) Vgl. § 9, 2.
g) Vgl. § 9, 3.

zum beständigen Führen ritterlicher Waffen. Daher wird seit dem letzten Viertel des 12. Jahrhs. sein Zeichen das *wâpen*, d. h. der farbige Schild, um ein Jahrhundert später mit dem Helm darüber („*arma*“, auch *insignia*)[a]. An diesem Zeichen hat er ein übertragbares Recht. Der Ritter ist ferner wie der „Pfaffe“ mit seinem Gesinde zollfrei. Er kann größere Morgengabe schenken als der Unritterliche, ist nach Lehenrecht „Übergenosse“[b] des letzteren, von dem er sich auch durch seine Tracht, insbesondere das bei erreichter Waffentüchtigkeit feierlich angelegte Wehrgehänge (*cingulum militare*), unterscheidet. Doch „hat Rittersfrau Ritters Recht“. Den Dienst- und Amtsadel (den hohen Klerus als „gekorene Ritterschaft“) nimmt der Ritterstand in sich auf. Anderseits erstreckt er sich bis in die Unfreiheit hinab[c].

2. Das Standesrecht der Rittermäßigen heißt *herschilt*. Gemäß dem Grundsatz, daß, wer eines Andern Mann (Vassall) wird, dessen Genosse nicht sein kann, also seinen lehenrechtlichen Rang niedert, werden im Sinne von lehenrechtlichen Rangklassen oder Ständen sieben „Heerschilde“ von den mittelalterlichen Theoretikern aufgezählt, unter welche sich die Rittersleute verteilen. Dabei bleibt freilich die landrechtliche Stellung der Heerschildgenossen nicht unberücksichtigt. Auch der Ritterstand wird vererblich. Der Ritterbürtige oder der Mensch „von Ritters Art“ hat die *edele* seiner Eltern und den Heerschild seines Vaters und ist *wâpengenôz* der Ritter, d. h. zur Wappenführung befugt, im Spätmittelalter nur gesellschaftlich, solange er nicht den Ritterschlag empfangen, als „(Edel-)Knecht“ vom Ritter unterschieden. Vier rittermäßige Ahnen gehören zur Ritterbürtigkeit, und zwei Generationen hindurch wirkt auf die Nachkommen Niederung des Heerschildes fort.

3. Im 14. Jahrh. kommt Aufnahme in den Ritterstand durch königlichen Adelsbrief auf. Seit dem dreizehnten wird das mitteleuropäische Ritterwesen im skandinavischen Norden äußerlich nachgeahmt. Den Rittertitel erhalten die dän. *hærræ mæn*[d], im Jahre 1277 auch die norweg. *skutilsveinar*, während den *lender menn* der Titel *barun*, den einen wie den anderen der Herrentitel beigelegt wird. Eigentümlich ist aber dem Norden die Verbindung des Ritterstandes mit dem nationalen Dienstadel und andererseits das Fehlen einer unfreien Ritterschaft.

---

a) Zur Geschichte des Wappenrechts siehe O. T. v. HEFNER im Oberbayer. Archiv XXIX S. 106—186. F. HAUPTMANN, Das Wappenrecht 1896. Die wichtigeren Schriften, welche in die Heraldik, d. h. in die Wappenlehre und Wappenkunst einführen, verzeichnet OTTE, Kunstarchäologie [5]I S. 458.

b) Vgl. § 16.

c) Vgl. § 15, 3.

d) Vgl. § 9, 3.

§ 11

Klerus

Für den Klerus ohne Rücksicht auf seine dienstliche Stellung[a] hat die Kirche Standesprivilegien beansprucht, die ohne Mitwirkung des weltlichen Rechtes nicht durchgeführt werden konnten. Soweit germanisches Recht die kanonischen Standesprivilegien anerkannte, kommt hier der Klerus als eine von den Laien getrennte Klasse in Betracht, so daß sich dieser Gegensatz mit den anderen Unterschieden unter den Freien kreuzt. In Deutschland fanden, nachdem schon seit dem 6. Jahrh. fränkische Praxis und Gesetzgebung unter Weiterbildung der römischen den Klerus einem Spezialgericht für bestimmte Sachen unterstellt hatten, die *privilegia fori* (außer in Lehenssachen) und *immunitatis* im 13. Jahrh. die prinzipielle Anerkennung wenigstens des gemeinen Rechtes, wogegen aber alsbald eine partikularrechtliche Reaktion eintrat. Angelsächsische Gesetze privilegieren den Klerus zwar strafrechtlich und prozessual, kennen aber zu einem besonderen geistlichen Gerichtsstand nur Ansätze und auch diese nicht vor dem 10. Jahrh. In Dänemark hatte der Klerus seit Knut d. Hl. (1076—1086) privilegierten Gerichtsstand, seit dem 13. Jahrh. auch das *privilegium immunitatis*. In Schweden ist nur der erste, und zwar im Jahre 1200 eingeführt worden, nicht ohne noch in den nächsten Jahrzehnten auf Widerstand in einzelnen Landschaften zu stoßen, wogegen die sogenannte „geistliche Schatzfreiheit", die wenig später auftritt, nicht ein Standesprivileg der Geistlichkeit, sondern ein Privileg des Kirchenguts ist. In Norwegen ist der Klerus erst gegen den Ausgang des MA in den unbestrittenen Besitz seiner Standesprivilegien gelangt.

§ 12

Freienklassen

1. Eine Spaltung der Gemeinfreiheit haben in den meisten germanischen Staaten Art und Weise des Besitzes herbeigeführt. Zuerst zeigt sich dies besonders deutlich bei den Angelsachsen. In Wessex erhebt sich der deutsche Grundeigentümer als ein „Sechshunderter" (*sixhynde*), d. h. mit einem Wergeld von 600 Schillingen, über den „Zinszahler" (*gafolgilda*) oder den „Bauern" (*gebúr* im weiteren

a) Vgl. § 9, 1 u. 2.

Sinn, normann. *villanus*) als den „Zweihunderter“ (*twyhynda*)[a], der nicht ohne weiteres deswegen, weil er möglicherweise zu Wochenarbeit verpflichtet ist, für hörig gelten darf. Dem *gebúr* nämlich steht in der Spätzeit des angelsächsischen Rechts noch der „Kötter“ (*cotsetla*, normann. *bordarius*) wenigstens in der Buße nach; auch er aber wird noch in den Rectitudines ausdrücklich den Freien beigezählt, wiewohl gerade die Wochenarbeit auf seines Gutsherrn Land charakteristisch für ihn zu sein pflegt. Wiederum unterscheidet das norwegische Recht, und zwar das westnorwegische schon im Frühmittelalter denjenigen, der ein Stammgut (*óðal*)[b] ererbt oder Anwartschaft darauf hat, als *hǫldr* (= „Held“, tüchtiger Mann) im engern Sinn vom *ǽtt-* oder *árboren maðr* (auch *bónde*), d. h. vom gewöhnlichen Alt- oder Gemeinfreien. Jener stand mit der unteren Klasse des Dienstadels auf der nämlichen Stufe. Gleich stand ihm aber der Stadtbewohner mit Ausnahme des Freigelassenen unterster Ordnung[c], also vorab der besitzende „Kaufmann“ im weitesten Sinne des Wortes, was an die Stellung des Kaufmanns im angelsächsischen Recht[d] erinnert. Auch bei den Anglodänen des 10. Jahrhs. bestand ein Wertunterschied zwischen *hold* und *bonde*, der jedenfalls auf den Besitzverhältnissen beruhte. Überhaupt aber legten mehr oder weniger alle skandinavischen Rechte Gewicht auf Selbständigkeit des Grundbesitzes, das isländische und dänische sogar auf einen census, wo es sich darum handelte, die Verlässigkeit des Wortes zu bemessen, was sie in den Erfordernissen der Legitimation zum Zeugnis und zum Geschworenendienst sowie auch zur Eideshilfe ausdrückten.

2. Die deutschen Rechte des Festlandes gehen beim Beginn des Frühmittelalters teilweise von ähnlichen Gedanken aus. Daneben wird die Art der öffentlichen Leistungen entscheidend. Nach dem ostfälischen Recht des Sachsenspiegels sind zum Urteilfinden unter Königsbann, d. h. im Grafengericht, allein noch fähig und insofern *scepenbare lüde* (*scepenbare vrie, scepenen*), daher allein noch den Fürsten und freien Herren ebenbürtig[e] die rittermäßigen und also Heerdienst verrichtenden Altfreien, in deren Geschlecht als zinsfreies Eigen eine Stammburg, das *hantgemâl*, sich vererbt, ausnahmsweise die aus der Reichsdienstmannschaft[f] Freigelassenen, wenn sie ein Schöffenamt erhalten und mit dem gehörigen Grundbesitz ausgestattet werden. Andererseits kann

a) Vgl. § 9, 1.
b) Vgl. § 36, 3.
c) Vgl. § 13, 1.
d) Vgl. § 9, 5.
e) Vgl. § 16.
f) Vgl. § 15, 3.

man, solange jene Bedingungen der Schöffenbarfreiheit erfüllt bleiben, sich unter Vorbehalt der letzteren in Dienstmannschaft ergeben. Dem Schöffenbarfreien wird ein Wergeld von 18 Pfund Pfennige und eine „Buße" von 30 Schillingen beigelegt. Hingegen kommt ein Wergeld von 10 Pfund und eine „Buße" von 15 Schillingen den *plechhaften* oder *bîrgelden* zu, d. h. den freien bäuerlichen Grundeigentümern, die anstatt Reichsheerdienstes eine Heersteuer (*plege*) leisten, ferner den *lantsêten*, die freizügig (*gastes wise*) als Pachtbauern oder Dienstleute auf fremdem Boden wohnen. Gemeinfrei sind sie, da sie ausschließlich unter Landrecht stehen und ihren Gerichtsstand vor dem staatlichen Gericht haben. Im wesentlichen entsprechen den „Pfleghaften" in Niederdeutschland die den „Heerschilling" oder „Grafenschatz" oder „Schoß", in Oberdeutschland die eine Steuer (*stiure, bede, precaria*) oder ein „Vogtrecht" zahlenden, aber nicht unter Privatherrschaft stehenden Freibauern („Freien"), den ostfälischen *bîrgelden* ursprünglich die fränkischen *bargildan* und die friesischen *berieldan*, während die ritterlichen Freien unterhalb der Fürsten großenteils in den Stand der „freien Herren" (Magnaten)[g] aufgestiegen sind. In den Städten haben die verschiedenen zur Gemeinde gehörigen Einwohnerklassen sich allmählich assimiliert und, seitdem in der Stadt „die Luft frei machte" (nicht vor dem 12. Jahrh.), die Zahl der Gemeinfreien vermehrt. Aber auch hier ist auf Grund der Besitz- und Erwerbsverhältnisse während der ersten Periode der städtischen Verfassungsgeschichte eine Spaltung der Gemeinfreiheit eingetreten. Nur die im Eigentum von Häusern befindlichen, die „erbgesessenen" Freien, meist Kaufleute und in vielen Städten ursprünglich Brüder der Schutzgilde[h] oder gar nur die Reichen, die imstande waren, die mit den Ratsstellen verbundenen ökonomischen Lasten zu tragen, erlangten (mit den Ministerialen des Stadtherrn) Anteil am Regiment. Insofern standen sie als die Vollbürger — *burgenses, cives* — den Schutzbürgern — *concives* — gegenüber, die, wie die Handwerker, nur auf geliehenem und daher zinsbarem Boden der Stadt oder aber, wie die „Aus-" oder „Pfalbürger" (= falsche Bürger), überhaupt nicht in der Stadt wohnten. Auch als die Zunftkämpfe des 14. Jahrhs. den in der Stadt ansässigen Handwerkern Anteil an der Stadtregierung verschafft und dieselben zu *cives* gemacht hatten, lebte doch der Gegensatz fort, indem als meist rittermäßige und mannigfach privilegierte „Herren" (im Rat „Rats-Herren") oder „Geschlechter" (Patrizier) die Altbürger von den Neubürgern (im Rat: „des Rats") sich unterschieden.

g) Vgl. § 9, 2.
h) Vgl. § 32, 2.

§ 13

Freigelassene

1. Während der Adel sich über den Normal- oder Durchschnittswert der Freiheit erhob, gab es Freie, welche diesen Wert nicht erreichten: Minderfreie. Zu dieser Klasse gehörten jedenfalls schon in der ältesten Zeit wie noch in späteren Jahrhunderten regelmäßig die Freigelassenen. In der Freilassung lag eine „Gabe" des Herrn an seinen Knecht, ein Schenken der Freiheit (altnord. *gefa frelse*) oder freischenken (altengl. *fréolsgifan*), daher die Freilassung altnord. *frelsesgjǫf* (= Freiheitschenkung) hieß. Wie jede Gabe verpflichtete auch diese wertvollste den Beschenkten zum Betätigen seiner Dankbarkeit. Der mit der Freiheit Beschenkte (altnord. *frjálsgafe*), selbst wenn ein „Gelöster" (altnord. *leysinge*, altengl. *líesing*), ein „Freigelassener" (bayer. *frîlaza*) oder „Entlassener" (got. *fralêts*), bleibt daher noch in einer gewissen Abhängigkeit vom Freilasser (altengl. *fréolsgifa*). Dieser Grundgedanke zeigt sich in den älteren Rechtsdenkmälern in der Weise ausgeführt, daß der Freigelassene bald einer Beschränkung seiner Freizügigkeit und insofern einer wahren Hörigkeit, bald einer Schutzgewalt (altsächs. langobard. *mund*) des Freilassers, bald einer Schmälerung seiner Handlungsfähigkeit und seiner erbrechtlichen Stellung und einer besonderen Abgaben-, Dienst- und Treuepflicht gegen den Patron unterworfen wird. In einigen Rechten gibt es sogar mehrere Stufen dieser Abhängigkeit, die nacheinander in absteigender Ordnung vom Freigelassenen beschritten werden können und durch den Formalismus der Freilassung versinnbildet werden. Besonders lehrreich in dieser Hinsicht wie in bezug auf konsequente Verfolgung des vorhin angedeuteten Grundgedankens überhaupt sind die langobardischen Quellen einer-, die norwegischen andererseits. Mit jener privatrechtlichen Abhängigkeit des Freigelassenen nun im Zusammenhang steht, daß seine Ehre in Wergeld- und Bußtaxen wie im Maß der anderen Standesrechte und Standesfähigkeiten niedriger veranschlagt wird als die des Gemeinfreien. Natürlich wirkt auch die Erinnerung an seine Vergangenheit, seine Herkunft auf seine Wertschätzung mit ein. „Dachtraufenmensch" (*skunkufals maþer*) heißt er in Westgötaland. Doch hat skandinavisches Recht in historischer Zeit nur hier, in Schonen, auf Island und insbesondere in Norwegen diese Minderschätzung der Freigelassenen bis zum Verschwinden der Unfreiheit festgehalten.

2. Die Abhängigkeit des Freigelassenen vererbt sich in seiner Nachkommenschaft oder doch in einigen Generationen derselben gegenüber dem Patron und dessen Erben, so daß auch ein Wertunterschied, nur allenfalls mit verminderter Schärfe, fortdauert zwischen den Nachkommen des Freigelassenen und den Gemeinfreien. Bei den niederdeutschen Völkern und den Alamannen erscheint der hörige Freigelassene bzw. sein Abkömmling als „Let" (altfränk. *leto*, fries. *let* oder *letma* = Letmensch, kent. *læt*, altsächs. *lat*, alamann. verschoben und latinisiert *lesus*? Vgl. latein. *lassus* = *lad-tus*, got. *lats*, dt. *lass* und *letzt*). Doch konnte auch ein Freigeborener einem andern sich als Leten ergeben. Besiegte, die sich mit ihrem Grund und Boden den Siegern unterwarfen, konnten daher als Leten ihre Freiheit auch im Staat der Sieger behalten. Dem niederdeutschen und alamannischen Leten entspricht in der Hauptsache der langobard. (und bayer.?) **ald* (latein. *aldius*, *aldio* = Mensch?). Fassen wir aber auch den „Let" bzw. „Alden" der ersten 500 Jahre nach der Völkerwanderung als einen Freien unterster Ordnung auf, so leugnen wir damit nicht, daß er im MA zu den Unfreien gerechnet werden konnte (wie z. B. in dem Gottesfrieden ca. 1100[a]). Es geschah dies zu einer Zeit, als die Unfreien selbst in wichtigen Beziehungen längst zur Rechtsfähigkeit aufgestiegen waren[b]. — Die staatsrechtliche Seite der Freilassung ist bereits[c] besprochen. Zu den privatrechtlichen Bestandteilen des Geschäfts gehört bei den Südgermanen, wenn Freizügigkeit dem Freigelassenen zuteil werden soll, eine förmliche und sinnenfällig hierauf gerichtete Erklärung des Freilassers: das „Weisen der vier Wege" (auf dem Kreuzweg) bei den Langobarden, der „freien Wege und Türen" (nach römischen Muster?) bei den Franken, symbolisch verdeutlicht wie verstärkt durch die Hinzufügung eines Glückszaubers mittels Nachschießens eines Pfeiles (*per sagittam* im langobard. Recht) oder mittels Nachwerfens von Sporen (im sächs.-thüring. Recht des MA). Aus der Schutzgewalt (*mund*) seines Herrn jedoch kommt der Freigelassene nach langobardischem Recht nur, wenn jener die Wegeweisung nicht selbst vornimmt, sondern durch einen Treuhänder vornehmen läßt, nachdem der Freizulassende durch die Hand von zwei andern hindurchgegangen. Denn die Freigabe muß zu einer bloß formellen Gabe herabgedrückt werden, wenn sie keine neue Abhängigkeit des Begabten bewirken soll. Anderwärts bedarf es zu gleichem Zweck einer Gegengabe, wie z. B. in Burgund, aber auch in Norwegen, wo sie vom Freigelassenen bei einem unter gesetzlichem Zeremoniell abgehaltenen Biergelage (*frelsisǫl*) anzubieten ist. Nach fränkischem Recht bleibt ein Zinsrecht des Freilassers gegen den Frei-

a) Constitutiones I Nr. 426.
b) Vgl. § 15, 2.
c) § 7, 2.

gelassenen, wenn jener nicht durch die *denariatio* (ahd. *scazwurf*), d. h. Ausschlagen eines dargebotenen Denars, symbolisch darauf verzichtet und so den Freigelassenen zum *denarialis* (*denariatus, scazwurfun*) macht. Zu den nationalen Arten der Freilassung werden von vielen Rechten die römischen rezipiert und den eigenen Bedürfnissen assimiliert. Letzteres geschieht nicht bloß in bezug auf Äußerlichkeiten, sondern auch hinsichtlich der Wirkungen. Schriftakt und Verlegung des Geschäfts in die Kirche spielen dabei im Formalismus die Hauptrolle, und hiermit im Zusammenhang steht es, wenn die so Freigelassenen in lateinischen Texten als *cartularii* bzw. *tabularii* bezeichnet werden, wogegen *cerarius* (*cerocensualis*) der Freigelassene heißt, welcher zu einem Wachszins an die Kirche verpflichtet bleibt.

3. Nicht wesentlich mehr Freigelassene noch auch Abkömmlinge von solchen sind die „Laten" während des MA in Norddeutschland. Sie sind freien Standes, aber durch Geburt oder Ergebung zugehörig zu einem Herrenhof und insofern unfreizügig, außerdem verpflichtet zu Kopfzins und Heiratsabgabe an ihre Herrschaft, die auch ihren Mobiliarnachlaß oder statt dessen eine Erbgebühr nimmt[d]. Entweder hat der Late ein meist erbliches Besitzrecht an einem Bauerngut unter Grundherrschaft oder er ist ungesessen, dann aber doch der Herrschaft zu Gesindediensten verpflichtet. Die rechtliche Lage dieser Hörigen erklärt sich zum Teil daraus, daß sie der von unfreien Bauern[e] assimiliert worden ist.

§ 14

Minderfreie

1. Minderfreie von Geburt sind in deutschen Staaten seit der Völkerwanderung unterworfene Leute undeutscher Abkunft als „Stammfremde" (altengl. *ælþéodige mæn*), soweit ihnen überhaupt Rechtsfähigkeit zugestanden wird. Minderfrei sind daher im Franken- und im Langobardenreich die Romanen, in England die Briten, jene wie diese unter dem Namen der „Wälschen", d. h. der Fremdsprachigen (altengl. *wealas*, altfränk. *walaha*) begriffen. Haben sie Wergeld, so ist es geringer als das des gemeinfreien Deutschen. Sie entbehren ferner der politischen Standesrechte des Deutschen, während sie heerpflichtig sind wie dieser und außerdem anders als er mit Steuern belastet. Gemäß dem Personalitätsprinzip[a] bilden sie im Gegensatz zu den Deutschen eine engere

d) Vgl. § 15, 3.

e) Vgl. § 15, 2 u. 3.

a) Vgl. I § 6, 2.

Rechtsgenossenschaft. Eine ähnliche Rolle spielen noch im Sachsenspiegel die Wenden und hatten um sieben Jahrhunderte früher die Romanen unter gotischer und burgundischer Herrschaft gespielt. Den Juden wies nach südgermanischen Rechten weniger die Rasse als die Religion eine Sonderstellung an. Die wisigotischen Gesetze verfolgten seit dem 7. Jahrh. das Judentum mit dem Endziel, es auszurotten. In den deutschen Staaten wurden die Juden als Reichsfremde[b] behandelt.

2. Minderfreiheit konnte ferner durch Schutzuntertänigkeit[c] begründet sein. Das Schutzrecht oder die „Hand“ (*munt*) gab dem Schutzherrn eine Vertretungs- und Befehlsgewalt, leicht auch eine Obrigkeit über den Schützling, so daß dieser der öffentlichen Gewalt gegenüber mediatisiert wurde. Hauptsächlich war dies in den südgermanischen Staaten der Fall. Die ältesten fränkischen Gesetze geben daher dem *tributarius*, d. h. dem unter „patrocinium“ eines „possessor“ stehenden romanischen Kolonen, geringeres Wergeld als dem Romanus possessor. Während des MA ist in Deutschland minderfrei der unter lokal höchst verschiedenen Namen erwähnte, aber stets unter den Begriff des *muntman* (nddt. auch *mundling*) oder *vogetman* (*homo advocaticius*) fallende bäuerliche Grundeigentümer oder Handwerker, der sich in widerruflicher oder unwiderruflicher Weise dem Schutz eines Grundherrn oder eines reichen Stadtbürgers unterworfen hat und dafür eine Abgabe (*muntschaz*) in Geld oder Wachs (*census*) oder in Naturalien (z. B. Fastnachthühner) entrichtet, allenfalls auch Fronden leistet. Städtische Muntverhältnisse dieser Art werden seit dem 13. Jahrh. verboten.

3. Zu den Minderfreien ist endlich im MA auch zu rechnen der seiner Herrschaft zu Abgaben, meist auch zu Fronden verbundene Grundhörige (Grundholde, Kolon), welcher der Freizügigkeit darbt und mit dem Bauerngut, worauf er sitzt, veräußert werden kann, der *late* des Sachsenspiegels[d], der *laet* des vlämischen, der *barschalk* (*barman*) des bayerischen Rechts, zuletzt auch der Fiskaline[e]. Im Wergeld steht der sächsische *late* den anderen Minderfreien nur wenig nach. Ebenbürtig[f] sind sie alle untereinander, dagegen nicht den Gemeinfreien, hinter denen sie an Wergeld und Buße wie an Fähigkeit zum Urteilfinden im staatlichen Gericht und durch ihre Unterordnung unter grundherrliche

---

b) Vgl. § 18, 2.
c) Vgl. § 24, 1.
d) Vgl. § 13, 3.
e) Vgl. § 15, 2.
f) Vgl. § 16.

Gerichte zurückstehen. Landfrieden des 13. Jahrhs. legen ihnen schlichte Haar- und Kleidertracht auf.

4. Auch das angelsächsische Recht auf seiner späteren Entwicklungsstufe kennt mediatisierte Freie, die an Wergeld bestenfalls „Zweihunderter" sein können[g], bei mangelnder Freizügigkeit aber niedriger geschätzt sind. Zu ihnen, auf die jetzt der Ausdruck *ceorl* (*villanus*) beschränkt wird, gehören nicht nur der *gebúr* und *cotsetla*[h], wenn sie Hintersassen eines Landherrn[i] sind, sondern auch die Grundeigentümer, die nicht 5 Hufen Land haben, noch auch Gefolgsmannen des Königs sind (darunter die *sochemanni* des Domesdaybooks?).

5. Eine der deutschen Hörigkeit verwandte Minderfreiheit hat endlich seit dem 14. Jahrh. das dänische Recht in seinem seeländischen Gebiet zur Ausbildung kommen lassen: der in einer Grundherrschaft ansässige Bauernsohn ist gehalten, dort einen Hof zu übernehmen, darbt insoweit des freien Zuges und ist dem Schutz (*vornæth*) des Grundherrn untertan. In älterer Zeit dagegen scheint nach den ostnordischen Rechten minderfrei der Austrägler, der aufs „Flet" seines Alimentators „geführt" ist (*fletföring*) und sich in dessen Hausherrschaft „ergeben" oder „verkauft" hat. Seine schwedische Benennung *giæfþræl* mußte er sogar halbwegs mit dem Unfreien teilen.

§ 15

Unfreie

1. Die Hauptmenge der Unfreien (ostnord. *ofrælser mæn*), d. h. der Rechtsunfähigen, bildeten die Leute im Eigentum von Freien, die von modernen Rechtshistorikern (doch auch schon im 16. Jahrh.) sogenannten „Knechte". Nach ältestem Recht war der Knecht Fahrhabe wie Vieh und Hausrat. Daher sagt die Terminologie von ihm zunächst nur aus, daß er sich von andern Sachen als „Mensch" unterscheidet. Der Knecht hieß, wie dem Lateiner *homo*, so dem Germanen *man* (im Altnord. gen. neutr.). Der Eigentümer zählte seine Knechte als „Menschenhäupter" (ahd. *manahoubit*), wie er seine „Viehhäupter" zählte. Weiterhin wurde aber der Knecht als „Diener" (got. *þius*, altengl. *þéow*, fränk. *theo*, ahd. *diu*, dazu altnord. *þý* = unfreie Dienerin und altsächs. *thiorna*, ahd. *diorna*, „Dirne" = Sklaventochter) bezeichnet, oder als „Ergebener" (got. *andbahts*, ahd. *ambaht*, dazu altnord. *ambátt* =

g) Vgl. §§ 9, 1; 12, 1.
h) Vgl. § 12, 1.
i) Vgl. § 23, 1.

þý, altfränk. *ambotanea*, gutn. *ambatn*). Deutsche und Goten nannten den Knecht auch „Schalk" (got. *skalks*, altengl. fränk. fries. ahd. *skalk*), was ihn wiederum in seiner Unterwürfigkeit kennzeichnet. Bei Skandinaven und Oberdeutschen hieß er daneben *þræll* bzw. *dregil* („Läufer"), bei den ersteren *ánauðigr*, (ostnord. *annöþogher*), was den unter Zwang (*ánauð*) Befindlichen bedeutet. Die gewöhnliche deutsche Benennung der Unfreien im MA ist „Eigenleute" (mhd. *eigenliute*), die der Unfreiheit „Eigenschaft". Abzeichen der Knechtschaft, wenigstens bei Deutschen, Goten und Burgunden, ist geschorenes Haar. Das Scheren eines Freien konnte daher in ältester Zeit als Verknechtung gedeutet und später schimpfliche Strafe werden. Im MA finden sich Spuren gesetzlicher Tracht für den Knecht. Tatsächlich in strengerer Knechtschaft befindet sich der Haussklave, in milderer der Knecht, dem als Peculium ein Grundstück mit Zubehör zu selbständiger Bewirtschaftung auf eigene Rechnung vom Herrn überlassen ist. Im letztern Fall hat der Herr sich bloß Dienste und Abgaben vorbehalten, deren Art und Maß wie das Peculium selbst nach ursprünglichem Recht ganz von der Gnade des Herrn abhängen. Rechtsgründe der Knechtschaft sind Kriegsgefangenschaft (daher Völkernamen wie altengl. *Wealh*, ahd. *Walah*, dann *Sclavus* Benennungen der Unfreien), Geburt von unfreier Mutter und, soweit ein freies Weib Ehefrau eines unfreien Mannes sein kann, Erzeugung von unfreiem Vater, dann vertragmäßige Ergebung eines Freien in Knechtschaft (wozu nach einzelnen Rechten symbolische Handlungen gehören wie das Darbieten des eigenen Kopfes durch den sich Ergebenden, der Halsschlag oder das Haarscheren durch den Annehmenden) oder Hingebung desselben durch seinen Gewalthaber, — in jüngern Rechten Strafe wegen gewisser Verbrechen, Verheiratung eines freien Menschen mit einem unfreien, Widerruf der Freilassung wegen Undankbarkeit des Freigelassenen, Ersitzung eines Freien durch einen andern, Aufenthalt in der Grundherrschaft, wo „die Luft eigen macht", endlich in sehr weiter Verbreitung Exekution in bestimmten Schuldsachen (gesetzliche Schuldknechtschaft). Die Verschuldknechtung bringt auf einer zweiten Stufe ihrer Entwicklung den Schuldner nur in die Lage eines auslösbaren Pfandes („*loco wadii*"), wodurch Leib und Leben des Schuldknechts gegen die Willkür des Schuldherrn gesichert werden. — Übrigens bestand die Vorstellung, Unfreie seien eine Rasse für sich, kenntlich an ihrer Leibesbeschaffenheit. Die meisten Unfreien waren eben als solche geboren.

2. In verhältnismäßig reiner Gestalt hat sich die Knechtschaft bis ins MA hinein nur im skandinavischen Norden erhalten. Dafür ist sie

hier am frühesten untergegangen. Von selbst verschwindet sie im westnordischen Recht schon gegen Ausgang des 12. Jahrh., im dänischen ungefähr 100 Jahre später; gesetzlich abgeschafft wurde sie 1335 in Schweden. Bei den Südgermanen ist seit der Völkerwanderung die rechtliche Lage der Unfreien, unbeschadet des Prinzips ihrer Rechtsunfähigkeit, in fortschreitender Besserung begriffen. Sie kommen in bestimmten Beziehungen unter Rechtsschutz und werden mehr und mehr rechtsfähig. Dabei ist die Einwirkung von Kirche und Königtum unverkennbar. Strafrechtlich geschützt wird der Knecht zuerst gegen willkürlichen Verkauf ins Ausland oder doch in heidnische Länder, ferner gegen Zwang zur Feiertagsarbeit, dann auch (zuerst bei den Wisigoten zwischen 641 und 652) gegen willkürliche Tötung durch seinen Eigentümer, privatrechtlich im Besitz seines Peculium. Das Recht erkennt seine Ehefähigkeit und seine Sippe an, seine Prozeß-, seine Eides- und Zeugnisfähigkeit. Der unfreie Bauer (*servus casatus, mansionarius*) kann endlich nur noch mit dem Gut veräußert werden; nach Art und Maß bestimmt werden seine Fronden und Abgaben. Allerdings sind diese Fortschritte von den verschiedenen Rechten sehr ungleichmäßig getan worden. Am besten gestellt waren zuerst die Eigenleute des Königs (*servi fiscales, fiscalini, servi dominici*) und die Gotteshaus-Leute (*servi ecclesiae*). Den ersteren wurden schon frühzeitig gar öffentliche Ämter übertragen, wodurch sie unter den besonderen Königsfrieden gelangten, bei den Langobarden selbst bußberechtigt wurden. Zu Anfang des 9. Jahrh. haben die fränkischen Fiskalinen schon das Connubium mit Freien. Je weniger Hindernisse der Bewaffnung der Knechte durch ihre Eigentümer entgegenstanden, desto näher rückten sie denjenigen Minderfreien, welche nur noch mittelbare und unfreizügige Staatsuntertanen waren. So sind noch in karolingischer Zeit die Fiskalinen in die Minderfreiheit selbst emporgestiegen, zu bloßen Hörigen geworden.

3. Im mittelalterlichen Deutschland mit Ausnahme von Friesland waren die Eigenleute teils zu Kopfzins (*census capitis, cens. capitalis*), teils bloß zu Diensten (*servitia, officia*) verschiedenster Art verpflichtet. Die unfreien Zinser, mit freien unter dem Namen *censuales* begriffen, hatten ein meist erbliches Recht an einem Bauerngut, wofür sie dem Herrn noch Fronden leisten mußten. Die unfreien Diener (*ministeriales* im weitern Sinn, *servientes, servitores*) teilten sich in eine niedere und eine höhere Klasse. Die niedere wird von den zu ungemessenen wirtschaftlichen oder handwerklichen Arbeiten, zu Transportdiensten, zu Luxusfronden (Jagd- und Tanzfronden) gegen Verköstigung, zuweilen auch Lohn oder Kleidung verpflichteten *da-*

gewarchten des Sachsenspiegels, den *dageskalken* oder *dagewarden* im Fränkischen, gebildet, die höhere von den nur zu bestimmten höfischen und ritterlichen Diensten gehaltenen, daher zum Ritterstand gehörigen *dienestmannen* (erst vom 12. Jahrh. an regelmäßig *ministeriales* im engeren Sinne). Alle Unfreien werden jetzt in Sachen, die an Leib und Leben gehen, dem öffentlichen Gericht unterstellt. Doch bleiben sie den Freien unebenbürtig. Im Vergleich zum freien Ritter hat der unfreie kürzere Antwortfrist auf kämpflichen Gruß. Er führt seines Herrn Wappen. Zu ihren Heiraten bedürfen die Eigenen des Herrenkonsenses, den sie durch eine besondere Abgabe (*maritagium*, sächs. und fränk. *beddemund*[a], sächs. *bûmede*) erlangen. Anderseits hört das Recht des Herrn zum Heiratszwang auf. Gegen eine Erbgebühr (entweder *bûteil* mit *hergewæte* oder aber *tôtval, mortuarium, besthoubet, kurmiete*) sichert sich der Unfreie das Erbrecht an Fahrhabe. — Seit dem 12. und 13. Jahrh. setzt sich die ständische Scheidung unter den ritterlichen Ministerialen selbst wiederum fort, und zwar in die nicht bloß ritterlichen, sondern auch mit Hofämtern (insgemein des Marschalls, Kämmerers, Truchsessen, Schenken) des Reichs und der Fürsten ausgestatteten *ministeriales* oder *dienestman* im engsten Sinne (in Südostdeutschland auch *dienestherren*) und die bloß ritterlichen *milites* oder *ritter* (*semperen liute* des Schwabenspiegels). Die erstern werden aktiv lehenfähig und fähig zu Grundherrschaft und Vogtei. Sie können eigene Ritter haben, führen ihr eigen Banner und sind sogar (von gewissen Ausnahmefällen abgesehen) fähig, über Freie Urteil zu finden und gegen sie Zeugnis zu geben, nehmen am Rat des Landesherrn teil und sind prozessualisch und strafrechtlich privilegiert. Die „Ritter" sind ihnen unebenbürtig. Schrittweise nähert sich aber ihre Rechtsstellung wieder mehr derjenigen der Dienstmannen im engern Sinn. Die ehemalige Unfreiheit der einen wie der andern geriet allmählich in Vergessenheit, als (seit dem 12. Jahrh.) Gemeinfreie unter Vorbehalt ihrer landrechtlichen Schöffenbarkeit in die Ministerialität eingetreten, die Fähigkeit der unfreien Ministerialen zu „rechtem" Lehen und zu freiem Eigen anerkannt, dem „rechten" Lehen das dienstmännische Hoflehen gleichgestellt, die Dienstmannen neben den freien Rittern zum Urteilfinden in den Lehengerichten zugelassen, die Kriegspflichten der Dienstmannen bedingt und gemessen waren. Die gesamte Ministerialität im weitern Sinn stellte sich am Ausgang des MA als ein niederer Adel dar. In Österreich wurden die Dienstmannen im engern Sinn während des 15. Jahrhs. sogar den *landherren* beigezählt[b].

a) Vgl. den westnord. *mundr*; dazu § 29, 2.
b) Vgl. § 9, 2.

4. Neben dieser Befreiung der ritterlichen Ministerialität her ging eine analoge bei einer Klasse der gewerblichen Ministerialen in den Städten: den „Hausgenossen", d. h. den Genossen des Münzhauses. Ihr Gewerbe, unterstützt durch das Monopol des Geldwechsels, warf so erheblichen Gewinn ab, daß der Eintritt in ihre Gilde selbst von den erbgesessenen Freien gesucht war, und unter Teilnahme am Stadtregiment erhoben sich die Hausgenossen in den Patriziat.

§ 16

Ebenburt

Soweit man von einem geringer Gewerteten das Geltendmachen der Ehrenrechte seines Standes gegen sich, wie z. B. kämpflichen Gruß, Urteilsfindung, Zeugnis und Eid, Bevormundung, Beerbung, nicht zu leiden braucht, ist man nach der Auffassung des altdeutschen Rechts dessen *übergenôz*. Der Geringere heißt des Übergenossen *ungenôz*. Dieselbe Auffassung ist der Sache nach auch in andern südgermanischen Rechten, insbesondere im wisigotischen, vertreten. Da die Standesehre mit dem Blut übertragen wird, so ergibt sich aus dem Gesagten die Bedeutung der gleichen Geburt (mnd. *evenbort*) bzw. der „besseren" und der „geringeren" Geburt. Wer einem andern unebenbürtig, ist von schlechterer Art, kann ihn daher weder beurteilen noch beerben. Das Kind aus der Ehe eines Übergenossen mit einem Ungenossen „folgt der ärgern Hand", d. h. es gehört dem Stand des geringer geborenen Elternteils an — ein Grundsatz, der deutlich schon in der Lex Ribvaria auftritt. Standeserhöhung durch den König jedoch konnte (seit der zweiten Hälfte des 13. Jahrh.) den Makel der Unebenbürtigkeit tilgen. Nicht allemal ist der geringere Stand Ungenosse des höheren; vgl. das Verhältnis der Schöffenbarfreien zu den Fürsten und freien Herren nach dem Recht des Sachsenspiegels[a]. Daher könnte man im Sinne obiger Terminologie die Bewohner Deutschlands im MA einteilen in „Genossenschaften", die Genossenschaften in Stände, wobei sich — früher Bemerktem nach — eine andere Klassifizierung nach Lehenrecht als nach Landrecht ergeben würde.

a) Vgl. § 12, 2.

§ 17

Rechtsminderung

Den skandinavischen wie den deutschen Rechten sind die Klassen der „rechtlosen“ und der „ehrlosen“ Leute bekannt. Die Rechtlosigkeit ist völliger oder teilweiser Ausschluß von den Ehrenrechten des Standes, ob nun diese in ihrer Gesamtheit oder ob ihr vornehmster Repräsentant, das Recht auf Wergeld und Buße, unter dem aberkannten „Recht“ (in deutschen Quellen *recht*, in den altnordischen *réttr*) verstanden wird. In älteren Zeiten erwies sich die Rechtlosigkeit insbesondere gegenüber Wortbeleidigungen wirksam. Dies trat schon bei der Klage aus einem Rechtlosigkeitsgrund in der prozessualen „Namengabe“ hervor, überall ferner, wo ein Übeltäter mit dem „Neidingsnamen“ belegt wurde. Nach dem deutschen Recht des MA entbehrte der Rechtlose des Wergeldes und einer richtigen Buße; nur Scheinbuße war ihm gesetzt. Er galt als lehensunfähig und den in ihrem Recht Vollkommenen unebenbürtig. Zu den Rechtlosen gehören stets die, welche schimpflicher Verbrechen überführt sind, dann Leute von verachteter Lebensweise, wie z. B. Spielleute, gewerbsmäßige Kämpen, Bettler, Landstreicher, in Deutschland auch die unehelich Geborenen und im Spätmittelalter die Henker. Die Rechtlosigkeit der Kämpen ist sogar auf deren Kinder vererblich. Die Ehrlosigkeit ist Verbrechens- oder Straffolge: wer sich einer treulosen Handlungsweise schuldig macht, verliert seine Glaubwürdigkeit und ursprünglich allgemein auch den Zutritt zu den Versammlungen und Verbänden von Biederleuten, später noch zuweilen die Befugnis zum Führen der Standesabzeichen (er wird alamann. „von Ehr und Wehr gesetzt“). In den letzten Jahrhunderten des deutschen MA haben sich Recht- und Ehrlose zu Genossenschaften vereinigt, innerhalb deren das Recht den Mangel der persönlichen Ehre übersah.

§ 18

Landfremde

1. Der Landfremde (got. *framaþs*, altengl. *fremþe*, ahd. *framadi* von *fram* = fort, oder ahd. *alilanti*, mhd. *ellende*) oder Gast (german. **gastiz* vgl. latein. *hostis*) ist nach ältestem Recht für sich allein rechtsunfähig. Ähnlich wie der dem *gastiz* entsprechende *hostis* den Lateinern zum „Feinde“ wurde, so ist bei den Deutschen der Begriff des „Elenden“ in den des Unglücklichen übergegangen. Aber die rechtliche Schutzlosigkeit des Gastes führte zur Gastfreundschaft. Dem freiwillig in den Schutz eines Rechtsgenossen sich begebenden Fremden (langobard. **wâregang*, altfränk. **wârgenga*, altengl. *wǽrgenga*, ferner altnord. *vǽringi*[a]) wurde durch dessen Vertretung der Schutz des Rechtes vermittelt. Die Wirkungen dieses Prinzips sind wahrscheinlich zuerst auf Handelsplätzen und bei Kultgemeinschaft verschiedener Völker von Ausnahmen zugunsten des Fremden durchbrochen worden. Bei den Deutschen steht nach der Völkerwanderung, wo mehrere Staaten zusammen das Reich eines Königs bilden, der Landes- aber nicht Reichsfremde unmittelbar unter Rechtsschutz[b], der Reichsfremde zunächst noch verfassungsmäßig unter Königsschutz. An den König geht daher der Nachlaß des Fremden und ganz oder teilweise auch sein Wergeld. Im MA wird der unmittelbare Rechtsschutz prinzipiell auf alle Ausländer erstreckt, doch nicht, ohne daß sie den Inländern vielfach nachgesetzt, insbesondere auch von politischen Rechten ausgeschlossen bleiben. Um so mehr blüht nun, in Deutschland namentlich, das Bevorzugen der Untertanen der einzelnen Herrschaften vor den übrigen Reichsangehörigen. Zuweilen haben aber Gesetze und völkerrechtliche Verträge den Ausländer auch vor dem Inländer privilegiert. Beide Wirkungen hatten die Gesetze, welche außerordentliche, insbesondere täglich zu haltende Gerichte für Gäste (Gastgerichte) einführten. In anderem Sinne waren besondere Fremdengerichte durch die wisigotische Gesetzgebung eingeführt worden. Prinzipiell unterstellte sie die Fremden dem Landrecht; aber in Zivilstreitigkeiten unter sich sollten sie nach ihrem Nationalrecht und von ihren *telonarii* beurteilt werden. Die skandinavischen Rechte der historischen Zeit nehmen den Standpunkt des mittelalterlichen deutschen Rechtes ein. Doch unterscheiden sie zwischen Landes- und Reichsfremden, einige auch zwischen Reichsfremden mit skandinavischer und Reichsfremden mit anderer Muttersprache. Dem politisch oder national ferner stehenden wird nämlich im allgemeinen ein geringerer Wert, eine weniger vorteilhafte Rechtsstellung eingeräumt als dem näherstehenden. Verträge und Privilegien haben auch dieses Prinzip durchbrochen. In Norwegen z. B. haben seit ca. 1022 die Isländer das „Recht" des *hǫldr*[c], wogegen sie zur Erfüllung bestimmter Untertanenpflichten herangezogen werden. Autonome Korporationen konnten in den drei letzten Jahrhunderten des MA die reichsfremden Kaufleute aus Deutschland in London (Stahlhof)

---

a) Dazu THOMSEN, Ursprung des russ. Staates (1879) S. 125—127.
b) Vgl. I § 6, 2.
c) Vgl. § 12, 1.

und in verschiedenen Städten Skandinaviens (z. B. in Wisby schon ca. 1229, — Kontor der „Hansebrüder" in Bergen etwa seit der Mitte des Jahrhs.) bilden.

2. Eine Sonderstellung haben in den deutschen Staaten die Juden eingenommen. Selbst die im Lande ansässigen galten als Reichsfremde und waren stets auf den Königsschutz angewiesen. Dieser aber mußte im mittelalterlichen Deutschland durch Abgaben an die königliche Kammer erworben werden (daher die Juden „Reichskammerknechte") und gelangte wie andere Regalien an Fürsten und Städte. Soweit die Juden nicht besonderen Grundsätzen des Territorialrechts (z. B. in Sachen des Wuchers und Eigentumserwerbs, des Eides und Zeugnisses) unterstellt waren, galt für sie das mosaische Recht und hatten sie einen eigenen Gerichtsstand (gewöhnlich vor dem Rabbiner oder „Judenbischof"). Verkehrsbeschränkungen, Zwangswohn- und Begräbnisplätze, gesetzliche Tracht (Judenhut, -ring, -mantel) trennten die Juden auch äußerlich von den christlichen Einwohnern.

Dritter Abschnitt

HERRSCHER

Literatur bei H. Brunner, RG ²I §§ 17, 25, 27, 37, 55, ²II §§ 61—86, 88—96; demselben, Grundzüge ⁸§§ 6, 10, 16—20, 23, 33—41; R. Schröder, Lehrbuch ⁷§§ 5, 17—28 (S. 217—220), 32, 39, 43—48, 50, 51; Siegel, RG §§ 12, 17, 19, 23—26, 60—72, 74—92, 94, 95, 97—107, 110, 111, 116—120; Kolderup-Rosenvinge, Grundrids §§ 13, 38, 39, 48, 89, 90, 99, 117, 118; Chr. L. E. Stemann, Den Danske Retshistorie indtil Christian V's Lov (Københ. 1870) §§ 17—20, 43—47; Brandt, Forelæsninger I §§ 2, 3, 6, 11, II §§ 66, 68.

Außerdem: v. Amira, GGA 1888 S. 49—52, 57—60, 1896 S. 192—199; K. Lehmann, Abhandlungen (1888) Nrr. I u. III [dazu K. Maurer in LitZentralbl. 1888 Sp. 1269—1272, Kr. Vjschr. XXXI S. 197—206, 208, 212; v. Amira in GGA 1889 S. 266—271]; J. Krüger, Grundsätze u. Anschauungen bei den Erhebungen der dt. Könige in der Zeit von 911—1056 (1911); Mario Krammer, Das Kurfürstenkolleg von seinen Anfängen bis ... 1338 (1913); H. Schreuer in Hist. Vjschr. 1911 S. 330—366 und in Festgabe für P. Krüger (1911) S. 367—375; A. Luschin v. Ebengreuth, Österr. Reichsgeschichte I §§ 8, 9, 14—19, 25—28, 30; H. Spangenberg, Vom Lehnstaat zum Ständestaat (1912); Maurice Kroell, L'immunité franque (Paris 1910); Adam Pfaff, Das Staatsrecht der alten Eidgenossenschaft bis zum 16. Jahrh. (Schaffhausen 1870); W. v. Juvalt, Forschungen über die Feudalzeit im curischen Rätien I u. II (Zürich 1871); P. C. v. Planta, Die currätischen Herrschaften in der Feudalzeit (Bern 1881); Gerh. Seeliger in American Hist. Review XIV (1909) S. 237—248; H. Casparis, Der Bischof von Chur als Grundherr im MA (Bern 1910); H. Ryffel, Die schweiz. Landsgemeinden (Zürich 1903) S. 1—137; A. v. Reding-Biberegg, Die Landesämter des eidgenöss. Standes Schwyz (Bern 1912); H. Hirsch, Die Klosterimmunität seit dem Investiturstreit (1913); Wern. Wittich, Die Grundherrschaft in Nordwestdeutschland (1896). — W. Stubbs, Constitutional history I S. 66—68, 85—211; E. Hildebrand, Engelska samhällsförhållanden S. 29—75; R. Gneist, Engl. Verfassungsgeschichte S. 10—57, 79, 84; H. M. Chadwick, Studies on Anglo-Saxon institutions S. 355—366; F. W. Maitland, Domesday book ²S. 258—290; P. Vinogradoff, English society in the eleventh century, S. 108—139. — C. A. E. Jessen, Undersøgelser til nordisk oldhistorie (Københ. 1862); J. Steenstrup, Studier over K. Valdemars Jordbog I S. 26—46, 149—270, II S. 325 ff.; Ludv. Holberg, „Leges Waldemari regis", Kong Valdemars Lov (Københ. 1886); Derselbe, Konge og Danehof i det 13. og 14. Aarhundrede I (Københ. 1895); H. Hude, Danehoffet (1893); Henning Matzen, Danske Kongers Haandfæstninger (Københ. 1889). — E. S. Bring, De veterum Suecorum et Gothorum praecipuis, quae rempublicam spectant, institutis (Lund 1823—1826) S. 133—172; C. J. Schlyter, Juridiska Afhandlingar I S. 1—54, II S. 93—200, 276—281; A. N. Strinnholm, Svenska folkets historia, an den (V Stockh. 1854 S. 119—124) zitierten Stellen; v. d. Lancken, Om länsförfattning i Sverige (Stockh. 1864); Osc. Alin, Bidrag till svenska rådets historia under medeltiden (Ups. 1872); Derselbe, Om svenska rådets sammansättning under medeltiden (Ups. universitets årsskrift festskrifter, Ups. 1877); L. Mechelin,

Öfvers. af svenska riksrådets statsrl. ställ. (1873) S. 1—26; K. G. Westman, Svenska rådets historia till år 1306 (Ups. 1904); Fr. Ödberg, Om den svenske konungens domsrätt, 1319—1389 (Stockh. 1875); Christian Naumann, Svenska statsförfattningens historiska utveckling (^{2}Stockh. 1879) S. 1—141; P. E. Fahlbeck, Den s. k. striden mellan Svear och Götar (Histor. Tidskr. IV Stockh. 1884 S. 1—50; H. Hildebrand, Sveriges medeltid II S. 1—142, I S. 231—283, 725f., 911f.; K. V. Key-Åberg, Om Konunga och tronföljareval (Ups. 1888); R. Kjellén, Om Eriksgatan (Ups. 1888). — T. H. Aschehoug, Norges offentl. ret I (1886); J. E. Sars, Udsigt over den norske historie, insbes. ^{2}I S. 145—162, 197—225, II S. 1—32, 72—241; K. Maurer, Beiträge zur RG des german. Nordens I: Die Entstehung des isländ. Staats u. seiner Verfassung (1852; islenzkað af Sigurði Sigurðarsyni, Upphaf allsherjarríkis á Islandi 1882); Derselbe, Vorlesungen I, 1 (1907) S. 214—345 [dazu v. Schwerin in GGA 1909 S. 825—830], IV (1909) S. 213—263; Derselbe, Norwegens Schenkung an den hl. Ólaf (Abh. München 1877); Derselbe in Germania XIV S. 27—40; Ztschr. für dt. Philol. IV S. 125—130, Jenaer LitZtg 1875 Art. 74, Festgabe für Ludw. Arndts (1875) S. 47—67; G. Storm, Magnus Erlingssøns Lov om Kongevalg og Løfte om Kronens Offring (Christiania Videnskabsselskabs Forhandlinger ⟨Oslo⟩ 1880 Nr. 14); Yngv. Nielsen, Det norske rigsraad (Christiania ⟨Oslo⟩ 1880); V. Finsen, Om den oprindelige Ordning af nogle af den isl. Fristats Institutioner (Vidensk. Selsk. Skr. Københ. 1888); Fr. Boden, Die isländ. Regierungsgewalt in der freistaatl. Zeit (1905) [dazu v. Amira in Hist. Vjschr. 1906 S. 527—535].

⟨1913—1966⟩

⟨Literatur bei Planitz/Buyken, Bibliographie I S. 117—123 (Nachträge 765), 213 (779), 254—263, 264—267 (783f.), 442—456 (798f.), 478—502 (800f.). — Planitz/Eckhardt, RG ^{2}§§ 12, 16, 22, 23, 25, 26, 29, 44, 45, 48—50, 54—56 Z. 1; Conrad, RG ^{2}I S. 12—22, 53—81, 90—103, 111—115, 267—344.⟩

§ 19

Kleinkönigtum

1. Die germanische Urverfassung ließ für eine Herrschergewalt Einzelner keinen Spielraum. Das Staatshaupt war die Landsgemeinde[a]. Außer ihr und der Hundertschaftsversammlung[b] gab es keine andern Staatsorgane als Beamte, ja dem Anscheine nach nur solche Beamte, die von der Landsgemeinde gewählt waren. Dennoch knüpft das Aufkommen der Herrschergewalt an jenes Beamtentum an. Die Landsgemeinde stellt einen ständigen, wenn auch absetzbaren Beamten an die Spitze des Staates und nimmt ihn aus dem adeligsten Geschlecht. Sie ist dabei von dem nämlichen Beweggrund geleitet, aus welchem das

a) Vgl. § 7, 1.
b) Vgl. § 2, 1 u. 3.

Recht den alten Geburtsadel auszeichnete[c]. Denn die Beziehungen jenes Würdenträgers zur Gottheit sind es, von denen Wohl und Wehe des Volkes abhängt, und das Volk macht ihn denn auch dafür verantwortlich. „König" (ahd. altsächs. *cuning*, altengl. *cyning*, altnord. *konungr*, aber auch altengl. *cyne*) heißt ein solcher Häuptling, sei es als Vorsteher des sippenhaften Gemeinwesens, sei es als Abkömmling des vornehmen Geschlechtes (etwa „vornehmer Herr"), — daneben auch „Volksführer" (got. *þiudans*, westnord. *þjóðann*, altengl. *þéoden*, altsächs. *thiodan*), weil er der Zentralbeamte ist. Die Griechen übertragen diese Benennungen gewöhnlich durch βασιλεύς, die Lateiner durch *rex*, und der letztere Terminus ist dann allgemein, der erstere sporadisch von den Germanen in ihren lateinischen Texten angenommen worden.

2. Nicht alle Germanen haben bei ihrem Eintritt in die Geschichte Könige. Vorzugsweise bei den östlichen scheint das Königtum zuerst verbreitet. Wahrscheinlich dort zuerst ist auch als Abzeichen des Königs der Stab in Gebrauch gekommen, den wir wie die andern Amtsstäbe als ursprünglich zauberkräftigen Botenstab werden deuten müssen. Bei einigen deutschen Völkern, wie z. B. den Markomannen, den Franken, den Langobarden, den Angelsachsen, entsteht das Königtum erst im Lauf, obschon nicht im hellsten Licht der Geschichte.

3. Gewisse Grundzüge kehren im Charakter des germanischen Königtums allerdings gleichmäßig wieder, vor allem die Unmöglichkeit einer gesetzlichen Stellvertretung für den König und seine persönliche Verantwortlichkeit für seine Funktionen, worauf immer diese gerichtet sein mögen — Merkmale, die sich unmittelbar aus dem Wesen des heidnisch-sakralen Königtums ergeben, aber auch alle seine späteren Wandlungen bis tief ins MA hinein überdauert haben. Daß der Träger dieses persönlichen Regiments, seitdem man überhaupt von einem Regiment beim germanischen König sprechen kann, der geborene Heerführer des Volkes war, kann als sicher gelten. Die Schilderhebung bei gotischen und deutschen Königswahlen, der Helm als angelsächsisches, Schwert und Schild als langobardische Königsabzeichen, bei den Westfranken, wenn auch vielleicht nach römischem Muster, der Speer und in der ganzen germanischen Welt die vorgetragene Heerfahne (altdt. *gunþfano*, altnord. *merki*) symbolisieren den kriegerischen Bestandteil im Königsamt. Später, nachdem die Königswürde bei Kindern möglich geworden, ereignet es sich, daß sie in der Schlacht dem Heer vorangetragen werden.

---

c) Vgl. § 8.

4. Aber auch die Sorge für Ordnung und Rechtspflege oder mit einem Wort die Friedensbewahrung oblag dem altgermanischen König. Schon bei Tacitus nimmt er das Friedensgeld[d] ein, und *judex* heißt er bei alten Autoren oftmals. Anderseits fehlt dem altgermanischen König alle und jede selbständige Gesetzgebungsgewalt. Er hat in der Landsgemeinde kein besseres Stimmrecht als der nächstbeste freie Bauer.

5. Was sonst noch den Inhalt des ältesten Königtums angeht, so darf er keinesfalls als überall gleichartig gedacht werden, denn so wenig wie die Entstehungszeit waren die Entstehungsursachen des Königtums überall die gleichen. Priesterliche Funktionen sind daher bei skandinavischen Königen wahrscheinlich, während sie den burgundischen und deutschen nachweislich fehlten[e]. Dagegen deuten Rudimente im späteren Recht darauf zurück, daß südgermanische Könige selbst zum Gegenstand des Kultus geworden sind (Umfahrt des Königs nach bestimmtem Ritual, Glaube an seine Heilkraft, Fahnenwagen, Verteilung der Königsleiche). Vergötterung von Königen nach ihrem Tod findet sich bei skandinavischen Völkern (besonders lehrreich die Geschichte des Óláfr Geirstaðaálfr und des Hálfdan svarti). Das Sakrale, das Legendarische, das Persönliche im altgermanischen Königtum räumen der Individualität seines jeweiligen Trägers die größte Bedeutung für die Fortentwicklung der Institution ein. Dasselbe Volk, welches nach einem unglücklichen Krieg oder bei Mißwachs seinen König verjagt oder den Göttern opfert, duldet, daß er in Glück und Tatkraft die etwa zuvor schon seinem Amt innewohnende Befehlshaberschaft (den „Bann") erweitert. In dem glücklichen Fürsten erblickt es seinen „Brotwart und Schutzträger" (altengl. *hláford and mundbora*). Ihm sichert es durch Schwur eines Treueides (Huldigung) die Unabsetzbarkeit. Ihm überläßt es die Repräsentation des Staates, sowie alle entscheidende Verwaltung, insbesondere das Ernennen, Beaufsichtigen und Abberufen der übrigen Beamten, das Einrichten der Ämter, das Abgrenzen ihrer Sprengel, das Bestellen von Gewaltboten mit individuell bestimmter Vollmacht (frankolatein. *missi*), ja auch, da er prinzipiell aus eigener Tasche für den Staatsbedarf aufzukommen hat, alle Staatseinnahmen, weiterhin das Finden von Urteilen in einem eigenen Gericht, das Aberkennen und Wiedergewähren des Friedens, zuletzt gar die Gesetzgebung, so daß höchstens noch gewisse Formen derselben an die ehemalige Souve-

d) Vgl. § 54, 2.

e) Siehe GGA 1888 S. 51. Wenn litauisch *kuningas* wie einen andern angesehenen Herrn, so auch den Geistlichen bezeichnen kann, so ist damit natürlich nicht der Schluß gefordert, das Wort sei schon in der Bedeutung „Priester" einer german. Sprache entlehnt worden.

ränität der Landsgemeinde erinnern, wie bei den Langobarden in Italien, soweit diese nicht völlig verschwindet wie im fränkischen Reich. Äußere Momente, welche vor anderen diese Weiterbildung beförderten, waren die Gründung von Großstaaten und die damit geforderte Arbeitsteilung auch auf dem Gebiet des Rechtslebens, — die Entstehung zusammengesetzter Staaten, deren Verband lediglich durch das (meist erobernde) Königtum hergestellt wurde, — bei südgermanischen Völkern insbesondere auch die Verlegung des Staates in ein Gebiet, dessen Bewohner der Überzahl nach ans römische *imperium* gewöhnt waren und denen gegenüber der König mit der Machtfülle wie unter dem Namen und mit den Geschäftsformen des römischen *princeps* auftreten durfte. Unter derartigen Verhältnissen konnte sich das germanische Königsamt nicht bloß zu einer unumschränkten Gewalt, sondern auch zu einer wahren Herrschaft über Land und Leute („Reich") ausbilden, die nicht mehr vom Volke abgeleitet oder irgendwie abhängig, vielmehr wie ein angestammtes und nutzbares Privatrecht ihres Trägers behandelt wurde. Ein solches Königtum ist vererblich wie ein Landgut und untersteht selbst der Verfügung seines Inhabers, der es teilen oder durch Annahme eines Mitkönigs oder eines Unterkönigs vervielfältigen kann.

6. Der Übergang zum Christentum ist für die Königsherrschaft, sofern ihr die spezifisch heidnische Herkunft unvergessen, nicht ohne Gefahr, verschafft ihr aber, wenn einmal überwunden, leicht eine neue religiöse Grundlage. Ein von der Kirche gesalbter („konsekrierter") und gekrönter König kann den Thronerben, dem solche Weihe abgeht, verdrängen, eine neue Dynastie gründen. Und nun ist das Königtum nicht mehr menschlichen Rechtens, sondern göttlichen, der König „von Gottes Gnaden" und ein Vertreter Gottes oder eines heiligen Vorgängers, ausgestattet nicht bloß mit einem Kirchenhoheits-, sondern auch mit einem Kirchenregierungsrecht.

7. Der Wert der königlichen Person kommt in deren besonderem strafrechtlichen Schutz und in ihrer unbedingten Glaubwürdigkeit zum Ausdruck, weiterhin aber auch in dem Königsfrieden, der des Königs Umgebung und Diener schützt[f], die Königsgewalt selbst in dem „Herren"-Titel (ahd. *truhtin*, altengl. *dryhten*, altnord. *dróttinn*, — ferner ahd. altsächs. *hêrro* oder *frô*) und in der teilweise nach spätrömischem Vorbild bereicherten Symbolik: dem Hochsitz (Königsstuhl, altengl. *bregostôl*), dem Mantel, dem Hauptreif und dem Brustkreuz, während das nunmehr allgemein verbreitete Schwertsymbol und jüngere Varianten des alten Königsstabes, die Rute mit der Friedenslilie oder (in

f) Vgl. § 9, 1.

England) mit der Friedenstaube, im westfränkischen Reich der Stab mit der *manus justitiae*, die Funktionen des Königtums veranschaulichen. Das Salben und Krönen der Königin entstammt der Idee des Erbreichs.

§ 20

Aufstieg des Königtums

1. Das hier skizzierte Entwicklungsschema ist nicht in allen Verfassungen gleichmäßig durchgemacht worden, vollständig überhaupt nur in der des fränkischen Großreichs. In den anderen ist der Höhepunkt der Entwicklung durch eine Vorstufe der absoluten Erbmonarchie bezeichnet. Unter den deutlich erkennbaren Typen der Institution ist am weitesten zurückgeblieben, weil durch die Landsgemeinde, im Spätmittelalter durch den Reichstag bzw. Reichsrat der Optimaten aufgehalten, das ostnordische Königtum. Das Höchste, was von diesem über das Maß des urnordischen hinaus erreicht wurde, war die (nicht einmal schrankenlose) Repräsentativgewalt, ein gemessener Anteil an der Gesetzgebung[a] und an der Amtshoheit, das Recht der persönlichen Urteilsfindung im „Königsgericht", ein beschränktes Begnadigungsrecht und ein besonderer Königsfriede, das lebenslängliche Nutzungsrecht am Krongut (*Upsala öþer* bzw. *kununglef*) und das Recht auf Gastung (altschwed. *gengærþ*, in Dänemark *procuratio, servitium noctium*), allenfalls noch auf die ordentlichen (hergebrachten), teilweise an die Stelle der Gastung getretenen Steuern (altschwed. *utskylder*, dän. *skot* und *stuþ*). Dagegen blieb der König auch nach der Vereinigung der Kleinstaaten zum „Reich" ein Wahlkönig, der in Schweden, weil nur auf dem Morathing der *Upsvear* und bis 1290 nur von diesen, seit 1319 nur von den Repräsentationen der Landschaften zu wählen, die *Eriksgata* reiten mußte, um in den übrigen alten „Ländern" förmliche Anerkennung, Einbürgerung und Huldigung zu erlangen, und der auf ähnliche Art in Dänemark, wiewohl auf einer Reichsversammlung gewählt, doch auf den Hauptversammlungen der alten Landschaften sich die Huldigung der Völker zu erholen, d. h. mit diesen seinen Anstellungsvertrag zu schließen hatte. Ein solches Königtum muß sich zu Wahlkapitulationen bequemen und bleibt in seiner Heergewalt auf deren Verwendung zum Verteidigungskrieg beschränkt. Eine höhere Stufe schon hat das norwegische Königtum beschritten. Wiewohl noch als kleinstaatliches Amt, tritt es mit dem Charakter der Erblichkeit in die Geschichte ein. Diesen behält es, nachdem es (im 9. Jahrh.) Stamm-

a) Vgl. I §§ 13, 3 u. 4; 14, 1, 2 u. 4.

königtum geworden, mit einer vorübergehenden Modifikation im Jahre 1164, bis in die Unionszeit bei, und zwar von jenem Jahre an mit dem Prinzip der Individualsukzession, während es an einer festen Thronfolgeordnung bis ca. 1260 gebricht. Das Volk wirkte bei der Thronbesetzung nur insofern mit, als die Huldigung desselben und die Ausübung der königlichen Gewalt bedingt war durch die *konungstekja*, d. h. durch ein Urteil der Landschaftsversammlung (seit 1260 nur noch der drontheimischen) über des Thronfolgers Erbrecht. Hinsichtlich des Inhalts seiner Gewalt unterschied sich der norwegische Großkönig vom schwedischen und dänischen zumal dadurch, daß er erst in der gemeinrechtlichen Zeit und auch jetzt nur kraft seines Aufsichtsrechts über den Gesetzsprecher[b] zum Urteilfinden legitimiert wurde, dafür aber von Anfang an wesentlicher Faktor der Gesetzgebung war, gebunden zwar an die Annahme seiner Gesetze durch die Provinzialvertretungen (*lǫgþing*), aber ausgestattet mit dem Recht, das *lǫgþing* teilweise und dessen beratenden und beschließenden Ausschuß, die *lǫgrétta*, ganz durch seine Beamten ernennen zu lassen, ferner dadurch, daß seit dem Ausgang des 12. Jahrhs. die gesamte Ämterhoheit Bestandteil der Königsgewalt und nach einem weitern Jahrhundert deren exekutivische Befehlshaberschaft nach Art des fränkischen Königsbannes[c] unter besondern strafrechtlichen Schutz gestellt und das königliche Begnadigungsrecht von allen Schranken befreit wurde. Der norwegische König erscheint schon in den älteren Quellen als Landesherr, das Reich ist sein *landeign*, der Untertan sein *þegn*, d. h. sein Diener.

2. Die nächsthöhere Entwicklungsstufe stellt sich im langobardischen Königtum insofern dar, als dieses, von Anfang an Stammkönigtum und von Hrôtharit († 652) ab erblich, seit 660 auch teilbar, die unbeschränkte Heergewalt, die Aufsicht über den Urteilfinder im Untergericht und die persönliche Urteilsfindung im höchsten Gericht erlangt hat. Beim Erlaß von Gesetzen freilich bedarf der langobardische König der Zustimmung der Landsgemeinde.

3. Diese fällt nun bei den Angelsachsen weg, ohne in dem vom Belieben des Königs zusammengesetzten Notabelntag, dem *witena gemót* ein zulängliches Surrogat zu finden. Daher ist die angelsächsische Gesetzgebung, und zwar schon in kleinstaatlicher Zeit formell ausschließlich Sache des Königs[d], dem auch eine unbeschränkte Dispensationsbefugnis

b) Vgl. I § 12, 2.

c) Vgl. § 54, 6.

d) Daß die Gesetze des angelsächsischen Königs nur für dessen Lebenszeit gegolten hätten, ist eine Behauptung E. HILDEBRANDS, welche auf durchaus willkürlicher Quelleninterpretation beruht.

(Éadgár III 2 § 1) zusteht, daher auch der Landfriede nicht mehr Volks-, sondern Königsfriede oder Königsschutz: *cyninges mund* (besonders deutlich Be Wergilde 1 § 4)[e]. Ferner ist das königliche Kirchenregiment in der angelsächsischen höher als in den bisher erwähnten Verfassungen ausgebildet. Daß es hier bei einem rein theoretischen Absolutismus des „*Basileus*", ja „*Imperator*" bewendet, liegt daran, daß der angelsächsische König Wahlkönig und absetzbar ist, wobei die entscheidenden Funktionen der fehlenden Landsgemeinde vom *witena gemót* versehen werden.

4. Zwischen diesem Königtum und dem fränkischen steht das der gotisch-wandilischen Großreiche in der Mitte. Der wisigotische König gelangt durch Optimatenwahl und gegen Wahlkapitulation zur Herrschaft, ist aber nicht absetzbar. Die andern Reiche sind erblich, das wandalische seit 477 mit Individualsukzession nach dem Grundsatz des Seniorats, das burgundische mit Simultansukzession und Teilbarkeit.

§ 21

Niedergang des Königtums

1. Nach seiner völligen Ausbildung sehen wir in fast allen Staaten, wo es nicht durch einen Eroberer vernichtet wird, das nationale Königtum einem Niedergang verfallen, wovon die Ursache teils in dem Aufkommen einer einheimischen mächtigen Aristokratie, teils in der Erstarkung der Kirchengewalt gegenüber der Staatsgewalt, insbesondere in dem materiell sieghaften Hervorgehen der erstern aus den Investiturstreitigkeiten liegt. Und zwar hat sich die Königsgewalt selbst, je mehr sie Herrschergewalt war, genötigt gesehen, zu diesem ihrem Niedergang durch Exemtionen von Untertanen aus dem Bereich der öffentlichen Gewalt und durch Übertragung der wichtigsten Hoheitsrechte auf jene[a] mitzuwirken. Am weitesten ist in dieser Hinsicht das Königtum im Frankenreich, bzw. das von ihm ausgehende, der Fiktion nach fränkische[b] Königtum in Deutschland gegangen. An Gerichts-, Heer- und Finanzgewalten entstehen wegen ihrer Nutzbarkeit erbliche Privatrechte des geistlichen und weltlichen Adels. Hierdurch werden die seiner Herr-

---

e) LIEBERMANN I, S. 392.

a) Vgl. §§ 23, 1; 25, 2.

b) Der deutsche König wird regelmäßig auf fränkischer Erde gewählt. Er wird in der Grabkirche Karls d. Gr. gekrönt und auf dessen Stuhl inthronisiert. Er gilt, welcher Abstammung auch immer, als fränkischer Mann.

schaft unterworfenen Leute der unmittelbaren Reichsuntertänigkeit entzogen („mediatisiert"), während der staatsrechtliche Verband zwischen dem König und dem herrschenden Adel seinen praktischen Wert einbüßt und durch den privatrechtlichen der Vasallität ersetzt wird. Damit ist das Staatswesen „feodalisiert", was durch den Grundsatz gesichert wird, daß erledigte Fürstenlehen binnen Jahr und Tag wieder verliehen werden müssen. Die Kronvasallen aber, einmal im festen Besitz ihrer Herrschaften, beschränken nun den König auch in der Ausübung der ihm noch verbliebenen Funktionen, wie sie das Königtum seiner Erblichkeit und Unentziehbarkeit entkleiden. Seit 887 wird regelmäßiger Praxis nach, seit 1077 auch der Theorie nach der Thron durch Wahl besetzt, welche bis 1257 allen Fürsten deutscher Nationalität, von 1257 an nur noch sieben bestimmten Fürsten („Kurfürsten", *principes electores*) zusteht und bis auf Rudolf von Habsburg Stimmeneinhelligkeit, von dieser Zeit ab Stimmenmehrheit der Wähler erfordert. Die Beschränkung des aktiven Wahlrechts auf die sieben Kurfürsten war seit dem ersten Viertel des 13. Jahrhs., insbesondere nach einer Theorie des Sachsenspiegels, dadurch vorbereitet worden, daß bei der auf die Wahl (das *irwelen*) folgenden Ausrufung des Gewählten unter dem Königsnamen (*kur, electio,* dem *bî namen kêsen*[c]) einer Gruppe bestimmter Fürsten der Vorrang vor den übrigen zugeschrieben wurde. Durch Wahl eines „römischen" Königs, d. h. des Nachfolgers bei besetztem Thron, kann ein Interregnum vermieden werden. An die Stelle der Vererbung der Krone aber tritt ein symbolisch-mystischer Akt (14. Jahrh.): die silberne Krone, womit der König investiert wird, geht vom Schädeldach Karls d. Gr. in dessen Herme zu Aachen aufs Haupt des neuen Königs über. Der (seit 1077 auch absetzbare) deutsche König hat vor seiner Krönung dem Reich „Hulde zu tun", d. h. einen Eid zu schwören, wodurch er sich unter das Land- und Lehenrecht stellt, und ist — nach Maßgabe des Grundsatzes *nihil de nobis sine nobis* — beim Erlaß allgemeiner Gesetze an die Zustimmung der aus dem königlichen Lehenhof (*curia*) hervorgegangenen Versammlung der Fürsten, Magnaten und Reichsdienstmannen (des „Reichstags", mhd. *lantsprâche, colloquium*), wozu seit Wilhelm von Holland auch die „freien" und die „Reichs"-Städte Zutritt erhalten, — beim Erteilen von wichtigen Privilegien und bei Neuverleihung von Reichslehen und Verfügungen über Reichsgut an die Zustimmung („Willebriefe") der Kurfürsten gebunden. Vollständig durchgeführt ist das Feodalsystem allerdings

c) Ein Seitenstück dazu das norweg. *gefa konungs nafn* („den Königsnamen geben").

nicht: nicht nur übt der König die oberste Reichsgerichtsbarkeit persönlich aus[d], sondern es sind ihm auch, wohin er kommt, Gericht, Münze und Zoll ledig, und der belehnte Richter hat (in Norddeutschland) zur Ausübung der hohen Gerichtsbarkeit sich den Bann vom König unmittelbar übertragen zu lassen (sogenannte Bannleihe). Indes auch diese Prinzipien werden wieder durch feodale Ausnahmen zugunsten von Landesherren[e] durchbrochen. Das Kirchenregiment des Königs ist seit dem 12. Jahrh. durch eine bloße Schutzgewalt (*advocatia ecclesiae*) ersetzt worden.

2. Im skandinavischen Norden hat die Union auch den Übergang Norwegens zum Wahlkönigtum bewirkt. In allen drei Reichen ferner bildete sich seit dem 13. Jahrh. ein mitregierender Reichs-„Rat" aus, dessen spezifisch aristokratische Zusammensetzung im wesentlichen vom königlichen Willen unabhängig wurde. Bemerkenswert ist aber, daß, auch wenn er über einen minderjährigen König eine Art von Regierungsvormundschaft führt, dort wie in Deutschland die Formen der königlichen Regierungsakte die Fiktion festhalten, daß es keine gesetzliche Stellvertretung für den König gibt. Lehen an Hoheitsrechten sind zuerst in Dänemark (im 12. Jahrh.) aufgekommen und hier allein (in Gestalt des Herzogtums und der Grafschaft, zum Teil sogar als erbliche „Fahnenlehen") zu bleibender Bedeutung gelangt[f].

§ 22

Kaisertum

Die konsequente Formel für die nach Erlangung des römischen „Patriziates" auf dem Gipfel ihrer Entwicklung angelangte Herrschergewalt des fränkischen Königs über die meisten christlichen Staaten des Abendlandes ist die römische Kaiserwürde. Gemäß der karolingischen Idee um 800 sollte dem Kaiser zukommen das auf Erden unverantwortliche *imperium mundi*, und zwar sowohl in kirchlicher wie in weltlicher Hinsicht, insbesondere aber die allseitige Durchführung des *jus divinum*[a]. Daher ist der *divino nutu* gekrönte und *divina inspiratione* handelnde Kaiser ebensosehr eine *clericalis* wie eine *regalis persona*,

---

d) Vgl. § 59, 2.

e) Vgl. § 25, 2.

f) Über andere feodale Elemente in Skandinavien und im angelsächsischen Reich siehe §§ 23, 2; 24; 39, 6.

a) Vgl. I § 7,4.

deren Gewalt ihren Rechtsgrund weder in Erbgang noch in Wahl, noch in Ernennung, noch in Union mit einem Königtum haben kann. Diese Gewalt dient nicht mehr wie das altfränkische Großkönigtum dem Interesse ihres Inhabers, sondern dem der Gesellschaft, untersteht daher auch nicht mehr der Verfügung ihres Trägers. Zwar ein Mitkaisertum, aber keine Aufteilung des Kaiserreiches unter die Mitkaiser galt als zulässig. Die Geschichte des Kaisertums ist jedoch schon seit dem zweiten Jahrzehnt seines Bestandes die Geschichte seines Verfalles. Das fränkische bzw. deutsche Königtum zieht bei seinem Niedergang die Kaisergewalt in Mitleidenschaft. An die Stelle der Selbstkrönung oder der Krönung des Kaisers durch seinen Vorgänger treten Salbung und Krönung durch den Papst, die schon im 9. Jahrh. als Verleihung der Kaiserwürde durch den letzteren gedeutet und daher auch Fürsten zuteil werden, welche nichts weniger als das fränkische Königtum fortsetzen. Von 962 an ist es zwar ein Vorrecht des deutschen als des ostfränkischen Königs, die Kaiserkrone zu erlangen, aber diese selbst wird mehr und mehr Symbol einer bloßen Würde statt einer tatsächlichen Herrschaft und Gegenstand der Doktrin. Auf die Abzeichen des Kaisertums wird nun die größte Sorgfalt verwendet: zur goldenen Krone, zu Zepter, Schwert und Thron kommt der Globus („Reichsapfel") und die Pontifikalkleidung. Als praktische Bedeutung des Kaisertums bleibt nur übrig, daß es als Bindemittel unter den alten Stammesgebieten des deutschen Reichs und zwischen diesem selbst und seinen Nebenländern dient und daß Kaisergesetze von der Bologneser Rechtsschule als *authenticae* dem Codex Justinianeus einverleibt werden. Eben darum wird von Herrschern, die vom Kaiser unabhängig sind, die vorhin erwähnte Symbolik nachgeahmt.

§ 23

Immunität

1. Privatrechte an obrigkeitlichen Gewalten haben auf verschiedenen Wegen, und zwar vorzugsweise und am frühesten in den südgermanischen Staaten, Untertanen geistlichen und weltlichen Standes erlangt. Fränkische Immunitätsprivilegien für Großgrundbesitzer (*seniores*) gewähren schon im 6. Jahrh. dem Begnadeten nicht nur Freiung aller Bewohner seines Landes gegen das Eintreiben öffentlicher Schulden durch die königlichen Beamten (die sogenannte emunitas ab exactionibus) und gegen das Ausüben der öffentlichen Gerichtsgewalt (sogenannte emunitas a districtione) und nicht nur Freiung des gesamten Besitztums gegen den Eintritt der öffentlichen Gerichtsbeamten (sogenannte emunitas ab introitu judicum publicorum), sondern auch die Befugnis, die öffentlichen Schulden von den Einwohnern des immunen Gebiets für sich selbst einzutreiben, die Möglichkeit, eine Gerichtsherrlichkeit (*privata audientia*, auch *familiaris justitia*) in Zivilsachen der Einwohner unter sich und eine Repräsentationsgewalt über dieselben in allen andern Sachen sowie die Justizpolizei auf dem gefreiten Boden auszuüben. Vom 7. Jahrh. bis tief ins MA hinein haben Gesetze und Privilegien die Immunitätsverhältnisse weiter ausgebildet. Der Immunitätsherr wurde Sühninstanz in Kriminalsachen seiner Leute, seine Gerichtsbarkeit wurde auf Fälle erstreckt, wo Auswärtige gegen Immunitätsinsassen klagten, ihm wurde der Vollzug des königlichen Heeresaufgebotes im gefreiten Gebiete übertragen, mitunter erlangte er sogar das Hals- und Blutgericht über seine Leute und Erstreckung seiner Immunitätsherrschaft auf fremden Grundbesitz. Das Vorbild der Immunität des Untertanen aber war die königliche Immunität, die selbst wieder die spätrömische Domanialimmunität fortgesetzt und weiter entwickelt hat. Diese haftete am Königsgut und ging mit demselben, wenn es verschenkt oder zu Lehen ausgetan wurde, in die Hand seines Empfängers über. Das unverliehene immune Reichsgut erscheint im mittelalterlichen Deutschland unter dem Namen der „Reichsvogtei" oder kürzer des „Reiches", — dagegen die Immunität des Untertanen und sein Immunitätsbezirk unter dem Namen *muntât* (mhd.) oder *vrîunge* (*vrîheit*), der Bezirk auch, der, mit einem *etter* umzäunt oder auch durch die *banmîle* bestimmt, seinen Mittelpunkt im Herrenhof (*vrônhof, salhof*) hat, als *hovemark.* Die obrigkeitlichen Rechte des Immunitätsherrn werden nun prägnant bezeichnet als *twinc unde ban* (= gerichtsherrlicher, militärischer und polizeilicher Befehl, aber auch Buße für dessen Verletzung), *glockenklanc* und *geschrei* (= Recht des Aufgebots zur Landfolge), *herberge*, auch *nahtselde* (= Anspruch auf gastliche Aufnahme bei Ausübung der Hoheitsrechte) und *atzunge* (*servitium, procuratio* = Anspruch auf Verpflegung dabei), *spruch* (= Gebot der Urteilfindung), *vrevel* (= Strafgelder), *diup* (= Verwahrung und Einzug gestohlener Sachen), *stoc* (= Gefängnis) *unde* — nämlich bei Halsgerichtsbarkeit — *stein* (= lapis sanguinis, Richtstätte) oder *galge.* Hierzu kommen dann noch die Rechte aus dem Heerbann auf Transportleistungen (*paraferedi* und *hostilicia*), bzw. die an deren Stelle getretenen Zinse, und das aus dem persönlichen Aufgebot entwickelte Besteuerungsrecht, wobei die Steuern, als Herd- oder Rauchsteuern erhoben, den Charakter von Grundlasten annehmen.

2. In der Hauptsache der deutschen Immunität analog, wenn auch später (seit dem 8. Jahrh.), langsamer und zum Teil von andern Ausgangspunkten her, hat sich nach angelsächsischem Recht die mannigfaltig abgestufte Obrigkeit, insbesondere zuerst Finanzgewalt, dann Polizeigewalt und Gerichtsherrlichkeit (*sócn, saca and sócn*) in büßbaren Strafsachen über ein der ordentlichen Bezirksverfassung entzogenes („gefreites") Gebiet ausgebildet. Als „Landherrn" (*landhláford, landrica*) bezeichnete man den Inhaber einer solchen Privatobrigkeit, die übrigens noch durch besondere königliche Privilegien wie Zollrecht (*toll*), Zuständigkeit im Besitzprozeß und Gewährenzug (*téam*) und im Verfahren gegen den innerhalb des Gebietes gefangenen Dieb (*infangen þeof, furis comprehensio*) gesteigert werden konnte, deren Ausübung aber unter königlicher Aufsicht blieb. In der zweiten Hälfte des Mittelalters wird der geistliche und weltliche Adel von Dänemark und Schweden mit einer immunitas (*frælsi*) ab exactionibus und mit dem Bezug der öffentlichen Abgaben und Strafgelder seiner Hintersassen ausgestattet. In Dänemark gesellt sich hierzu seit dem 13. Jahrh. das *biærkeræt*, d. h. eine Gerichtsherrlichkeit des adeligen Grundeigentümers über sein stadtartig exemtes Gebiet.

3. Dagegen ist der Immunität, und zwar der geistlichen, im Frankenreich und in Deutschland eigentümlich, daß an den in ihr enthaltenen Hoheitsrechten neue Privatrechte für andere Leute als den Immunitätsherrn unter dem Namen der Kirchenvogtei aufgekommen sind. Seine Gerichtshoheit nebst den damit verbundenen finanziellen Rechten sollte nach einem Gesetz Karls d. Gr. der geistliche Immunitätsherr nicht persönlich ausüben, noch auch durch bloß von ihm abhängige Beamte ausüben lassen, sondern dies sollte durch einen vom König oder namens desselben, wenn auch im Einvernehmen mit dem Immunitätsherrn ernannten Laien (*vocatus, advocatus*, auch *causidicus, defensor, voget, voit, vout*) geschehen. In der Folge aber ist die Immunitäts- (oder geistliche) Vogtei als eine nutzbare, weil dem Vogt regelmäßig ein Drittel der Einkünfte sowie Abgaben und Schutzzinse abwerfende und Einquartierungsrechte gewährende Gewalt erblich und lehenbar geworden. Fortgesetzte Usurpationen haben dann den Vögten noch weitergehende Gewalten, wie z. B. Besteuerungsrechte, über die Untertanen der immunen Stifter, ja über die letzteren selbst verschafft. Unter Benützung faktischer Umstände gelingt es aber vom 11. Jahrh. an, den Stiftern die Rechte ihrer Vögte, hauptsächlich im Vertragsweg, einzuschränken, mitunter sogar zurückzuerwerben. Auch Privilegien haben bei dieser „Entvogtung" mitgewirkt.

§ 24

Munt

1. Wisigotisches und fränkisches Recht haben an die vulgarrömische und im Gegensatz zu Königtum und Immunität unterritoriale und durch reinen Privatvertrag begründete Schutzherrschaft und Verantwortungsgewalt (*patrocinium, mithio*), die von den Deutschen als „Munt“[a] aufgefaßt wurde, obrigkeitliche Gewalten angeknüpft. Dem Immunitätsgericht ihres geistlichen Muntherrn sind schon die *tabularii*[b] der Lex Ribvaria unterstellt. Die Lehengerichtsbarkeit des MA scheint in der Munt des Lehenherrn über seine Vasallen ihren Ausgangspunkt zu haben. Insbesondere aber wurde seit karlischer Zeit der Heerbann nebst der Militärstrafgewalt über den Muntmann auf den Herrn übertragen. Im MA kommt bei der Munt über ganze Markgenossenschaften (Markvogtei) die Regierung der Mark für den Muntherrn (Vogt) hinzu. Als nutzbares Recht wird auch diese Vogtei vererblich und übertragbar.

2. Verwandte Vorstellungen wie jene altfränkischen mögen im Norden dahin geführt haben, dem Gefolgsherrn eine Privatgerichtsbarkeit, und zwar selbst krimineller Art, über seine Gefolgsleute[c], dem Burgherrn eine analoge über seine gemieteten Burgmannen (*borgarar*) einzuräumen. In konstruktivem Sinn leitet dies über zu der wahren Hausgerichtsbarkeit (regelmäßig in geringeren Bußsachen), welche auf Grund des Hausfriedens[d] deutsche Privilegien des MA dem Hausherrn „unter dem Dachtropfen“ oder „binnen Zaunes“ zugestehen.

3. Verschieden von dieser obrigkeitlichen Gewalt des Hausherrn sowohl in bezug auf Inhalt wie auf Fundament ist die des Leibherrn über seine Eigenleute im mittelalterlichen Deutschland und England. Nachdem die Leibeigenen den Höhepunkt ihrer Rechtsfähigkeit erstiegen, sind sie doch nur in gewissen Beziehungen der öffentlichen Gewalt unterstellt. In allen übrigen bleiben sie unter der Privatherrschaft (hofrechtlichen Obrigkeit), insbesondere auch Privatgerichtsbarkeit ihres Eigentümers. Über bäuerliche Eigenleute[e] erscheint diese als Bestandteil der Grundherrschaft, über ritterliche Eigenleute (Dienstmannen)[f] als Dienstherrschaft.

---

a) Vgl. § 14, 2.
b) Vgl. § 13, 2.
c) Vgl. § 33, 2.
d) Vgl. § 50, 1.
e) Vgl. § 15, 2.
f) Vgl. § 15, 3.

§ 25

Grundherrschaft

1. Aus höchst verschiedenartigen und nicht minder der Herkunft nach verschiedenen Befugnissen zusammengesetzt sind die Grundherrschaft und die Landesherrschaft. Grundherrschaft (Hof-, Gutsherrschaft, Herrlichkeit, *dominium*, in fränk. Zeit *senioratus*, *senioria*, daher altfranzös. *seigneurie*) ist der Inbegriff aller Gewalten und Rechte, die mit dem Besitz eines Fronhofes[a] über Land und Leute gegeben sein können. Diese Befugnisse sind teils obrigkeitliche, teils privatrechtliche. Die ersteren können ihren Grund in der Immunität haben oder in der Munt oder in der Leibherrschaft, also teils durchs Landrecht, teils durchs Hofrecht bestimmt sein. Sie brauchen also nicht allen Hintersassen gegenüber von gleichem Inhalt zu sein und können nicht alle durch die nämlichen Beamten, noch auch in den nämlichen Formen ausgeübt werden. Daher muß z. B. in der geistlichen Grundherrschaft ein ordentliches Gericht für die freien Immunitätsleute vom Kirchenvogt[b], ein anderes für die Unfreien vom Leibherrn selbst oder vom leibherrlichen Meier abgehalten werden, und diese Gerichte gehen dann auch in ihrer Fortentwicklung ihre selbständigen Wege. Die privatrechtlichen Herrschaftsbefugnisse sind Ausflüsse teils des vollständigen Eigentums an den zum Fronhof gehörigen Liegenschaften (Wald, Weide- und Ödländereien, Gewässern), teils des sogenannten Obereigentums an den Bauernhöfen nebst Zubehör, nämlich als vorbehaltene Rechte, wie z. B. auf „Fund und Pfrundt“, auf „Flug und Zug“, Vorrechte am Markboden, Wildbann, Gewerbsmonopole, das Veto bei Dispositionen des Hintersassen über seinen Hof. Daß die Hintersassen (Untersassen, *homines*, *subjecti*, Untertanen) verschiedenen Standesklassen angehören und insofern unter verschiedene Genossenschaften (Achten, Hagen, *societates* usw.) verteilt sein können, ergibt sich aus dem oben Gesagten. Da sie aber samt und sonders unter Verantwortung, Befehl und Friedensbewahrung ihres Grundherrn, gleichsam wie dessen Hausangehörige, stehen, bilden sie zusammen eine „Hausgenossenschaft“ (*familia*, ahd. altsächs. *hîwiski*). Dieses bewirkt nicht nur ein Einstands- und Retraktrecht der Hintersassen bei Veräußerung von Hofländereien an Fremde, nicht nur eine Annäherung der verschiedenartigen Bestandteile der grundherrlichen Gewalt aneinander und nicht nur eine gegenseitige Annäherung der verschiedenen Standesklassen in derselben Grundherr-

a) Vgl. § 23, 1.
b) Vgl. § 23, 2.

schaft hinsichtlich ihrer rechtlichen Lage, sondern auch die Pflicht des Grundherrn, seine Hintersassen in ihren Rechten zu schützen, für ihre Sicherheit zu sorgen, und die Verarmten zu unterstützen, welche Pflicht (grundherrliche „Vogtei") allerdings seit karolingischer Zeit durch den Treueid (die sogenannte Vogtei- oder Erbhuldigung) des Hintersassen bedingt ist. Letzterer erkennt durch den Treueid, sei es bei seinem Aufzug auf den Hof, sei es beim feierlichen „Einritt" der Herrschaft, seine Zugehörigkeit zur grundherrlichen Hausgenossenschaft förmlich an. Wer ohne in diese einzutreten die Vorteile des Besitzes eines hofhörigen Gutes genießen will, muß einen Stellvertreter (*trager, stuolgenôz, hulder*) darauf setzen. Die Hausgenossenschaft ist wesentlich ein persönlicher Verband. Oft sind mehrere solcher Verbände, sogar mit ebensovielen Gerichten in einer und derselben Gemeinde entstanden, wenn nämlich die zu der letzteren gehörigen Höfe verschiedenen Grundherren unterstanden. Anderseits konnte eine Teilung und Beschränkung der grundherrlichen Gewalt über eine und diese Hausgenossenschaft eintreten, ohne daß der Fronhof geteilt wurde, wenn der Grundherr sich einem Muntherrn unterstellte (sog. Fronhofsvogtei, zum Unterschied sowohl von der Immunitätsvogtei wie von der grundherrlichen Vogtei).

2. Landesherrschaft oder Landeshoheit (*dominium terrae* seit dem 13. Jahrh.) ist der Inbegriff aller obrigkeitlichen Rechte über einen Teil des deutschen Reichs (*lant, territorium*), die in der Hand eines Reichsuntertanen vereinigt sind und die hohe Gerichtsherrlichkeit zum Mittelpunkt haben. Ihren Grund haben sie teils in erblichen Besitzrechten an Reichsämtern, teils in erblichen Besitzrechten an Bestandteilen der königlichen Finanzhoheit (Regalien), teils in der Immunität, teils in der Grund- und Dienstherrschaft, teils in der Vogtei des Herrn, welche wiederum Immunitäts- oder Mark- oder Fronhofsvogtei[c] sein kann, teils endlich in Pfandrechten an Reichsstädten und Reichsvogteien (Reichspfandschaften). Die Amtsgewalten, welche, sei es zu Eigen, sei es zu Lehen, Ausgangs- und Mittelpunkt der Landesherrschaft bilden, können zusammengesetzt sein aus denen des Grafen (d. h. des ordentlichen Bezirksstatthalters nach der karolingischen Verfassung) bzw. Markgrafen, des Herzogs (d. h. des Grafen oder Markgrafen mit der Machtvollkommenheit eines königlichen Gewaltboten = *missus regis*), endlich des Pfalzgrafen (jüngerer Ordnung = *comes palatinus*[d], d. h. des ottonischen Spezial-*missus* für Ausübung der königlichen Finanz- und Gerichtsgewalt im Herzogtum). Kraft des Privatrechts an der Amtsgewalt ge-

c) Vgl. §§ 23, 3; 24, 1.

d) Nicht mit dem karolingischen *comes palatii*, noch auch dem spätmittelalterlichen „Hofpfalzgrafen" (*comes palatinus*) zu verwechseln! Vgl. § 59, 1.

bühren aber seinem Inhaber die sämtlichen Gefälle, welche in Ausübung jener namens des Königs zu erheben wären. Überhaupt erwäge man, daß, auch wenn ein Besitzrecht an Staatshoheitsrechten nur durch Lehensvertrag begründet war, der Vasall befugt war, unter Ausschluß seines Lehensherrn über die Art zu bestimmen, wie er sich die Hoheitsrechte nutzbar machen wollte. Daher ist von Haus aus der Charakter der Landesherrschaft patrimonial. Seit Kaiser Friedrich II. wird sie durch Reichsgesetze und Privilegien wie durch die Praxis vervollkommnet. Gericht, Münze, Zoll hören auf, im fürstlichen Territorium dem König bei dessen Anwesenheit ledig zu werden. Regalien werden mit bestimmten Landesherrschaften für immer verbunden. Das Befestigungs- und somit das Recht der Stadtanlage, sowie das Gesetzgebungsrecht wird als wesentlicher Bestandteil der Landeshoheit anerkannt. Durch *privilegia de non evocando* und *de non appellando* werden Territorialherrschaften gegenüber dem König, durch den — wenn man von den westfälischen „Freigrafschaften" (*comitiae liberae*) oder „Freigerichten" absieht — fast allgemeinen Wegfall der königlichen Bannleihe[e], deren Stelle jetzt eine besondere landesherrliche einnimmt, und der Afterverleihung der Grafschaft werden sie den Landesangehörigen („Landsassen") gegenüber konsolidiert. In der Markgrafschaft waren königliche Bannleihe und Afterverleihung, in den Herzogtümern wenigstens die erstere von Anfang an nicht erforderlich gewesen. Nunmehr ist es dem Landesherrn ermöglicht, seine Hoheitsrechte unmittelbar den Landsassen gegenüber durch von ihm ganz und gar abhängige Beamte zur Geltung zu bringen und seine Herrschaft mehr und mehr einheitlich zu gestalten. In seinen Verfügungen übers Territorium ist er zunächst nur durch Reichslehenrecht beschränkt. Dagegen erwachsen ihm hierin nicht nur, sondern auch in der Ausübung seiner Herrschergewalt neue und sehr tief eingreifende Schranken in der rechtlichen Stellung der Landstände (obdt. *lantliute*), die sich ihm gegenüber wie die Reichsstände gegenüber dem König[f] auf den Grundsatz *nihil de nobis sine nobis* stützen. Zu ihnen gehörten von Anfang an alle diejenigen Landsassen, denen Privatrechte an obrigkeitlichen Gewalten zustanden (die *meliores et majores terrae*)[g]. Ohne ihre Zustimmung kann der Landesherr kein Gesetz machen. Zu ihnen kommen alsbald die Vasallen und Dienstmannen des Landesherrn, dann seine Städte und Märkte, in einigen Territorien auch die freien Bauerngemeinden. Das Bedürfnis, in seinem oder in dem wenigstens mittelbar auch ihn berührenden Landes-

e) Vgl. § 21, 1.
f) Vgl. § 21, 1.
g) Vgl. I § 21, 1.

interesse in die Rechte solcher Volksgruppen einzugreifen, insbesondere Steuerforderungen (*beten*) bei ihnen durchzusetzen, außerdem Wechsel der Dynastien und Thronstreitigkeiten nötigen die Landesherren zur Gewährung staatsrechtlicher Zugeständnisse, die meist in der Form von Privilegien („Freiheiten") erfolgt (in Steiermark schon seit dem Ausgang des 12. Jahrhs.). So erlangen im Spätmittelalter die Landstände das Recht, Bündnisse untereinander abzuschließen, wodurch sie die errungenen Freiheiten (nötigenfalls sogar mit Waffengewalt) verteidigen, neue erzwingen können (*jus armorum*). Sie organisieren sich als Korporation (*lantschaft*) mit dem Recht nicht nur der Steuerbewilligung und des Veto bei der Landesgesetzgebung, sondern auch der Mitregierung in Sachen der Rechtspflege, der Administration und der Disposition über das Territorium. Übrigens hat wie der Erwerb dieser Rechte so die Organisation der Landstände meist lange Zeit in Anspruch genommen. Namentlich der sichtbare Ausdruck der politischen Ständekorporation, der, wenn auch in teilweisem Anschlusse an den alten landesfürstlichen Hoftag (die *lantsprâche*) ausgebildete, so doch auf anderm Rechtsgrund beruhende „Landtag" und der ständische Ausschuß sind nicht vor dem 15. Jahrh. dauernde Einrichtungen geworden.

3. Noch vor der Ausbildung der Landstände, seit dem 12. Jahrh., sind Ausschnitte aus der Landesherrschaft auf die Stadtgemeinden, und zwar ebenfalls zu privatem Besitzrecht, übergegangen, teils indem ein selbständiges Besteuerungsrecht, dann andere Bestandteile der Finanzhoheit sowie das Befestigungsrecht in ihrer Hand anerkannt oder durch Privilegien ihnen verliehen wurden, teils indem sie mit der Grafschaft oder landesherrlichen oder reichsvogteilichen Ämtern (Burggrafschaft, Schultheißenamt) oder der Immunitätsvogtei die Justizhoheit samt den damit verbundenen Polizei- und Finanzgewalten im Vertragsweg erwarben. „Frei" nannte sich im Gegensatz zu den „Reichs"- und zu den „Landstädten" eine Stadt, wenn im Prinzip sämtliche landesherrliche Rechte in ihre Hand gelangt waren. Das oberste Organ, wodurch die Gemeinde ihre Hoheitsrechte regelmäßig ausübte, war der Rat[h], der sein Regiment mittels eines an die Stelle des herrschaftlichen tretenden gemeindlichen Beamtenorganismus führte.

4. Ansätze zu einer analogen feodalen Entwicklung zeigt die Marktgemeinde. Während aber sie naturgemäß hinter der Stadtgemeinde in dieser Hinsicht zurückbleiben mußte, haben eine ähnliche Stellung wie die städtischen Räte in friesischen Distrikten („Goen", „Ländern") die im 13. Jahrh. aufkommenden „Ratgeben" (*rêdgevan, riuchtera, con-*

h) Vgl. § 5, 1.

sules) und teils um diese Zeit, teils noch im Spätmittelalter im Land Dithmarschen die Kirchspiele, in den „Ländern" der Mittel- und Ost-Schweiz die „Landtage" oder „Landsgemeinden" erlangt. In der Regel war dort das Ergebnis eine Teilung der Herrschergewalten zwischen König oder Landesherr oder auch einem eigenen Schutzvogt einer- und Stadt oder Land anderseits. Bündnisse unter Städten, Kirchspielen, Ländern[1] führten diese zu gemeinschaftlicher Ausübung gewisser Herrschaftsrechte (Friedensbewahrung, Gesetzgebung, Rechtspflege), wozu Vereinstage und Bundesgerichte als Organe dienten.

5. Ganz und gar ihren eigenen Weg ist die Entwicklung der Herrschergewalt auf Island gegangen, womit wiederum zu einem guten Teil die Eigenheiten der isländischen Staatseinrichtungen überhaupt zusammenhängen. Herrschaft und Staat knüpfen sich auf Island an das Eigentum an der unter Dach und Fach angelegten heidnischen Kultusstätte (*hof*). Der Eigentümer ist der allein berechtigte Priester (*goðe, hofgoðe*) und insofern der natürliche Vorstand der Kultgemeinde, der er den Zutritt zum Heiligtum gegen eine Abgabe (*hoftollr*) gestattet. Die sakralen, aus Norwegen stammenden Institute des Strafrechts und Prozesses bringen aber auch die Gerichtsherrschaft nebst der Exekutionsgewalt in die Hand des Goden. Die Mitglieder des so entstehenden Gerichts- und Rechtsverbandes (*þinghá, þingmannasveit*) unterstellen sich dem Schutze (*traust*) des Goden. Hierdurch wird dieser ebensosehr zum Friedensbewahrer im Rechtsverbande wie zum Vertreter seiner Angehörigen (*þingmenn*) nach außen berufen. Eine nur teilweise von der Zustimmung der Thingleute abhängige Gesetzgebungsgewalt und eine Befehlshaberschaft (*bann*), einschließlich des Aufgebots über seine Thingleute und des Rechts, ihnen ihren Aufenthalt anzuweisen, steht ihm behufs Erfüllung seiner Aufgaben zur Verfügung. Damit ist das Godentum (*goðorð*) zu einem „Reich" (*ríke*), zu einer „Gewalt" (*velde*) und zu einer Regierung (*manna forráð*), der Thingmann zu seinem Untertanen (*undermaðr*), der Gode zur Obrigkeit (*yfermaðr*) seiner Thingleute gemacht. Und diese Herrschaft überwiegt derart ihre priesterliche Grundlage, daß sie auch nach dem Übergang zum Christentum nicht zerfällt. Territorialität ist dem *goðorð* nicht wesentlich. Denn das Verhältnis zwischen dem Goden und seinem Thingmann beruht lediglich auf der vom Goden angenommenen Unterwerfung (*segjask í þing við* oder *með goða*) des Thingmannes und ist beiderseits kündbar. Obschon nun aber die Pflichtseite im *goðorð* keineswegs verkannt wird, bringt doch sein Ursprung aus dem Tempeleigentum seine Vererblichkeit nicht nur,

1) Vgl. I § 21, 3.

sondern auch seine Veräußerlichkeit und Teilbarkeit mit sich. Diese Eigenschaften des *goðorð* ermöglichen es im 12. und 13. Jahrh. einzelnen Häuptlingen, eine größere Zahl solcher Herrschaften in ihrem Besitz zu vereinigen, zuletzt aber dem norwegischen König, mittels Erwerbs der *goðorð* den Freistaat sich zu unterwerfen. Der Freistaat selbst war konstruktiv wie genetisch aus den *goðorð* zusammengesetzt. Dies zeigt sich einmal in der Form seiner Zentralgewalt, nämlich des gesetzgebenden und administrierenden Ausschusses (*lǫgrétta*) der um 930 (?) eingeführten Landsgemeinde (*alþinge*). Die *lǫgrétta* besteht, abgesehen von dem durch sie gewählten Gesetzsprecher[k] und in christlicher Zeit den Bischöfen, aus Goden und von ihnen ernannten Beisitzern, welche seit 1004 nur noch beratende Stimme hatten. Das Landesgericht (der *alþingisdómr*) ferner ist zwar nicht aus Goden, wohl aber durch die Goden zusammengesetzt. Sodann aber geht auch die 965 eingeführte Bezirksverfassung vom *goðorð* aus, indem sowohl die Thingverbände (*þingsókner*) innerhalb des Landesviertels (*fjorðungr*) unter die gemeinsame Gerichtsherrschaft von je drei Goden (*samþingisgoðar*) als auch die Viertelsthinge (*fjorðungsþing*) unter die der vereinigten Goden des Viertels gestellt werden. Parallel damit geht eine Vervielfältigung des Landesgerichts in vier *fjorðungsdómar*, deren Gerichtsherren die Goden bleiben. Auch das 1004 gegründete „Fünft"- oder Oberlandesgericht (*fimtardómr*) ist durch Goden besetzt.

6. In dem von Island aus besiedelten Grönland findet sich das *goðorð* ebenfalls. Doch läßt sich seine Stellung in der dortigen Verfassung nicht genau erkennen.

---

k) Vgl. I § 12, 2.

Vierter Abschnitt

VERWANDTSCHAFT

Literatur bei H. BRUNNER, RG ²I §§ 12, 13, 19, 29, ²II § 93; demselben, Grundzüge ⁸§§ 3, 44, 52—57; R. SCHRÖDER, Lehrbuch ⁷§§ 11 (S. 69—78), 35 (S. 328—368), 61 (S. 803—828), ferner S. 36ff., 167ff., 501f.; SIEGEL, RG §§ 134—141, 160—172; GENGLER, Grundriß §§ 15, 52—60, 48; v. SCHWERIN, RG ²S. 123—151, 55—57; R. HÜBNER, Grundzüge ⁵§§ 90—101; KOLDERUP-ROSENVINGE, Grundrids §§ 17, 20, 22, 43, 46, 50, 54, 58, 59, 95—97, 103, 106; STEMANN, Danske Retshistorie §§ 60 bis 83; BRANDT, Forelæsninger §§ 20—28.

Siehe ferner: ED. GANS, Das Erbrecht in weltgeschichtl. Entwicklung IV (1835); K. LAMPRECHT, Zur Socialgeschichte der dt. Urzeit I: Gaugemeinde, Sippe u. Familie der Urzeit, II: Sippe u. Familie nach den fränk. Volksrechten (in Festgabe für Hanssen 1889); M. PAPPENHEIM, Zur Erbfolgeordnung des altlangobard. Rechts (Forschungen zur dt. Geschichte XXIII 1883 S. 616—631); Derselbe zu K. Hegel, Städte u. Gilden, in Kr. Vjschr. XXXIV (1892) S. 172—218; W. MERZ, Das Intestaterbrecht der argauischen RQ (Brugg 1891); A. O. WINROTH, Om arfvingarnes ansvarighet för arflåterens förbindelser (Ups. 1879) S. 28—36, 84—135; CHR. ULR. GRUPEN, De uxore theodisca (1748); JAK. LEUENBERGER, Studien über bernische RG (Bern 1873) §§ 34—38; FR. ROEDER in den Nachr. Göttingen 1907, S. 1—15, 373—383; R. LAGUS, Om oäkta barns rättsförhållande till familjen (Helsingf. 1858); H. BRUNNER, Die Geburt eines lebenden Kindes u. das ehel. Vermögensrecht (ZRG G XVI 1895 S. 63—108 ⟨Abhandl. zur RG II (1931) S. 116—164⟩); Derselbe, Die unehel. Vaterschaft in den älteren german. Rechten (ZRG G XVII 1896 S. 1—32 ⟨Abhandl. zur RG II S. 165—197⟩); J. B. RUSCH, Appenzellisches Landbuch vom Jahre 1409 (Zürich 1869) S. 11—60; S. R. D. KNUT OLIVECRONA, Om makars giftorätt i bo och om boets förvaltning (⁵1882) S. 35—101, 119f., 128—130, 142—230; K. SCHMIDT, Jus primae noctis (1881); Derselbe in Ztschr. für Ethnologie 1884 S. 18—59; JUL. FICKER, Über nähere Verwandtschaft zw. got.-span. u. norweg.-isländ. Recht (MIÖG Erg.Bd. II 1887, S. 455—542); O. GIERKE, Das dt. Genossenschaftsrecht I (1868, Neudruck 1913) §§ 3, 11, 26, 27, 35—43; FEL. LIEBERMANN, Einleitung zum Statut der Londoner Friedensgilde unter Aethelstan (Mélanges Fitting II 1908 S. 77—103); G. v. BELOW in HZ CVI S. 268—294; G. SCHANZ, Zur Geschichte der dt. Gesellen-Verbände (1877); G. B. SALVIONI, Le Gilde inglese (Florenz 1883) [dazu PAPPENHEIM, Rivista Critica delle scienze giuridiche e sociali I (1883) S. 232—235]; CH. GROSS, Gilda mercatoria (1883) [dazu PAPPENHEIM in Ztschr. für Handelsrecht XXX (1885) S. 276—280]; Derselbe, The Gild Merchant (Oxford 1890) [dazu LIEBERMANN in Ztschr. für GW 1891 S. 115—121; PAPPENHEIM in Ztschr. für Handelsrecht XXXIX (1891) S. 642—645]; J. KÄHLER, Die Gilden in den Holstein. Elbmarschen (1904); G. v. BELOW in Jahrbücher für Nat.-Ökon. 1892 S. 56—68; A. WIESSNER in Ztschr. für GW XII (1894/95) S. 312—339; KUNIK in Mém. de l'Acad. de Petersb. Sér. 7 XXXIII (1875) S. 247—253, 372—375. — SKULE THORLACIUS, Borealium veterum matrimonia (Københ. 1784); ENGELSTOFT, Forsög til en Skildring af Quindekjönnets kaar (Københ. 1799); v. AMIRA in HZ 1877 S. 248—258; Derselbe, Nordgerman. Obligationenrecht I (1882) §§ 26, 53, 58, 61, 74, 77, 94, 96, II (1895) S. 97—107, 193—197, 202—206, 214—218, 221, 645—657, 659—675, 812—815, 873—893, 907—929. — J. E. Larsen, Forelæsninger S. 145—169, 206, 222; V. Bang in Histor. Arkiv 1887 S. 401 ff. — C. J. Schlyter, Juridiska Afhandlingar I S. 146—175; Ernst Estlander, Studier i äldre svensk förmynderskapsrätt (Tidskr. utg. af Juridiska föreningen i Finland XXXIII Helsingf. 1897); Nordling, Förelæsninger öfver ärfda balken (^{2}Ups. 1878) S. 39—45, 185—189, 298—300, 331—333; Derselbe, Om boskilnad (^{2}Ups. 1883) S. 66—73; S. R. D. Knut Olivecrona, Testamentsrätten enligt svensk lagstiftning (Ups. 1880) S. 55—90; J. Kreüger, Det aryska elementet i den fornsvenska familiens och slägtens organisation (1881);[a] H. Hildebrand in Vitterh. Akad. Månadsblad 1883 S. 73—80, 124—129; A. O. Winroth, Äktenskaps ingående (Ups. 1892) S. 13—24, 68—99; J. Thyrén, Makes gäld (1893) [dazu Olivecrona in TRv. 1894 S. 100 f.]. — Ebbe Hertzberg, De gamle loves mynding (Christiania ⟨Oslo⟩ 1889); K. Maurer in Kr. Vjschr. XXXI S. 214—222; v. Amira in GGA 1889 S. 259—266; A. L. J. Michelsen, Über altnord. Armenrecht (Falks Eranien zum dt. Privatrecht II 1827 S. 116—183, III 1828 S. 68—99; V. Finsen, Fremstillning af den islandske Familieret efter Grágás (Annaler for nord. Oldkyndighed 1849 S. 150—331, 1850 S. 121—272; K. Maurer, Vorlesungen III (1908) S. 1—335; Derselbe in Kr. Vjschr. II S. 75—122, IV S. 412—424, IX S. 550—564, X S. 382—404, XI S. 412—416 und in SB München 1877 S. 235—253, 1895 S. 65—124; Ludovic Beauchet[b], Formation et dissolution du mariage dans le droit islandais du moyen âge (Nouvelle Revue histor. du droit français et étranger IX 1885 S. 65—106; Extrait Paris 1887); M. Pappenheim, Die Pflegekindschaft in der Graugans (Festschr. [für] Heinr. Brunner 1910 S. 1—15).

⟨1913—1966⟩

⟨Literatur bei Planitz/Buyken, Bibliographie I S. 155—161 (Nachträge 772 f.), 214—218, 219—222 (779), 282—286 (786), 710—724 (817 f.). — Planitz/Eckhardt, RG ^{2}§§ 13 Z. 2, 30 Z. 1, 56 Z. 2, 57, 58 Z. 2; Conrad, RG ^{2}I S. 22–24, 32–40, 153—163, 399—421.⟩

§ 26

Blutsverwandtschaft

1. Die Blutsverwandten (bei den Westgermanen **mêgôs*, woraus altsächs. *mâgôs*, ahd. *mâgâ* etc., in ihrer Gesamtheit altengl. *mǽgð*, sonst **kunja*, nämlich got. *kuni*, skandinav. *kyn*, altengl. *cyn*, ahd. *cunni*, dafür ostnord. auch *niþ*) galten noch in der älteren historischen Zeit als die einander „Angehörigen" und die Genossenschaft κατ' ἐξοχήν, die „Sippe" (got. *sibja*, altnord. *sif* und *sift*, altengl. *sib*, ahd. *sippea*,

a) Die von K. Lehmann (ZRG G VII 1887 S. 232) verzeichnete Schrift von Landtmanson, Studier öfver arfsrättens historia (Ups. 1869), hat keinen germanistischen Inhalt.

b) Nicht E. Glasson, wie K. Lehmann (ebd. S. 231) angibt.

zu *sve* = „suus“, vgl. fries. *sia*). Aber vom Beginn der historischen Zeit an standen im Blutsverband schon nicht mehr bloß diejenigen, deren Verwandtschaft allein durch die Mutter vermittelt war: es galt im Rechte Verwandtschaft mit dem Vater und durch denselben. *Ǽtt* ist der von den Skandinaven bevorzugte Name für den Inbegriff der Blutsverwandten; er bedeutet die „Achtzahl“, d. h. die vier urgroßväterlichen und die vier urgroßmütterlichen Gruppen von Verwandten der Ausgangsperson (vgl. die holländ. *achtendeele*). Ein Stammvater war Eponymus des Geschlechts, und die Vaterseite („Speerhälfte“, „Schwertseite“) unter den Verwandten genoß im allgemeinen sogar den Vorrang vor der Mutterseite („Spindelhälfte“). Anderseits ragten Überbleibsel des gegenteiligen Systems aus der vorgeschichtlichen in die geschichtliche Zeit, mit andern Worten: aus der Zeit der Weibergemeinschaft in die Zeit der Ehe herein, wie z. B. der alsbald zu erwähnende Avunculat und die westgermanische Benennung des Schwiegersohnes nach der Schwiegermutter (ahd. *eidum* von *eidî*).

2. Die Gliederung der Sippe beruhte bei Beginn der geschichtlichen Zeit auf dem Gegensatz zweier Hauptgruppen oder Kreise. Der engere Kreis (altfränk. **fathum*) war gebildet von Sohn, Tochter, Vater, Mutter, Bruder, Schwester — den „gesipptesten sechs Händen“ (fries.) —, der weitere von den übrigen Verwandten („Neffen“ und „Nichten“ im weitesten Sinn, wozu auch skandinav. *niþjar*, got. *niþjôs*), deren Nähe nach „Knien“ oder „Gliedern“ berechnet wurde. Daher altengl. *cnéoris* = Geschlecht. Und zwar wurde in der absteigenden Linie bei den Enkeln (altengl. „zweiten Söhnen“), in der aufsteigenden bei den Großeltern (altengl. „zweiten Vätern“) das erste Knie gezählt. Die Nähe zwischen Seitenverwandten wurde durch Abzählen der Knie in den beiden von ihrem gemeinsamen Stammvater absteigenden Linien ermittelt, so daß hier die Kinder der Geschwister und die Geschwister der Eltern ins erste Knie zu stehen kamen. Eine uralte und ehedem allgemein ostgermanische Ausdrucksform für diese Berechnung der Seitenverwandtschaft bewahrt das isländische Recht, indem es die Kinder der Geschwister als „nächste Brüder“, deren Kinder als „andere“, deren Kinder als „dritte Brüder“ bezeichnet. Diesem klassifikatorischen System entspricht ein ähnliches westgermanisches, welches nach *consobrini* (niederländ. *zweers*, französ. *cousins*, italien. *cugini*) zählt (sogenanntes Vetterschaftssystem). Das klassifikatorische System ordnet also die sämtlichen Blutsverwandten der Ausgangsperson nur auf sogenannten Querlinien an, die übrigens von Haus aus kaum über die eigene der Ausgangsperson (Vetternlinie) und die nächste obere (Oheim-

linie) sowie die nächste untere (Neffenlinie) hinausgereicht haben dürften. Es hatte seinen Grund in der einst ausschließlich durch Weiber vermittelten Verwandtschaft. Aus einem Kompromiß zwischen diesem „mutterrechtlichen" und dem frühgeschichtlichen „vaterrechtlichen" System erklärt sich die älteste historische Verwandtschaftsgliederung in die beiden oben beschriebenen Kreise und erklärt sich auch, daß von einigen Rechten in bestimmten Fällen der Mutterbruder (Oheim, **auunka-imaz* = Schützer?) in den engeren Kreis einbezogen wurde (sogenannter Avunculat). In diesem aber standen jedenfalls der Ausgangsperson ihre Kinder und Eltern, nach einigen Rechten aber auch ihre Geschwister gleich nahe[a]. Und dies war der Grund, weswegen die Kniezählung erst außerhalb des engeren Kreises begann. Sollte in diesem eine Rangordnung durchgeführt werden, so konnte es nur durch namentliche Angabe der einzelnen Verwandten in ihrer Reihenfolge geschehen.

3. Während diese Gliederung der Sippe in einigen, und zwar sowohl deutschen als skandinavischen Rechten sich bis tief ins MA hinein erhielt, geriet sie in den meisten unter dem Einfluß vermögens- und kirchenrechtlicher wie gesellschaftlicher Verhältnisse in Verfall. Das mehr und mehr um sich greifende Repräsentationsrecht, der Grundsatz vom „Brusterbe"[b], das Berechnen der kirchlich „verbotenen Verwandtschaftsgrade" verwischte den Gegensatz der beiden Hauptgruppen, wie z. B. in der jüngeren angelsächsischen Rechnung nach „Sippfächern" (*sibfæc*) und konnte, auch wo keine lehenrechtlichen Analogien mit hereinspielten, eine neue Struktur der Sippe nach Linien (fries. *fachten, kleften,* von Neueren mißbräuchlich sogenannte „Parentelen") bewirken.

§ 27

Sippe

1. Die Sippegenossen waren im Altertum verpflichtet, einander in allen Nöten des Lebens zu helfen, um so mehr alles Feindliche gegen einander zu unterlassen: sie hießen daher „Freunde" (= Liebende, zu *fri, *frija*)[a] und ihr Verband altengl. eine *mǽgburg*. Es ist wie der älteste Stamm und die älteste Kultgenossenschaft[b], so der älteste Friedensverband, und dauert als solcher auch noch innerhalb des Volksver-

---

a) Vgl. GGA 1883 S. 41ff.

b) Vgl. § 27, 3.

a) Vgl. § 7, 1.

b) Der altschwed. *ættahögher* („Hügel der Sippe") scheint daran zu erinnern.

bandes fort, erscheint zuweilen sogar gegen diesen privilegiert, steht jedenfalls unter erhöhter strafrechtlicher Gewähr. Eben darum kann altengl. *sib* (wozu *gesibsumnes*) den „Frieden", got. *sibjis* „friedlich", „rechtlich" bedeuten. Als Schutzverband ist aber die Sippe vor allem ein kriegerischer Verband. Gemeinsam tragen die Gesippen die Fehde. Darum war die Sippe Abteilung (langobard. und altfränk. *fara* = Geschlecht, eigentl. „Fahrtgenossenschaft")[c] des altgermanischen Heeres. Überhaupt aber oblag, sobald einer aus ihr erschlagen wurde, dem nächsten männlichen Verwandten die Verfolgung des Totschlägers, und die andern schuldeten ihm hierzu ihren Beistand. Daher auch wurde nach dem älteren Strafrecht das Wergeld[d] vom ganzen Geschlecht, soweit Verwandtschaft galt, gegeben und genommen, wobei die Beitrags- und Empfangsquoten der einzelnen Gesippen nach deren Verwandtschaftsnähe abgestuft waren, insbesondere aber vom ältesten Rechte die an den Blutkläger zu gebende Sühne (ostnord. *arvabot*, westnord. *vígsbǿtr*, neufries. *banebote*, mittelfries. *thet riuchte ield*, niederländ. *erfzoene*), von der an die übrigen Verwandten gehenden (ostnord. *ættarbot*, westnord. *niðgjǫlld*, neufries. *tale*, mittelfries. *meitele*, niederländ. *maechzoene*) unterschieden wurde. „Mit gemeinen Händen" gelobten dann die beiden durch die Übeltat verfeindeten Geschlechter einander die Urfehde. Primär auf der Verwandtschaft ferner ruhte die Armenpflege, und zwar in der Art, daß der Hilfsbedürftige (altnord. *ómage*) dem nächsten leistungsfähigen Blutsfreund zur Last fiel, worüber insbesondere die skandinavischen Rechte ausführliche Bestimmungen treffen. Aus der Armenpflege ergab sich aber nach einigen Rechten auch noch eine subsidiäre Pflicht der Verwandtschaft, zu Bußen beizusteuern. Wiederum verwandtschaftlich war Recht und Pflicht der Vormundschaft. Über den unselbständigen, d. h. nach der Anschauung des Altertums über den unwehrhaften Gesippen, folglich über den unwehrhaften Mann und über das Weib sein Leben lang hatten die selbständigen Blutsfreunde miteinander ihre schützende und im Familieninteresse ihre gewaltige „Hand" (and. *mund*, ahd. *munt*) zu halten, sei es, daß sie in den vermögensrechtlichen und persönlichen Angelegenheiten des Mündels selbst die nächst entscheidenden Handlungen vornahmen, sei es, daß sie — wie in der Regel — dieselben einem Verwandten (ahd. *mundwald*, *mundboro*, md. *momber* — ahd. *foramundo* und *gêrhabe*), dem nächsten ebenbürtigen „Schwertmagen" des Mündels, d. h. dessen nächstem Blutsfreund im Mannsstamm, als seinem prozessualen Verteidiger (ost-

c) Über *fara* siehe Kögel u. Henning in ZDA XXXVI 316—326, XXXVII 217—222, 304—317.

d) Vgl. § 54, 2.

nord. *malsmaþer* — altengl. *forspreca* — fries. *werandstef*, ostnord. *væriandi, værie*) überließen oder unter mehrere verteilten und sich aufs Führen der Aufsicht beschränkten. Den Vermögensvormund traf nach ältestem Recht Wachstum wie Schwund des Mündelgutes; dafür aber hatte er den Mündel zu erhalten, im Notfall aus eigenen Mitteln, und für dessen Übeltaten zu büßen, wie er anderseits auch die Bußen für Verletzungen des Mündels bezog. Endlich äußerte sich die Schutzpflicht der Blutsfreunde in den Grundsätzen über die Eideshilfe[e]. Wo das Recht Blutsverwandtschaft zwischen dem Hauptschwörer und dem Eidhelfer verlangte, durften die Gesippen ihre Eideshilfe nicht verweigern, wenn sie sich nicht von ihrem Genossen lossagen wollten.

2. Aber nicht bloß als Schutz- und Trutzverband von „Verpflichteten" (skandinav. *skyldir*) stellte sich das Geschlecht dar, es bestand in demselben auch eine Gemeinschaft der Habe (ostnord. *fælagh*), deren Teilhaber (ahd. *geanervon*) freilich, soweit das verwandtschaftliche aus dem gemeindlichen Eigentum abgeleitet war, lange auf den engeren Kreis der Sippe beschränkt blieben. Doch ist dabei im Auge zu behalten, daß auch die Gemeinde bei massenweiser Ansiedlung gewöhnlich nur eine erweiterte Sippe war. Sondereigen war höchstens an denjenigen Fahrnissen anerkannt, die dem Toten ins Grab folgten. Aus jenem Gesamteigentum der Verwandtschaft aber, das sich im slawischen Zweig der Indogermanen bis heute erhalten hat, ist das Erbrecht entstanden, welches darum auch immer prinzipiell ein blutsverwandtschaftliches und ein der Willkür des Erblassers entzogenes geblieben ist, anderseits erst schrittweise außerhalb des weiteren Sippenkreises um sich gegriffen und auch nachher noch aus den verschiedenartigsten Gründen und Vorwänden Eintrag zugunsten der öffentlichen Gewalt (namentlich in Deutschland) erlitten hat. Der Erbnehmer (got. *arbinumja*, altengl. *yrfenuma*) oder „Erbe" (got. *arbja*, altnord. *arfi, erfinge*, ahd. *arbeo*), d. h. der Nehmer der Habe, in vorgeschichtlicher Zeit des „Viehstandes" (got. *arbi*, altnord. *arfr*, altengl. *yrfe*, ahd. *arbi, erbi*)[f] wurde nach ältestem Recht durch den Tod des Erblassers nur von einer Schranke seiner Befugnisse befreit, indem er in die Verwalterschaft des Nachlasses eintrat, dessen Bestandteile ihm schon bei Lebzeiten des Erblassers gehörten. Als „Erbwart" (altengl. *yrfeweard*, altsächs. *erbhiward*, altnord. *erfivǫrðr*) aber hatte er, wenn der Erblasser seine Habe veräußern wollte, gemeinschaftlich mit demselben zu handeln oder doch zuzu-

e) Vgl. § 63, 5.

f) Vgl. Sievers PBB XII (1887) S. 174—177. Doch wird neuerdings mit *arbi* usw. wieder latein. *orbus*, griech. ὀρφανός, armen. *orb* (verwaist) zusammengestellt.

stimmen (sogenanntes Beispruchsrecht). Nur unter Mitwirkung der Verwandten konnte denn auch ein Nichterbe zum Erben gemacht werden und nur in der Form, daß er in das Geschlecht aufgenommen wurde. Aus dem Wesen des Erbrechts folgte ferner, daß der Erbe keines Erbschaftsantrittes bedurfte: „der Tote erbte den Lebendigen“. Nur hatte er mit Rücksicht auf den Kult des Erblassers bis zum Totenopfer (skandinav. *erfi* und *eptigerþ*, in christlicher Zeit mitunter als Erbschaftserwerb statt als Besitzergreifung hingestellt) die Nachlaßruhe zu beobachten, wie sie anderseits auch ihm zugut kam, ein Grundsatz, der noch in später christlicher Zeit in der rechtlichen Bedeutung des „Siebenten“ und des „Dreißigsten“ nachklingt. Aber nicht bloß Tote, auch Lebende konnten von ihren Verwandten beerbt werden, nämlich wenn sie vermögensunfähig wurden, wie z. B. die Sondersiechen nach langobardischem, die Blinden und Wahnsinnigen nach friesischem Recht und im Mittelalter die Mönche. Um Erbe nehmen zu können, mußte man nicht nur die erforderliche Vermögensfähigkeit besitzen, sondern auch nach einigen Rechten von normaler Leibesbeschaffenheit und dem Erblasser ebenbürtig[g] sein. Auch „blutige Hand nimmt kein Erbe“, d. h. man kann nicht einen andern beerben, den man absichtlich getötet hat.

3. Die Erbfolgeordnung war zunächst durch die Nähe der Verwandtschaft bestimmt, so daß ursprünglich dem engeren Verwandtschaftsein engerer Erbenkreis entsprach, innerhalb dessen alsdann die Kinder (der „Busen“) den Eltern (dem „Schoß“), die Eltern den Geschwistern vorzugehen pflegten. In die Stelle vorverstorbener und abgeschichteter Erbwarte deren Nachkommen eintreten zu lassen (sogenanntes Repräsentationsrecht), war dem altgermanischen Erbrecht ebenso fremd wie die alleinige Sukzession eines unter mehreren gleich nahe Berufenen (Individualsukzession). Dagegen hatten Weiber dem ursprünglichen Prinzip nach kein Erbrecht und auch, nachdem sich ihre Stellung gebessert hatte (ältester nord. Beleg die Inschrift von Tune in Norwegen ca. 500), standen sie noch gemeiniglich den Männern im Erbrecht nach, sei es, daß sie selbst von entfernter verwandten Männern, oder sei es, daß sie wenigstens von gleich nahen ausgeschlossen wurden, oder daß sie neben solchen geringere Anteile erhielten, sei es ferner, daß sie so in Ansehung des Nachlasses überhaupt behandelt wurden, oder daß sie nur noch in bezug auf bestimmte Güter zurückgesetzt blieben[h].

g) Vgl. § 16.

h) Zu ganz andern Ergebnissen gelangt OPET, Die erbrechtl. Stellung der Weiber in der Zeit der Volksrechte (1888), eine Untersuchung, die ich schon in der Methode für verfehlt halten muß, da sie das westgermanische Recht unter Heranziehung

Dieser Bevorzugung der Männer vor den Weibern entsprach regelmäßig eine Bevorzugung der Speerseite vor der Spindelseite. Nach dem Tode einer Frau jedoch fiel in christlicher Zeit, als der Tote sein Sondergut nicht mehr ins Grab mitnahm, nach einigen Rechten die „Gerade", d. h. bewegliche Güter des spezifisch weiblichen Gebrauchs, unter Ausschluß von Männern an die Weiberseite, wie das „Heergerät" oder „Heergewäte" unter Ausschluß von Weibern nach der Männerseite fiel. Durchgreifende Veränderungen des Erbfolgesystems sind im Laufe der Zeit eingetreten, teils durch Ausdehnung des „Busen"-Begriffes und einseitiges Verfolgen des Grundsatzes, daß „niederwärts", nicht „aufwärts" geerbt werde, „Busen-" oder „Brust-Erbe" (altschwed. *brystarf*) dem „Rücken-Erbe" (altschwed. *bakarf*) vorgehe, teils aber auch durch ausschließliches Bevorzugen des Aszendenten als des „Schoßes" vor den Seitenverwandten.

4. Gemeinsam wie die Habe war den Sippegenossen die Ehre. Schändung der letzteren (altnord. *frændaskǫmm, ǽttarskǫmm*) konnte durch verächtliches Verhalten eines Gesippen oder durch Verletzung ihrer Munt von seiten der Mündel bewirkt und dann von der Sippe am Täter mit Ausstoßung, unter Umständen mit Todesstrafe, geahndet werden.

5. Soweit ein solches Sippenstrafrecht nicht Platz griff, konnte sich jeder Gesippe durch formbedürftiges und öffentliches Geschäft von seinem Geschlecht lossagen (altengl. [*mǽgð*] *forsacan*, in der Lex Salica *se de parentilla tollere*, in salfränk. Tochterrechten *forisjurare*) mit der Wirkung wenigstens, daß er sich seiner Pflichten gegen die Blutsfreunde entledigte. Anderseits konnte das Geschlecht durch „Einleitung" eines Fremden in dasselbe (westnord. *ǽttleiðing*, ostnord. *ætleþing*, jene ursprünglich unter dem Symbol der Schuhsteigung, diese eidlich, bei Legitimation unter Schoßsetzung des zu legitimierenden Kindes) erweitert werden[1]. Ein analoges Geschäft unter dem Symbol des Umarmens (später des Umschließens mit dem Mantel) behufs Aufnahme in den engeren Verwandtschaftskreis war das **atfathumjan* des alt-

---

der gotischen und systematischer Übergehung der skandinavischen Rechte zu rekonstruieren sucht. Vgl. auch LIEBERMANN in Dt. Ztschr. für Geschw. II (1889) S. 514. Gegen die von der hier vertretenen abweichende Ansicht J. FICKERS siehe H. BRUNNER in ZRG G XXI (1900) S. 1—19 ⟨= Abhandlungen zur RG II (1931) S. 198—217⟩, R. SCHRÖDER, Lehrbuch der dt. RG ⁵S. 340 Anm. 295 ⟨⁷S. 353 Anm. 283⟩.

1) Vgl. § 7, 2.

fränkischen Rechts in seiner ursprünglichen[k] Bedeutung. Bei den Langobarden gab es eine Anbrüderung (latein. *affratare*), in welche das Eingehen eines Gesellschaftsvertrages eingekleidet werden konnte.

§ 28

Verfall der Sippe

1. Erstarkung des Staats und Vermehrung seiner Aufgaben, der Einfluß der Kirche, wirtschaftliche Ursachen, darunter zunächst schon die Art der fortschreitenden Bodenbesiedlung, wirkten zusammen, um eine ebenso rechtliche wie tatsächliche Lockerung der Sippe anzubahnen, deren Funktionen nun teilweise auf andere Verbände übergehen. Ihre überall, wenn auch ungleichmäßig und nichts weniger als gleichzeitig hervortretenden Symptome zeigen sich sowohl in der Abschwächung des verwandtschaftlichen Schutzverbandes wie in den Veränderungen des Güterrechts der Sippe. Die Pflicht, zum Wergeld beizusteuern, wird eine subsidiäre, etwa gar an die Bedingung geknüpft, daß der Wergeldzahler die Erbschaft des Totschlägers empfängt. Oder sie verschwindet gegenüber den Wergeldnehmern, um nur gegenüber dem Totschläger (als Unterstützungspflicht) übrigzubleiben. Auch das Recht zum Empfang des Wergeldes wird auf den Erben des Erschlagenen beschränkt, so z. B. schon im ribwarischen Gesetzbuch, welches auch die Pflicht, Wergeld zu zahlen, nur dem Totschläger bzw. dessen Erben auferlegt. Die Gesamtvormundschaft der Sippe wird von der Individualvogtei des nächsten „Schwertmagen" oder des nächsten selbständigen Blutsfreundes oder von den verschiedenen aus der einheitlichen Vormundschaft abgespaltenen und unter mehrere Verwandte verteilten Gewalten wenn nicht verdrängt, so doch zurückgedrängt. Konnte sie ihrer vermögensrechtlichen Bestandteile wegen als nutzbares Recht aufgefaßt werden, so führte einseitiges Verwerten dieses Gedankens deutsche Rechte schon ziemlich früh dazu, sie als vererblich zu behandeln, wie z. B. die Vormundschaft über eine Witwe nicht sowohl ihren Blutsfreunden als den Erben ihres Ehemannes zu übertragen.

2. Mit der Entwicklung einer starken Herrschergewalt bei südgermanischen Völkern in Zusammenhang stand es, daß nicht nur der Sippe, sondern auch dem Herrscher der Beruf zugeschrieben wurde, Unmündige

k) Die Lex Salica selbst beschreibt unter dem Titel *De adfathamire* ein Geschäft, welches zwar noch Zuwendung des Nachlasses, aber keine Geschlechtsleite mehr ist, vielmehr durch eine solche überflüssig wurde. Vgl. die altnorweg. *gjaferfð*.

zu bevormunden. Neben den gesetzlichen („geborenen") kommen ferner im MA durch Vertrag berufene („gekorene") Vormünder auf, in Ermangelung beider aber von der Obrigkeit bestellte und beaufsichtigte, neben der landrechtlichen ferner eine lehenrechtliche, die dem Lehenherrn des unmündigen Vasallen zustehende „Lehensvormundschaft". Auch der Inhalt der Vormundschaft änderte sich, indem das Mündelgut aufhörte, eiserner Bestand zu sein, und der Vormund verpflichtet wurde, den Ertrag des Mündelguts zu verrechnen. Wie zum bloßen Verwalter wurde der Vormund anderseits zum gerichtlichen und außergerichtlichen Stellvertreter des Mündels. Die Unselbständigkeit endlich, derentwegen man eines Vormundes bedurfte, wurde nicht mehr in der Unwehrhaftigkeit, sondern in der Verstandesunreife oder Geschäftsunkunde erblickt. Die Folge davon war, daß die Altersvormundschaft zum Mittelpunkt des gesamten Vormundschaftsrechts wurde, während die Vormundschaft über Weiber (sogenannte Geschlechtsvormundschaft) in den Hintergrund trat, oft nur als gerichtliche fortdauerte oder zu einer bloßen Beistandschaft herabsank, über Witwen und Kauffrauen allenfalls gar aufhörte.

3. Das Umsichgreifen des Erbrechts über den Kreis der Gemeinderschaft oder Ganerbschaft hinaus[a] tat zunächst der letzteren Eintrag, so daß sie bei den Südgermanen nach der Völkerwanderung meist nur fakultativ neben dem Individualvermögen fortdauerte, schwächte aber weiterhin das blutsfreundschaftliche Erbrecht überhaupt, zumal wenn die alte Strenge der Verwandtschaftspflichten nachließ. Nun konnten Individualsukzessionen (Minorate und Majorate) Eingang in die Erbfolgeordnung finden, das Ganerbenrecht in Verfall geraten[b], ein Erbrecht des Ehegatten, des Brotherrn, des Gastgebers, des Gefährten anerkannt werden. Es konnten sogar gleichzeitig verschiedene Erbgänge in verschiedene Vermögen desselben Erblassers, wie z. B. Allodial-, Lehens-, Stammgutsvermögen sich ereignen. Frühzeitig wurde auch unter der Herrschaft des Christentums der ehedem einem Gestorbenen ins Grab folgende Totenteil an der Fahrnis durch einen Freiteil ersetzt, der zunächst fürs Seelenheil des Gestorbenen verwendet werden sollte. Um so leichter konnten die Gesippenrechte den „Seelgaben", dann aber auch Veräußerungen von Fahrnissen oder von „wohlgewonnenem" Gut gegenüber verschwinden, Vermächtnisse (oft unter „Testaments"-Namen, doch mhd. *gescheffede, gemechte,* altengl. *cvide,* fries. *bôkinge*) und Erbverträge[c] in Aufnahme kommen.

a) Vgl. § 27, 4.

b) Vgl. §§ 36, 1; 38, 2.

c) Die letzteren schon vor 643 bei den Langobarden, deren Formel für die Erbeinsetzung in Rothari 173 erhalten ist: *lid in laib* = gehe ein in den Nachlaß.

§ 29
Ehe

1. Die altgermanische Ehe (ahd. *hîrât,* skandinav. *hjonalag*) war ein Aggregat verschiedener Rechtsverhältnisse, gegenseitiges Recht der Ehegatten als „Hausleute" (ahd. *hîun,* ostnord. *hion,* westnord. *hjón*) und „Genossen" (ahd. *gimahho* bzw. *gimahha,* altengl. *gemæca* — ahd. *gimahhidi,* mhd. *gemechede*) auf Lebensgemeinschaft (ahd. *hîwunga*), die jedoch noch nicht Standesgemeinschaft mit sich bringt, Hausherrschaft des Mannes, welche die Vormundschaft über das Weib absorbiert, Hausfrauschaft des Weibes. Durch ihr Recht auf Lebensgemeinschaft wie durch ihre Zugehörigkeit an den Mann unterschied sich die Ehefrau (skandinav. *aþalkona* und westnord. *eiginkona*) nicht nur von der „Friedel", sondern auch von der im Hause gehaltenen „Kebse". Aber dieses Recht war beträchtlich schwächer als das gegenüberstehende des Mannes. Letzteres war ausschließlich, in der Art, daß nach ostgermanischen Rechten sogar Witwentötung (= Opferung) bestand, das Recht der Frau nur gegen willkürliches Verstoßen gekehrt. Einen Ehebruch konnte die Frau gegen den Mann, nicht aber der Mann gegen die Frau begehen. Der Mann konnte sogar mehrere Ehefrauen gleichzeitig haben. Die eheherrliche Gewalt äußerte sich nicht nur in der häuslichen Befehlshaberschaft des Mannes und in einem Züchtigungsrecht desselben, sondern auch in seinem Recht, die Frau wegen Ehebruchs und anderer schwerer Verschuldungen oder in echter Not zu verkaufen, ja, in den ersteren Fällen sogar zu töten. Daher ist das Eheschwert Symbol der eheherrlichen Gewalt. Hinwiederum legte diese dem Manne die Haftung aus Übeltaten seiner Frau auf. Soweit aber die eheherrliche Gewalt Spielraum gewährte, hatte auch die Frau (als „Wirtin") im Hause zu befehlen. Daher konzentrierte sich in Abwesenheit des Mannes oder bei vorübergehender Behinderung desselben die ganze Hausherrschaft in der Hand der Frau. Durch diese ihre „Schlüsselgewalt" unterschied sich die Ehefrau von der freien Dienerin.

2. Die beschriebenen Eigenheiten der altgermanischen Ehe erklären sich aus deren Entstehung ebenso wie ihre Eingehungsformen. Die praehistorische Weibergemeinschaft nämlich hat nur durch die Raubehe überwunden werden können. Der Mann, der in den ausschließlichen Besitz eines Weibes gelangen wollte, mußte es sich außerhalb der Rechtsgenossenschaft erbeuten. Neben der exogamischen wurde in der Folge (zuerst im Geschlechterstaat?) auch eine endogamische Raubehe (fries. *nedmund*) anerkannt unter der Bedingung, daß der Entführer sich mit den Verwandten der Entführten friedlich abfand, insbesondere daß er nachträglich von jenen die Vormundschaft erwarb, was er nach altdeutschen Rechten durch Erlag eines gesetzlichen Entgeltes (fries. *mundsket* = Muntschatz, langobard.-latein. *mundius*) ohne weiteres konnte. Die Raubehe hat die Völkerwanderung und nach einigen Rechten (in Schweden als exekutivische Eheschließung) sogar das Frühmittelalter überdauert. Anderseits ist schon in vorgeschichtlicher Zeit zu ihrem Ersatz die Vertragsehe eingeführt worden. Diese ist in der heidnischen Zeit stets nur ein Geschäft zwischen den Verwandten der Braut und dem Bräutigam, nämlich eine „Vergabung" (altengl. pl. *gifta* und verb. *gyftigean, forgifan*, ahd. *prûtigeba*, westnord. *gift, giftir, gifting* und *gjaforð*, ostnord. *gipt, gipta, gipning*)[a], d. h. eine Schenkung der Braut. Der Vormund der letzteren schenkte sie dem Bräutigam zur Ehe, was keine Zustimmung der Braut, wohl aber — wie jede „Gabe" — zu seiner Beständigkeit eine Gegengabe des Bräutigams erforderte. Diese Gegengabe liegt im *mundr* der skandinavischen Rechte vor, der seinem Namen nach eine Gabe ist und von den götischen Rechten auch als „Freundesgabe" (*vingjæf*) umschrieben wird. Sie liegt ferner vor in der ältesten langobard. *meta*, im altengl. *weotuma*, fries. *wetma*, alamann. *widemo* ursprünglicher Gestalt, und im burgund. *witimo* (= ἕδνα). Wegen dieses Entgeltes fiel das Heiraten unter den Begriff des „Kaufes" im alten, nicht aber — wenn anders nicht mit dem Worte gespielt werden soll — im modernen Sinn dieses Ausdrucks. Und so erklärt sich zur Genüge, warum die Quellen denselben auf die Eheschließung anwenden. Nur das kentische Recht scheint wirklich dazu übergegangen, das Geschäft in bestimmten Beziehungen als einen Kauf in unserem Sinn und insoweit auch die Braut als Ware zu behandeln, während anderwärts die Leistung des Bräutigams für die Braut zuweilen als Preis für die Munt (Muntschatz) umgedeutet oder aber, was in vielen Rechtsgebieten eintrat, der Braut selbst überlassen wurde (nach lateinischen Texten deutscher Rechte als „*dos*").

3. Zahlreich und umständlich waren die Formen bei Eingehung der Vertragsehe. Die meist charakteristischen unter ihnen waren das Antrauen der Braut durch deren Vormund an den Bräutigam im Brauthaus, wobei sie nach älterem, weit verbreitetem Recht zum Zeichen der Gewaltübertragung ihm auf den Schoß gesetzt wurde (altengl. *in scéat alecgan*), nach jüngerem, oberdeutschem Recht er zum Zeichen der Gewaltübernahme ihr auf den Fuß trat, — dann der „Brautlauf", d. h. das noch lange den Frauenraub nachahmende und so die Vertrags-

a) Die got. Terminologie zieht *liuga* (= Verhüllung?, siehe aber F. KLUGE, Urgermanisch [3]1913 S. 6) vor, während *fragifts* dem überlieferten Sprachgebrauch nach = Verlöbnis ist.

ehe an jenen anknüpfende Heimführen der Braut durch den Bräutigam und sein Gefolge, das gemeinsame Trinken der beiderseitigen Verwandtschaft zum Zeichen des Friedens, endlich das vor Zeugen stattfindende Beilager. Für das letztere schuldete am darauffolgenden Morgen der Mann seiner Frau ein Geschenk, die „Morgengabe", welche in westnordischen Rechten zum „Haubengut" (*línfé*) für Jungfrauen und zur „Bankgabe" (*bekkjargjǫf*) für Witwen abgewandelt wurde. Alle jene Formen genügten noch nicht zum Abschluß einer rechten Ehe. Es mußte vielmehr noch ein Vorvertrag voraufgehen zwischen dem Bräutigam und dem Vormund der Braut, worin unter Beobachtung von Öffentlichkeit oder gar Gerichtlichkeit und strenger Wortform der letztere seine Mündel dem Bräutigam „festigte", d. h. zur Ehe zu geben versprach, der Bräutigam die Braut (unter Kniesetzung nach nordischen und angelsächsischen Rechten) zur Ehe zu nehmen angelobte, — im Grunde aber doch nur ein Vertrag über den Brautlauf, d. h. über das gewaltsame Heimführen der Braut, das eben dadurch seines deliktuosen Charakters entkleidet wurde. Dieser Vertrag war das Verlöbnis (ostnord. *fæsta, fæstning*, westnord. *festing*, altengl. verb. *befæstan, handfæstan*, mhd. verb. *vesten, vestenen*, mit der Braut als Objekt, — altengl. subst. *beweddung*, — ahd. *mahal*, weswegen ahd. *gimahalo* „sponsus", *gimahalâ* „sponsa" — got. *fragifts*). Abgesehen von seinem strafrechtlichen Schutz wirkte es nur obligatorisch und machte ursprünglich nur den Verlober der Braut, später auch den Bräutigam haftbar, während es diesem überlassen blieb, die Treue der Braut durch besondere Geschenke altschwed. *förningar*, westnord. *festargjǫf, festarfé* — mhd. *mahelschaz*, mnd. *anttruwe*)*i* sich zu „festigen". Anderseits konnte der Verlober schon zum Abschluß des Verlöbnisses verpflichtet sein, auf Grund eines vorausgehenden Vertrags, worin er ein Handgeld (altschwed. *tilgæf, fæstningafæ*) empfangen hatte. Dieses Handgeld ist nach südgermanischen Rechten Bestandteil des Verlöbnisses geworden, ähnlich wie im MA Formen des Verlöbnisses mit denen der Eheschließung vermischt wurden. Zuerst bei Südgermanen (Wisigoten, Langobarden) hat auch der römische *annulus pronubus* als Malschatz des Bräutigams Eingang gefunden.

4. Neben Raub- und Vertragsehe gab es noch ein eheähnliches Verhältnis in Gestalt des tatsächlichen offenen und dauernden Zusammenlebens eines Mannes mit einem Weibe (von Modernen als „Kebsehe", im spanischen Recht als *barragania* bezeichnet). Skandinavische Rechte behandelten einen solchen Konkubinat[b] nach bestimmter Dauer als Ehe, — ein Seitenstück zur römischen *usus*-Ehe.

---

b) Über die aus ihm erzeugten Kinder siehe § 31, 2.

5. Ehehindernisse kannte schon das heidnische Recht. Innerhalb des engeren Sippenkreises, folglich auch unter Geschwistern und in der ganzen auf- und absteigenden Verwandtschaft, war die Ehe ausgeschlossen, — unter Volksgenossen ferner, solange die Raubehe nur exogam war, — zwischen Freien und Unfreien grundsätzlich selbst dann noch, als Unfreie ehefähig geworden waren.

6. Vorzugsweise unter dem Einfluß des Christentums, teils aber auch unter dem der allgemeinen Besserstellung der Weiber traten an Wesen, Inhalt und Eingehung der germanischen Ehe Änderungen ein. Beseitigt wurde die Polygamie, gemildert die eheherrliche Gewalt. Auf dem Prinzip der Lebensgemeinschaft wurde das eheliche Verhältnis einheitlich konstruiert. Die Scheidungsgründe wurden nach vorübergehender Vermehrung beschränkt, zuletzt die Ehe prinzipiell unauflöslich. Die Ehehindernisse wurden vermehrt, Zustimmung des Weibes wurde Erfordernis einer rechtsgültigen Heirat. Dies führte zur Verdrängung der Raubehe und weiterhin zu Selbstverlöbnis und Selbsttrauung der Braut, die nun (im mittelalterlichen Deutschland) einen *mahelschaz* (*mahelrinc*) nicht nur empfängt, sondern auch gibt. Die Vertragsehe wurde fast überall zur einzigen „gesetzlichen" Verbindung von Mann und Frau (mhd. *êwe, ê,* altengl. *ǽwe,* fries. *aft,* mnd. *echt,* wovon ostnord. *ækteskap*) erhoben. Immer aber blieb die Eheschließung ein weltliches Geschäft, und selbst wo die Sitte Segnung der geschlossenen Ehe durch den Priester forderte oder wo ihm das Antrauen der Braut übertragen wurde, pflegte doch der Akt nicht in, sondern vor der Kirche zu geschehen.

7. Die durch Eheschluß verschwägerten Sippen standen zueinander in einem Treuverhältnis. Gerade sie sind nach ostgermanischen Rechten „Magen", und nach langobardischem stehen sie „unter einem Schild". Westnordische Rechte haben ihren engeren Kreis am Geben und Nehmen des Wergeldes beteiligt, und auch in anderen Beziehungen haben sie, selbst wenn wir von der Aufnahme der kirchlichen Eherechtsnormen absehen, an die Schwägerschaft praktische Folgen geknüpft.

§ 30

Ehegüterrecht

1. Vermögensverhältnisse zwischen den Ehegatten waren in der frühesten Zeit durch das Prinzip bestimmt, daß alles von ihnen eingebrachte und während der Ehe erworbene Gut ins Eigentum des

Mannes fiel. Dies galt insbesondere vom Brautschatz oder der Heimsteuer der Frau (westnord. *heimanfylgja, heimanferð, heimangerð*, ostnord. *hemfylgia, hemfylgþ, mæþfylgþ, hemgift, mæþgift* — fries. *fletieve, boldbreng, boldsket* — langobard. *faderfio* — mhd. *hîstiure*), wodurch in der älteren Zeit die Braut für ihren Mitgenuß des Hausgutes bzw. für ihr Erbrecht von ihrer Sippe abgefunden wurde, und von der Widerlage (ostnord. *viþermund*, westnord. *gagngjald, tilgiǫf*), wodurch der Mann die Versorgung seiner Witwe sicherstellte. Nach den meisten ältern Rechten bestand diese Widerlage in bestimmten Gütern, nach einigen jedoch in einer Quote des Mannesvermögens, so daß um dieselbe oder um eine Quote seines eigenen Wertes der Brautschatz sich „vermehrte". Nach vielen Rechten absorbierte sie auch die Gegengabe für die Braut, nachdem es üblich geworden war, jene der letzteren zu überlassen, so daß nunmehr aus dem „Wittum" ein „Witwengut" wurde.

2. Die ältesten Rechtsaufzeichnungen mit Ausnahme der burgundischen und norwegischen zeigen nun aber nur noch Überbleibsel jenes frühesten ehelichen Güterrechts, indem sie dasselbe durch verschiedene neue Systeme ersetzen. Von da an schreitet die Partikularisierung des ehelichen Güterrechts fast überall bis zum Ausgang des MA fort. So weit aber die einzelnen Rechte sich auch voneinander entfernen, alle gehen doch von dem Gedanken aus, daß die Frau am Ehegut irgendwie berechtigt sein müsse. Im übrigen sind zwei Hauptrichtungen der Entwicklung zu unterscheiden. Die eine läßt in der Zugehörigkeit der Habe jedes Ehegatten eine Veränderung durch die Ehe nicht eintreten, beschränkt sich vielmehr darauf, die beiderseitigen Güter der einheitlichen Verwaltung durch den Eheherrn zu unterstellen, in dessen Vermögen nach vormundschaftlichen Grundsätzen die Errungenschaft fällt, wogegen das Frauengut weder wächst noch schwindet (in Deutschland System der Gütereinheit oder der Verwaltungsgemeinschaft oder der Güterverbindung, im Norden wohl auch System der formellen Gütergemeinschaft genannt). Die andere, zu der (wenigstens in Deutschland) verschiedene Zwischenbildungen hinführen, läßt nicht bloß die Verwaltung der Güter, sondern auch die Güter selbst insgesamt oder doch teilweise den Ehegatten gemeinschaftlich werden (System der Gütergemeinschaft, im Norden der materiellen Gütergemeinschaft genannt). Wo die Rechte der Gesippen am Stammvermögen der Ehegatten zurücktraten, wie so oft in den Städten, konnte die Gütergemeinschaft als „allgemeine" sogar die von jedem Ehegatten eingebrachten oder während der Ehe erworbenen Grundgüter ergreifen. Sonst blieb die Gütergemeinschaft als „partielle" auf die Fahrhabe oder auf die Errungenschaft oder doch aufs wohlgewonnene (im Gegensatz zum ererbten) Gut beschränkt, und anderseits zog sie im ostdänischen Recht den einen Ehegatten in die Gütergemeinschaft mit den nächsten Gesippen des andern hinein, wenn dieser zugleich in Hausgemeinschaft mit ihnen lebte.

3. Soweit die Gemeinschaft der Ehegatten reichte, bestand sie auf Gedeih und Verderb. Mindestens insoweit haftete daher die Frau auch für die Schulden des Mannes. Häufig aber hatte sie auch noch als Witwe mit ihrem nachehelichen Vermögen dafür aufzukommen, wovon sie nach deutschen Rechten durch förmlichen Verzicht auf alles gemeine Gut unter dem Symbol des Schlüsselauflegens aufs Grab oder auf die Bahre des Mannes sich befreien konnte. Die Gütergemeinschaft beruhte auf dem Prinzip der Gesamthand, was viele Rechte im MA dahin geführt hat, über die gemeinsamen Liegenschaften die Ehegatten auch nur gemeinsam (mit „gesamter Hand") verfügen zu lassen, und was ferner bei Auflösung der Ehe durch Tod ermöglichte, daß das Gemeingut hier nach Quoten, dort nach bestimmten Güterarten geteilt wurde, wieder anderwärts aber dem überlebenden Ehegatten ganz verblieb. Die beiden Hauptsysteme des ehelichen Güterstandes treten oftmals im nämlichen Rechtsgebiete nebeneinander auf, so insbesondere im westnordischen, aber auch in verschiedenen deutschen Rechten, — wenn nämlich der Eintritt der Gütergemeinschaft von der Geburt eines Kindes oder vom Vorhandensein eines Kindes bei Auflösung der Ehe oder von bestimmter Dauer der letzteren oder von bestimmter Vermögenslage der Eheleute oder endlich von einer besonderen Beliebung derselben abhängig gemacht wird. Überhaupt aber hat die gesetzliche Güterordnung in vielen Eherechten einen subsidiären Charakter angenommen, da ihrer vertragsmäßigen Abänderung ein mehr oder weniger breiter Spielraum gewährt wurde.

§ 31

Eltern und Kinder

1. Das Rechtsverhältnis zwischen Vater und Kind — jünger jedenfalls als das zwischen Mutter und Kind — war in der heidnischen Zeit nicht sowohl von der Geburt des letzteren in der Ehe als von der Anerkennung des Kindes durch den Vater bedingt. Diese fand sichtbar dadurch statt, daß der Vater das auf dem Boden liegende Neugeborene aufhob oder das dargereichte an sich nahm. Doch konnten Namengabe und die ersten Verrichtungen der Kindespflege (im Vaterhause?), nämlich Begießen des Kindes mit Wasser (von Neueren fälschlich „Wasserweihe" genannt) oder Ernährung desselben für die förmliche Anerkennung wenigstens insoweit eintreten, als von da ab der Vater das Kind nicht mehr aussetzen durfte. Das derart beschränkte Recht der Kindesaussetzung ist erst durch das Christentum unterdrückt worden. Aber auch nachher dauerten noch Reminiszenzen an den heidnischen Zustand fort, wie z. B. die Taufe als Bedingung der Erbfähigkeit im wisigotischen und in ostnordischen Rechten. Das spezifisch väterliche Recht war die Vatergewalt, nach deutscher Auffassung eine „Munt"[a], die sich aber von der des Vormundes wesentlich dadurch unterschied, daß sie dem einseitigen Interesse des Gewalthabers diente. Nicht bloß um das Kind zu erziehen, seinen Lebensberuf zu bestimmen, es zu verheiraten, sondern auch um dessen Arbeit in seinem Dienst zu verwerten, verfügte der Vater über das Kind. Ja, in echter Not mochte er es verkaufen oder in Schuldknechtschaft geben. Wiederum folgte aus der Gewalt des Vaters, daß er die Habe des Kindes zu eigenem Vorteil verwaltete und nützte und (von gewissen Ausnahmefällen abgesehen) Rechtsgeschäfte des Kindes zu seinem Nachteil nicht anzuerkennen brauchte; ebenso aber auch, daß er Übeltaten des Kindes zu verantworten hatte. Diese weitreichende Vatergewalt hinderte jedoch die Vermögensgemeinschaft zwischen Vater und Kind[b] so wenig, als die eheherrliche Gewalt der ehelichen Gütergemeinschaft entgegenstand. Beendigt wurde die väterliche Gewalt, sobald das Kind wirtschaftlich unabhängig vom Vater wurde. Zu diesem Zweck konnte der großjährige Haussohn Ausweisung seiner Habe oder, wenn Vermögensgemeinschaft zwischen ihm und dem Vater bestand, Abteilung verlangen.

2. Uneheliche Kinder hatten nach ältestem Recht nur mütterliche Verwandtschaft. Dies Prinzip ist jedoch von vielen, insbesondere den ostgermanischen Rechten frühzeitig aufgegeben worden, und zwar zunächst zugunsten des „Winkelkindes" (westnord. *hornungr*, alamann. *hornung*, fries. *horning*, altengl. *hornungssunu*), d. h. desjenigen Kindes, welches der Vater in offenem Konkubinat mit einem freien Weibe erzeugt[c]. Wurde das Winkelkind auch nicht dem ehelichen oder „echten" Kind (westnord. *skirgetinn*, *skilgetinn*, langobard. *fulboran*, altengl. *fulboren*) gleichgestellt, so wurde ihm doch eine Stelle im väterlichen Geschlechtsverband insofern eingeräumt, als man es hier zum Geben und Nehmen von Wergeld sowie zu vormundschaftlichen Funktionen

a) Vgl. § 27, 1.
b) Vgl. § 27, 2.
c) Vgl. § 29, 4.

berief und mit Alimentationsansprüchen, ja, sogar mit einem Erbrecht gegenüber dem Vater oder doch mit einer Abfindung für ein solches ausstattete. Nachmals wurde der rechtliche Unterschied zwischen dem aus offenem Konkubinat und dem aus heimlicher unehelicher Verbindung von freiem Weibe geborenen (westnord. *hrísungr, laungetinn*), ja sogar dem von unfreier Mutter stammenden Kinde eines freien Mannes (westnord. *þýborenn*, ostnord. *þybarn*) abgeschwächt oder ganz verwischt, was zur Ausbildung eines prozessualen Paternitätsbeweises führte. Wo jedoch die Kirche ihre Lehre von der Verwerflichkeit jeder außerehelichen Geschlechtsverbindung zur Herrschaft brachte, ist Besserstellung der unehelichen Geburt gegenüber der Vaterseite vielfach aufgehalten, ja, es ist sogar ihre Stellung zur Mutterseite in manchen Rechten verschlechtert worden. Dagegen hat die Kirche die Aufnahme fremdrechtlicher Formen der Legitimation befördert, während nach rein germanischem Recht Legitimation nur in Gestalt der „Einleitung" in die Sippe[d] möglich war. Anderseits ist es eine Reminiszenz an die Raubehe, wenn nach ostnordischen Rechten Kinder aus raublicher Geschlechtsverbindung (*brutsbarn*) als eheliche behandelt werden.

3. Eine mütterliche Gewalt fürs älteste Recht zu leugnen, gibt die strenge Mundschaft über Weiber keinen triftigen Grund ab. In den Rechtsaufzeichnungen tritt die Muttergewalt zuerst als Erziehungsgewalt auf, welche sich nach dem Tode des Vaters in der Hand der Mutter konzentriert. Dieser Rest des praehistorischen Matriarchats kommt dann bei gesteigerter Selbständigkeit der Witwen zu neuen Kräften: es tritt hinzu eine Verlobungsgewalt oder ein Veto gegen das Heiraten sowie ein Recht der Mutter, das ihr mit den Kindern gemeinsame Gut zu verwalten.

§ 32

Bundbrüderschaft

1. Außer der Ehe, ja, wahrscheinlich sogar noch vor ihrem Aufkommen gab es noch andere Verträge, wodurch verwandtschaftliche Beziehungen zwischen den Kontrahenten begründet wurden, ohne daß doch der eine in den Geschlechtsverband des andern eintrat. Zunächst war es dabei bloß auf Treue- und Schutzverhältnisse abgesehen. Solchem Zweck diente, wenn Koordination der Vertragsparteien bestehen sollte,

---

d) Vgl. § 27, 5.

die Bundbrüderschaft (westnord. *fóstbrœðralag*, eigentl. = Pflegebrüderschaft)[a]. Der Vertrag, im Heidentum nur Männern zugänglich, stellte unter den Kontrahenten einen ähnlichen Schutz- und Trutzverband auf Lebenszeit her, wie er sonst nur unter leiblichen Brüdern begründet war. Insbesondere aber übernahm jeder Kontrahent die Pflicht, den Totschlag des andern zu rächen, bzw. dem Totschlagskläger beizustehen, weswegen denn auch dem Bundbruder neben den Gesippen ein Anspruch auf Wergeld für den getöteten Genossen eingeräumt wurde, ferner die Pflicht, den Kult des Toten zu besorgen. Unwesentlich dagegen, wenn auch oftmals zur Befestigung des Bündnisses verabredet, war Gutsgemeinschaft unter den Kontrahenten. „Vertragsbrüder" — *wedbróðor* — hießen die letztern bei den Angelsachsen, „Vertragsgenossen" — *gamahalos* (*confabulati*) — bei den Langobarden, im Norden aber, dessen Geschichtsquellen das Verhältnis am deutlichsten erkennen lassen, *fóstbrǿðr* = „Pflegebrüder", was an ein älteres Recht erinnert, wonach wie bei den Slawen Milchgeschwisterschaft der Blutsverwandtschaft gleichstand[b] — *stallbrǿðr* = „Tischbrüder", was mit got. und urnord. *gahlaiba* begriffsverwandt — *eiðbrǿðr* = „Eidbrüder" und *svarabrǿðr* = „Schwurbrüder", denn eidlich sicherten sie die Bundestreue einander zu, wie es ja auch eine eidliche Aufnahme in die Sippe gab[c]. Daß aber Bruderpflichten und -rechte unter ihnen entstehen sollten, symbolisierte das heidnisch-nordische Ritual des Vertragsschlusses zuvor durch die Blutmischung der unter einem aufgestochenen Rasenstreifen hindurchgehenden Schwurbrüder, die so zu erkennen gaben, daß sie sich als aus gemeinsamem Mutterschoß wiedergeboren betrachten wollten[d]. Mehrte sich die Zahl der Teilnehmer eines solchen Bundes, so diente leicht das schon durch den Totenkult geforderte Opfergelage (skandinav. *gildi*, altsächs. *geld*, altengl. *gild*) zum wiederkehrenden und sichtbaren Ausdruck der Genossenschaft.

2. Von hier aus ergibt sich der genetische Zusammenhang zwischen der altgermanischen Bundbrüderschaft und der mittelalterlichen „Gilde" (*convivium*), welche zunächst nichts anderes als eine lokali-

---

a) Über Seitenstücke bei ungermanischen Völkern siehe J. GRIMM RA ³S. 193ff., ⁴I S. 266f.; J. LIPPERT, Kulturgeschichte II S. 333ff.; BÖTTICHER in Allg. Ztg. Beil. 1884 S. 1417; POST, Grundriß der ethnol. Jurisprudenz II S. 93—96.

b) Vgl. § 34, 2.

c) Vgl. §§ 27, 5; 7, 2.

d) Das nämliche Symbol der Wiedergeburt dient in der Volksmedizin als Zaubermittel. Siehe z. B. Corrector Burchardi c. 165 und vgl. FEILBERG in der Ztschr. Am Urquell IV (1893) S. 6, WEINHOLD Berl. Sitzgsber. 1896 S. 37f.

sierte und auf viele Genossen, daher auch auf unbegrenzte Dauer berechnete Schwurbrüderschaft[e] mit regelmäßig wiederkehrendem Gelage war (sogenannte Schutzgilde). Ihren natürlichen Standort hat die Gilde da, wo die Beziehungen des Einzelnen zu seiner Sippe gelockert werden, vornehmlich also in den Städten. Christianisiert wurde das Gelage zum kirchlich gefeierten Jahrtag der Genossenschaft, die nunmehr regelmäßig sich einem Schutzheiligen unterstellte und nach ihm benannte. Der heidnische Totenkult wurde durch den Gottesdienst fürs Seelenheil des gestorbenen Gildebruders ersetzt. Unter dem Einfluß des Christentums mußte ferner die Rachepflicht der Genossen hinter der allgemeinen Unterstützungspflicht zurücktreten. Damit wurde die Gilde auch Weibern (als „Gildeschwestern") zugänglich. Streitigkeiten unter Genossen waren durch den Spruch der Gilde zum Austrag zu bringen. Dies führte zu einer Gerichtsbarkeit der Gilde. Im letzten Grund Strafgerichtsbarkeit stand sie selbst unter dem Schutz des äußersten Strafmittels der Gilde, der Ausstoßung (im Norden mit „Neidingsnamen"[f]). Die Gilde ward also Rechtsgenossenschaft. In ihrem Bestande unabhängig vom Leben des einzelnen Mitgliedes wurde sie aber auch zur Korporation, die ihre eigenen Beamten und ihr eigenes Vermögen (mit dem Gildehaus als wertvollstem Stück) hatte, ihr eigenes Siegel führte, ihre Autonomie und Gerichtsbarkeit auf der vom Gelage abgezweigten Versammlung der vollberechtigten Brüder (altnord. *gildastefna*, altdän. *gildstefna — synodus generalis*, in Deutschland „Morgensprache") ausübte.

3. Durch Spezialisierung des Verbandszweckes lebte im MA die Gilde als Handwerker- und Kaufmannsgilde (Innung, Amt, Gaffel, Zeche, Zunft, Hanse), als Gesellenverband, als Bauhütte, als Nachbarschaft, Brüder- und Schwesterschaft (in Siebenbürgen bis auf die Gegenwart), als Stuben-(Geschlechter-)Gesellschaft, als Schützen-, Pfeifer- und Fechter-Brüderschaft, endlich als geistliche Fraternität fort, auch nachdem sie als Schutzgilde veraltet war[g]. Und wie diese auf die Entstehung, so haben jene jüngeren Gilden auf die Weiterbildung der Stadtverfassung oftmals entscheidend eingewirkt. Viele von ihnen sind in der zweiten Hälfte des MA wesentliche Bestandteile der polizeilichen, militärischen, finanziellen, gerichtlichen und zuletzt auch der regimentlichen Stadtverfassung selbst geworden.

---

e) Das von K. Maurer, Kr. Vjschr. XXXI S. 218 dagegen angeführte Capitulare sagt nicht, daß es ungeschworene Gilden gab, sondern eher das Gegenteil.

f) Vgl. § 17.

g) Vgl. I § 23, 3.

§ 33

Ankindung und Gefolgschaft

1. Der Bundbrüderschaft und ihren Ablegern gegenüber stehen jene Verbände, welche den einen Kontrahenten dem andern über- bzw. unterordnen. Dahin gehört zunächst der Vertrag, wodurch ein Freier einen andern „an Sohnes Statt" annimmt. Es handelte sich dabei nicht etwa, wie die herrschende, aber schon von HEINECCIUS widerlegte Meinung will, um eine Adoption. Nicht nur fehlte die Einleitung in den Geschlechtsverband, sondern es wurden auch keinerlei verwandtschaftsrechtliche Beziehungen unter den Kontrahenten gestiftet, ausgenommen das Treueverhältnis, wie es zwischen Pflegevater und Sohn bestand. Daher konnte der Vertrag ebensowohl zur Befestigung eines völkerrechtlichen Bündnisses zweier Herrscher wie zur Einkleidung eines Alimentenvertrags benützt werden. Als Formen des hauptsächlich der Frühzeit angehörigen Geschäfts erscheinen Kniesetzung, Haarschur, Beschenkung, Urkunde.

2. Eine weit größere Rolle spielte die Gefolgschaft. Eidlich verspricht ein Freier einem andern Treue und Gehorsam, zu lieben, was dieser liebt, zu meiden, was dieser meidet, insbesondere aber treues Begleiten in den Kampf. Er macht sich dadurch zum Gefolgen oder „Gefährten" (altengl. *gesíð*, altsächs. *gisîth*, langobard. *gasind* = Weggenosse, bei Tacitus gut durch *comes* wiedergegeben) oder „Mann" (mittellatein. *homo*), aber auch zum „Verwandten" (mhd. *mâc*) eines Herrn (altengl. *dryhten*, altsächs. *drohtîn*, ahd. *truhtîn*, altnord. *dróttinn*, got. *drauhtins*). Treubruch zieht Ehrlosigkeit, und Verrat am Herrn schwere Strafe nach sich. Wie nun aber der Gefolgsmann den Schutz oder „Trost" seines Herrn übernimmt, so nimmt auch dieser den Gefolgen in seinen „Trost". — Mit Bezug auf das eine wie das andere kann der Gefolge frankolatein. *antrustio* heißen. Aber auch als Tischgenossen hat ihn der Herr in sein Haus aufzunehmen. Daher ist der angelsächsische Gefolgsherr der „Brotwart" — *hláford* — seiner Mannen, der skandinavische Gefolge „Hausmann" — *húskarl* (dafür in altdän. Inschrift *himþigi*) — seines Herrn, die angelsächsische Gefolgschaft „Hausgenossenschaft" — *híréd* (daraus westnord. *hirð*) — ihres Führers. Was der Gefolge im Herrndienst einbüßt, soll ihm der Herr ersetzen. Durch Gaben (westnord. *heiðfé*) überdies und vor allem durch Ausrüstung mit Waffen hatte der Herr die Ergebenheit seines Gefolgen zu lohnen. Nach dem Tode des letzteren fielen dann solche Geschenke regelmäßig an den Geber zurück. Im Hause des Herrn konnte der

Gefolge noch einen besondern Dienst, ein „Hofamt“, übernehmen, wozu die Organisation einer zahlreichen Gefolgschaft (altengl. *dryht*, ahd. *truht*) von selbst Anlaß gab. Ein solches Hofamt brachte seinen Inhaber in noch engere Beziehungen zum Herrn als die übrigen Gefolgsmannen, so daß sich leicht eine Rangordnung in der Gefolgschaft ausbilden konnte. Hierauf beruhte die ältere Einteilung der angelsächsischen Gefolgschaft in *þegnas* und *gesiðas* im engern Sinn[a], und auch die Rangordnung in der skandinav. *hirþ* entsprach ähnlichen Verhältnissen. Stets war übrigens die Organisation der Gefolgschaft Sache des Herrn, wobei auch das Gefährtenverhältnis der Gefolgsmannen in gegenseitigen Rechten und Pflichten unter diesen zum Ausdruck kommen konnte. Und insofern durfte, wie bei der altdänischen Gefolgschaft nachweislich, die Gesamtheit der Mannen eine „Genossenschaft“ oder „Gesellschaft“ (*viþerlagh*) heißen[b]. Als das Wesen der Gefolgschaft verblaßte, konnte man in eine solche eintreten, ohne ständiger Hausgenosse des Herrn zu werden, und wurde es anderseits üblich, daß der Herr die einflußreicheren seiner Mannen, die sich nicht beständig bei ihm aufhielten, mit Grundgütern oder ihnen gleichgeachteten Rechten ausstattete. Im fränkischen Recht zuerst erscheint diese Ausstattung als Lehen[c]. Der skandinavischen Gefolgschaft dagegen ist eigentümlich, daß für die nicht mit Lehen ausgestatteten Mannen eine feste Löhnung (*máli*) aufkam. Das Halten eines Gefolges war von Rechts wegen jedem Freien gestattet. Eine Neuerung skandinavischer Rechte im MA war es, wenn diese Befugnis für Untertanen des Königs beschränkt wurde.

3. Durchgreifende Veränderungen sind seit dem 8. Jahrh. an der fränkischen und nach deren Vorbild an der mitteleuropäischen Gefolgschaft dadurch eingetreten, daß sich dieselbe mit der galloromanischen Vasallität verbunden hat. Als *vassus* oder *vassallus* (= Diener) „kommendierte“ sich der Gefolgsmann seinem Herrn (*senior*), indem er sich unter Dienstübernahme in dessen Schutz- und Verantwortungsgewalt oder Munt[d] ergab. Auch einer Frau konnte man sich so kommendieren. Die Form für die Kommendation war das Einlegen der gefalteten Hände des Vasallen in die offenen des Herrn. Eine Gegengabe hatte diese Selbstübergabe zu lohnen. Durch Kuß nahm der Herr den Gefolgen in seine Munt auf. Im deutschen Recht des MA erscheint die Kommendation (*manschaft*, *homagium*) vor dem Treuschwur als regelmäßiger

a) Vgl. § 9, 1.
b) Vgl. I § 13, 5.
c) Vgl. § 39, 5.
d) Vgl. § 24, 2.

Bestandteil der „*hulde*“, wodurch das persönliche Band zwischen dem Herrn und dem Manne begründet wird — besteht ferner der Vasallendienst regelmäßig in *hervart* (mindestens Reichsdienst und niemals gegen das Reich, d. h. den König) und *hofvart* (Herrndienst am Hoflager des Herrn) und hat der Vasall seinen Herrn zu „ehren“, insbesondere durchs Stegreifhalten — ist endlich die der Mannschaft folgende Gegengabe bis um 1200 regelmäßig, nachher immer ein Lehen, so daß Lehen und Vasallität einander bedingen. Aber je wichtiger nun die Lehensobjekte als Grundlagen der Vasallenmacht und je fester die Rechte des Vasallen am Lehen wurden[e], desto schwächer wurde das Band der Treue, desto sorgfältiger verklausuliert und nach Art wie nach Zeit umschrieben die Dienstpflicht des Vasallen, ja, die Heerfahrt sogar ersetz- und lösbar durch eine *herstiure*, welche in einer Quote der Lehenseinkünfte bestand, die Vasallität selbst willkürlich kündbar[f]. Daß im MA das skandinavische Gefolgschaftswesen, wenn auch nicht gerade in bezug auf diese Gerichtsbarkeit, vom Süden aus beeinflußt war, läßt sich erwarten und kaum bestreiten. Der Ritus, wonach der westnordische Gefolge sich zum „Mann“ (*maðr*) macht, die *handganga*, ist jener der Kommendation; dem ostnordischen (schwedischen) aber wird der Name *þiœnistu maþer* beigelegt[g].

§ 34

Pflegeverwandtschaft

1. Daß außer Abstammung und Verträgen auch rein tatsächliche Pflegeverhältnisse verwandtschaftsrechtliche Beziehungen begründen konnten, beweisen verschiedene Spuren im Angelsächsischen und in westnordischen Rechten des Frühmittelalters. Pflegekindschaft bewirkte, wenn der Pflegling noch im Kindesalter in sie eingetreten war, nach dem Recht des isländischen Freistaates eine Züchtigungsgewalt des Pflegevaters über ihn, ferner die Befugnis, den Notzüchter oder Verführer der Pflegetochter oder der Pflegemutter auf handhafter Tat zu töten. Sie machte auch den Pflegesohn sowie die nächsten Blutsfreunde und Verschwägerten zum gesetzlichen Stellvertreter des Pflegevaters und der Pflegemutter. In Norwegen gehörten Grundstücke, die

e) Vgl. § 39, 5.

f) Über die verfassungsrechtliche Bedeutung der Vasallität siehe § 21, 1; über die Lehensgerichtsbarkeit und die Gerichtsbarkeit des skandinavischen Gefolgsherrn siehe §§ 24, 1 u. 2; 60, 3.

g) Über Lehen an die skandinavischen Gefolgsmannen siehe § 39, 6.

zum Lohn für Kindespflege gegeben waren, zu den privilegierten Gütern, die Stammgütern gleichstanden. Das angelsächsische Recht scheint den Pflegevater an der Vormundschaft über die Pflegetochter beteiligt zu haben.

2. Seltener werden verwandtschaftsrechtliche Beziehungen unter Pflegegeschwistern erwähnt. Aber ausdrücklich den Eidbrüdern gleichgestellt sind in Ansehung des Wergeldnehmens Milchbrüder im norwegischen Recht, und sowohl die westnordische Benennung der Bundbrüderschaft nach der Pflegebrüderschaft[a] als die noch weiter in der germanischen Welt verbreitete Milchbrüdersage bezeugen das hohe Alter und den gemeingermanischen Charakter des Pflegeverhältnisses, wenn auch die Wahrscheinlichkeit eingeräumt werden muß, daß seine Ausprägung im westnordischen Recht nicht ohne keltische Einflüsse vor sich gegangen sein mag.

---

a) Vgl. § 32, 1.

Fünfter Abschnitt

VERMÖGEN

Literatur bei H. BRUNNER, RG ^{2}I §§ 10, 11, 26—28, 58, ^{2}II §§ 92, 111, 119, 120, 124; demselben, Grundzüge ^{8}§§ 7, 11, 46—51; R. SCHRÖDER, Lehrbuch ^{7}§§ 10, 11, 28, 33, 35 Z. 2 u. 3, 40, 41, 59, 61 Z. 2 u. 3; SIEGEL, RG §§ 142—159, 186 u. 73; GENGLER, Grundriß S. 335—358; v. SCHWERIN, RG ^{2}S. 57—122; R. HÜBNER, Grundzüge ^{5}§§ 24—66, 67—89; KOLDERUP-ROSENVINGE, Grundrids §§ 21—23, 47—50, 55—64, 98—103, 107—111; STEMANN, Danske Retshistorie §§ 84—100; BRANDT, Forelæsninger I §§ 28—45.

Siehe ferner: JAK. LEUENBERGER, Studien über bern. RG (Bern 1873) §§ 39—53; HEINR. MOOSBERGER, Die bündnerische Allmende (Chur 1891); H. WOPFNER, Beiträge zur Geschichte der älter. Markgenossenschaft (MIÖG XXXIII 1912 S. 553—606; ebd. XXXIV S. 55—96 die sonstige neuere Lit. über diesen Gegenstand); JACOB GRIMM, Kleinere Schriften (^{2}1879) I S. 122—144, II S. 30—74, 173—210; v. RICHTHOFEN, Untersuchungen über fries. RG II, 2 (1882) S. 1041—1188; H. WOPFNER, Die Lage Tirols zu Ausgang des MA u. die Ursachen des Bauernkrieges (1908) S. 1—69; L. M. B. AUBERT, Den norske obligationsrets specielle del III (Christiania ⟨Oslo⟩ 1894) S. 1—73; L. U. v. THAL, Die Fertigung in ... St. Gallen (1897); LUDW. PEYER, Die Geschichte der Fertigung nach den RQ von Schaffhausen (Bern/Schaffhausen 1897); EMIL GOLDMANN, Der Andelang (1912); ALOIS STEINHAUSER, Das Zugrecht nach den bündner. Statuten (Chur 1896); FOCKEMA-ANDREAE, Die Intertiatio im fränk. Fahrnisprozesse (ZRG G XXXIII 1912 S. 129—138); FR. ERNST MEYER, Über das Schuldrecht der dt. Schweiz in der Zeit des 13.-17. Jahrh. (1913); H. PLANITZ, Die Vermögensvollstreckung im dt. mittelalterl. Recht I (1912) [dazu ALFR. SCHULTZE in ZRG G XXXIII (1912) S. 606—627]; G. BUCH, Die Übertragbarkeit von Forderungen im dt. mittelalterl. Recht (1912); drei Schriften von MAX GMÜR, WEISFLOG u. HÜRLIMANN unter dem Titel: Die Haftbarkeit [Haftung] des Erben für die Bürgschaftsschulden des Erblassers nach schweiz. Recht (Basel 1896); HEINR. MITTEIS, Rechtsfolgen des Leistungsverzugs beim Kaufvertrag nach niederländ. Quellen des MA (1913); G. STADLIN-GRAF, Das Zugerische Hypothekarrecht in histor.-dogmat. Darstellung (Zug 1898); O. KÖNNECKE, RG des Gesindes in West- u. Süddeutschland (1912). — P. VINOGRADOFF, The growth of the manor (London 1905) S. 145—211; Derselbe in Mélanges Fitting II (1904) S. 499—522 u. Harvard Law Review XX S. 532—548; F. W. MAITLAND, Domesday book ^{2}S. 226—258, 350—520. — J. I. GUNDERMANN in Ztschr. für dt. Recht XVII S. 161—217. — HERRIG, De rebus agrariis Suecicis et Danicis (1868). — J. E. LARSEN, Forelæsninger S. 175—205, 222—264; J. STEENSTRUP, Studier over K. Valdemars Jordebog I S. 47—91, II S. 325—365; C. CHRISTENSEN, Agrarhistor. Studier I (Københ. 1886); K. HAFF, Die dän. Gemeinderechte I (1908), II (1909) [dazu v. SCHWERIN in ZRG G XXX (1909) S. 451—466; STEENSTRUP in Histor. Tidsskrift 8. R. II S. 80—92]; PED. KOFOD ANCHER, Samlede juridiske Skrifter (Københ. 1807—1811) III S. 260—404; CHRISTIAN KJER, Om Overdragelse af Eiendomsret over faste Eiendomme ... indtil Chr. V's Lov (Aarhus 1889) [dazu STØCHEL in Ugeskrift for Retsvæsen 1890

Nr. 44]. — F. E. FLORIN/E. V. BLÅFIELD, De jure aedificandi antiquo coetuum rusticorum in Suecia (Helsingf. 1848); A. LILJENSTRAND, Om skifte af jord (Helsingf. 1857) S. 1—62; K. F. LAGUS, Om Jordaskiften etc. (Helsingf. 1857) S. 1—51; C. J. WAHLBERG, Om lega af jord å landet (Stockh. 1870); W. E. MONTGOMERY, Om bolagskontraktet (Helsingf. 1870) S. 1—11; A. O. WINROTH, Om tjenstehjonsförhållandet enligt svensk rätt I (Ups. Univers. Årskr. 1879); Derselbe, Äktenskaps ingående (Ups. 1892); J. KREÜGER, Studier rörande de agrar. förhallandenas utveckling etc. (Lund 1882); JOH. HJELMÉRUS, Bidrag till svenska jordeganderättens historia (Lund 1884) S. 41—63 [dazu PAPPENHEIM in Schmoller's Jahrb. NF IX 1885 S. 311—314]; C. G. STYFFE in K. Vitterhets Hist. och Antiquit. Akad. Afhandl. XXIV S. 231—331; O. SERLACHIUS, Om klander å jord enligt de svenska landskapslagarne (Helsingf. 1884); C. G. E. BJÖRLING, Den svenska rättens extinktiva laga fång til lösören etc. (1896) S. 56—105; ERNST ESTLANDER, Bidrag till en undersökning om klander å lösöre enligt äldre svensk rätt (Helsingf. 1900) [dazu PAPPENHEIM in ZRG G XXII (1901) S. 402—409]; LANDTMANSON, Svensk rättshistoria i utlandet (Ups. 1883); Derselbe, Tidsskr. f. Retsv. 1889 S. 228—267; ALOIS BRINZ in GGA 1885 S. 513—584; L. B. FALKMAN, Om mått och vigt i Sverige I (Stockh. 1884); H. HILDEBRAND, Sveriges medeltid I S. 740—769; K. LEHMANN, Abhandlungen (1888) Nr. II [dazu v. AMIRA in GGA 1889 S. 271—274; auch K. MAURER in LitZentrbl. 1888 Sp. 1270 u. Kr. Vjschr. XXXI S. 306—308]; J. FORSMAN, Bidrag till läran om skadestånd i brottmål (Helsingf. 1893) §§ 2—22; WILHELM SJÖGREN, Bidrag till en undersökning af kontraktsbrotten enligt Sveriges medeltidslagar (Ups. 1896). — K. MAURER, Vorlesungen III (1908) S. 319—600; Derselbe in Kr. Vjschr. XIII S. 360—375; Derselbe, Beiträge zur RG des german. Nordens I S. 21—81 (isländ. Übersetzung S. 12—70); EBBE HERTZBERG, Lén og veizla i Norgens sagatid (German. Abhandlungen für K. Maurer 1893 S. 285ff.; ABS. TARANGER, Den norske besiddelsesret I (Christiania ⟨Oslo⟩ 1897); Derselbe, Ábuð jarðar heimilar tekju (Sproglig-histor. Studier, tilegn. Prof. C. R. Unger, Christiania ⟨Oslo⟩ 1896 S. 108—124).

⟨1913—1966⟩

⟨Literatur bei PLANITZ/BUYKEN, Bibliographie I S. 155—161 (Nachträge 772f.), 222f., 286—289 (786), 685—710 (815—817). — PLANITZ/ECKHARDT, RG [2]§§ 13 Z. 2 u. 3, 30 Z. 2 u. 3, 59, 60; CONRAD, RG [2]I S. 40—45, 163—167, 422—434.⟩

§ 35

Gesamteigentum an Liegenschaften

1. Das Eigentum[a] ist urgermanische Institution, wie das adjektivische Partizip „eigen", schon substantiviert, ein gemeingermanisches Wort ist, dessen Grundbedeutung in der Terminologie aller Rechte fortlebte. Nur Wulfila gebraucht statt dessen auch *svês* (= suus). Aber das verb. *aigan* „hat auch bei ihm mehr eine innere, *haban* eine äußere

a) Dieses Wort selbst kommt nicht vor dem 13. Jahrh. vor, zuerst in der nddt. Form *egendom* = dominium, dann auch = res in dominio.

Gewalt über den Gegenstand zu bezeichnen" (JACOB GRIMM). „Eigen" war, was einem d. h. zu einem gehörte, daher seinen unaufzählbaren und ausschließlichen Verfügungsrechten unterstand, also nicht schon und nicht bloß, was sich in jemandes Besitz befand, — ursprünglich auch nicht immer eine Sache. Das ostgermanische Recht z. B. bedient sich des verb. *aigan* (altnord. *eiga*), um das Recht der Ehegatten aneinander, der Eltern am Kinde zu bezeichnen. Aber im engeren und zugleich allgemein angenommenen Sinn „eigen" waren nur Sachgüter. Den Eigner beschreibt gewöhnlich das Partizip von *aigan* (z. B. got. *aigands*, altnord. *eigande*); doch fand sich für ihn auch der Terminus *egesa* (altengl.), *ecso* (altsächs.)[b]. Das Zeichen der Zugehörigkeit von Sachen zum Eigner war es, wenn sie dessen Marke (ostnord. *mærki*, ahd. mhd. *marc*, *gemerke* — isländ. *einkunn*) trugen. Die Gesamtheit seiner „eigenen" Güter nannte er got. *aihts*, altengl. *ǽht*, ahd. *êht* (feminin. abgeleitet von *aigan*).

2. Es bilden aber unter den Sachgütern vom Beginn der historischen Zeit an Liegenschaften die vornehmsten Gegenstände des Eigentums, weswegen in abgeleiteter Bedeutung „Eigen" nach deutschen wie skandinavischen Rechten = Grundeigentum, ja = Grundstück ist. Das Eigentum an Grund und Boden (*land*, skandinav. auch *jorþ*) erscheint zuerst kollektiv. Es stand in der ältesten Zeit den Gesippen oder den Genossen eines größeren Verbandes (wie Nachbar- oder Bauerschaft, Dorf, Bezirk, Staat) miteinander (zu gesamter Hand) zu, in der Art, daß nur mit aller Genossen Willen darüber verfügt werden konnte. Es war, wie man in Deutschland sagte, „gemeine Mark" und, wenn ein Volk die Genossenschaft der Eigner (sogenannte Markgenossenschaft) bildete, „Volkland".

3. Aber nicht alles Land im Gebiet der altgermanischen Staaten war eigen. Was an Grund und Boden und Gewässern nicht von Privatgrenzen umgeben war[c], unterstand dem Gebrauch jedermanns und der gemeinschaftlichen und ungeregelten Nutzung mindestens der Markgenossen (Mitmärker, Bauern, Nachbarn, d. h. *nâhgibûron* ahd.), in deren Machtbereich es lag. Dies ist der ursprüngliche Begriff der deutschen „Allmende" (Allmeinde nach STAUB und TOBLER, mhd. *almeinde*, aus **alagimeinida*?), als des westnord. *almenningr*, ostnord. *almænninger* (von *almennr* = allgemein). Allmende und Eigen sind quellenmäßig Gegensätze. Beim Reuten erst, das jedem Markgenossen freistand, konnte die Allmende zu „Eigen" gemacht werden. Dies geschah durch

b) Darüber F. KLUGE, Urgermanisch ³1913 § 179.

c) Über sie gilt in der Hauptsache das in § 6 bemerkte.

Einfriedung oder Einfang (altschwed. *intaka*, ahd. *bifanc*), weswegen das so okkupierte Allmendland (altdän. *ornum*? — altengl. *weorðig*) in latein. Texten wie *proprisus* oder *apprisio*, so auch *clausura*, *captura*, *septum* und deutsch *bifanc* heißt. Um eigen zu bleiben, mußte aber ein solcher Einfang gegen Verwilderung geschützt werden. In der Folge ist freilich die Allmende unter das Gesamteigentum der Markgenossen einbezogen oder aber Regal des Herrschers (= altnorweg. *konungs almenningr*, dän. *kon. alminning*) geworden, so daß Einfänge nur noch mit Genehmigung der ersteren bzw. des letzteren angelegt werden konnten. Abspaltungen des Allmendregals waren das Straßen-, Fluß- und Hafenregal, der königliche Forst- und Wildbann, das Strand- und Salzregal und wahrscheinlich auch das Bergregal, ein spezifisch kontinentaldeutsches Entwicklungsprodukt.

4. Das Gemeinland wurde anfänglich von den Markgenossen ganz und gar gemeinsam bewirtschaftet. Dabei mußten, so oft man zwischen Wildland und Bauland wechselte, die Wohnstätten verlegt werden. Doch ist dieser Zustand bei den meisten Völkern zur Zeit ihres Eintritts in die Geschichte überwunden. Sie sind dazu übergegangen, die Feldmark, d. h. das gemeine Bauland (welches übrigens in der südgermanischen Frühzeit nur Acker war) den einzelnen Sippen zur Sondernutzung zu überweisen, wogegen die Weide- und Waldmark unter gemeinschaftlicher Nutzung verblieb. Bestimmt wurden bei haufenförmiger Dorfanlage, der ältesten germanischen Ansiedlungsform, die Sondernutzungen durch Zerlegen jedes Gewannes (ahd. *ezzisk*, mhd. *ezzisch*, *esch*, ahd. *zelga*, altengl. *gedálland*, dän. *vang*) in vermessene Beete (mhd. *gewanden* femin.), welche dann für die jeweilige Anbauperiode unter die Sippen verlost wurden. Die Maßeinheit des Besitzes ist die Hufe (nur kontinentaldeutsch, altsächs. *hôva*, ahd. *huoba* = Ertragsanteil?) oder das Los („*sors*", ahd. *hluz*) oder das Wohnland (altengl. *híð*, ostfries. *herth*, ostnord. *bol*, mittellatein. *mansus*, *mansa*, *casatus*) oder das Pflugland (altengl. *sulung*, anglolatein. *carruca*, auf dem Kontinent wenigstens *aratrum arealis*, *areola*). Überall verstand man unter dieser Einheit zunächst das Bauland, welches durchschnittlich zum Unterhalt einer Familie notwendig war und eben darum nicht überall die gleiche Flächengröße, also auch nur gegendenweise ein Flächenmaß werden konnte. Nach ihr richteten sich gewöhnlich auch die Anteile an der gemeinsamen Nutzung der nicht dem Anbau unterstellten Mark. Als nicht mehr zwischen Wild- und Bauland, sondern nur noch zwischen Pflugland und Brache gewechselt wurde, kam das periodische Verlegen der Wohnstätten in Wegfall. Die Wohnplätze wurden nun für die Dauer unter die Sippen verteilt. Die so begonnene Aufteilung der gemeinen Mark setzte sich fort, indem bei zunehmender Intensität der Bodenkultur auch das periodische Verlosen der Nutzungsanteile am Bauland aufhörte. Doch blieben dieselben wegen der gemeinsamen Stoppel- und Brachweide noch dem Flurzwang unterworfen. Überhaupt aber dauerte das Gesamteigentum der Markgenossen an den aufgeteilten Ländereien insofern fort, als unter Umständen die Hufen samt den Wohnstätten zu einer einheitlichen Masse zusammengeworfen und neu verteilt werden mußten, oder es wirkte doch insofern nach, als die Veräußerung der Hufe durchs Näherrecht der Markgenossen (die sogenannte Marklosung) beschränkt und allenfalls vom Erbgang in die Hufe der entferntere Verwandtenkreis unter Heimfall jener an die Genossenschaft ausgeschlossen blieb oder wenigstens beim Fehlen gemeiner Erben die Nachbarschaft (nach spätalamannischem Recht „der Nachbar") sukzedierte. Noch im MA ist jene Neuverteilung von den ostnordischen Rechten für den Fall vorgesehen, wo es sich darum handelt, Grenzverwirrungen unter den Hufen zu beseitigen oder die natürliche Einteilung (die *hamarskipt*) des vermessenen Landes durch eine künstliche (*solskipt*) mit Neuanlage des ganzen Dorfes (in Hälften, *raþuskipti*, oder Vierteln, *fiæþerskipti*) zu ersetzen[d]. Wurde in der Allmend ein Tochterdorf (altdän. *þorp*, altschwed. *afgærþisbyr*) mit eigener Mark gegründet, so pflegte es fürs erste vom Urdorf (altdän. *aþælby*, altschwed. *oþolbyr*) abhängig zu bleiben. Vielmals ist erst im Spätmittelalter der Markverband zwischen Ur- und Tochterdorf aufgelöst worden.

5. Von der soeben geschilderten wich die Geschichte des Grundeigentums bei den jüngeren Ansiedlungsformen, der reihenweisen Dorfanlage (wie z. B. in Marsch- und Moorländereien) und den Einzelgehöften (wie z. B. in Westfalen, in Alpengegenden, bei den nördlichen Skandinaven, auf Island) insofern ab, als hier das Bauland von Anfang an nicht unter das Gesamteigentum der Markgenossen und darum auch unter keine Gewann- und Hufeneinteilung fiel.

6. Die Eigentumsverhältnisse in den Marken brachten nicht nur den Gegensatz von vollberechtigten Bewohnern (Bauern) und Minderberechtigten (Kotsäten, Seldnern, Häuslern), sondern auch eine Organisation der Genossen mit sich. Gemeiniglich hatte ein Vorsteher (Bauermeister, Markmeister, Obermärker, Holzgraf) die Beschlüsse auszuführen, welche die vollberechtigten Genossen auf dem Märker- oder Burthing faßten. Dieses aber war das natürliche Organ wie für die Selbstgesetzgebung so auch für die Rechtsprechung der Märker, soweit diese,

d) Vgl. v. Amira, Nordgerman. Obligationenrecht I (1882) S. 605, 610 u. 757f.

wie gewöhnlich in Deutschland, eine Rechtsgenossenschaft (oft mit eigenem Strafrecht) bildeten. War so die Markgemeinde zur Korporation ausgebildet, so verkehrte sich leicht ihr Dienstverhältnis zum Gesamteigentum ins Gegenteil. Das Gesamteigentum wurde Korporationseigentum, eine Veränderung, die oftmals dadurch unterstützt wurde, daß die Markgemeinde politische Körperschaft oder Kirchspiel war. Kam eine Mark unter Grundherrschaft oder wurde bei Kolonisation grundherrlichen Bodens eine Mark auf demselben eingerichtet, so traten an die Stelle des Eigentums der Genossen Rechte an fremdem Boden und oftmals an Stelle der genossenschaftlichen Selbstverwaltung die grundherrliche Leitung. Den Übergang zu einem solchen Verhältnis konnte die Markvogtei[e] vermitteln.

§ 36

Individualeigentum an Liegenschaften

1. Individualeigentum an Grund und Boden ist teils durch die Art der von den germanischen Stammsitzen ausgehenden Kolonisation, teils infolge von Wanderungen ganzer Völker, teils durch Kulteinrichtungen, teils durch die Lockerung des Sippeverbandes aufgekommen. Auf Island z. B. war die Bodenokkupation das Werk nicht geschlossener Verbände sondern von Einzelansiedlern[a]. In Mittel- und Südeuropa entstanden durch die Eroberungen ausgedehnte Krongüter, wovon ein großer Teil durch Schenkungen der Herrscher ins Individualeigentum von Untertanen gelangte. Als Individualeigentum der Gottheit ferner hatten schon in heidnischer Zeit die Tempelgüter, wenigstens die Weihgeschenke gegolten. Die christliche Zeit knüpfte hier an. Das einer Kirche geschenkte Gut wurde zunächst als Eigentum Christi oder des Schutzheiligen der Kirche angesehen, weswegen die Investitur bei Liegenschaftsvergabung an eine Kirche so oft über den oder an die Reliquien des Heiligen erfolgte[b]. Aus dem Gesamteigentum des nächsten Verwandtschaftskreises[c] endlich schied das Individualeigentum der einzelnen Ganerben aus, indem bestimmten oder gar allen Gemeindern gestattet

e) Vgl. § 24, 1.

a) Die isländ. *almenningar* sind alle ursprünglich herrenloses Gut, die isländ. Miteigentumsrechte an Hochweiden (*afréttir*) durch Verträge begründet.

b) Daneben konnte, was durch unzählige Beispiele belegt ist, es vorkommen, daß eine Kirche samt ihrer Dotation ihrem Gründer und seinen Rechtsnachfolgern eigen war.

c) Vgl. § 27, 2.

wurde, unter Abschichtung der übrigen Sondergut (ahd. *svâsscara*) für sich aus der Gemeinschaft herauszuziehen, ferner indem gewisse Erwerbsarten von vornherein Individualeigentum für den erwerbenden Ganerben begründen sollten (z. B. Rothari 167). Die gesetzliche Ganerbschaft selber fiel nicht nur unter der Übermacht des massenhaften Individualeigens, sondern auch unter dem Einfluß der Kirche, welche in ihrem Interesse die Schranken des ganerblichen Verfügungsrechts hinwegzuräumen trachtete. Das frühzeitige Aufteilen der Gemeindeländereien in den größeren Markgenossenschaften begünstigte diese Veränderung, die fast überall außer dem friesischen und dem ostnordischen Rechtsgebiete im Frühmittelalter vollzogen ist. Aber nicht alle Spuren des ehemaligen Gesamteigentums waren damit ausgelöscht. Es wirkte nach im Wartrecht der Erben.

2. Dieses war zunächst Beispruchsrecht, insoferne der Erbe des Grundeigentümers die ohne seinen Konsens geschehene Veräußerung oder Belastung des Gutes widerrufen und letzteres vom Erwerber zurückfordern konnte. Nachmals schrumpfte das Beispruchsrecht zu einem Vorkaufsrecht mit gesetzlichem Preis oder (bei Veräußerung in echter Not und noch später überhaupt) gar zu einem bloßen Einstands- und Retraktrecht zusammen. Auch dieses aber wurde in vielen Städten auf bestimmte Fälle beschränkt, in einigen deutschen aufgehoben.

3. Neben diesem inhaltlichen Zurücktreten der Ganerbenrechte ging vielfach eine Schmälerung derselben in bezug auf das Eigentums-Objekt her, indem ihnen das wohlgewonnene Gut entzogen wurde, so daß nun dem letzteren als besondere Art von Grundeigen das Erb- oder Stammgut gegenüberstand. Solche Stammgüter waren das altnorweg. *óðal* (sonst im Norden = echtes Eigen überhaupt), das angelsächs. *éðel* (bis etwa um 900), das altsächs. *ôdhil* und ahd. *uodal* und wahrscheinlich das fries. *ethel* in seiner frühmittelalterlichen Gestalt (westfries. auch *statha* genannt), endlich auch die altschwed. *byrþ* (oder der *byrþaluter*). Bei einigen derselben war nicht nur die Dispositionsbefugnis des Eigentümers beschränkt, sondern auch dem Mannsstamme die Vorhand auf das Gut eingeräumt, so beim norweg. *óðal* und beim angelsächs. *éðel*. Unteilbarkeit und Vererbung des Stammguts auf den ältesten Schwertmagen zeichneten überdies diejenige Erscheinungsform des Erbgutes aus, welche während des Frühmittelalters in Oberdeutschland als *hantgemahele* und im Sachsenspiegel als *hantgemâl*[d] vollfreier und in der Regel ritterbürtiger Leute auftritt. Neben dem gesetzlichen gab es bei den Angelsachsen ein gestiftetes Stammgut (eine Art „Familienfidei-

d) Vgl. § 12, 2.

kommiß") schon seit dem 8. Jahrh. Man benützte dort die Urkundenbegebung beim Übereignen von Land[e], um in der Urkunde (*bóc*) die maßgebenden Bestimmungen zu treffen. Der Untergang der gesetzlichen Ganerbschaft verhinderte nicht deren (teilweise) vertragsmäßige Nachbildung, wie sie in den ritterlichen Kreisen Deutschlands seit dem 13. Jahrh. stattfand. Nächst verwandt ist die von fürstlichen Familien zu erbrechtlichen Zwecken eingegangene Erbverbrüderung in Deutschland, während die spezifisch nordische Erbverbrüderung an die Bundbrüderschaft[f] anknüpft.

4. Abgesehen von den aus Erbwartrechten und dem alten Markverband entspringenden gab es noch andere Dispositionsbeschränkungen des Grundeigentümers. Durch Rücksichten aufs Nachbarverhältnis war sein Gebrauchs-, durch sie wie durchs Gast- und Verkehrsrecht war sein Verbietungsrecht, durch Regalien wie das Jagd- und das Bergregal, die im MA immer mehr in das Sondereigentum eingriffen, wurde nicht nur dieses, sondern auch sein Nutzungsrecht beschränkt. Geschenktes Land durfte nach älterem Recht nicht ohne Konsens des Gebers veräußert werden und fiel nach dem Tode des Beschenkten oder doch des kinderlosen Beschenkten an den Geber zurück. Wiederum beschränkten in weiten Verbreitungsgebieten Einstands- und Retrakt- (Losungs-, Zug-), ja, auch Expropriationsrechte Dritter die Veräußerungsbefugnis des Grundeigentümers, wie (außer den schon genannten) das der Nachbarn und des Geteilen.

5. Dagegen wurde Belastung des Grundeigners als solchen mit einer Abgabe oder einem Zins, sei es an die öffentliche Gewalt oder an einen Privaten, lange als etwas dem Grundeigen Widerstreitendes angesehen, daher Auflage einer Grundsteuer in den älteren Zeiten als Konfiskation des Grundeigentums empfunden. Aber auch später noch, als Reallasten[g] aller Art, insbesondere in Deutschland, gang und gäbe geworden waren, wurde dem belasteten Eigen als dem abhängigen das „ledige" oder „freie" als das vollkommene (mnd. *dorslacht egen*, auch *alôd*) oder reine Eigen (mhd. *lûtereigen*, auch *lûteigen*) gegenübergestellt. Dahin gehörten insbesondere die deutschen Rittergüter (Edelhöfe), deren Besitzer statt bäuerlicher Lasten den Ritterdienst zu tragen hatten und manche von den im vollen Eigentum liegenden, aber den bäuerlichen Eignern verlorenen Rechten bewahrten, überdies auch mit staatsrechtlichen Privilegien ausgestattet waren. Insgemein konnten solche Güter nur von Rittermäßigen erworben werden. Ein analoges Institut kennt im Spät-

e) Vgl. § 45, 1.
f) Vgl. § 32, 1.
g) Vgl. § 42, 7.

mittelalter das dänische Recht im *sædegaard*, während das schwedische Recht über die Ansätze dazu in der *frælsis iorþ* bis zum Schluß des Mittelalters nicht hinausgekommen ist.

6. Die wichtigsten Arten des Eigentumserwerbs an Land waren Okkupation und Vertrag[h]. Zur Okkupation oder „Landnahme" (altnord. *nema land, landnám*, altengl. *niman land*) an herrenlosem Boden gehörte in ältester Zeit nicht nur Feststellung seiner Grenzen, sondern auch (Wortformel und?) Anzünden von Feuer auf dem Grundstück, eine Besitzhandlung, die abgeschwächt im isländ. *fara elldi um landit* erscheint und vielleicht auch im dt. „Sonnenlehen"[i] eine letzte Spur hinterlassen hat.

§ 37

Fahrhabe und Geld

1. Bewegliches oder „fahrendes", im Norden „loses" Gut (auch „greifbares", *gripr*), was eigen sein konnte, war beim Beginn der geschichtlichen Zeit Waffe, Gewand, Schmuck, Gerät, erjagtes Wild und Vieh, dem der unfreie Mensch damals noch vom Recht gleichgestellt war, aber auch das gezimmerte Haus, wogegen im MA nicht nur das stehende, sondern auch das schwimmende Haus, insbesondere das Seeschiff als Liegenschaft galt, ferner auch Rechte als unbewegliche Sachen behandelt wurden. Auf Viehbesitz aber kam es im Altertum an beim Reichtum an Fahrhabe. Daher einerseits „Vieh" (got. *faihu*, altnord. *fé*, altengl. *féo*, ahd. *fihu*, analog dem latein. *pecunia* und *peculium*) alles bewegliche Eigen und zuletzt Geld und Gut überhaupt bezeichnete, anderseits unter „Schatz" (got. *skatts*, altsächs. *skat*, fries. *sket*, altengl. *sceatt, scætt*, ahd. *scaz*) nicht nur lebloses Gut und namentlich gemünztes Geld, sondern bei niederdeutschen Völkern auch Vieh verstanden wurde. Vieh war in der Frühzeit der germanischen Rechte das allgemeine Tauschmittel und eine bestimmte Viehgattung, im Norden die Milchkuh (als „Kuhwert" = altnord. *kúgildi, kýrlag*) allgemeiner Wertmesser und insofern unvollkommenes Geld. Daneben dienten zu gleichem Zweck in skandinavischen Ländern Leinwand (*lerept*) oder der übliche Wollenfries (*vaðmál*), in Norwegen auch die „Monatskost" (an Butter, *mánaðarmatr*).

2. Edelmetallen nach Gewicht (als Barren zuerst in Ringgestalt, altnord. *baugr*, altengl. *béag*, ahd. *pouc*, später in Form von Stab oder

h) Zu diesem siehe §§ 43—45.

i) Vgl. mit Jac. Grimm RA ³S. 278ff., ⁴I S. 387ff., den isländ. Okkupationsritus in Hænsa-þóris saga 9.

Platte) konnte Geldfunktion erst beigelegt werden, als sie in größeren Mengen vom Süden und Südosten aus zu den germanischen Völkern gelangten. Nachmals erscheinen sie in Form einheimischer Münzen, d. h. staatlich beglaubigter Barren mit Zwangskurs, als vollkommenes Geld — bei den Südgermanen zuerst nach ihrer Besitznahme vom römischen Reich und unter deutlichem Einfluß des römischen Münzwesens, bei den Nordgermanen nicht vor dem 10. und 11. Jahrh. und nicht ohne Nachahmung der in Deutschland und England geprägten Muster. Das wisigotische, burgundische, fränkische, langobardische und oberdeutsche Münzsystem ging vom römischen (Konstantinischen) Gold-*solidus* (= $^1/_{72}$ röm. Pfund Gold von 327,45 g), genannt „Schilling" (got. *skilliggs*, ahd. *scillinc* usw.) als dem „klingenden" Geld aus, der gemeiniglich in 3 Gold-*tremisses* (*trientes*) und 24 Silber-*siliquae* (ahd. *silicha*) zerlegt wurde. Von ca. 575 an wurde aber der Goldschilling selbst auf $^1/_{84}$ Pfund herab- und daher nur noch 21 Siliquen gleichgesetzt. Da der Goldpreis damals sank, sank auch der Wert des Goldschillings weiter auf 20 Siliquen oder 40 Halbsiliquen, die man nunmehr als *denarii* bezeichnete. An die Stelle der Doppelwährung trat gegen 750 die Silberwährung mit einer einzigen geprägten Münze, dem Silberdenar oder Pfennig (ahd. *pfantinc, pfenninc*, nach SIEBS = Teilmünze?, Zahlmünze?), wovon 12 auf die Rechnungsmünze, den Silberschilling ($^1/_{20}$ des römischen Pfundes fein oder $^1/_{22}$ des Münzpfundes), gingen. Den Übergang zu diesem System hatte das andauernde Sinken des Goldpreises veranlaßt, wonach in der ersten Hälfte des 8. Jahrh. der Goldtriens nur noch 12 Denare galt. In den oberdeutschen Rechtsgebieten bestand zu jener Zeit noch ein eigentümliches Münzsystem. Man rechnete dort nach Silbermünzen im Wert von $^1/_{80}$ Pfund (*saigae* = „Gewichten")[a], wovon 4 auf den fränkischen Goldtriens (*tremissis*) gingen und einer = drei fränkischen Denaren war. Bei den Sachsen erhielt sich bis um 800 ein Goldschilling, der um $^1/_3$ kleiner war als der fränkische. Die Friesen rechneten in der ersten Hälfte des 9. Jahrh. nach einem Goldschilling, der ein Mehr- (3-, 2-, $2^1/_2$-)faches vom fränkischen ausmachte und in Teilstücken unter dem Namen *denarii* ausgeprägt wurde, die dem byzantinischen *mancus* (*mancosus*) entsprachen. Unter dem Namen *solidus* fand der *mancus* auch in Bayern Eingang, wo man 30 fränkische Pfennige dafür gab. Besonders beliebt war aber vom 9.—11. Jahrh. der *mancus* als Goldmünze und als Rechnungseinheit (= 30 Silberpfennigen = $^1/_8$ Pfund Silber) in England. Im übrigen bestand bei den Angelsachsen eine eigentümliche Geldrechnung nach Schillingen und ge-

---

a) Vgl. SCHMELLER sub verbo „Saig".

prägten Teilmünzen, Pfennigen (= $^1/_{240}$ röm. Pfund Silber, altengl. *pendingas, peningas*, auch *sceat*), in Kent *scæt*, indem 4 oder 5 (seit dem 11. Jahrh. nur noch 12) Pfennige bzw. 20 *scæt* auf den Schilling gingen. Eigentümlich ist den Merciern der *þryms* (zu 3 Pfennigen). Seit etwa 1050 aber behielt das karolingische Münzsystem überall nur noch gemeinrechtliche Bedeutung, da nunmehr königliche Privilegien den mit dem Münzregal Beliehenen partikulare Münzfüße, gestatteten. Die Münze, als Pfennig, Halbpfennig (= *obolus, helbelinc*) und Viertelspfennig (= *ferto*), Zwölfpfennigstück oder Schilling oder „großer" Pfennig (= fries. *grata*, latein. *grossus*, „Groschen") ausgeprägt, wurde mit Ausnahme der königlichen territorial, eine Tatsache, deren schädliche Wirkungen seit dem 13. Jahrh. Münzkonventionen zu verhindern strebten. In den skandinavischen Ländern rechnete man anfangs nur nach Gewichten[b], ebenso bei den Anglodänen, während die geprägte Hauptmünze der Pfennig (altnord. *penningr*) war. Aber der Münzfuß war nach Münzgebieten verschieden. Die älteren norwegischen Quellen gehen von der Silberunze ($29^1/_4$ Gramm) zu 30 Pfennig aus. Um 1270 dagegen tritt ein neues norwegisches Münzsystem auf: 20 Schwarzpfennige auf die (bis dahin erheblich verschlechterte) Münzmark oder 240 auf das englische Pfund. Auf Island wurde nicht gemünzt. Wohl aber liefen dort seit dem 11. Jahrh. fremdländische Pfennige um, die älteren (englische?) unter dem Namen des „gesetzlichen Silbers" (*lǫgsilfr*), 60 auf die Unze fein, 40 auf die Pfennigunze. Man nahm sie sowohl gezählt als gewogen, rechnete aber (bis um 1200) große Geldsummen nach Zehnern und Großhunderten Silbers (z. B. *hundrað silfrs*), d. h. von Pfennigunzen, ein Brauch, der etwa seit 1000 auch bei den Anglodänen bestand und wahrscheinlich aus England nach Island sich verpflanzt hat. In Schweden rechnete man 24 („weiße") Pfennige auf die Unze oder 192 auf die Silbermark, während diese nach einem jüngeren götischen Münzfuß 384 („kleine") und nach dem dänischen 288 Pfennige begriff. Seit dem 12. Jahrh. kommen auch im Norden Teilmünzen zum Pfennig vor. Zu ihnen scheint das westnord. *þveite* zu gehören, dessen Name in niederländ. *duit* wiederkehrt. In der Verfallzeit des karolingischen Münzsystems dringt die Markrechnung auch in Deutschland ein, zuerst (11. Jahrh.) in Köln (ein Münzfuß von 1 Mark = 160 und eine Rechnungsmark = 144 Pfennigen).

3. Die schlechte, sich sogar verschlechternde Prägetechnik, das oftmalige Verrufen („Verbieten") und Erneuern der umlaufenden Münze im finanziellen Interesse des Münzherrn, die systematischen und illegi-

b) Vgl. § 41, 2.

timen Herabsetzungen des Münzfußes, endlich die massenhaften Münzfälschungen bewirkten, daß fast überall der Zwangskurs nur ein subsidiärer blieb, neben dem gezählten das gewogene Metall fortfuhr, als Geld zu fungieren. Hierauf beruhte im Norden der Gegensatz zwischen „gewogener" und „gezählter" Mark oder zwischen Verkehrsmark (altschwed. *mark köpgild*) und volksrechtlicher Mark (altschwed. *mark karlgild*), in Friesland der Gegensatz zwischen „Gewandmark" (*hreilmerk* = *4 weden* oder Schillingen = 48 Silberpfennigen) und ihrem Vierfachen, nämlich der „vollen" Mark oder „Volksmark" oder „große" Mark (*fulle merk, liodmerk, grate merk*), ferner der „Geld"- oder „höchsten" Mark (*ieldmerk, hagoste merk*), die ein Schillingsgewicht Goldes betrug, der Watmark (*wedmerk*) zu 14, endlich der Pfennigmark (*panningmerk*) zu $13^1/_3$ Schillingen — in England der Gegensatz von *libra pensata* und *libra ad numerum*. Die friesische *wedmerk* hat ihr westnordisches Seitenstück in der Friesellenmark (*mǫrk vaðmála*), indem die Pfennigunze in einer bestimmten Zahl (gemeiniglich 6) von Ellen des *vaðmál*[c] entrichtet werden konnte. Trotz dieser Unvollkommenheit und der gleichzeitigen Seltenheit des Geldes wurde doch der Name des Geldgewichts oder der Unze — westnord. *œyrer*, ostnord. *örir* (meist im Plur.) — bei den Skandinaven Benennung der Habe überhaupt (= *fé*), so daß zwischen *fastr œrer* als liegendem und *lauss œrer* (*lösöre*) oder *flytjande œrer* als dem losen oder fahrenden Gut unterschieden wurde[d].

c) Vgl. § 37, 1.

d) Zur Rechtsgeschichte des Geldes siehe außer den bei R. SCHRÖDER Lehrbuch ⁵S. 191 u. 536 ⟨⁷S. 196f. Anm. 1 u. S. 571 Anm. 23⟩, und H. BRUNNER, Grundzüge ⁵S. 32f. ⟨⁸S. 32f.⟩ zitierten: v. KISS, Die Zahl- u. Schmuckringgelder (1859); v. RICHTHOFEN, Zur Lex Saxonum S. 358—363; WILDA, Strafrecht S. 323—339. — B. HILLIGER in Hist. Vjschr. 1911 S. 465—473; JAEKEL in Ztschr. für Numismatik XI (1883) S. 189—201, XII (1885) S. 144—200; v. RICHTHOFEN, Altfries. WB (unter den einzelnen Schlagwörtern); BEHREND, Die Magdeb. Fragen sub verbo „Münzwesen"; ROCKINGER bei Lerchenfeld, Die altbayer. landständ. Freibriefe, S. 342, 356—359; FRIEDENSBURG, Schlesiens Münzgeschichte im MA (Cod. dipl. Sil. XII, 1887, XIII, 1888); P. JOSEPH, Goldmünzen des 14. u. 15. Jahrh. (1882). — C. F. KEARY in Numismatic chronicle XVIII, XIX (auch in schwed. Auszug in Vitterhets-Hist. och Antiquit. Akad. Månadsblad, Stockholm 1882 S. 46—49); Derselbe, A catal. of Engl. coins in the Brit. Museum, Anglosaxon Series I (1887) II ⟨mit HERB. A. GRUEBER (1893)⟩; RUDING, Annals of the coinage of Great Britain (1819); LINDSAY, A view of the coinage of the Heptarchy (1842); B. E. HILDEBRAND, Anglosachsiska mynt (²1881); R. SCHMID, Die Gesetze der Angelsachsen (²1858) Gloss. sub verbo „Geldrechnung"; LIEBERMANN in Dt. Ztschr. für Geschichtswissensch. VI (1891) S. 148f. ⟨und Die Gesetze der Angelsachsen II, 2 (1912) S. 591f. ECKH.⟩. — S. MÜLLER, Ringguld (in Aarbøger f. nord. Oldk. 1886 S. 300—308); H. HILDEBRAND in Månadsblad, Stockholm 1885 S. 122—134; STEENSTRUP, Studier I S. 325—365; HAUBERG, Danmarks Myntwæsen i. 1377—1481 (in Aar-

§ 38

Mobiliareigentum

1. Das altgermanische Mobiliareigentum mit etlichen Neueren zu einem bloßen Besitz erniedrigen kann nur, wer außer acht läßt, daß schon in der Urzeit Eigentumserwerb an Fahrnis ohne Besitzerwerb möglich und mit Besitzverlust Eigentumsverlust keineswegs gegeben war. Letzteres ist aus der Bienenfolge des Zeidlers zu ersehen. Die älteste Art des Eigentumserwerbs aber ist das Weidwerk (altnord. *veiðr*), d. h. das Speisesuchen. Das Erweidete nun aber „gehörte", soweit die Pürsch oder der Fischfang frei, dem Weidmann, als solchem, und sonst dem Grundeigentümer, auf dessen Boden das Wild erjagt, in dessen Teich der Fisch gefangen war, — also möglicherweise einem, der Besitz ergreifen weder wollte noch konnte. Das Recht der Wildfolge stand damit in unmittelbarem Zusammenhang. Auch der Eigentumserwerb kraft des am weitesten im Norden entwickelten Strandrechts und des in Deutschland ihm nachgebildeten Grundruhrrechts, sodann der in den deutschen Quellen des MA eine so große Rolle spielende Erwerb des *anrîs*, d. h. an den vom Nachbarbaum überfallenden Früchten, endlich der von ererbter Fahrhabe waren nicht durch Besitzergreifung bedingt. Von den andern Arten des Eigentumserwerbs sind[a] hier hervorzuheben die Beute im rechten Kampf und die Okkupation. Aneignung von Bienen konnte geschehen, indem der Okkupant den Bienenbaum mit einem Zeichen versah oder indem er ein Zeichen beim Schwarm zurückließ. Übrigens wurde die Besitznahme von Bienen auf fremdem Boden in manchen Rechten als Fund behandelt. Erwerbsmonopole in der juristischen Form von selbständigen, weil vom Grundeigentum getrennten und daher von ihm unabhängigen Nutzungsrechten an Grund und Boden waren mit den Regalien[b] gegeben. Dazu kommt das so ziemlich überall zu den Herrscherrechten gezählte sogenannte Heimfallsrecht des erblosen Gutes (skandinav. *dánar-* oder *dána arfr, d. fé*). Was sonst noch als besondere Art des Eigentumserwerbs aufgeführt zu

bøger 1886 S. 135—189); NORDSTRÖM, Bidrag till penningeväsendets hist. i Sverige (1850); H. HILDEBRAND, Sveriges Medeltid I S. 770—945; HOLMBOE, De prisca re monetaria Norvegiae (²1854); SCHIVE (u. HOLMBOE), Norges mynter i middelalderen (1858—1865); Derselbe, Om Forholdet i Middelalderen mellem den norske Mark Sølv og den . . . gangbare Myntmark (Christ. Vidensk. Selsk. Forhandl. 1876). — v. AMIRA, Nordgerman. Obligationenrecht I (1882) S. 443—451, II (1895) S. 510—529.

a) da der Vertrag in §§ 43—45 besprochen wird.

b) Vgl. § 35, 3.

werden pflegt, der Fruchterwerb durch „Verdienen", beruht auf der germanischen Vorstellung, daß schon die fruchttragenden Gewächse selbst, ebenso wie z. B. der Wald oder die Wiese, einem andern gehören können als der Boden, worin sie wurzeln[c].

2. Individualeigentum an Fahrnis ist den Germanen bei ihrem Eintritt in die Geschichte geläufig. Doch war es Übereilung, wenn Heutige hieraus geschlossen haben, das Mobiliarerbrecht in unserem Sinne sei älter als das Grunderbrecht. Denn das bewegliche Individualeigen, welches älter ist als das unbewegliche, wurde nicht vererbt, sondern seinem Herrn ins Grab mitgegeben. Was er dagegen zurückließ, war Gesamteigen der Verwandten. Aus diesem erst hat sich das vererbliche Individualeigentum an Fahrhabe analog dem an Land und kaum ohne Mitwirkung christlicher Gedanken abgelöst. Aber das ehemalige Kollektiveigentum hat auf dem Gebiet des Mobiliarrechts schwächer nachgewirkt als auf dem des Grundgüterrechts. Immerhin erhielt sich in skandinavischen wie deutschen Rechten der Satz, daß man nicht bei versiegender Leibeskraft seine Fahrhabe und sein wohlgewonnen Gut ohne Erbenkonsens vergeben könne, daher nicht auf dem Kranken- oder gar Sterbebett, nicht bei Unvermögen zu bestimmten Kraftproben. Dem Anschein nach in diesen Zusammenhang gehört auch der deutschrechtliche Satz, wonach man Fahrhabe nicht verschenken kann, ohne sie aus seinem Besitz zu lassen. Andere gesetzliche Dispositionsbeschränkungen brachte auch beim Mobiliareigen das Gastrecht, insbesondere im Norden, mit sich.

3. Auffällig schwach ist in den meisten germanischen Rechten[d], sogar dem sonst so romanisierten wisigotischen, der prozessuale Schutz des Mobiliareigentums. Der Eigentümer ist prinzipiell auf die Besitzklage[e] verwiesen. Denn „Hand soll Hand schützen" oder ihr „Gewähr" leisten (fries. *hond scel hond wera*, mnd. *hant schal hant waren*), und anderseits „muß man seinen Glauben da suchen, wo man ihn gelassen", d. h. wer freiwillig sich des Besitzes von Fahrnis entäußert, kann ihn nur von seinem Kontrahenten zurückgewinnen. Insoweit fehlt die Eigentumsklage. Dies, verbunden mit dem Sprachgebrauch

c) Vgl. z. B. Östgötalagh Bygda balk. 33; Jydske Lov I 53; Grágás (Ib) 110, 111, 94, 95, 96, 104 mit Stobbe Handbuch § 79, 3, ³II, 1 § 130.

d) Irrig hält Brandt Forel. I S. 205, 182f. das altnorweg. Recht für ausgenommen. Unter den von ihm zitierten Stellen belegt gerade Gulaþingsbók 254 (= Jarnsíða 133; Landslov IX, 4; Bylov VIII, 7) schlagend, daß auch das norweg. Recht von dem oben besprochenen Prinzip ausgeht. Denn der Kläger muß beweisen, er habe sich des Besitzes nicht freiwillig entäußert.

e) Vgl. § 40, 1.

„Eigen = Grundeigen, Grundstück“[f], wozu „Habe“ = Mobiliareigentum den Gegensatz bilden kann, führt zu der Vermutung, wahres Eigen (Gehören) an Fahrnis sei viel später anerkannt worden als der bloße Besitzesschutz.

§ 39

Nutzungsrechte

1. Zeitliche Gebrauchs- und Nutzungsrechte an fremden Sachen, die im Gegensatz zu den „selbständigen“ Nutzungsrechten[a] nur aus dem Eigentum ableitbar und also von ihm abhängig waren, konnten erst mit dem Zurücktreten des Kollektiveigentums Spielraum finden. Als Reste desselben dauerten nach Aufteilung der Feldmarken zu Sondereigen Grunddienstbarkeiten fort, d. h. Eingriffsrechte (isländ. *itǫk*), wie z. B. Weide-, Wege-, Wasserrechte, die um des wirtschaftlichen Bedürfnisses eines bestimmten Grundstücks willen dessen jeweiligem Eigentümer an einem andern Grundstück zustanden. „Gerechtigkeiten“ des gleichen und andern Inhalts, wie z. B. Forstrechte, sind im Zusammenhang mit der Ausbildung des Großgrundbesitzes und der Grundherrschaft vorbehalten worden. Persönliche Dienstbarkeiten, d. h. Eingriffsrechte, die nur bestimmten Individuen für sich allein zukommen, wurden nicht nur durch Verträge, sondern auch wie die romano-germanische *hospitalitas* durch Gesetzesvorschrift geschaffen. Von den vertragsmäßigen war bei den Südgermanen die gebräuchlichste das in Deutschland unter den Namen *lîftocht* und *lîpgedinge* bald übertragene, bald vorbehaltene lebenslängliche Gebrauchs- und Nutzungsrecht. Eine besondere und oft gesetzlich bestimmte Erscheinungsform desselben ist der Altenteil.

2. Für die südgermanischen Rechte charakteristischer noch sind aber die mancherlei dauernden Besitz-, Verwaltungs- und Nutzungsrechte an „geliehenem“ liegendem Gut (altengl. *lænland*), zu deren Ausbildung und Ausbreitung der Großgrundbesitz und die staatsrechtlichen Verhältnisse die Ursachen abgegeben haben. Nicht nur wurde nach der Völkerwanderung in Süd- und Mitteleuropa die *precaria*, d. h. der auf schriftliche Bitte gewährte Nießbrauch des römischen Vulgarrechts, aufgenommen und zu einer Landleihe umgestaltet, die regelmäßig auf Lebenszeit des Beliehenen (nicht immer eines Bauern) oder auf eine

---

f) Vgl. § 35, 1.

a) Vgl. § 38, 1.

bestimmte Zahl von „Leibern" begründet, durch einen Zins zu vergelten, bei Zinsversäumnis dem Heimfall ausgesetzt, endlich zum Schutz des Eigentümers fünfjähriger Erneuerung unterworfen war. Man hat vielmehr auch, was man längst vor aller Bekanntschaft mit römischem Recht unfreien Leuten aus Gnaden überließ[b], nunmehr freien Bauern — behufs mittel- oder unmittelbarer Gewinnung ihrer Arbeitskräfte — im Vertragsweg eingeräumt. Der *massarius* z. B. auf der langobardischen *casa massaricia* konnte ebensowohl ein Freier wie ein Unfreier sein. Daß römische Leiheverhältnisse vorbildlich für gewisse deutsche Leihearten gewesen, soll darum nicht geleugnet werden.

3. Den Gegenstand der bäuerlichen Leihe bildete ein Wirtschaftsanwesen, sei es Hof oder Kote, nebst Zubehör. Dieses sollte unmittelbar der vollen Nutzung des beliehenen Bauern unterstehen. Zweck der Leihe war aber, der Wirtschaft des Verleihers zu dienen. Daher war der bäuerlichen Leihe wesentlich, daß der Beliehene periodische Nutzungsäquivalente an den Verleiher zu geben hatte, falls nicht der Boden erst urbar zu machen und der Bauer hierzu verpflichtet war, wie beim bayer. *Oedrecht.* Die Nutzungsäquivalente bestanden bald in gemessenen Natural- oder Geldabgaben, Zinsen (altengl. *gafol,* ahd. *kelstar,* — mittellatein. *tributa, census*), bald in Ertragsquoten, wie z. B. allgemein beim langobard. *hospitaticum* nach 574. Neben den Abgaben, bei Leihe kleiner Güter statt ihrer, hatte der Bauer, wenn ihm das Gut nicht „zu Meierrecht", d. h. wie einem sein Amt pachtenden Gutsverwalter, geliehen war, noch Frondienste (altengl. *weorc*), allenfalls gegen Verköstigung zu verrichten. Doch kommen Fronden, insbesondere in der Form der Wochenarbeit, in Deutschland weniger bei den zur Beleihung voll- und minderfreier Leute bestimmten Gütern (*mansi ingenuiles* und *lidiles,* in Italien *casae coloniciae* und *aldiariciae*) als bei den an Unfreie nach „Hofrecht" vergebenen (*mansi serviles*) vor. Unwesentlich ferner, aber häufig, war die Verpflichtung des Bauern zu einer Handänderungsgebühr („Ehrschatz, Handlohn, Gewinngeld, Anleite, laudemium"), regelmäßig auch seine Pflicht das Gut zu bewirtschaften und zu bessern. Nicht nur diese Punkte, sondern auch Kündigungsrecht des Grundherrn, Abmeierung wegen Gutsverschlechterung und Zinsversäumnis, Zinsbuße im letztern Fall (sogenannter Rutscherzins), Nutzungsvorbehalte für den Grundherrn, anderseits Ausstattung des Bauerngutes mit Inventar durch denselben, Vererblichkeit, Belastbarkeit des Gutes und seine Veräußerlichkeit unter „Hausgenossen"[c], Bedingungen der

b) Vgl. § 15, 1.
c) Vgl. § 25, 1.

Gutsübergabe an den Erben und Interims-(„Satz"-)Wirtschaft standen im MA meist für ganze Gruppen von Gütern, die zum nämlichen Salhof gehörten, gewohnheitsrechtlich fest, was sich auch vielfach in der technischen Benennung der Güter (z. B. in den oben angeführten Namen) und ihrer Inhaber (z. B. altengl. *geneat* — *gebûr* im engern Sinn — *cotsetla*) ausdrückte.

4. Seit dem 11. Jahrh. das juristische wie ökonomische Seitenstück der bäuerlichen war die städtische Leihe, nämlich die Hingabe einer Hofstatt oder eines Hauses oder eines Verkaufsplatzes gegen Zins (als Reallast), daneben etwa noch Dienste, zu erblichem Gebrauchsrecht („Erbrecht, Erbzinsrecht", nddt. auch *wîcbelde*, mhd. *burcreht*).

5. Hingegen seinem Zweck und folgeweise seiner Struktur nach von der bäuerlichen und städtischen Leihe, welche es auch an politischer Bedeutung weit hinter sich ließ, verschieden war das („rechte") Lehen (mittellatein. *beneficium*, ca. 930 zuerst in Südfrankreich *feum, fevum*, dann *feodum* [= *feo-um*? nach KERN verbo *fehôn*, nützlich machen]), wie es sich seit dem 8. Jahrh. im fränkischen Reich entwickelt und dann über die meisten christlichen Länder verbreitet hat. Als beneficium im engern Sinn tritt es zuerst an die Stelle des widerruflichen Landeigentums, womit bis dahin die Hulde des Vasallen[d] gelohnt zu werden pflegte. Fortan bleibt die Beziehung zur Vasallität charakteristisch fürs echte Lehen im Gegensatz zum Bauern- oder Zinslehen, wie zum Hoflehen des Dienstmannes, und zu jedem Lehen ohne „Mannschaft", und insofern ist das Lehen „Rittersold" (*stipendiarium bonum*). Unwesentlich dagegen ist dem echten Lehen Zinspflicht des Beliehenen. Das geliehene Gut war anfangs Grund und Boden. Seit dem 9. Jahrh. aber wurden vom fränkischen König auch dauernde Rechte auf Einkünfte und Rechte, mit denen solche verbunden sind, insbesondere Hoheitsrechte, deren Ausübung bis dahin den Inhalt von Amtsaufträgen gebildet hatte, und Regalien als Lehensobjekte vergeben — eine Wendung, die noch stärker als die älteren Elemente des Feodalsystems dessen Ausbildung bewirkt hat, so daß der Feodalstaat geradezu als Lehensstaat bezeichnet werden kann. Das Recht des Beliehenen am Gut dauerte nur so lange, als sein Vasallenverhältnis zum Verleiher. Es hörte daher mit dem Herrn- oder Thronfall wie mit dem Mannfall auf. Außerdem konnte der Herr das beneficium einziehen, wenn der Mann das Gut verschlechterte oder seine Vasallenpflichten verletzte. Schon im 9. Jahrh. wird durch Vertrag die Leihe über den Herrn- und Mannfall hinaus verlängert und bei gewissen Lehen Wiederverleihung an den Sohn des

d) Vgl. § 33, 3.

verstorbenen Vasallen gegen Hulde gebräuchlich. Am Anfang des 11. Jahrhs. ist *erbelêhen* bereits technischer Ausdruck, und im 12. gibt jedes Lehen, bestimmte Arten von Lehen ausgenommen, im Zweifel ein bleibendes und auf die männlichen, partikularrechtlich auch die weiblichen Nachkommen des Mannes vererbliches Recht. Der Mann hat nun die „Folge an den andern Herrn", d. h. er behält das Lehen, wenn er es rechtzeitig mit Mannschaft „sinnet" oder „mutet", d. h. um Belehnung (sogenannte Lehenserneuerung) bittet, und analog ist die Stellung seiner lehenfähigen Erben beim Mannfalle. Die Lehenserneuerung braucht nur von einem unter mehreren Rechtsnachfolgern des Herrn und noch im 13. Jahrh. nur an einen unter mehreren Vasallenerben zu ergehen. Später freilich können die letzteren Belehnung zu gesamter Hand verlangen. Personen, über deren Lehenunfähigkeit als bloße Unfähigkeit zur Mannschaft der Herr hinwegsehen durfte, konnten ein Lehen mit der Maßgabe erlangen, daß ihnen ein „Lehenträger", d. h. ein Lehenfähiger als Vasall an ihrer Statt, dasselbe verdiente. Kraft seines Rechts am Lehen schloß der Mann seinen Herrn von Besitz, Verwaltung und Nutzung des Gutes aus. Sein Recht ging in der Regel so weit, daß er an demselben dingliche Rechte für andere, unbeschadet der Rechte des Herrn und der Lehenerben am Gut bestellen, insbesondere es (als *afterlêhen*) an seinen Vasallen weiter leihen, ja sogar, daß er mit ihrer Erlaubnis das Gut für die Dauer belasten und veräußern konnte. Zu gesamter Hand Belehnte schuldeten dem Herrn nur eines Vasallen (Lehenträgers) Mannschaft und konnten die Nutzungen des Lehens unter Aufhebung der gemeinsamen Wirtschaft teilen (*mûtschar*, Örterung). Das Lehen selbst teilen konnten sie unter Aufhebung des gemeinschaftlichen Vasallenverhältnisses partikularrechtlich etwa seit 1250 auch unter Fortbestand desselben. Ist der Vasall minderjährig, so zieht der Herr die Nutzungen des Lehens (das *anevelle*) und hat er die Lehensvormundschaft. Er kann aber auch beide zu Lehen austun. „Ledig" wird das Lehen dem Herrn unmittelbar durch Tod, Ächtung und freiwilligen Abgang des Vasallen ohne Lehenfolger, sonst mittels lehengerichtlicher Aberkennung („Verteilung") des Lehens gegenüber dem Vasallen wegen Treubruchs oder eines andern schweren Verschuldens.

6. Unabhängig vom fränkischen beneficium, ja sogar früher als dieses ist ein demselben ähnliches Institut im angelsächsischen Dienstgut entstanden, welches ein *gesíðcundman*[e] von seinem Herrn erhielt und bis zur Kündigung seinerseits oder bis zur Versäumnis seiner Heerfahrt

e) Vgl. § 9, 1.

zu nützen und instand zu halten hatte (Ine 51, 63—66, 68). Dagegen drang im 11. Jahrh. von Deutschland aus das Lehenwesen in den skandinavischen Norden vor. Freilich ist es dann hier, und zwar selbst in Dänemark, im großen und ganzen auf der untersten Stufe seiner Entwicklung stehen geblieben. Zwar gab es Lehen an Hoheitsrechten (fürstliche oder Fahnenlehen) wie an Dienstgütern und königlichen Einkünften für Beamte und Gefolgsmannen. Aber der Regel nach blieben sie unerblich, ja sogar widerruflich, gewährten sie ferner nur bestimmte, aufgezählte Nutzungen. Überdies entbehrten sie der begrifflichen Verbindung mit der Mann- oder Gefolgschaft. Ein dem beneficium entsprechendes nationales norwegisches Institut war die *veizla* (von *veita* = verleihen), Gegenstand derselben ein Krongut (*veizlujǫrd*), wogegen das *lén* im Norden regelmäßig auf Hoheitsrechte sich bezog und dem Empfänger Abgaben und militärische Leistungen auferlegte.

§ 40

Besitz

1. Der Besitz nach germanischer Anschauung ist stets tatsächliches und möglicherweise widerrufliches „Haben" (got. *haban*[a], altnord. *hafa*) oder Verfügen über eine Sache: ahd. *habida*, skandinav. *hefð*. In der deutschen Terminologie des MA erscheint er als *gewere* oder *gewer* (ahd. *giwerî*), was weder mit einer „Gewähr" noch mit einer „Wehr" irgend etwas zu schaffen hat, vielmehr „Bekleidung" bedeutet und durch *vestitura* übersetzt wird. Im letzten Jahrh. des MA entlehnt der Norden diese Metapher der deutschen Rechtssprache. Während der Besitz an Fahrnis durch deren Gewahrsam gegeben ist, wird er an Liegenschaften bei demjenigen angenommen, der mittel- oder unmittelbar den Nutzen derselben zieht. Die *gewere* an Liegenschaften ist eine *nuzliche*, und tautologisch sagte man *nuz unde gewer*, um den Immobiliarbesitz zu bezeichnen. Daher hatte den Besitz von Land, wer als Pächter oder Zinsbauer dessen Früchte erntete, ebenso aber auch, wer den Zins davon bezog, ferner der Vasall, wenn er das Lehen nützte, der Lehenherr, wenn er den Dienst des Vasallen genoß. Damit war mehrfache Gewere verschiedener Leute am nämlichen Gut ermöglicht. Die in unmittelbarer Nutzung bestehende hieß die *ledeclîche*. Anderseits fehlt die Gewere dem, der nur für einen andern besitzt, wie z. B. dem Gutsverwalter. Gewere, die sich als Ausübung eines Rechts gibt, wurde mnd.

a) Vgl. § 35, 1.

nach diesem benannt (z. B. *eigenliche, lênes gewere*), Gewere dagegen ohne Rücksicht auf wirklichen oder vorgeschützten Besitztitel *gemene* oder *blote* (auch *hebbende*) *gewere*. Widerrechtliche Angriffe auf seinen Besitz konnte der Besitzer mit Gewalt abwehren. Weiterhin aber galt im Prozeß um Gut das Prinzip, daß „Eignung näher ist dem, der hat, als dem, der anspricht", d. h. daß (soweit das Beweismittel einseitig) als Angegriffener der Besitzer zum Beweis seines Besitztitels kommt, wenn sein Angreifer keine Behauptung aufstellt, bei deren Wahrheit jener hinfällig wäre. Aber auch eine solche Behauptung fand im Prozeß um Liegenschaften keine Berücksichtigung, wenn der Besitz des Angegriffenen als Rechtsausübung und unangefochten eine bestimmte Frist hindurch gedauert hatte bzw. der durch die Behauptung zu stützende Anspruch nicht rechtzeitig erhoben war (mnd. *rechte gewere*, ostnord. *laghahæfþ*).

2. Mißbrauch mit diesen Grundsätzen war durch das andere Prinzip ausgeschlossen, daß „man sich zum Beweisrecht nicht rauben, noch stehlen könne", vielmehr der raublich erlangten Gewere (ostnord. *ranshæfþ*) gegenüber der Entwerte die beweisrechtliche Stellung des Besitzers behalte. Waren beide Parteien im Besitz, so kam diejenige zum Beweis, welche ihren Besitztitel von der andern ableitete. War durch den Satz von der raublichen Gewere ein prozessualer Besitzesschutz vermittelt, so war ein solcher unmittelbar gegeben in dem Klagerecht desjenigen, dem Fahrnis wider seinen Willen abhanden gekommen war. Will er den Besitzer nicht unmittelbar des Diebstahls oder Raubes beschuldigen, so erscheint seine Klage im deutschen Recht der Form nach als sogenannte Anefangsklage. Der Kläger, der die Sache beim Besitzer antraf, leitete seine Verfolgung damit ein, daß er, gleichsam Besitz ergreifend, an die Sache als eine ihm entwendete seine Hand legte (mhd. *anevanc, vürvanc*, altengl. *ætfong, forefong, ætfón* und öfter noch *befón*, altbayer. *hantalôd*). Diesem Verfahren entspricht das ostnord. *handsama*. Der Besitzer hatte hierauf entweder die klägerische Behauptung unfreiwilligen Besitzverlustes zu widerlegen (ein Fall der altengl. *ágnung*) oder aber die Sache seinem Besitzvorgänger („Gewähren") „zuzuführen" oder „zuzuschieben", auf daß dieser die Widerlegung des Klägers übernehme[b]. Letzteren Falls trat der Gewähre in die Rolle des beklagten Besitzers. Der Zug (altengl. *téam*, mhd. *schup*,

b) Daß dem Beklagten nur motivierte Verneinung gestattet wird, dürfte sich aus den prozessualen Grundsätzen über die Beweismittel erklären. Den LONDONschen Erklärungsversuch (Unredlichkeit des Beklagten präsumiert) halte ich für eine petitio principii.

ostnord. *leþsn*) an den Gewähren (altengl. *getéama*, niedersächs. *gewere, warent*, fries. *werand*, westnord. *heimildarmaðr*, ostnord. *hemulsman* oder *sali*) war ursprünglich nur dreimal gestattet, daher die Antwort des ersten Beklagten, ostnord. ein *leþa til þriþia sala* und mittellatein. die Klage selbst ein *intertiare* oder *in tertiam manum mittere*, so daß der dritte Besitzvorgänger des ersten Beklagten obigen Widerlegungsbeweis zu führen hatte. Blieb der Kläger unwiderlegt und bescheinigte er den unfreiwilligen Besitzverlust eidlich, so mußte ihm die Sache ausgeliefert werden. Außerdem aber hatte nach dem ältern Recht der Beklagte von dem nun auf ihn fallenden Verdacht des dieblichen Erwerbs sich zu reinigen. Denn „wo der Gewähre fehlt, fehlt nicht der Strick" (dän. Sprichwort). Endlich war nach älterem deutschem Recht der Entwerte innerhalb der nächsten drei Nächte nach dem Besitzverlust befugt, die Sache eigenmächtig an sich zu nehmen.

3. Ein dem Anefangsprozeß um Fahrnis analoges Verfahren um Liegenschaften läßt sich für das früheste Recht erschließen aus dem langobard. „*wiffare*" (Strohwisch aufstecken), dem oberdt. Bannschaub, dem mittel- und westdt. Hegewisch, der westnord. *lǫgfesta* (durch Aufstecken eines Kreuzes oder Hinwerfen eines Stabes), der gotischen Grundstücksbefriedung durch Aufsteckung des Haselstabes oder Weidenzweiges. Niederdeutsche Rechte haben, wie es scheint, den Ritus des Handanlegens von der Klage um bewegliches Gut auf die Klage um liegendes übertragen.

§ 41

Schuld

1. Dem Besitz wie den Rechten an Sachen gegenüber stand die „Schuld" (Verbalabstr. vom Präteritopräs. *skulan*)[a], als das bloße Sollen nämlich ein Bekommensollen des einen und gewöhnlich auch ein Leistensollen (*skulan* im engern Sinn mit dem Dat. pers.) des andern[b]. In diesem Doppelsinn war „Schuld" ein Zustand nicht allein dessen, der got. als *skula*, ahd. als *skulo* und heute als Schuldner erscheint, sondern auch dessen, den wir jetzt, in Anlehnung an römische Terminologie, als den „Gläubiger" (creditor) bezeichnen, weswegen dieser so

a) Dafür got. auch *dulgs*, für dessen Entlehnung aus dem Slawischen die weite Verbreitung der Wortsippe mit entsprechender Bedeutung in den slaw. Sprachen angeführt werden kann.

b) Daß „Schuld" ursprünglich gerade = büßen sollen, ist eine Hypothese, die lediglich auf historischer Spekulation beruht.

gut wie jener westnord. *skuldanautr* (= Schuldgenosse) oder *skuldarmaðr*, ostnord. *skyldugher*, mhd. *geschol*[c], *schuldman, schuldenære, schuldigaere*, ja sogar *geltære, bezaler* heißen konnte. Ja, wesentlich für die Schuld war und ist noch heute nur das Bekommensollen eines Gläubigers, nicht auch das Leistensollen eines Schuldners. Es gab und gibt keine Schuld ohne einen Gläubiger, wohl aber, so seltsam es klingen mag, Schulden ohne Schuldner, wie z. B. in alter Zeit Schulden aus Schadensstiftungen von Tieren[d]. Vom Standpunkt des Gläubigers aus war die Schuld aber auch ein „Haben" — altnord. *eiga* —, insofern, als ihm „beim" Schuldner oder „unter" demselben das geschuldete Gut gehörte. Daher waren Schulden, deren Erfüllung den Gläubiger bereicherte, Bestandteile seiner Habe und mit ihr vererblich, wenn schon nicht für sich allein übertragbar, Schulden ferner, deren Erfüllung den Schuldner ärmer machte, Passiva im Schuldnervermögen. Nicht bloß Geld[e] oder Sachen von Geldeswert, auch andere Güter, insbesondere erlaubte Handlungen aller Art konnten geschuldet werden. Wie die Art und oft auch das Maß des Schuldobjekts, entsprechend den Entstehungsgründen der Schuld (den verschiedenen Geschäftstypen, Übeltaten, verwandtschaftlichen, nachbarlichen, Gemeinschaftsverhältnissen) vom Recht geordnet war, würde ein spezieller, von diesem Grundriß jedoch ausgeschlossener, Teil des Schuldrechts zu zeigen haben[f].

2. Die rechtliche Bedeutung der Schuld lag zunächst und mindestens darin, daß, was durch ihre Erfüllung seitens des Schuldners oder eines Dritten an den Gläubiger kam, rechtmäßig bei diesem blieb und daß anderseits das „Versitzen" der Schuld oder das „Vorenthalten" des Geschuldeten als ein Unrecht galt, welches — ob beabsichtigt oder unbeabsichtigt — nach älterer Auffassung Sühne durch Buße, nicht etwa Begleichung durch Zins (altnord. *leiga*) oder Interessenvergütung forderte oder doch fordern konnte. Mit der Dauer des Verzugs wuchs das Unrecht, so daß sich die Verzugsbuße steigern konnte. Im deutschen Recht des MA treten die Verzugsbußen zurück. Aber nur wenige und hauptsächlich nur städtische Rechte füllen die Lücke durch einen Ersatzanspruch für den Verzugs-„Schaden" aus, während in bestimmten Mietfällen eine fixierte Interessenvergütung die Stelle der Verzugsbuße einnahm, sonst aber es darauf ankam, ob der Gläubiger sich von seinem Schuldner

c) So z. B. Stadtrecht von Burghausen (1307) in Oberbaier. Arch. XLV S. 185. Vgl. auch *selbschol* (= Gläubiger) in Stadtrecht von München Art. 458.

d) Vgl. ZRG G XXXI (1910) S. 487.

e) Vgl. § 37, 2.

f) ⟨Für das Altschwedische Recht vgl. v. AMIRA, Nordgermanisches Obligationenrecht I (1882); für das Westnordische ebd. II (1895). ECKH.⟩

den „Schaden" hatte „geloben" lassen. Unter den Landrechten ist es hauptsächlich das jüngere westnordische, insonderheit isländische, welches den Begriff des Verzugszinses (*lǫgleiga*) ausbildet. Erfüllen oder „schließen" (skandinav. *luka*) konnte man eine Schuld nicht durch Zahlung, d. h. durch bloßes Hinzählen, wenn auch etwa durch Aufreihen oder „Breiten" (westnord. *reiða*, ostnord. *ræþa*, mhd. *reiten*), so lange es kein Geld mit Zwangskurs[g] gab. Aber auch nachher verursachte die Armut ganzer Länder an gemünztem Geld, daß der Gläubiger rechtlich genötigt blieb, bestimmte „Wertsachen" an Geldes Statt anzunehmen, sei es zu einer gesetzlichen Taxe, sei es nach Abschätzung im einzelnen Fall. Mußte man beim Leisten oder „Gelten" von Sachen dieselben abmessen oder abwiegen, so kam, wie auch in den andern Fällen des Messens, gewöhnlich ein natürliches Maß zur Anwendung. Leibesglieder und Leibeskraft, Hör- und Seheweite, Augenmaß, übliche Kleidungsstücke und Geräte, Ertrags- und Aufnahmefähigkeit des Bodens, Zeitaufwand seiner Bearbeitung spielten unter den natürlichen Maßstäben die Hauptrolle. Oftmals war ein solcher nur auf einen einzigen Fall berechnet. Aber so mannigfaltig die Maßstäbe hiernach waren, so gleichmäßig zeigen sie sich, weil aus den allerfrühesten Zeiten stammend, bei den germanischen Völkern verbreitet. Nationale künstliche Maße sind gegendenweise durch Fixierung natürlicher entstanden, insbesondere für Längen und Flächen. Solche jüngere Maße geben, soweit nicht durch ihre Vervielfältigung ein neues Hauptmaß eingeführt war, ihre Herkunft dadurch zu erkennen, daß sie die Namen ihrer Vorläufer (Elle, Spanne, Handbreite, Fuß usw.) fortführen. Aus der Fremde sind zum Teil vor ihnen künstliche Maße aufgenommen worden. Und wahrscheinlich aus dem Südosten bezogen ist die künstliche Gewichtseinheit, die sich beim Beginn der historischen Zeit beinahe über die ganze germanische Welt verbreitet zeigt, nämlich die ca. $29^1/_4$ Gramm haltende Unze oder der skandinav. *œyrer* (ostnord. *örir*), d. h. der achte Teil der „Mark", der sechzehnte des ältern südgermanischen (altengl. fries.) „Pfundes", das Dreifache der skandinav. **ertǫugh* (westnord. *œrtog* etc.). Das deutsche Lot (altengl. *léad*, fries. *lâd*), d. h. das „Bleigewicht", ist vielleicht durch Teilung aus der Unze abgeleitet. Im MA bleiben diese Namen, während die dadurch ausgedrückten Gewichte durch die lokale Rechtsentwicklung in verschiedener Weise verändert werden.

3. Wie die Größe der zu „geltenden" Sachen, so wurde auch die Erfüllungszeit mittels natürlicher Weiser gemessen. Naturerscheinungen, Gepflogenheiten des Wirtschaftslebens, Feste lieferten die Maßstäbe,

g) Vgl. § 37, 2.

wonach ein Termin oder „Tag“ (skandinav. *eindagi, stefna*) oder eine Frist abgegrenzt wurde. Fristen berechnete man in der ältern Zeit nach Nächten. Im skandinavischen Recht besonders beliebt war die fünfnächtige Frist (westnord. *fimt*, ostnord. *fæmt*), vielleicht die altgermanische Woche. Wahrscheinlich liegt sie auch der deutschen Frist von sechs christlichen Wochen und drei Tagen als Einheit zugrunde.

§ 42

Haftung

1. Für die Erfüllung einer Schuld trat regelmäßig eine Garantie (mnd. *waringe, ware, werescap*) oder „Einständerschaft“ (mnd. *vorstand*, vgl. ostnord. *standa firi* und das latein. *praestare*) ein — „Bürgschaft“ im ursprünglichen weitern Sinn (altnord. *borgan, ábyrgð*, altengl. *borh*)[a] oder „Warte“ (ostnord. mit Vorliebe *varþnaþer*) genannt. Dies geschah dadurch, daß für den Fall der Nichterfüllung ein freier Mensch oder eine Sache einem Zugriff (skandinav. *tak*) ausgesetzt und insofern zum Unterpfand (german. *vadi*, wozu latein. *vas, vadimonium* zu vgl.) gemacht und „gebunden“ (mhd. *verbunden, ver-* oder *beheftet, verstrickt*) wurde. Aus dieser der römischen Obligation entsprechenden Gebundenheit oder Haftung konnte das Satisfaktionsobjekt nur durch Schuldtilgung oder Erlaß (Entlassung) und, was dem gleich stand, „erlöst“ oder „geledigt“ werden. Die Geschichte des germanischen Obligationenrechts zeigt schon bei ihrem Beginn die beiden Hauptarten aller Haftung, welche den beiden Hauptformen des Kredits entsprechen, Sach- und Personenhaftung nebeneinander.

2. Die stärkste Realsicherheit wurde durch einen eigens hierauf gerichteten Vertrag begründet. Eine Sache wurde als Pfand (got. *vadi*, skandinav. *veð*, altengl. *wedd*, ahd. *weti*, mnd. *wedde*, mittellatein. *vadium*) „ausgesetzt“, oder „versetzt“, d. h. dem Gläubiger preis- und in seinen Besitz und, wenn sie einen Ertrag abwarf, seine Nutzung gegeben, auf daß sie diesem eigen („verwettet“) werde, falls gehörige Erfüllung der Schuld unterbleiben würde. Der Pfandversatz war also ursprünglich eine suspensiv bedingte Übereignung, und eben darum mußte der Versetzer dem Gläubiger den Besitz der Pfandsache verschaffen. Da diese dem Gläubiger wie ein Wetteinsatz an Erfüllungs

a) „Bürge“ im engern und nahezu isolierten Sinn ist allerdings der *fidejussor*, aber gerade deshalb, weil von ihm nicht gesagt werden kann, daß er schuldet, sondern nur daß er garantiert.

Statt zufiel (sogenanntes Verfallpfand), so schloß diese Art des Pfandes jede Personenhaftung für dieselbe Schuld aus. Erst als man den Wert des Pfandes auf die Schuld anrechnete oder gar das Pfand zu einem bloßen Exekutionsobjekt machte und aus dessen Verkaufserlös den Gläubiger sich befriedigen ließ (sogenanntes Verkaufspfand), wurde ein Nebeneinander von Pfand- und Personenhaftung möglich. Im MA findet sich, daß der Pfandgläubiger für den Fruchtgenuß am versetzten Gut einen Zins zahlt. Dieser gepachteten Satzung trat dann eine geliehene, d. h. das noch im Sachsenspiegel aus formellen Gründen verworfene Pfandlehen an die Seite. Unter dem Einfluß des kirchlichen Wucherverbots wurde verabredet, mitunter sogar gesetzlich vorgeschrieben, daß durch den Fruchtgenuß des Gläubigers die Schuld amortisiert werden sollte (mnd. *dotsate*). Wie Land wurden im MA auch Rechte, insbesondere — wie z. B. bei den Reichspfandschaften — Hoheitsrechte versetzt. Im Gegensatz zu der bisher beschriebenen sogenannten „älteren Satzung" läßt eine jüngere Form des Immobiliarversatzes den Verpfänder in Besitz und Nutzgenuß des Pfandobjekts, während das Satisfaktionsverfahren die nämliche Entwicklungsgeschichte durchmacht wie bei der ältern Form. Den Übergang zu dieser sogenannten neueren Satzung, die zwar fortgeschrittenen Kreditverhältnissen, doch keineswegs, wie oft behauptet, überall spezifisch städtischen Wesens, ihren Ursprung verdankt, vermittelte in einigen Rechtsgebieten die Beleihung des Versetzers mit dem Pfandobjekt seitens des Versatznehmers bei der ältern Satzung, in andern, insbesondere in Deutschland, die vertragsmäßige Einräumung eines Exekutionsrechtes durch den Versetzer an den Versatznehmer (sogenanntes Exekutions- oder Fronungspfand), wieder anderwärts endlich (westnord. Recht) das Entfallen des Besitzwechsels bei der Übereignung. Dieser hypothekartige Versatz wurde seit der Wende vom Früh- zum Spätmittelalter (zuerst auf Island) bei beweglichen Pfandobjekten nachgebildet. Den wichtigsten Anwendungsfall bildete in den Seestädten das „Verbodmen" von Schiffen. Generalhypothekartige Verhältnisse sind nur vereinzelten Rechten und auch diesen erst in ihren jüngern Entwicklungsperioden bekannt.

3. Dagegen gewährte das älteste Recht neben dem „gesetzten" Pfand auch noch dem „genommenen" (*pant* in der Lex Frisionum, *infant* in einer Glosse zur Lex Alamannorum, nach Siebs zunächst = „eingeschlossenes Vieh", — ostnord. *nam*, altengl. *nám*, dazu mhd. *nâme*, — endlich altengl. auch *wed* und *bád*) einen weiten Spielraum. Eigenmächtig durfte, wofern ein freier Mensch für die Schuld bürgte, der Gläubiger diesem Bürgen Fahrnisse wegnehmen, um sie bis zur Auslösung zurückzubehalten, nach einigen Rechten auch, um sich aus ihr zu befriedigen. Die pfandbaren Sachen und der Ort der Pfandnahme, ebenso die Einleitung derselben durch förmliche Mahnung pflegten genau bestimmt zu sein. Nur eine kurze Frist stand der Gläubiger für das genommene Pfand ein, wenn er sich bereit gezeigt hatte, dasselbe auslösen zu lassen. Diese Pfandnahme stand prinzipiell wegen jeder unleugbaren (ursprünglich auch wegen jeder nicht gehörig geleugneten?) Schuld dem Gläubiger frei. Ferner durfte der Grundbesitzer wegen handhafter Besitzstörung zur Pfandnahme ohne Vorverfahren schreiten. Südgermanische Rechte haben schon sehr früh, die nordischen erst im MA die Pfandnahme um gemeine Schulden, soweit sie nicht durch Verträge gestattet wurde, an die Mitwirkung der Obrigkeit gebunden oder aber im Exekutionsverfahren gegen den sachfälligen Schuldner aufgehen lassen. Nur um bestimmte Geldschulden, insbesondere aus Störungen des Grundbesitzes, Zins-, Zech- (nach dt. Rechten auch Spiel-) Schulden, dann Schulden an die eigene Gilde und an die Obrigkeit dauerte die außerprozessuale Pfandnahme fort. Unter gewissen Voraussetzungen durfte der Gläubiger Sachen des Schuldners unter Erhebung eines Gegen-, (z. B. Lohn-)Anspruchs zurückbehalten, ja sogar gebrauchen, nützen und zu seiner Befriedigung verwenden, die weder durch Versatz noch durch Pfandnahme in seinen Besitz gelangt waren.

4. Um Sachhaftungen endlich aus „Übeltaten" von Unfreien oder Haustieren handelte es sich, wenn nach altgermanischem Recht der Verletzte um seiner Genugtuung willen sich nur an den „Täter" halten, daher nur dessen Preisgabe verlangen, der Eigentümer denselben durch Sühnleistung „lösen" durfte. Denn Sachen konnten damals „nicht mehr verwirken als sich selbst".

5. Die älteste Art, wie freie Leute haftbar gemacht wurden, scheint bei Schulden aus reinen Kreditgeschäften eine pfandartige, nämlich die — von Tacitus (Germ. 20) mit Beziehung auf den Avunculat erwähnte — Geiselschaft, wobei an die Zeit zu erinnern ist, da der Vermögensverkehr nicht sowohl unter Individuen als unter Sippen sich abspielte. Das Rechtswort „Leisten", welches auf der letzten Stufe seiner Bedeutungsentwicklung = Schuld erfüllen, bedeutete ursprünglich (vgl. got. *laistjan*) das Eintreten in die Spur des Gläubigers, wie es demjenigen oblag, der sich als Geisel in Gefangenschaft „setzen" ließ, und zwischen diesen beiden Bedeutungen liegt die des Zahlens für einen andern. Die Geiselschaft ist auf dem Gebiet des Personalkredits das Analogon zur ältern Satzung. Faustpfandartig ist der Geisel zu „Wette" (altengl. *to wedde*) gegeben. Analog dem verwetteten Pfand verfiel er denn auch, sobald Schuldverzug eingetreten, dem Gläubiger zu eigen. Die Analogie zur neueren Satzung ergab sich, wenn man seine eigene Freiheit oder seine Leibesglieder oder seine Ehre nicht bloß als Wett- oder Spieleinsatz preisgeben, sondern auch verpfänden konnte. Eine Personalsatzung in diesem Sinn ist die (freie) Bürgschaft (= fidejussio)[b]. Dem entspricht es, daß südgermanische Terminologie die Bürgenstellung als ein „Wetten" (got. *gawadjôn*, altengl. *weddian*, fries. *weddia*, mittellatein. *vadiare*) bezeichnet. Der Bürge ist „Zugriffsmann" (skandinav. *taki*) wie der Geisel, nur daß er sich nicht in Gefangenschaft beim Gläubiger befindet. Wie der Geisel steht daher der Bürge primär und (nach älterm Recht) in unvererblicher Weise ein. Da er aber bei Schuldverzug noch auf freiem Fuß war, so mußte der Gläubiger erst noch durch ein Achtverfahren[c] Gewalt über ihn erlangen. Allerdings konnte die Acht erst eintreten, nachdem die Schuld durch Verzugsbußen vergrößert worden war. Denn das im Verzug liegende Unrecht[d] mußte ungesühnt geblieben sein. Doch stand dem Gläubiger außer dem strengeren, aber auch umständlicheren und gefährlicheren Achtverfahren die mildere, aber auch einfachere und minder gefährliche Pfandnahme[e] zur Wahl. Wie nun aber in solche Bürgschaft oder „Wette" für den Schuldner ein anderer „sich legen" konnte, so konnte auch der Schuldner selbst die Bürgschaft übernehmen (sogenannte Selbstbürgschaft). Mit gewissen Schuldverträgen war diese Bürgschaftsübernahme regelmäßig gegeben. Und außerdem entsprangen aus Schadenstiftungen für freie Täter nicht nur Schulden, sondern gleichzeitig auch Bürgschaften der letztgedachten Art. Abwenden konnte man die Acht, indem man sich vertragsmäßig in Schuldknechtschaft ergab (altnord. *ganga í skuld*), welche zuerst eine definitive, später eine durch Schuldtilgung lösliche Unfreiheit war. In ähnlicher Verwendung wie die Acht erscheint im MA der Kirchenbann.

6. Durch Milderungen des Achtverfahrens entstanden neue Satisfaktionsmittel[f]. Ein nicht durchs Gesetz vorgesehenes, sondern durch Vertrag zugesagtes ist die Selbstinternierung oder das „Einlager" („Einreiten") des Schuldners oder eines Dritten im Verzugsfall, welches seit dem 12. Jahrh. in Deutschland, viel später erst im Norden auftritt und von der im Privatrecht halbverschollenen (echten) Geiselschaft den Namen (latein. *obstagium*) entlehnt. Ebenso kommen häufig im MA vor

b) Vgl. § 42, 1 Anm. a.
c) Vgl. § 51, 3.
d) Vgl. § 41, 2.
e) Vgl. § 42, 3.
f) Vgl. § 66, 2 u. 3.

vertragsweise Selbstunterwerfung unter die Acht, nachdem diese längst aufgehört hat, gesetzliches Satisfaktionsmittel zu sein, und unter den Kirchenbann.

7. Für jede Personenhaftung charakteristisch war, daß ihr auf der Seite des Gläubigers ein Verfolgungsrecht (westnord. *sǫk*, ostnord. *sak*) entsprach, welches als Recht zum Ansprechen (altnorw. *kveðja*) oder Mahnen, d. h. Erinnern (ahd. *manôn*, ostnord. *mana* und *minna*), begann und wenn nicht sogleich, so doch im nächsten Verlauf als Recht zum Anfordern (skandinav. *krefja*, got. *haitan*?) und zum Eintreiben (westnord. *heimta*) in prozessualem Mahnverfahren mit Terminen, Fristen, Formeln, Zeugen ausgeübt wurde und als Recht zum Gewaltverfahren abschloß, soweit nicht etwa die Form der Exekution die entscheidende Tätigkeit in die Hand des öffentlichen Beamten legte. Dies Recht war bis ins MA so wenig wie die Schuld unter Lebenden übertragbar. Wohl aber konnte sein Träger, wenn die Schuld auf wiederkehrende Leistungen lautete, durch den Besitz eines Grundstücks gegeben sein und mit demselben wechseln. Wie die Forderung hierdurch zum Realrecht wurde, so konnte die persönliche Haftung zur Grund- oder Reallast werden, indem sie als eine regelmäßig nicht durch Kapitalzahlung ablösbare dem jeweiligen Besitzer eines Grundstücks auferlegt ward. Beide Phänomene gehören freilich erst dem Recht des MA an und sind teils Ausflüsse oder Reste von grundherrlichen bzw. Leiheverhältnissen, teils unter Anlehnung an letztere vom Bedürfnis der Kapitalanlage hervorgerufen, wie das vornehmlich bei den „gekauften" Gülten, aber auch bei vielen „vorbehaltenen" Bodenzinsen der Fall ist, teils endlich durch Privatisierung von Hoheitsrechten (z. B. auf Grundsteuern, Zehnten) entstanden.

8. Wie bei den Grundlasten des MA, so kommt schon nach altgermanischem Recht ein Wechsel der obligierten Person im Zusammenhang mit dem Besitzwechsel an einer Sache in solchen Fällen vor, wo die Schuld auf Überlassung der Sache selbst gerichtet war. Aber der regelmäßige Weg, auf welchem die persönliche Obligation auf einen neuen Träger übergeht, ist Vererbung von Todes wegen oder unter Lebenden[g]. Der Vererbung eines Nachlasses gleich stand in jener Beziehung das Verteilen von Ächtergut[h] und die Übergabe eines ganzen Vermögens, wie bei der bäuerlichen Gutsübergabe in Deutschland und beim Vitalizienvertrag, wofür die noch heidnische *branderfð* in Norwegen als ältester Typus gelten kann. Prinzipiell haftete aber der Erbe

g) Vgl. § 27, 2.
h) Vgl. § 51, 1.

nur mit dem Nachlaß, sofern er ihn rechtzeitig liquidierte — ein Grundsatz, der zuerst zur Ausbildung eines Konkursrechts geführt hat. Eine ähnliche Beschränkung der Haftbarkeit kann sich auch aus dem Grund der Obligation ergeben, so z. B. wenn das Gesetz den Gültschuldner nur mit dem belasteten Grundstück und der darauf befindlichen Fahrnis haften ließ.

§ 43

Rechtsgeschäfte

1. Das vermögensrechtliche Geschäft, von den Fällen originären Eigentumserwerbs und vom bloßen Erlauben oder Zustimmen (skandinav. *ráþ*, auch mhd. *rât*, mnd. *râd*) zu Geschäften anderer abgesehen, war in der ältern Zeit prinzipiell mindestens zweiseitige Abrede (skandinav. *mál, máli*, westnord. *máldage* — altengl. *geþing*, ahd. *gidingi, tagadinc*, mhd. *gedinge, teidinc*, seltener *dinc*) und insofern Übereinkunft (mnd. *eininge, endracht, overdracht* — ostnord. *sæmia* — westnord. *samþykt*) oder Vertrag (mhd. *vertrac* und *vertraht* — westnord. *sátt*). Erscheinungsformen desselben sind die Abreden, wodurch ein Satisfaktionsobjekt haftbar gemacht[a], ferner die Abreden, wodurch eine Schuld „gefestigt" wird (skandinav. *festa*, westnord. auch *fastna*, ahd. *fastinôn*, wozu das masc. *fastinôd* und das femin. *festinunga*, mhd. *vestenen* — altfränk. **atchramjan*, mnd. *ramen, vorramen*), indem der eine „gelobt", d. h. eine Schuld „lobt"[b] oder „verheißt", „zusagt", „verspricht", der andere das Gelöbnis „annimmt", d. h. sich aneignet. Da durch diese Aneignung das Gelöbnis aus der Gewalt seines Abgebers kommt, kann dieser daran festgehalten werden, gleichviel ob er eine Leistung an den Annehmer oder an einen Dritten zugesagt hat. So folgte aus dem Wesen des obligatorischen Vertrags die allgemeine Zulässigkeit des sogenannten Vertrags zugunsten eines Dritten, und nur einer unter vielen Anwendungsfällen nach deutschem Recht war es, wenn ein *salman* oder Treuhänder sich ein Verfügungsrecht über eine Sache bestellen ließ, um sie auf einen Dritten zu übertragen. Erscheinen reine Schuldverträge in gotischen und deutschen Rechten unter dem Namen von „Wetten" (got. *gawadjôn* = verloben, altengl. *[be-]weddian* = spondere, desponsare, *wed* = Versprechen, *beweddung* = desponsatio,

a) Vgl. § 42, 1 u. 2.

b) Es heißt sowohl den Unterschied von ahd. *lob* und *loub, lobôn* und *loubên* als auch den von *triuwen* und *trouwen* verkennen, wenn Heusler Institutionen I (1885) S. 67 das Geloben, das Erlauben und die Treue mit „Laub" und „kräftigem Wachstum der Pflanzen" in Zusammenhang bringt.

ferner mhd. *wetten, erwetten,* mnd. *wedden* = zusichern, dann auch Strafe zahlen), so sind sie oder waren sie doch einst, wie es dem ältesten Obligationenrecht[c] entsprach, kautionsbedürftig, sei es, daß die Kaution mittels Pfandsatzung oder daß sie mittels Geisel- bzw. Bürgenstellung bewirkt wurde (altengl. *beweddian* = *mid wedde gefæstnian*).

2. Theoretisch vom obligatorischen zu unterscheiden, wiewohl bei Natural- und bei Realkontrakten (z. B. Tausch, Zug um Zug, Gabe mit Auflage) mit ihm zu einem Geschäft verbunden, war der dingliche Vertrag. In ihm konnte der Wille gerichtet sein auf Rechtsübertragung oder auf Besitz- (streng genommen Sach-)Übertragung oder auf Löschung eines Rechtsverhältnisses, in der altdeutschen Terminologie: auf *sala* oder *salunga* (mhd. *sale, sal, salung,* zur Zeit der Rechtsbücher auch *gabe* genannt, mittellatein. *traditio*) oder auf *geweri* (mhd. *gewer,* mittellatein. *[in]vestitura*[d]) oder auf ein *uplaten* (mnd., *verlazen, ûfgeben* mhd., *resignatio* mittellatein.). Der Salung, wovon Paradigmen die Übereignung und die Belehnung, war der Rechtsgrund, woraus sie zu erfolgen hatte (Tausch, Verkauf, Leistung an Zahlungs Statt, Gabe = Schenkung und Gegengabe), wesentlich. Daß sie in irgendeinem ältern Recht für sich allein kräftig genug gewesen, den Übergang eines Besitzrechts zu bewirken, wie oft behauptet wird, muß bezweifelt werden. Das isländische Recht (der Grágás), wie auch sonst vielfach modern, hat dem dinglichen Vertrag diese Wirkung zugestanden. Die Übereignung des ältesten Rechts kommt getrennt von der körperlichen Besitzverschaffung, d. h. Einhändigung[e], nicht vor. Wird später von der letzteren die Immobiliarsale dispensiert, so bleibt doch ein Surrogat der Besitzverschaffung erforderlich, welches durch Verbürgung oder doch in einer Erklärung gegeben sein kann, worin der Veräußerer dem Rechtserwerber erlaubt, selbst Besitz zu ergreifen (Auflassungserklärung)[f]. Ein solches mußte auch in der Belehnung liegen, weil diese sogar den Namen der „Investitur" erhalten hat, und lag immer in der sogenannten symbolischen Investitur. Salung und Besitzübertragung wirken konstitutiv, die Auflassung dagegen wirkt (für sich allein) nur exstinktiv. Sie ist wesentlich Verzicht auf Ausübung eines Herrschaftsrechts an liegendem Gut, daher notwendig und ausreichend, soweit es bloß darauf ankommt, daß der Veräußerer eine rechtliche Schranke hinwegräume, welche auf seiner Seite der Herrschaft eines andern im Wege steht[g].

c) Vgl. § 42, 1.
d) Vgl. § 40, 1.
e) Vgl. § 44, 2.
f) Vgl. ebd.
g) Über sogenannte gerichtliche Auflassung siehe ebenfalls § 44, 2.

3. Vertragsfähig war nach älterm Recht nicht nur der Volljährige, sondern auch der Minderjährige, dieser nur in unvollkommenerer Weise als jener, da er Geschäfte, welche ihm nachteilig waren, nach erreichter Mündigkeit widerrufen konnte. Aber nur auf Männer fand ursprünglich der Gegensatz von Voll- und Minderjährigen Anwendung, und zwar scheint zuerst die Volljährigkeit mit dem Eintritt der Wehrfähigkeit gegeben. In der Zeit der Rechtsdenkmäler jedoch ist sie an einen bestimmten Alterstermin geknüpft, mit dem man „zu seinen Jahren" kam. Der früheste, welcher vorkommt, ist der zurückgelegte zehnte Winter nach kentischem Recht. Und auch das dithmarsche Recht des 15. Jahrh. geht von dem nämlichen Termin aus, indem es ihn um Jahr und Tag verlängert. Viel verbreiteter war aber schon in der Frühzeit das zurückgelegte 12. Jahr als Mündigkeitstermin. Jüngere Rechte schieben ihn bald mit Bezug auf alle, bald nur mit Bezug auf bestimmte Geschäfte bis zu einem spätern Lebensjahr hinaus. Und von vornherein wurde ein solches angesetzt, wenn man eine Volljährigkeit von Weibern anerkannte.

§ 44

Geschäftsformen

1. Charakteristisch für das vermögensrechtliche wie für jedes andere germanische Rechtsgeschäft war seine Form (ostnord. *skæl*). Nur in ihr, die eine gesetzlich bestimmte, vermochte es die beabsichtigte, dann aber sogar mehr als die beabsichtigte Wirkung zu erzielen. Wie bei den formstrengen Prozeßhandlungen[a] sollten auch bei andern Geschäften durch die Form die Erkennbarkeit und Kundlichkeit des Hergangs gesichert werden und dem Bedürfnis der Rechtsgleichheit, aber auch dem ästhetischen Sinne des Volkes Genüge geschehen. In jüngerer Zeit mischen sich auch polizeiliche und finanzpolitische Gesichtspunkte ein und erhalten oder erneuern das Formenwesen, wo es bereits vom eiligeren Geschäftsleben als beschwerlich empfunden oder gar aufgegeben ist. Vor allem mußten nach dem bis ins 13. Jahrh. herrschenden Prinzip die Kontrahenten das ganze Geschäft in eigener Person abschließen. Ferner mußte es nach rein germanischem Recht hörbar und sichtbar sein. Fürs erste bedurfte es also der mündlichen Rede. Diese hatte sich an die Wortformel (westnord. *lǫgmál*) anzuschließen, die einmal durch Präzedenzfälle festgestellt war. Oft machten Reim und metrische Fassung die Formel so eindringlich für den Hörer als widerstandsfähig

a) Vgl. § 61, 5.

gegen Entstellung. Häufung der Ausdrücke, insbesondere Tautologie und negativer Schlußsatz strebten dem Inhalt des Geschäfts von allen Seiten beizukommen und seiner Wichtigkeit die Feierlichkeit anzupassen. Und buchstäblich wurde das Wort ausgelegt, soweit nicht ein für alle Male sein Sinn rechtlich feststand: „man nimmt den Mann bei seinem Wort". Darum spielt die Irrtumslehre (anders als die vom Zwang) eine geringe Rolle im germanischen Recht. Aus dem gleichen Grund ist es in den meisten Rechtsgebieten frühzeitig üblich geworden, daß die Kontrahenten durch neben oder vor ihnen stehende geschäftskundige Männer ihr Wort führen ließen, was unbeschadet des Grundsatzes vom persönlichen Handeln zulässig war, weil ein solcher „Vorsprecher" nur als Bote, nicht als Stellvertreter seines Auftraggebers erschien.

2. Zu sehen ist das Geschäft unmittelbar, wenn Sachbesitz übertragen werden soll und dies durch körperliche Übergabe der Sache geschieht. Das Verfahren dabei ist rechtlich festgestellt, wenn die Besitzverschaffung zwecks Rechtsübertragung erfolgt: Fahrhabe muß stets eingehändigt werden, und zwar schenkungshalber in bestimmter Weise (z. B. ein Ring mit Schwertes oder Speeres Spitze dargeboten und empfangen unter Männern), und ebenso in der Frühzeit ein Grundstück allemal, indem der Übergeber Teile aus demselben aushebt und dem Erwerber in die Hand oder in den hingehaltenen Rockschoß legt (ostnord. *skötning*, westnord. *skœyting*, mittellatein. *scotatio*). Außerdem mußte der Übergeber den Erwerber um die Grenzen des Grundstücks führen (skandinav. *umferþ*), auf daß dessen Größe und Lage genau bestimmt sei, und dann selber feierlich herausgehen (älteste Auflassung), etwa auch noch sein Feuer auf dem Herde löschen. Einige Rechte verlangen überdies, daß der Erwerber bestimmte Besitzhandlungen auf dem Grundstück vornehme, z. B. Feuer anzünde, Gäste bewirte oder doch wenigstens auf „dreibeinigem" Stuhl sitze. Jüngeres Recht zerbröckelt dieses umständliche Verfahren und gestattet Abbreviaturen, so daß z. B. der bloße Grenzbegang die Einhändigung des Grundstücks oder umgekehrt diese jenen mit vertreten, die körperliche Auflassung durch eine bloße Auflassungserklärung (*se exitum, se absacitum dicere* nach Vorbild der römischen *missio in vacuam possessionem*) ersetzt werden kann. Zu einem solchen Verwittern der Formen kommt es namentlich leicht, wenn die Salung nicht mehr auf dem Grundstück selbst vor sich geht. Ferner bildet sich in deutschen Rechten nach dem Vorgang des fränkischen und im norwegischen Recht der Grundsatz aus, daß die zur Rechtsübertragung gehörige Besitzverschaffung durch ein exekutivisches Verfahren ersetzt werden kann oder gar muß. Es

besteht entweder darin, daß auf Grund von Salung und Auflassungserklärung der Richter das Gut einzieht und dem Erwerber ausantwortet, oder darin, daß auf Grund der Salung durch ein Gerichtsurteil die einseitige Besitzergreifung des Erwerbers legitimiert wird. Das erstere ist der wesentliche Vorgang bei der von Neueren als gerichtliche Auflassung oder Fertigung bezeichneten gerichtlichen Investitur des fränkisch-deutschen Rechts, die in ihrer ursprünglichen Gestalt der richterlichen „Stätigung" mittels Königsbannes oder des „Friedewirkens" über das Gut, d. h. der obrigkeitlichen Beschlagnahme bedarf und vorgenommen wird, teils um dem Erwerber nach Jahr und Tag die rechte Gewere[b] gegen Einspruchsbefugte zu verschaffen, teils um die unter Umständen erforderte obrigkeitliche Zustimmung zur Rechtsübertragung zum Ausdruck zu bringen. Das zweite ist der wesentliche Vorgang[c] der norweg. *skœyting* durch Waffenrühren (*vápnatak*) der Thingleute, nachdem der Erwerber von den Hauptteilen des Grundstücks „Erde genommen" hat.

3. Handelt es sich nun aber nicht um Besitzverschaffung oder um Auflassung an körperlichen Sachen, kann also das Geschäft nicht unmittelbar gesehen werden, so wird es dem Auge wahrnehmbar mittels des Symbols. Die Sprache verlangt nach Unterstützung durch die Gebärde, und zwar um so dringender, je weniger sie selbst imstande ist, abstrakte Dinge, wie z. B. ein Recht, eine Obligation, genau auszudrücken. Unter den Begriff der Gebärde fällt das Symbol und als bloßes Zeichen für das Abstrakte ist es der Metapher analog, auf welche die Sprache angewiesen zu sein pflegt. Die einfachsten Symbole sind die, welche der Mensch an seinem Leibe trägt. Das Recht verwendete von den Leibesgliedern hauptsächlich das organum organorum: die (rechte) Hand zum Symbol, wie ja auch die Wortformel so oft von der Hand redete, wo sie ein Recht meinte. Mittels der Handreichung (skandinav. *taka i hand manni*, westnord. *handsǫl*) wurde in allen Ländern germanischer Zunge die „Treue gegeben" und „genommen", und darum kann insonderheit, wenn man seine Hand von der des Vertragsgegners ergreifen läßt, die Handreichung der symbolische Akt sein, wodurch Personen sich haftbar machen, indem sie die nicht mehr reell vollzogene Vergeiselung, die Selbstverpfändung[d] versinnlicht. Aber auch als bloßes Zeichen der Einigkeit eignete sie sich vorzüglich dazu, jeden beliebigen Vertragsschluß zu veranschaulichen, so namentlich, wenn nach thürin-

---

b) Vgl. § 40, 1.

c) den K. LEHMANN in ZRG G V (1884) S. 94ff. teilweise falsch schildert und völlig mißversteht, indem er von „symbolischer Investitur" redet.

d) Vgl. § 42, 3.

gisch-sächsischem Brauch des MA nur die flachen Hände der Kontrahenten erhoben und mit den inneren Flächen aneinander gelegt wurden. Die spezifische Gelöbnisgebärde aber war nach thüringisch-sächsischem Recht das *upstippen* (*digitum levare*), nämlich das Aufrecken des rechten Zeigefingers mit einwärts gekehrter Handfläche — ein Gestus, der auch bei Einseitigkeit des Geschäftes anwendbar war. Man gelobte „mit Finger und Zunge". So wenig wie er aus der Handreichung abgeleitet sind: die sächsische Verzicht- oder Auflassungsgebärde mit gekrümmten Fingern (*curvatis digitis*), wobei man am Daumen den Zeige- oder Mittelfinger wegschnellte, der Redegestus, der im schlichten Erheben der offenen oder hohlen Hand besteht und u. a. zustimmende Erklärungen zu begleiten pflegte, der Befehlsgestus, der sich von obiger Gelöbnisgebärde nur durch die auswärts gekehrte Handfläche unterscheidet, hinweisende Gebärden (weisende Hand, zeigender Finger) und andere mehr. Aber nicht immer reicht die Hand allein aus. Sie muß dann ein Gerät zum Wahrzeichen halten, darbieten, aufnehmen. Das meist verbreitete ist der kurze Holzstab (ostnord. *træ*, mittellatein. *festuca*) oder die Rute, die später bald ornamental stilisiert wird, bald auch durch einen Halm vertreten werden kann. Der Stab ist von Haus aus Gehstock. In heidnischer Zeit bezaubert, in frühchristlicher besegnet und einem Boten mitgegeben, dient der (weiße, d. h. geschälte) Stab zu dessen Legitimation, gleichviel ob der Bote mit oder ohne Gewalt ausgestattet ist; und auf diesen Botenstab gehen alle Amtsstäbe zurück, vom Weibelstab bis zum Herrscherstab. Mit Ausnahme des letztern, der sich vielleicht von den südlichen Ostgermanen aus verbreitet hat, gehören die Amtsstäbe freilich nur der deutschen Rechtssymbolik an. Bei der Wadiation[e], vom Schuldner dem Gläubiger zum Weitergeben an einen Dritten eingehändigt (mittellatein. *wadia*), vermittelt er den Bürgschaftsauftrag des Schuldners an den Dritten und die Bürgschaftsübernahme des Dritten gegenüber dem Gläubiger. Die Strenge des altfränkischen Formalismus hat dieselbe Symbolik auf die Selbstverbürgung[f] übertragen, indem er den Schuldner mit der linken Hand den Stab dem Gläubiger überreichen und mit der rechten zurückempfangen ließ. Jüngere Rechte ersetzen die Stabreichung bei der Bürgenstellung durch die Handreichung — bei der Selbstverbürgung auch durch das Darbieten eines Mantel- oder Rockzipfels von der Gewandung des Schuldners. Als Wahrzeichen der Botschaftserteilung wie der Bürgschaftsübernahme diente nach deutschen Rechten des MA auch das

---

e) Vgl. § 42, 2.
f) Vgl. § 42, 5.

Überreichen oder Hinwerfen des Handschuhs. Okkasionell aber wurde nach denselben Rechten schon bald nach der Völkerwanderung der Handschuh zum Wahrzeichen des Besitzes, der „manus vestita", wie ja auch als Metapher des Besitzes ein Wort dient, welches Bekleidung bedeutet[g]. Man kann also den Besitz einem andern einräumen oder auf den Besitz verzichten durch Überreichen bzw. durch Wegwerfen eines Handschuhs[h]. Aber auch Wegwerfen oder Brechen des Stabes oder eines Halmes können einen Verzicht oder ein Aufsagen ausdrücken. Hoheitsrechte als Lehensobjekte werden durch Abzeichen des Gewaltträgers symbolisiert, und ganz besonders erfinderisch zeigt sich hierin das deutsche MA. Überhaupt aber ist die Symbolik des südgermanischen Vermögensrechts, selbst abgesehen von ihrer Partikularisierung, eine viel reichere als die des nordischen. Nicht nur macht jenes den Hauptsymbolen noch eine beträchtliche Zahl von Nebensymbolen (z. B. dem zu zeichnenden Stäbchen das Messer) dienstbar, sondern es verbraucht auch die Symbole rascher, so daß es die hervorgebrachten oft durch neue zu ersetzen strebt.

4. Daß das Geschäft bloß hörbar und sichtbar, genügte dem ältesten Recht anscheinend nur in Ausnahmsfällen, wenn es ihm einmal auf die Form ankam. Vielmehr mußte das Geschäft wirklich gehört und gesehen werden. Diesem Zweck diente das Zuziehen von Zeugen, die zum Sehen und Hören aufgefordert sein mußten[i], deren Zahl mit der Wichtigkeit des Geschäfts wachsen konnte. In kontinentaldeutschen Städten wurden solche Urkundsmänner unter dem Namen von „Genannten" oder „Geschworenen" ständig aufgestellt. Eine analoge Einrichtung war in England schon unter König Éadgár (um 962) allgemein. Zeigte sich die Rechtsgenossenschaft selbst an dem Geschäft interessiert, so mußte dieses in der Gerichtsversammlung oder einer gleichwertigen Versammlung vorgenommen oder wenigstens verkündigt werden. Das altschwedische Recht verlangte bei einer Gruppe wichtigerer Geschäfte die „Festigung" (*fæst*), d. h. ein Feststellungsurteil, welches von einer Anzahl von Festigern (*fastar*) unter Vorspruch (*forskiæl*) eines derselben über den Vertrag abzugeben war.

5. Von den Formen der Geschäfte zu unterscheiden sind die Mittel zu ihrer Bestärkung. Hierzu dienen feierliches Treuegelöbnis, wie die westnord. *trygðir* (*tryggvar*), dann promissorischer Eid und Exsekration, gemeinsames Essen und Trinken der Kontrahenten, wodurch diese

g) Vgl. § 40, 1.
h) Vgl. § 40, 1.
i) Vgl. § 63, 8.

ihre Eintracht an den Tag legen und wovon im spätmittelalterlichen Deutschland der *vestwein* ein Überrest ist, nach Ausbildung königlicher Herrschergewalt auch der Königsbrief, der eine Strafe auf Vertragsbruch setzt. An sich von der Form entbunden scheinen die Realverträge. Sie fallen sämtlich unter den Begriff der Gabe mit Auflage. Die Vorleistung wird nicht gemacht, um zu erfüllen, sondern um den Nehmer zu verpflichten. Oftmals geradezu eine „Gabe" geheißen, unterscheidet sie sich von der gewöhnlichen germanischen Gabe (= Schenkung) nur dadurch, daß ihr Lohn schon vom Geber bestimmt ist. In gewissen Verträgen ist sie selbst vom Gesetz bestimmt und pflegt dann einen verhältnismäßig geringen Wert zu repräsentieren, kann z. B. in einem bloßen „Festigungspfennig" bestehen. Als der Nehmer aus dem Vertrag unmittelbar für Erfüllung der Auflage haftete, nahm dieses Drangeld (mhd. *beheftunge, hantnunft*) allerdings das Aussehen einer Formalität an und wurde dann (hauptsächlich in Deutschland) von den Kontrahenten und den etwa zugezogenen Zeugen als „Wein"- oder „Leitkauf" vertrunken oder als „Gottesgeld" oder „Heiliggeistpfennig" den Armen gegeben.

§ 45

Beurkundung

1. Ein tiefer Einbruch ins altgermanische System der Geschäfte wurde gemacht, als noch vor Schluß der Völkerwanderung die Südgermanen aus dem römischen Verkehrsrecht, im MA die Skandinaven aus dem deutschen das Schriftwesen übernahmen. Die Willenserklärung des einen Kontrahenten wird geschrieben und das Schriftstück oder doch sein Material von ihm dem andern Kontrahenten gegeben. Auf diese Weise wird die Willenserklärung selbst abgegeben und angenommen, das Schriftstück (*carta* im weitern Sinn, got. *bôkôs*, altengl. fries. *bôk*, ahd. *buoh*) oder der „Brief" (erst im 15. Jahrh. *urkund*) zur dispositiven oder Geschäftsurkunde (*carta* im engern Sinn, *testamentum*, *epistola*) im Gegensatz zur einfachen Beweisurkunde (*notitia*, *memoratorium*, *breve*). Land, dessen Übereignung im Weg der Briefbegebung erfolgt ist, hieß altengl. und fries. *bôkland*. Die Begebung der Urkunde geht nach altfränkischem Recht vor sich, bevor das Pergament beschrieben ist, bei den Langobarden, nachdem der Text wenigstens teilweise geschrieben und bevor die Urkunde vollzogen ist, ebenso bei den Angelsachsen, wenn der Urkundengeber der Aussteller ist. Es konnte jedoch die angelsächsische Urkundenbegebung (*bóc syllan*) beim Übereignen von

Land auch mit der *carta primitiva* (*liber antiquus*), d. h. mit der Urkunde, geschehen, welche beim ersten schriftlichen Übereignungsakt ausgestellt worden war.

2. Im folgenden soll nur von den Fällen die Rede sein, wo der Urkundengeber der Aussteller ist, da er die Urkunde schreiben läßt (*fieri rogat, jubet*). Die Begebung konnte nach fränkisch-deutschem Recht der Frühzeit nur in einer Form geschehen: der Urkundengeber legte das Schreibmaterial auf den Boden und hob es von hier auf (*cartam levare*), um es dem Schreiber hinzureichen; nachdem dieser das Aktenstück geschrieben, übergab es der Urkundengeber dem Nehmer zu eigen. Die Notwendigkeit jener levatio wird daraus erklärt, daß ursprünglich das levare nur bei Übereignung von Grundstücken stattfand und daß bei diesem Geschäft das Schreibmaterial mit den Symbolen von Grund und Boden verbunden war. In Rhätien wurde die carta vom Geber dem Nehmer zugeworfen, weil sie den Stab vertrat.

3. Auf dieses Aushändigen der Urkunde durch den Geber oder aber auf ihre Aushändigung durch den Schreiber an den Destinatär bezieht sich das „*datum*" der „Datierungszeile" kontinentaler Urkunden, im Gegensatz zum „*actum*", worunter das beurkundete Geschäft, und „*scriptum*", worunter die Herstellung des Schriftstücks zu verstehen ist. Von Angabe des Kanzleipersonals ist die dispositive Kraft der Urkunde nicht bedingt. Nennen langobardische oder altfränkische Urkunden den notarius oder cancellarius, jene auch noch den dictator, diese den Rekognoszenten, so geschieht es nur, um eine Bürgschaft für die Echtheit der Urkunde zu beschaffen. Dagegen mußte die dispositive Urkunde vom Geber „gefestigt" werden (*firmatio, roboratio, stipulatio*, ahd. *fasti, fastinôd*), was durch Unterzeichnen oder durch Handauflage (ahd. *handfesti*) geschah. Die Fassung des Textes ist meist subjektiv und bedient sich dann regelmäßig in ihrer dispositio des Präsens, in England des Futur. Objektive Fassung pflegt das Präteritum anzuwenden. Zeugen sind bei der ältern Geschäftsurkunde notwendig. Daß sie die Begebung gesehen, beurkunden sie, indem auch sie die Urkunde „festigen".

4. Die Konkurrenz der dispositiven Urkunde hat bei den Südgermanen die altnationale Form der Geschäfte erschüttert, insbesondere die der Salung und der Investitur, indem sie teils die germanischen Formen verdrängte, teils sich mit ihnen verband und sie dadurch schwächte. Zuerst mußte der dispositio in der Urkunde noch die mündliche Rede des Gebers entsprechen. Bei den Angelsachsen wurde sie schon durchs Vorlesen des Textes ersetzt. In Deutschland und in Skandinavien fällt während des MA die Mündlichkeit ganz fort. Die Handfestigung geschieht jetzt durch Anhängung des Siegels. Das Zeugnis wird unwesentlich. Diese Veränderungen wirken zurück auf den gesamten Charakter des Geschäfts. Wird nämlich in der Urkunde dem Inhaber als solchem versprochen, so wird das Geschäft seinem Wesen nach ein einseitiges des Ausstellers: nicht mehr auf einen Begebungsakt, sondern nur noch darauf kann es ankommen, daß der Aussteller die Urkunde irgendwie aus seiner Gewalt verloren hat[a].

5. Im MA erhält sich die dispositive Urkunde vorzugsweise nur als Schuld- und Stiftungsbrief. Dagegen wird nunmehr, und zwar zuerst vom deutschen Stadtrecht (12. Jahrh., Köln), die öffentliche Beweisurkunde in den Geschäftsformalismus aufgenommen. Diese Urkunde wird vom Gericht (oder von dem an Gerichtes Statt auftretenden Rat) über das vor ihm oder unter seiner Mitwirkung abgeschlossene Geschäft ausgestellt und verwahrt. Sie ist Gerichtszeugnis[b] und genügt in der Form eines Protokolls, welches zuerst auf Rollen oder einzelnen Blättern (Hauptbeispiel die „Kölner Schreinsurkunden des 12. Jahrh."[c]), später im Gerichts- (Stadt-, Gedenk-)Buch geführt wird. Das Gerichtsbuch ist Grundbuch, wenn es nur dem Immobiliarverkehr dient und nach den Liegenschaften des Buchbezirks eingeteilt ist. Bei Geschäften über Liegenschaften wurde der Bucheintrag zur Form erhoben. Die Folge davon war, daß die „gerichtliche Auflassung"[d] ihren selbständigen Wert einbüßte, der Rechtsübergang mittels des Bucheintrags allein bewirkt wurde.

---

a) Vgl. § 43, 2.

b) Vgl. § 63, 9.

c) Herausgeg. von Hoeniger in den Publikationen der Gesellsch. für Rhein. Gesch. I (1884), II (1895).

d) Vgl. § 44, 2.

Sechster Abschnitt

VERBRECHEN UND STRAFEN

Literatur bei H. Brunner, RG [2]I §§ 21—23, [2]II §§ 65, 66, 115, 125—147; demselben, Grundzüge [8]§§ 8, 21, 42; R. Schröder, Lehrbuch [7]§§ 12, 36, 62; Siegel, RG S. 484—518; Gengler, Grundriß S. 359—388; v. Schwerin, RG [2]S. 154—174; Kolderup-Rosenvinge, Grundrids §§ 24, 25, 65—70, 112—115; Stemann, Danske Retshistorie §§ 101—113; Henning Matzen, Forelæsninger over den Danske Retshistorie, Offentlig Ret III.

Dazu: J. Telting, Over de sporen van oudgermansch strafregt in de Germania van Tacitus (Themis III); v. Amira in GGA 1888 S. 52—54 u. im Oberbaier. Archiv XXXII S. 263—282; Eberh. Frhr. v. Künssberg, Acht (1910); J. Poetsch, Die Reichsacht im MA (1911); K. Maurer in Kr. Vjschr. V (1863) S. 301—311; O. Franklin, Das Reichshofgericht im MA II (1869) S. 320—384; v. Richthofen, Untersuchungen über fries. RG II, 1 (1882) S. 453—455, 498—511; J. W. Planck, Das dt. Gerichtsverfahren im MA II (1879) §§ 143, 139; Ferd. Frensdorff, Recht und Rede, in Histor. Aufsätze dem Andenk. an G. Waitz gewidm. 1886 S. 433ff. spez. S. 460—490; Rud. His, Gelobter u. gebotener Friede im dt. MA (ZRG G XXXIII 1912 S. 139—223; W. H. R. E. Luppe, Beiträge zum Totschlagsrechte Lübecks im MA (1896); Aug. Stöber, Der Klapperstein nebst ähnlichen Strafarten ... im Elsaß ([2]Straßburg 1876); v. Künssberg, Über die Strafe des Steintragens (1907); Félicien Cattier, Évolution du droit pénal germanique en Hainaut jusqu'au 15e siècle (Mons 1893); J. B. Cannaert, Bijdragen tot de kennis van het oude strafrecht in Vlaenderen ([3]Gent 1835). — Ernest Fl. Henderson, Verbrechen u. Strafen in England während der Zeit von Wilhelm I. bis Edward I. (1890); J. F. Stephen, A history of the criminal law of England I (London 1883) S. 51—59; Ackermann in Archaeologia XXXVIII S. 54ff. — J. E. Larsen, Forelæsninger S. 205—285; P. Hasse, Die Quellen des Ripener Stadtrechts (1883) S. 13—36 [dazu aber auch V. A. Secher in Histor. Tidsskrift (Københ. 1883) S. 480ff.]; Max Pappenheim, Die altdän. Schutzgilden (1885) S. 82—102, 322—407. — Schrevelius, De principiis legislationis poenalis majorum I—VIII (Lund 1833—1836); E. S. Bring, De judicio homicidii secundum jura Suigothiae vetusta (Lund 1820); C. J. Schlyter, Juridiska Afhandlingar I S. 55—113, II S. 284—292; S. R. D. Knut Olivecrona, Om dödsstraffet ([2]1891; französ. von L. Beauchet, De la peine de mort [2]Paris 1893) S. *5—*14, 1—9; J. Forsman, Grunderna för läran om delaktighet i brott (Helsingf. 1879) S. 24—34; Derselbe, Bidrag till läran om skadestånd i brottmål (Helsingf. 1893); K. G. Westman in Antiqu. Tidskrift för Sverige XVII (1905) Nr. 2; C. G. E. Björling, Om bötesstraffet i den svenska medeltidsrätten (1893); v. Amira, Nordgerman. Obligationenrecht I (1882) §§ 18, 54—58, 92, 93, II (1895) §§ 11, 12, 43—47, 86; Derselbe in Germania XXXII S. 129—164; Max Pappenheim, Ein altnorweg. Schutzgildestatut (1888) S. 80—98; K. Maurer, Vorlesungen V (1900) S. 3—286; Derselbe, Das älteste Hofrecht des Nordens (1877) S. 21—29, 59—73, 118—131; K. Lehmann, Der Königsfriede der Nordgermanen (1886) §§ 4—6, 14, 16, 20—23 u. Anhang; P. Merker, Das Strafrecht der altisländ. Grágás (1907); Andr. Heusler, Das Strafrecht der Isländersagas (1911) [dazu v. SCHWERIN in ZRG G XXXIII (1912) S. 491—520 u. E. GOLDMANN in Österr. Ztschr. für Strafrecht III (1912) S. 375—377]; Derselbe, Zum isländ. Fehdewesen in der Sturlungenzeit (1912).

⟨1913—1966⟩

⟨Literatur bei PLANITZ/BUYKEN, Bibliographie I S. 161 f. (Nachträge 773), 223—225 (779f.), 289—291 (786), 724—735 (818). — PLANITZ/ECKHARDT, RG ²§§ 14, 31, 61; CONRAD, RG ²I S. 46—52, 168—175, 435—450. — RUD. HIS, Geschichte des dt. Strafrechts bis zur Karolina (1928).⟩

§ 46

Friedensbruch

1. Das Verbrechen ist und heißt vom Standpunkt des staatlichen Strafrechts aus, das vom Privatstrafrecht[a] unterschieden werden muß, ein „Bruch des Friedens“ (westnord. *friðbrot*, ostnord. *friþbrut*, dazu *bryta friþ* = den Frieden brechen, altfries. *thene fretho breka*, mhd. *vridebruch*, altengl. *griðbryce*) und, da der Friede durchs Recht hergestellt ist, ein „Rechtsbruch“ (altnord. *lagabrot*, *lǫgbrot*, altschwed. *laghabrut*, altengl. *lahbryce*) oder „Einbrechen ins Recht“ (*altschwed. bryta i lagh*), ein „Bruch“ (ostnord. *brut*) oder ein „Brechen“ (fries. *breka*) von Rechtsgeboten oder Verboten, ein „Schlitz ins Recht“ (ostnord. *laghslit*), ein „Unrecht“ (fries. *unriucht*, mhd. mnd. *ungerihte*, westnord. *úskil*), eine „Verfehlung gegen das Recht“ (altnord. *lagalǫstr*). Auch die Grundbedeutung von „Übel“ (= Übertretung) scheint hierauf zurückzugehen. Angerichtet wird der Friedensbruch durch eine „Schädigung von Gütern“ (ostnord. *skaþi*), welche nicht bloß körperliche noch auch bloß Rechte von Leuten, sondern auch sittliche Normalgesetze sein können, wiewohl nicht jede Übertretung eines solchen ein Verbrechen ist. Allemal aber ist dieses eine „Tat“ und daher eine Misse- oder Übeltat (ahd. *missitât*, altengl. *misdǽd*, got. *missadêds*, westnord. *misgerning*, *misgerð*, ostnord. schlechtweg *gærning*, *gærþ* — got. *fravaurhts*, ahd. *fratât*, mhd. *untât* — ahd. *ubiltât*) und genauer nach dem ältern Recht ein „Wehtun“ (got. *vaidêds*), was nicht ausschließt, daß ein Unterlassen Verbrechen sein kann.

2. Kommt es ursprünglich beim Friedensbruch aufs Vollenden eines Schadens an, so daß auch der böswilligste Versuch als solcher kein Verbrechen ist, so wird doch nicht minder auf die Beschaffenheit des

---

a) Vgl. § 56.

Willens Gewicht gelegt, mit dem jener schädliche Erfolg in Kausalzusammenhang stehen muß. Es ist in bezug auf die rechtlichen Folgen ein scharfer Gegensatz zwischen absichtlichen und unabsichtlichen Übeltaten, — skandinav. *viliaverk* (*valdsverk*) und *vaþaverk* — fries. *weldich dêde* und *unweldich dêde* (entsprechend altengl. *willes* und *unwilles, gewealdes* und *ungewealdes, þances* und *unþances*, mhd. mnd. *dankes* und *undankes*). Bei den ersteren ist die Absicht (skandinav. *vili, wald*, fries. *wille*, altengl. *geweald*, ahd. mnd. *danc*) des Täters auf den schädlichen Erfolg gerichtet, daher selbst schon „Gefährde" (ahd. *fâra*, mhd. *vâre*), „üble Klugheit" (mhd. *arclist*, mnd. *argelist*) und „Vermessenheit" (ahd. *fravili*, mhd. mnd. *vrevele*, latein. übersetzt *temeritas*), welche sich bei Angriffen auf Leib und Habe zur „Feindseligkeit" (altnord. *heipt*, alamann. **haist*, vgl. westnord. *heiptugri hendi*, alamann. *haistera handi*, fries. *mit haster hond, fan hast*, mittellatein. *asto*) spezifiziert. Bei den andern ist der üble Ausgang nur Folge eines gefährlichen Verhaltens (skandinav. *vaþi*), aber nicht selbst beabsichtigt. Daher trägt zwar den Schaden der unabsichtlichen Übeltat dem Prinzip nach stets, wer die Gefahr des schädlichen Ausgangs verursacht hat, sei es, daß er für Ersatz oder Vergütung, sei es, daß er für Genugtuung einsteht; aber den Frieden zu brechen ist wiederum dem Prinzip nach eine solche Tat ungeeignet, wenn auch dadurch in heidnischer Zeit eine ernstliche Anerkennung der Blutrache als einer Kultpflicht und insoweit allerdings eine Friedlosigkeit des Täters bei unabsichtlichem Totschlag nicht ausgeschlossen ist. Anders die absichtliche Missetat: sie ist Friedensbruch, sie kränkt die Rechtsgenossenschaft im ganzen und fordert deren Gegenschlag heraus.

3. Auf ihren jüngern Entwicklungsstufen erst nehmen die germanischen Rechte von einer ausnahmslosen Durchführung dieses Gegensatzes Abstand, indem sie einerseits die leichtesten Fälle der absichtlichen Übeltat aus der Reihe der Friedensbrüche streichen, anderseits Fälle der zwar nicht absichtlichen, doch fahrlässigen Übeltat den Friedensbrüchen zugesellen. Auf jüngern Stufen fangen sie auch an, bestimmte einzelne Tatbestände unter dem Gesichtspunkt des Versuchs zu bestrafen. Unter den deutschen Rechten hat zuerst das salfränkische, unter den skandinavischen das isländische diese Richtung eingeschlagen.

§ 47

Absichtslose Tat

Was nun die Merkmale der absichtlichen und der unabsichtlichen Übeltat betrifft, so haben wir natürlich von denjenigen Friedensbrüchen abzusehen, bei denen schon der Begriff der Tat selbst die Unabsichtlichkeit ausschließt, wie z. B. bei Mord, Diebstahl, Raub, Notnumft. Bei den andern Tatbeständen geht das Recht, indem es der leidenschaftlichen Erregung des Verletzten und Gekränkten ein Zugeständnis macht, von dem Prinzip aus, Absichtlichkeit anzunehmen. Diese Präsumtion muß erst durch bestimmte Tatsachen widerlegt werden, soll die Tat als unabsichtliche gelten. Diese Tatsachen sind entweder gewisse Umstände der Tat selbst, von denen schon das Gesetz feststellt, daß sie die Absicht ausschließen, oder aber besondere nachträgliche Handlungen des Täters, mitunter auch des Verletzten. Je nach Lagerung des Falles kann ein und dasselbe Recht bald jenen, bald diesen Weg vorziehen. Nach keinem der beiden Systeme kommt es aber zu einer Analyse des individuellen Falles, so daß möglicherweise eine Tat als unabsichtliche behandelt wird, die doch auf den schädlichen Ausgang angelegt war. Nach dem ersten System muß der Tatbestand unter einen von nur wenigen aufzählbaren Typen, wie z. B. Schädigung eines Menschen durch eine Tierfalle oder bei gefährlichen Arbeitsleistungen, gebracht werden können, wofür die Beweislast den Täter trifft, der es nun aber zur Klage darf kommen lassen. Das zweite System findet sich wiederum in zweifacher Weise verwirklicht: entweder nämlich — und dieser Richtung folgt insbesondere das altschwedische Recht — hat der Täter, bevor es noch zum Prozeß kommt, ja überhaupt binnen sehr kurz bemessener Frist und zuweilen in demütiger Form, sich zu eidlicher Entschuldigung und zur Genugtuung bereit zu zeigen, allenfalls auch der Geschädigte zu erklären, daß er die Tat als unabsichtliche gelten lasse, oder aber — und dieser Richtung folgen insbesondere die deutschen Rechte — der Täter hat auf vorgängige Klage hin seine Absicht eidlich zu leugnen, so daß die Entschuldigung in den Prozeß hinein verlegt ist. Die letztere Richtung ist wie die mildere, so vermutlich auch die jüngere. Die eine wie die andere aber setzt voraus, daß der sichtbare Tatbestand unter einen Typus fällt, welcher den Mangel der bösen Absicht wahrscheinlich macht, wie z. B. bei Tötung oder Leibesverletzung durch Fehlschießen[a], mißlungenen Kuren, Schäden, die man nach rückwärts, ohne umzu-

a) Doch verdient bemerkt zu werden, daß gerade Fehlschießen nach der Auffassung des Beowulf 2435—2442 nicht entschuldigt.

schauen, anrichtet. Eine im Lauf der Zeiten an Reichtum zu-, an Übersichtlichkeit abnehmende Kasuistik, mit eigener Terminologie, sucht diesem Gesichtspunkt gerecht zu werden.

§ 48

Haustiere und Unfreie

1. Es sind nicht immer nur Menschen, denen absichtliches Übeltun zugeschrieben wird. Im MA wenigstens findet sich fast in allen germanischen Ländern der Gebrauch, Haustiere wie Menschen zwar nicht prozessual verantwortlich zu machen, wohl aber hinzurichten, wenn sie Menschen getötet oder schwer verletzt hatten. Dieses Verfahren ist, vermittelt durch die zuerst wohl in Frankreich und England ausgebildete Konfiskation schadenstiftender Haustiere und unter Anlehnung an unverstandene Kultvorschriften des Mosaischen Rechts, an die Stelle einer bloß privatrechtlichen Rache[a] getreten. Noch weniger mit germanischem Strafrecht zu tun hatten die bald weltlichen, bald kirchlichen Prozesse und Malediktionen (sogenannte Exkommunikation) gegen Ungeziefer, welches dadurch von Grundstücken vertrieben werden sollte. Sie sind wahrscheinlich als Umbildungen eines aus dem Heidentum stammenden Zauberbannes gegen Wiedergänger und Dämonen aufzufassen.

2. Bleiben wir nun beim verbrecherischen Willen des Menschen stehen, so setzt jener Rechtsfähigkeit des Täters ursprünglich nicht prinzipiell voraus. Auch Unfreie also können den Frieden brechen, wiewohl nicht friedlos werden[b]. Erst jüngere Rechte sprechen dem Unfreien die Fähigkeit zum Friedensbruch ab, weil sie die Friedlosigkeit als notwendige Folge jedes Friedensbruchs auffassen. Nach friesischem Recht im MA z. B. gilt Knechtestat als unabsichtlich. Anderseits wird auch nicht allen freien Leuten die Absicht zugerechnet. Unzugerechnet bleibt sie im allgemeinen Minderjährigen, Irrsinnigen, soweit ihre Krankheit an gesetzlichen Merkmalen erkannt werden kann, zuweilen auch, soweit sie bekannt ist, ferner nach älterem friesischem Recht Weibern[c]. Hat der Täter einem Befehl zu gehorchen gehabt, so gilt die Tat nicht als die seine, sondern als die des Befehlers. Wie der Befehl wird in jüngern deutschen Rechten auch der Streitanfang (*urhap*, *anevang*) behandelt.

---

a) Vgl. § 42, 4.
b) Vgl. § 51, 1.
c) Darüber Kr. Vjschr. XVII S. 435f.

§ 49

Neidingswerk

In der Böswilligkeit werden Stärkeunterschiede gemacht nach folgenden Gesichtspunkten. Es wird vor allem darauf gesehen, ob die Tat einer sittlich verwerflichen Gesinnung entstammt. Denn nicht jede rechtswidrige Absicht galt auch als sittlich verwerflich. Hierauf beruht der Gegensatz von ehrlichen und unehrlichen Missetaten. Die Unehrlichkeit des Täters kann liegen in dem Motiv seiner Tat bzw. in der Unterdrückung von Gegenmotiven, wie z. B. bei Totschlag oder Leibesverletzung unter Bruch einer besonderen Treuepflicht oder eines angelobten Friedens (z. B. einer Urfehde oder eines beschworenen Land- oder Stadtfriedens[a], im 11. Jahrh. auch noch des beschworenen „Gottesfriedens"), oder bei Heerflucht oder bei Angriffen auf Wehrlose, — ferner in der Art, wie die Tat vollführt wird, wobei insbesondere Heimlichkeit einen Erschwerungsgrund bildet, so bei dem geradezu nach der Heimlichkeit benannten Verbrechen, dem Diebstahl, bei Mord, bei nächtlich oder mit Zaubermitteln verübter Tat — endlich aber auch in der Art, wie der Friedensbrecher nach vollbrachtem Werk sich benimmt, z. B. indem er dasselbe leugnet, dessen Spuren beiseite schafft. Als etwas „Außerordentliches", „Unerhörtes" wurden solche Verbrechen überall angesehen und benannt: got. *fairina*, skandinav. *firn*, ahd. altsächs. *firina*, altengl. *firen*, fries. *firine* — dazu skandinav. *firnarverk*, altengl. *firenweorc*, altsächs. *firinwerk*, *firindâd*, ahd. *firintât*. Das Außerordentliche lag eben in dem sittlich „Falschen" der Handlungsweise (ahd. mhd. *meintât*, mhd. *untât* im engern Sinn, altnord. *údáð*, *údáðaverk* — dem taciteischen *scelus* und *flagitium*), daß sie der ältesten Vorstellung des Volkes geradezu als Werk eines Entarteten erschien, daher bei Nordleuten und Angelsachsen der unehrliche Missetäter ein „hassenswerter Mensch" (*niþinger*, *niðing*) heißt und die Tat nach einem solchen benannt ist (*niþings verk*, *niðinges dæde*). In oberdeutschen Quellen des MA ist der Ausdruck *unêrliche sache* neben *untât* technisch. Weiterhin hängt die Bösartigkeit des verbrecherischen Willens von der Gemütsverfassung ab, in welcher der Täter handelt. Leichter genommen wird eine Missetat, die im Eifer (fries. *bi ira mode* = in abirrendem Mut, *fan hast*[b], mnd. *mid hastmude*, langobard. *haistan*), im Leid (ostnord. *mæþ harms hændi*, *m. h. vilia*), im Zorn (ostnord. *mæþ vræþs hændi*, *m. v. vilia*), jählings (altschwed. *mæþ braþum gærningum*), als

a) Vgl. I §§ 21, 3; 20, 3.
b) Vgl. § 46, 2.

eine, die mit kaltem Blut und Überlegung (mnd. *vorsate*, mhd. *ûfsaz* — ostnord. *mæþ længre forakt*), z. B. aus Habsucht, begangen ist. Doch zur Qualifikation von Verbrechen überhaupt wird dieser Gesichtspunkt erst von mittelalterlichen Rechten verwertet. Die Frühzeit folgt ihm nur bei bestimmten Verbrechen und nur unter Beobachtung gesetzlicher Merkmale. Dagegen erblicken schon alte Rechte im Rückfalle als einem sicheren Zeichen der Entartung einen Erschwerungsgrund bestimmter Missetaten.

§ 50

Geschütztes Gut, Tätermehrheit, Tateinheit

1. Außer der Beschaffenheit des verbrecherischen Willens war für die Schwere der Tat der Wert des Gutes maßgebend, welches geschädigt wurde. Demgemäß wurden z. B. die Angriffe auf Leib und Leben, dann die auf fremde Habe sorgfältig abgestuft, Unterschiede zwischen großen und kleinen Diebstählen gemacht. Es begreift sich aber auch, daß die Schwere der nämlichen Tat zu verschiedenen Zeiten oder auch in verschiedenen Kulturgebieten verschieden angeschlagen werden mußte, je nach der Schätzung des Angriffsobjektes. Hiervon abgesehen konnte die Schätzung des nämlichen Angriffsobjektes im nämlichen Rechtsgebiet zur nämlichen Zeit unter bestimmten äußern Umständen eine Steigerung erfahren, so daß durch eben diese Umstände auch das Verbrechen ein schwereres wurde. Es ist den Quellen gemäß, in diesen Fällen von Bruch eines besondern, nämlich verstärkten „Friedens" zu sprechen, der das geschädigte Gut schirmt. Ein solcher Friede kann an bestimmten Orten alle oder doch bestimmte Güter schützen, und zwar entweder dauernd, wie der Tempelfriede in heidnischer, und sein Nachbild, der Kirchenfriede in christlicher Zeit, wie ferner der Haus- oder Heimfriede, der Schiffsfriede, der Mühlenfriede, der Deichfriede, der Stadtfriede, oder nur zu gewissen Zeiten, wie der Thingfriede, der Ackerfriede (als Saat- oder Pflugfriede und Herbst- oder Erntefriede), der ältere Marktfriede[a], der Königsfriede als Befriedung des königlichen Aufenthaltsortes, der Friede während des Heeresaufgebots. Andere Frieden schützen dagegen nur bestimmte Personen, und zwar wiederum entweder dauernd, wie der Königsfriede als Befriedung des Königs selbst und seiner Diener und Schutzleute[b], oder vorübergehend wie der Heerfriede. Eine dritte Gattung von hohen Frieden

a) Vgl. § 5, 1.
b) Vgl. §§ 8; 19, 7.

endlich bilden die eben so sehr heidnischen als christlichen Gottes- und Festfrieden, welche sich auf bestimmte Zeiten („gebundene Tage"), nicht aber auf bestimmte Orte und Leute beschränken. Sieht man auf das genetische Verhältnis unter den hohen Frieden, so gruppieren sie sich anders: alsdann gehört z. B. der Marktfriede zum Tempel- und Kirchenfrieden[c], ebenso vielleicht der Thingfriede, zum letztern der Heerfriede, zum Hausfrieden der Schiffs- und Ackerfriede. Räumliche und zeitliche Grenzen der hohen Frieden pflegten durch besondere Zeichen in die Sinne zu fallen, die ersteren durch Grenzmarken, die zweiten durch feierliche Verkündigungen (Rede, aber auch Glockenklang, Hörnerschall, Errichtung und Wegnahme sichtbarer Friedenszeichen).

2. Bei Beteiligung mehrerer an einem Verbrechen hängt der ältern Auffassung nach die Schwere des Verschuldens jedes Teilnehmers noch von Art und Maß seiner Mitwirkung zum schädlichen Erfolg und von ihrer äußerlichen Wahrnehmbarkeit ab. Daher wurden die mannigfaltigen Formen der Beihilfe, der psychischen Teilnahme und der Begünstigung nicht nur von der Täterschaft, sondern auch voneinander scharf unterschieden, teilweise sogar mittels feststehender Kunstausdrücke. Die psychische Teilnahme, insbesondere die Anstiftung, hieß „Rat" (skandinav. *ráþ*, altengl. *rǽd*, fries. *red*, ahd. *rât*) im Gegensatz nicht nur zur Tat (altengl. *dǽd*, fries. *dêd* usw.), sondern auch zur Beihilfe (altengl. *fultum*, *fylst*, fries. *fulliste*, *folste*, altsächs. *fullesti*, ahd. mhd. *volleist*). Die Zahl der als Täter Verfolgbaren war oftmals gesetzlich beschränkt, z. B. bei Leibesverletzungen oder Tötungen durch die Zahl der Wunden oder Schlagspuren. Während das wissentliche Begünstigen eines friedlosen Menschen selbst als Friedensbruch behandelt wurde, zogen das Anstiften und das Helfen ursprünglich nur bei bestimmten Verbrechen Rechtsfolgen nach sich, und auch diese waren in der ältesten Zeit keine strafrechtlichen, sondern nur obligationenrechtliche. Am frühesten bestraft wurde das Anstiften in südgermanischen Rechten, doch wahrscheinlich nur das Anstiften zur Tötung — im fränkischen Recht auch noch nicht unter dem Gesichtspunkt der Teilnahme, sondern als selbständiges Delikt der Lebensgefährdung. An die Beihilfe knüpften sich strafrechtliche Folgen zuerst in denselben Rechtsgebieten, und zwar vornehmlich, wenn auch nicht allein, an die Beihilfe bei den sogenannten Bandenverbrechen, d. h. Verbrechen, deren Tatbestand das Zusammenwirken einer bestimmten Mindestzahl von bewaffneten Genossen (Bande, z. B. altengl. *hlóð* 7—35 Mann, von da ab *here*, dagegen dän. *hær* 5 Mann = westnord. *flokkr*) erforderte. Bei diesen Verbrechen unter-

c) Vgl. § 5, 1.

schied man nicht selten Grade der Beihilfe, z. B. eine Gruppe von näheren und eine von räumlich ferneren Gehilfen oder auch handtätige Gehilfen und bloße Folger. Im allgemeinen wurde der Teilnehmer milder behandelt als der Täter. Doch konnte der Gegensatz zwischen Täterschaft und Teilnahme dadurch aufgehoben werden, daß die Genossen eines Friedensbruches im Prozeß zusammenstanden. Im MA ferner verwischt ihn das deutsche Recht dadurch, daß es prinzipiell die gleiche Strafe auf die Teilnahme setzt wie auf die Täterschaft.

3. Bei Einheit der Ausführungshandlung oder bei Einheit ihres Erfolges zeigen die germanischen Rechte die Neigung, eine Mehrheit von Missetaten anzunehmen, sobald sich die Ausführungshandlung in eine Mehrzahl von Willensbewegungen oder der Erfolg in Teilerfolge zerlegen läßt. Es wird z. B. jede durch einen und den nämlichen Stich begangene Verwundung, jeder bei einer Verwundung zugefügte Knochenbruch als besondere Missetat gezählt, oder es wird bei Eintreiben von Vieh auf fremdes Feld eine der Zahl der Viehhäupter entsprechende Menge von Eigentumsverletzungen angenommen. Die verschiedenen Rechte beobachten freilich dieses Spalten des Tatbestandes keineswegs mit gleicher Folgerichtigkeit. Am weitesten gehen darin friesische Rechte, und zwar weiter im MA als in der älteren Zeit. Da wird z. B. nach der Zahl der Nadelstiche, womit eine Wunde zugenäht, nach der Zahl der Maßeinheiten, womit sie gemessen werden muß, nach der Zahl der Finger, die einem ins Haar gegriffen, die Zahl der Übeltaten bestimmt. Die aus der Spaltung des Tatbestandes sich ergebende Konkurrenz von Missetaten forderte Häufung ihrer rechtlichen Folgen: „so viele Wunden, so viele Bußen". Aber dies hatte seine Grenzen. Friedlosigkeit und öffentliche Strafen konnten nach vielen Rechten den Eintritt von Bußfälligkeit verhindern. Oder man ließ die Klagepartei nur zwischen der Verfolgung der einen oder der anderen Tat wählen. Oftmals findet sich auch, daß Häufung gleichartiger Bußen nur bis zu einem gewissen Höchstbetrag ansteigen kann. Demgegenüber hielt man aber in manchen Rechtsgebieten so streng an formalistischer Häufung von Strafen fest, daß man selbst vor einem Scheinvollzug mehrerer Todesstrafen am nämlichen Täter nicht zurückscheute.

§ 51

Friedlosigkeit

1. „Unrecht schlägt seinen eigenen Herrn". Denn: „wer nicht andern das Recht will gönnen, der soll nicht Rechtes genießen". Den Friedensbrecher muß daher die Friedlosigkeit (altschwed. *friþlösa*, mittelfries. *ferdloshed*) treffen. Diese Folgerung zieht das ältere germanische Strafrecht in aller Strenge. Der Friedlose (westnord. gutn. *friðlaus*, altschwed. *friþlös*, altengl. *friðléas*, altfries. *fretholâs*, mhd. *vridelôs*) ist aus dem Rechtsverband (*lag*) ausgestoßen: westnord. *útlagr*, ostnord. *utlæger*, *utlagþer*, altengl. *útlah*, mnd. *ûtlagh* (daher die Friedlosigkeit westnord. *útlegð*). Gleichbedeutend mit *utlæger* sind altschwed. *biltugher* (doch wohl zu *bil*)[a] und altengl. *londrihtes ídel*, hd. *von dem landrehte getan*, mhd. *êlôs*, *echtelôs*, *rechtelôs*. Weil und soweit er des Rechtsschutzes darbt, ist sein Los das eines Flüchtigen (altengl. *flýma*). Er ist gehetzt wie der Wolf und heißt daher wie dieser — altnord. *vargr*, ahd. altfränk. altsächs. *warg*, altengl. *vearh* — und trägt „*wulfes héafod*" (altengl.), weswegen die Friedlosigkeit ein „Wolfsleben" (altsächs. *wargida*). Seine Zuflucht soll sein der wilde Wald; daher ist die Friedlosigkeit ein „Waldgang" (westnord. *skóggangr*, wofür altschwed. prägnant *skogher*), der Friedlose ein „Waldgänger" (westnord. *skóggangsmaðr*, altengl. *vealdgenga*, vgl. den *homo qui per silvas vadit* im Edictum Chilperici) oder „Waldmensch" (westnord. *skógarmaðr*), wie anderseits auch der Wolf ein Waldgänger heißt[b]. Spezifisch mittelalterlich-deutsch ist die Benennung Acht (mhd. *âhte*, *eht*, mnd. *achte* — früher, wie z. B. in altengl. *óht* = Verfolgung überhaupt) für die Friedlosigkeit, womit aber auch nur wieder der Zustand des Verfolgten (mhd. *æhtære*) ausgedrückt werden will. Ähnlich verhält es sich mit dem Ausdruck „Fehde" (and. langobard. *faida*, von *fijan* „hassen" — ahd. *fêhida*, altengl. *fǽhðe*, von ahd. *fêh*, altengl. *fáh* „feindlich", „verfolgt"), welcher zunächst nur den Zustand eines der Todfeindschaft Ausgesetzten bezeichnet. Doch steht Valdemars Sællandske Lov c. 87 *fegh ok frithlæs*. Spezifisch nordisch andererseits ist der mit jenem *fáh* begriffsverwandte Ausdruck *úheilagr* (= unheilig, schutzlos). Nur ein Reflex dieser Schutzlosigkeit des Ächters, kein subjektives Recht, ist das von Neueren sogenannte Fehderecht, wo dasselbe als Folge eines Verbrechens eintreten soll, und genau das Nämliche ist von dem sogenannten Racherecht zu sagen,

a) Vgl. I § 1, 6 sowie E. Brate, Vestmannalagens ljudlära, S. 32—36.

b) *Holzgangel* in der Gottschee ⟨deutsche Sprachinsel südl. Laibach⟩, Anz. f. K. d. deut. Vorz. 1854, S. 51.

welches weiter nichts als eine Erscheinungsform jenes Fehderechts ist. Der Friedlose ist überhaupt dem Grundgedanken der Acht nach nicht bloß dem Verletzten preisgegeben, sondern jedermann darf, ja soll ihn als Feind behandeln. Man wird bestraft, wenn man ihn befördert, haust, hoft, ja auch nur speist. Daher liegt in der Acht ein „Speisungsverbot“ (altdän. *matban*, ahd. *meziban*, mnd. *meteban*, *miteban*). In England und auf Island wird sogar ein Preis auf des Ächters Kopf gesetzt. Selbst Asyle schützen den Friedlosen nicht immer. Und im MA wird ihm nach einigen Rechten sogar das christliche Begräbnis versagt. Aber nicht bloß der Leib des Friedlosen, auch seine Habe wird von der Acht betroffen (und nach nordischer Vorstellung sogar „friedlos“). Rechtsgenossenschaft, Herrscher, Kläger können sich ihrer bemächtigen und sie unter sich verteilen, was nach skandinavischen Rechten im Weg eines umständlich geordneten Verfahrens (isländ. *féránsdómr*, altschwed. *boskipti*, *skyfling*) geschieht. Aufs Ächtergut bei gemeiner Friedlosigkeit haben noch in vorchristlicher Zeit sächsische, später auch die andern deutschen Rechte nach Analogie des Rituals der öffentlichen Strafe die „Wüstung“[c] angewandt.

2. Die Friedlosigkeit wird nun aber nicht immer in ihrer vollen Strenge verhängt. Überall kommen Abstufungen und Spielarten derselben vor, indem ihre Wirkungen bald zeitlich, bald räumlich, bald inhaltlich beschränkt werden. Zeitlich beschränkt sind sie, wenn sie durch Sühne[d] abgewendet werden können. Dies ist der Fall bei der altnord. *útlegð* im engern Sinn, bei der deutschen Verfestung (mnd. *vestinge*) des MA. Auch der isländ. *fjǫrbaugsgarðr* gehört hierher, indem bei ihm der *skóggangr* durch Sühne in eine bloß dreijährige Acht verwandelt ist. Räumlich beschränkt ist die Acht, wenn sie den Geächteten nur außerhalb bestimmter Orte, wie z. B. der isländ. *fjǫrbaugsgarðr* in seiner ersten Phase, die gotländ. *vatubanda*, die deutschrechtliche Verstrickung, oder nur innerhalb eines Bezirkes oder Landes schutzlos macht, wie bei der Verbannung und so denn auch beim *fjǫrbaugsgarðr* in seiner zweiten Phase. Oft und insbesondere im deutschen Recht findet sich der Satz, daß die Acht nicht über das Banngebiet des ächtenden Richters hinaus wirkt. Hierauf beruht in Deutschland der Gegensatz zwischen Verfestung und Königs- oder Reichsacht. Inhaltlich beschränkt ist die Acht, wenn sie nur den Leib des Ächters treffen will, wie z. B. die altdänische Entziehung der *manhælgh*, das schonische *matban*, oder wenn sie von der Habe nur die fahrende preisgibt, wie im norwegischen und

---

c) Vgl. § 52, 1.
d) Vgl. § 54, 1.

deutschen Recht des MA regelmäßig, oder wenn sie die Rechte des Betroffenen nur suspendiert, wie die deutsche Verfestung und Reichsacht im Gegensatz zur Aber- (auch Ober-, Über-) Acht (*secunda proscriptio*) oder größeren (hohen, höchsten) Acht, oder wenn sie seinen „Leib nur dem Verletzten erteilt", wie (auf Grund karolingischer Gesetze?) nach deutschen Rechten des MA. Im letztern Fall wird am leichtesten der Schein eines Fehde-„Rechts" erweckt. Für sich allein Verbrechensfolge scheint im Altertum nur die mildere, die zeitlich beschränkte oder bedingte Acht gewesen zu sein. In ihrer strengsten Form stand sie ursprünglich in Verbindung mit der Todesstrafe[e], zu deren Ersatz sie später diente.

3. Eines gerichtlichen Apparates, überhaupt staatlicher Einrichtungen, um den Missetäter zu treffen, bedurfte die Friedlosigkeit in ältester Zeit nicht. Das lag in ihrem Wesen, da sie ja in einem rein passiven Verhalten der Rechtsordnung besteht. Später aber drang überall das Prinzip durch, der Friedbrecher müsse durch gerichtliches Verfahren friedlos „gelegt" oder „gemacht" werden. Dies geschah in feierlicher Rede (altsächs. *fartelljan*, ahd. *firzellan*, mhd. *verzellen*, auch *verruofen*, *übersagen*) des Richters und der Thingleute, nach ostnordischen Rechten sogar durch förmliches „Hinausschwören" (*utsværia*), unter Gebärden und Wahrzeichen, wie z. B. Fingeraufstrecken, Waffenschlag, Schwertzücken, Fackelschwingen, Stabbrechen. Mitunter findet sich, daß dem Ächter noch eine Fluchtfrist vom Verruf an gegönnt wird. Aber auch nachdem die Wirksamkeit der Acht von der Friedloslegung im allgemeinen abhängig geworden, lebte die Erinnerung an das entgegengesetzte Prinzip in einzelnen Konsequenzen desselben fort. Zu diesen gehört namentlich, wenn wir von den Fällen absehen, wo noch sehr späte Gesetze wegen eines Friedbruches die Acht ipso jure in ihrem vollen Umfang eintreten lassen, die Erlaubtheit des Tötens oder doch des Bindens des Friedbrechers auf handhafter Tat, eine Befugnis, die erst im Spätmittelalter zu jener der erlaubten Notwehr zusammenschrumpft, ferner die gesetzliche Anweisung an den Übeltäter, schon vor allem Prozeß dem Verletzten aus dem Weg zu gehen, und anderseits das meist gleichzeitige Hegungs- und Speisungsverbot an die Rechtsgenossen[f], endlich auch die prozessuale Behandlung der „frischen" (= nicht übernächtigen) Tat.

e) Vgl. § 52, 1.
f) Vgl. § 51, 1.

§ 52

Germanische Sakralstrafen

1. In bestimmten Verbrechensfällen bleibt das Recht nicht dabei stehen, seinen Schutz dem Missetäter zu entziehen. Es duldet nicht, daß er entkomme. Es will ihm eine benennbare und genau umschriebene Pein vom Gemeinwesen zugefügt wissen; das ist es, was die Jurisprudenz als „öffentliche" Strafe zu bezeichnen pflegt. Hierzu sind staatliche Einrichtungen, insbesondere Staatsämter, nötig. Die öffentliche Strafe (erst mhd. *strâfe,* und zwar zunächst nur = Tadel, dagegen altskandinav. altengl. *vite,* altsächs. *wîti,* ahd. *wîzi* = animadversio, supplicium — gemeinaltdeutsch *haramscara* = Schmerzzufügung) ist in heidnischer Zeit stets Todesstrafe. Der zu bestrafende Verbrecher wird nämlich — ähnlich wie bei den Kelten (Caesar Bellum Gallicum VI 16) und ähnlich dem römischen homo sacer — der Gottheit als Opfer „gegeben", auf daß die Rache derselben wegen der verübten Missetat von der Rechtsgenossenschaft abgewandt werde. Nebenher geht nach deutschen Rechten die „Wüstung" (niederländ. *woestinge*), d. h. das Niederbrennen oder Niederbrechen des Wohnhauses des Missetäters, auf daß sein Andenken ausgetilgt werde. Weil nun aber in vorchristlicher Zeit die öffentliche Strafe ein Kultakt war, darum stand sie damals auch nur auf solchen Friedensbrüchen, welche die Gottheit zur Rache am Volke reizen können. Das sind die Neidingswerke[a] und die Verletzung der Heiligtümer. Hieraus ergibt sich eine Duplizität des altgermanischen Strafrechts: gemeine Friedensbrüche mit Friedlosigkeit und unsühnbare Verbrechen mit Opfertod — ein sakrales neben einem weltlichen System[b].

2. Weil die heidnische Todesstrafe ein Kultakt („*supplicium*" bei Tacitus), hat sie ein umständliches Ritual. Hierauf beruht es, wenn die

---

a) Vgl. § 49.

b) Ich vermag diesen Gegensatz im altgerman. Strafrecht nicht schärfer zu betonen, als ich es schon 1876 in „Zweck u. Mittel" S. 57—59 getan habe. Um so erstaunlicher finde ich die Behauptung von Bar Handbuch I Note 242, daß ich „dem german. Strafrecht ursprünglich einen wesentlich sakralen Charakter vindiziere". — Gegenüber dem Widerspruch, den meine Ansichten über den Charakter und das Alter der german. Todesstrafen bei E. Mogk und K. Binding, teilweise auch bei H. Brunner gefunden haben, gedenke ich sie ausführlich in einer demnächst erscheinenden Abhandlung zu begründen ⟨erschienen 1922 unter dem Titel „Die germanischen Todesstrafen" in den Abhandl. der Bayer. Akademie XXX, 3 Eckh.⟩. Gegen Mogk siehe einstweilen Ranisch in Dt. LitZeitg. 1911 Sp. 596f.; F. Kauffmann in Theol. LitZeitg. 1911 Sp. 519 u. Arch. f. Religw. XV 612f.

Todesstrafe auch Menschen trifft, die nicht geächtet werden können, und wenn sie wenigstens zum Schein auch an der Leiche des Neidings vollstreckt wird, hierauf ferner, wenn das Gesetz überall für bestimmte Fälle eigene Todesarten bestimmt, hierauf endlich die Formen, die bei jeder besonderen Art von Exekution beobachtet werden mußten, z. B. beim Hängen der Weidenstrang anstatt des Strickes, der laublose Baum anstatt des Galgens, oder das Aufrichten des ihn vertretenden Galgens am Meeresufer, das Kehren des Gehängten nach Norden, das Mithängen, d. h. Mitopfern von Hunden (legendarisch: „Wölfen"), die wir als Leibspeise gewisser Gottheiten kennen, — ferner beim Rädern die Zahl der Radspeichen, das Aufrichten des Leichnams mit eingeflochtenen Armen und Beinen auf dem Rad — bei beiden Strafen das Hängenlassen bzw. Liegenlassen der Leiche, ihr „Erlauben an die Vögel in der Luft". Wiederum gehört hierher beim Enthaupten der Gebrauch von Block, Barte und Schlegel, in bestimmten Fällen auch der Pflugschar, das Aufstecken des abgeschlagenen Hauptes, beim Ertränken die Wahl der Flutgrenze als Hinrichtungsort. Von einigen Todesstrafen wird uns ausdrücklich gesagt, daß sie Kultakte waren, wie vom Hängen, Ertränken, Rückenbrechen, vom Lebendigbegraben. Von andern läßt sich das Nämliche mit Hilfe der vergleichenden Volkskunde erweisen oder wenigstens wahrscheinlich machen, wie z. B. vom Rädern, vom Steinigen, vom Ausdärmen, vom Aussetzen in steuerlosem Fahrzeug. Charakteristisch ist für einige Strafarten, daß sie es dem Zufall, d. h. der Fügung der Gottheit, überlassen, ob sie wirklich zum Tod führen (sogenannte Zufallsstrafen). Auch die Vorbereitungen der Todesstrafe gehörten zum Ritual, wie z. B. das Schleifen auf der Kuhhaut, die Kastration. Weil nun die Todesstrafe ein unter so strengen Regeln stehender Kultakt, bedurfte ihre Vollstreckung des Kultbeamten. Was die Wahl der Todesart betrifft, so dürfte sie schwerlich von jenen symbolischen Zwecken beherrscht gewesen sein, die Tacitus angibt, wenn sich auch solche bei den sogenannten spiegelnden Strafen des MA nicht verkennen lassen. Maßgebend waren dagegen die Rücksicht auf die Natur derjenigen Gottheiten, denen das Opfer galt, und die Rücksicht auf das Geschlecht des Opfers. Das Hängen und das Rädern z. B. waren im Altertum keine Strafen für Weiber. Ein polizeilicher Gesichtspunkt war beim Verbrennen (von besonders gefährlichen Missetätern, wie Hexen) im Spiel. Auch wird man in Anschlag bringen müssen, daß nicht alle im nämlichen Recht vorkommenden Rituale aus der nämlichen Zeit stammen, wie z. B. das Abpflügen des Kopfes nicht über die Zeit der eisernen Pflugschar zurückreichen kann, daher auch nur in räumlich beschränkter Verbreitung (Deutschland) vorkommt.

§ 53
Mittelalterliche Strafen

1. Nach dem Übergang der germanischen Völker zum Christentum mußte der Gegensatz der beiden Strafrechtssysteme in seiner ursprünglichen Bedeutung aufgehoben werden. Die Todesstrafe wurde entweder wegen ihres heidnischen Charakters beseitigt und durch die schwereren Formen der Acht oder durch Leibesstrafen ersetzt oder doch wenigstens ihres sakralen Zweckes entkleidet. Im ersten Fall wurden die ehemals todeswürdigen Verbrechen, wenn die Acht eine definitive war, zu unsühnbaren (westnord. *úbótamál*, ostnord. *urbotamal*). Im zweiten Fall blieben noch leicht Reste des ehemaligen Kultrituals im Gebrauch. Ein Nachklang des sakralen Strafrechts ist es auch, wenn im MA nach deutschen Rechten die Strafen, die an Hals oder Hand gehen, „Rechtlosigkeit"[a] mit sich bringen und die von ihnen getroffenen Verbrechen ohne weiteres zu „unehrlichen" machen.

2. Nirgends hat das Christentum die Todesstrafe ganz und gar abgeschafft. Da sie aber nur als eine öffentliche Strafe rein weltlicher Art fortdauert, so werden nun, begünstigt von einer neuen Auffassung des Strafrechts nicht nur, sondern auch der Aufgaben des Herrschers, neue öffentliche Strafen eingeführt, und zwar ebensowohl für Verbrechen, welche ehedem die Acht nach sich gezogen hatten, wie für solche, die ehedem todeswürdig gewesen waren, weiterhin aber auch für jene Tatbestände, die überhaupt erst jüngeren Zeiten als strafwürdig galten: Leibes-, Freiheits-, Ehren-, Vermögensstrafen, zuletzt sporadisch auch Arbeitsstrafen. Oftmals werden deren mehrere zu einer Gesamtstrafe für die nämliche Missetat verbunden, wie sie auch zur Verschärfung der Todesstrafe verwendet werden. Für die wollüstige Grausamkeit des MA ist hier ein ebenso breiter Tummelplatz gegeben wie für seine unerschöpfliche Erfindungskraft. Die Gesichtspunkte, von denen die letztere sich anfangs noch leiten läßt, sind teils symbolischer, teils polizeilicher, teils standesrechtlicher Art, teils aber auch die rein äußerliche Wiedervergeltung (Talion). Symbolisch als abgeschwächte Todesstrafe gibt sich z. B. das Brandmarken mit dem Bild des Galgens oder Rades, das Einmauern, das Hunde- oder Sattel- oder Strang- oder Pflugtragen, das Schwemmen. Ein symbolisches „*ostendere scelera dum puniuntur*" ist es, wenn der Münzfälscher gesotten, die meineidige oder fälschende Hand abgehauen, die schwertzückende durchstoßen, wenn dem Späher die Zunge ausgerissen und die Augen ausgestochen wurden.

a) Vgl. § 17.

Mehr an die Ehre als an den Leib gehen und daher symbolisch zu nehmen sind die Pranger- oder Kakstrafe, das Eselreiten, die Haarschur, das Tragen des Strohzopfes, des Strohkragens, der Schandlarve, der Geige, des Strafmantels und dgl. mehr. Nur das deutsche Femrecht des Spätmittelalters kennt eine einzige Strafart: den Strang.

3. Eine weitere Verwischung der ursprünglichen Duplizität des Strafrechts tritt schon ziemlich frühzeitig ein, indem nach Analogie der mildern Friedlosigkeit auch die öffentlichen Strafen mittels Sühnleistung ablösbar werden, indem ferner die Strafe zuweilen als Genugtuung für den Kläger aufgefaßt, daher durch ihn vollstreckt wird, weiterhin durch das Aufkommen einer arbiträren Strafgewalt und eines Begnadigungsrechts, das im MA keineswegs bloß Herrschern, sondern auch (unter Bedingungen) Untertanen, wie z. B. Frauen oder dem Henker (als „Henkerzehnt") oder dem Kläger zustand. Decken mit dem Mantel ist ein Symbol des Begnadigens, wenn es von Frauen oder Hochstehenden ausgeübt wird (vgl. „Mariae Mantelschaft" in der bildenden Kunst).

§ 54

Sühne

1. „*Nec implacabiles durant*", wird uns schon am Anfang der historischen Zeit von den germanischen *inimicitiae* berichtet, unter dem Beifügen, daß selbst Friedensbrüche wie Totschläge durch Leistungen von Geldwert ausgeglichen werden können. Damit ist die Sühne bezeichnet. Alle Friedensbrüche, die todeswürdigen ausgenommen, waren damals sühnbar. Die „Sühne" (ahd. *sôna, suona,* eigentl. = Reinigungsopfer, altnord. *són,* dann Ver„söhnungs"mittel, in latein. Texten *compositio*) ist ein Entrichten (westnord. *gjald,* ostnord. *gæld,* ahd. *gelt* etc., auch ursprünglich = „Opfer"?) zum Zweck des „Ausbesserns" des angerichteten Schadens („Buße", skandinav. altengl. *bót,* altsächs. *bôta,* ahd. *buoza*), überhaupt der Vergütung, daher mhd. *wandel.* Diese Leistung geht teils an den Verletzten, teils an die öffentliche Gewalt. Allemal aber ist die Leistung gesetzlich sowohl ihrer Art als ihrer Größe nach bestimmt. Sie stellt den gesetzlichen Preis dar, um welchen der Friede für seinen Brecher käuflich ist. Dieser „kauft sich aus dem Wald" und „in den Frieden" oder „ins Land". Die Sühne ist eine „Hauptlöse" (fries. *havdlesne,* altnord. *hǫfuðlausn*). Die Träger der öffentlichen Gewalt, denen gesühnt wird, sind in der ältesten Zeit die Rechtsgenossen selbst (Land, Hundertschaft), allenfalls noch der amtliche Friedensbewahrer (König). Später ist nach den meisten Rechten der Herrscher allein Einnehmer dieses öffentlichen Teiles der Sühne. Nur in etlichen skandinavischen Ländern dauert der ältere Zustand fort. Doch erinnert es an ihn auch noch im mittelalterlichen Deutschland, wenn dort gewisse Strafgelder von den Thingleuten vertrunken werden. Und wo sich ein freistaatliches oder ein privatgenossenschaftliches Strafrecht ausbildet, wird der ursprüngliche Zustand wieder erneuert.

2. Der hier besprochene Teil der Sühne wird das „Friedensgeld" genannt, in den Quellen altfränk. *frethu* (frankolatein. *fredus*), fries. *fretho*, *frethopanning*, altdän. *friþköp*, westnord. *friðkaup*. Die letztere Benennung wie das gleichbedeutende westnord. *landkaup* zeigen zugleich deutlich, daß nicht etwa für ein bloßes Vermitteln zwischen dem Täter und dem Kläger, sondern fürs Gewähren des Friedens das Friedensgeld entrichtet wurde. In den angelsächsischen Gesetzen erscheint das Friedensgeld schon mehr als Strafgeld — *wíte*, während anglodän. *lahslit* begrifflich analog dem fränk. *frethu* ist und anglodän. *lahcóp* obigem *friþköp* entspricht. Die Sühne an den Verletzten (*compositio*, „Buße" im engern Sinn, altengl. *fǽhðbót*) hieß, wenn sie die Tötung eines Freien verebnete, „Mann"- oder „Menschenvergeltung" — langobard. *wirigild* (doch auch allgemeiner *widrigild*), alamann. *wirigild*, ahd. *werageld*, mhd. *wergelt*, altengl. *wergild*, gutn. *vereldi*, auch prägnant altengl. *wer* (mascul.), gleichbedeutend altfränk. *leudi*, altengl. *léod* oder *léodgeld*, westnord. *manngjǫld*, ostnord. *mangæld* oder *manbot*, während altengl. *manbót* zum Unterschied von dem an die Verwandten des Erschlagenen zu zahlenden Wergeld (*mǽgbót*) dasjenige bezeichnet, welches an seinen Gefolgs- oder Muntherrn geht[a].

3. Im MA wird der Name „Wergeld" auch auf die Ersatzleistung für Unfreie, ja für Tiere angewandt. Im Gegensatz zum Wergeld hießen die andern Sühnleistungen an den Verletzten „Bußen" im engsten Sinne des Wortes.

4. Nach Einführung des Geldes[b] sind Wergelder, Bußen und Friedensgelder in der Regel gesetzlich benannte Geldsummen, und die ältesten geschriebenen Gesetze der Deutschen scheinen sogar hauptsächlich zu dem Zweck gemacht, diese Summen festzulegen. Dabei erscheinen Friedensgeld und Privatsühne nach einigen Rechten als Quoten eines Gesamtbetrags, nach andern als je für sich besonders bestimmte Beträge. Aber noch bis tief ins MA hinein kommt neben der Geldleistung das

a) Über die Beteiligung der Verwandtschaft am Wergeld siehe § 27, 1.

b) Vgl. § 37, 2.

Sühnen mit andern Sachen, wie z. B. Butter, Wachs, Vieh vor. Und dies entspricht dem ältesten Recht. Dabei war vom Gesetz entweder ein fester Betrag von Naturalien (z. B. „*certus armentorum ac pecorum numerus*") genannt oder nur ein Maßstab bestimmt, wonach von Fall zu Fall die Menge des zu entrichtenden Gutes ermittelt werden sollte (z. B. Aufwiegen des Getöteten in Gold, Bedecken desselben mit Gold, das Balgfüllen oder -hüllen mit Getreide wie beim „Katzen- und Hunderecht" und dgl. mehr).

5. Die Größe der Sühne pflegt zunächst von der Größe des angerichteten Übels abzuhängen. Sorgfältig war unter diesem Gesichtspunkt jedes einzelne Verbrechen, z. B. jeder Totschlag nach dem Stand des Getöteten, allenfalls auch noch nach seinem Geschlecht, jede Leibesverletzung nach der Brauchbarkeit des geschädigten Gliedes und der Art des Schadens taxiert. Daneben kommen dann noch die andern Umstände in Betracht, durch welche eine Missetat qualifiziert werden konnte. Oft war dann Vervielfachung der Grundtaxe das Ergebnis, so insbesondere in der fränkischen und langobardischen Gesetzgebung, wenn die Todesstrafe durch schwere Sühne ersetzt werden sollte. Der feste Bußbetrag diente lediglich der Genugtuung, wenn neben ihm — wie oft bei Vermögensbeschädigungen — Ersatz des Schadens zu geben war. Die festen Bußbeträge pflegten technisch nach den zu sühnenden Verbrechen benannt und so voneinander unterschieden zu werden. Mit Vorliebe drückte man sich hierbei ebenso wie beim Benennen des Friedensgeldes prägnant aus: *landnám* z. B. heißt westnord. nicht nur das Beeinträchtigen fremden Grundeigentums, sondern auch das Bußgeld dafür, *áfang* nicht nur widerrechtliches Angreifen fremder Sachen, sondern auch das Bußgeld dafür. So heißt auch ostnord. *þukki* eine Geldbuße für Beleidigung.

6. Das wichtigste deutsche Beispiel ist der „Königsbann" (*bannus regius*), der, von Haus aus eine Beleidigungsbuße an den König für Übertretung seines Verbotes oder Gebotes und insofern in der spätangelsächs. *oferhýrnes*, auch dem nach Muster des engl. *contemptus brevium* entwickelten norweg. *brefabrot* ein Seitenstück fand, doch bald das Friedensgeld absorbierte.

7. War durch die Übeltat ein Schaden an Gut gestiftet, so mußte dieser ersetzt („gebessert", „geheilt"), das Gut wieder „voll gemacht", oder „entgolten" werden. Bald geschah dies nach einer gesetzlichen Taxe, so daß der Ersatz in der Buße enthalten sein konnte, bald durch individuelle Vergütung neben der Bußleistung. Letzternfalls pflegte dem ältern Recht nicht ein bloßes Wertäquivalent wie z. B. Geld, son-

dern nur ein Ersatz von Gleichem mit Gleichem zu genügen. Nicht immer reichten Geld und Gut zur Sühne hin. Zum Beilegen einer Ehrenkränkung gehört insgemein ein feierlicher Widerruf; für Totschläge werden nicht bloß Wergelder gegeben, sondern auch Wallfahrten unternommen, Sühnkreuze errichtet, das Ausweichen gegenüber der geschädigten Freundschaft versprochen. Anderseits war in leichtesten Fällen, d. h. in solchen, die in einer ältern Zeit überhaupt keine Missetat enthielten, die Buße so gering, daß sie nur formelle Bedeutung hatte (eigentliche, weil ausführbare „Scheinbuße"), so z. B. wenn nach dem Sachsenspiegel die Buße des *dagewarchten* in einem Paar wollener Handschuhe und einer Mistgabel, die des Rechtlosen in zwei Besen und einer Schere besteht. Materiell lief solche Buße wie die uneigentliche (unausführbare) Scheinbuße (z. B. mit dem Schatten) auf ein sarkastisches Herabwürdigen des Bußempfängers oder der zu sühnenden Tat hinaus.

8. Ursprünglich folgte auf gemeine Friedensbrüche als das Primäre die Friedlosigkeit, die Sühne als das Sekundäre. Der Friedbrecher durfte sühnen, sollte aber nicht, wenn er es auf die Wirkungen der Acht ankommen lassen wollte. Anderseits mußte er, sobald er gehörig sühnte, in den Frieden wieder eingesetzt werden. Dieses durfte aber erst geschehen, wenn dem Verletzten die Privatsühne gehörig geleistet oder doch gesetzmäßig verbürgt war. Hierzu gehörte aber Angebot der Sühne in gesetzlicher Frist, in bescheidener Form des Benehmens, nach skandinavischen Rechten und jüngeren angelsächsischen auch das Angebot des sogenannten Gleichheitseides (altnord. *jafnaðareiðr*), d. h. der eidlichen Erklärung, daß der Missetäter an Stelle des Sühnempfängers mit der nämlichen Sühne vorlieb nehmen würde. War dies alles beobachtet, so durfte der Verletzte nicht durch Annahmeverzug die Friedensgewährung verhindern. Freilich mochte er oftmals glauben, daß ihm die Sitte das Annehmen der gesetzlichen Sühne verbiete, weil er sich verpflichtet fühlte, das Unrecht zu verfolgen. Dagegen sucht dann die Gesetzgebung vorzukehren, in Dänemark und im westnordischen Gebiet u. a. dadurch, daß bei der Totschlagsühne dem Wergeld noch eine Überbuße (*gœrsum* = Kostbarkeit, *baugþak* = Ringdach) hinzugefügt wird, im niederdeutschen Gebiet dadurch, daß der Blutkläger einen Voraus (altengl. *healsfang*, das „*praemium*" der Lex Saxonum, holländ. *voirzoene*) aus dem Wergelde erhält. Allemal aber hatte nach Empfang der Sühne der Verletzte in feierlicher Form Urfehde (altengl. *unfǣhðe*, mhd. *urvêhede, urvêhe*) anzugeloben (westnord. *trygðir*, ostnord. *trygd*, berühmt die isländ. Formulare), nach niederdeutschen

Rechten unter Gewährung des Friedenskusses (niederländ. *mondzoene*), dessen Stelle anderwärts, insbesondere in der Schweiz vom „Abtrinken des Friedens" vertreten wurde. Aber auch der Friedbrecher hatte, wenn er verfolgt gewesen, Urfehde zu geloben. Vorbereitet wurde dieser definitive Friedensschluß durch einen Waffenstillstand (skandinav. *griþ*, mhd. *trôstunge, stallunge*).

9. Während sich im skandinavischen Recht das ursprüngliche Verhältnis zwischen Friedlosigkeit und Sühne bis tief ins MA forterhielt, kehrte es sich bei den Südgermanen frühzeitig um, so daß nicht mehr ohne weiteres auf Ächtung, sondern zunächst nur auf die gesetzliche Sühne geklagt und erkannt werden, der Urteiler daher ahd. *suonari*, das Gericht *suonstuol* heißen konnte. Die gewöhnliche Sühne wurde damit zur Geldstrafe, mithin das Friedensgeld (mnd. *gewedde*, mhd. *wette, unreht, vrevele*) zur öffentlichen Strafe, die Friedlosigkeit in ihren mildern Formen und Ausläufern zu einem Exekutionsmittel, während sie im Kontumazialverfahren den Charakter der Strafe behielt[c]. Der so nahezu hergestellten Einheitlichkeit des Strafrechtssystems entspricht es, wenn nunmehr die Verbrechen auf Grund der Art und Schwere ihrer Bestrafung in *ungerihte* und *vrevele* eingeteilt werden. Unter Ungericht pflegte man, insbesondere im nördlichen Deutschland, die Übeltat zu verstehen, welche an den Leib (Hals, Hand, Haut, Haar), unter Frevel diejenigen, welche an die Habe gingen.

§ 55

Verfolgungsrecht

1. Über die prozessuale Verfolgung eines Missetäters zu verfügen, war in der ältern Zeit ausschließlich Sache des Verletzten. Dieser ist der „Klaginhaber" (altschwed. *malsæghandi*) oder „Hauptmann der Klage" (isländ. *sakar aðili*). Es wird sogar die Reihenfolge der hiernach Klagberechtigten sorgfältig geordnet. Die Sitte freilich, in gewissen Fällen auch der Kult, forderten, daß der Klagberechtigte die Tat sich nicht gefallen lasse. Aber eine rechtliche Pflicht zum Klagen bestand nach rein germanischem Recht nicht. Vielmehr war die öffentliche Gewalt, soweit sie nicht selbst verletzt oder Vertreterin des Verletzten war, in der prozessualen Verfolgung vom Verletzten abhängig. Daher konnte, sobald zur Acht förmliche Friedloslegung erforderlich

c) Vgl. § 62, 3.

geworden[a], durch einen Privatvergleich zwischen dem Verletzten und dem Friedbrecher die Sache aus der Welt geschafft und die öffentliche Gewalt um ihr Friedensgeld gebracht werden. Um letzteres zu verhindern, mußten erst besondere Gesetze das Eingehen von solchen Vergleichen verbieten. Sodann wurde für die schwereren Fälle, wo der Verletzte nicht klagen konnte oder wollte, ein subsidiäres Klagerecht der öffentlichen Gewalt zugestanden. In Deutschland diente demselben die von Karl d. Gr. eingeführte Rügepflicht der Thingleute bzw. ihrer Vertreter, die jedoch in den Städten alsbald verschwand und in Oberbayern 1346, in Niederbayern 1365 aus polizeilichen Gründen abgeschafft wurde, während sie in den Femgerichten zur eidlich übernommenen Anklagepflicht des „Freischöffen" sich steigerte.

2. Eine Anzeigepflicht kannte übrigens auch schon das wisigotische Recht, welches anderseits für gewisse Fälle die subsidiäre Popularklage einführte. Teils die letztere, teils die primäre Popularklage kommt auch in einzelnen schweizerischen Gesetzen des Spätmittelalters vor. Den ausgiebigsten Gebrauch hat aber von der einen wie von der andern noch im Frühmittelalter das isländische Recht gemacht[b].

§ 56

Privatstrafrecht

1. In fast allen bisher abgehandelten Beziehungen weicht vom staatlichen Strafrecht das Privatstrafrecht ab. Soweit ein Tatbestand gegen dessen Normen verstößt, kommt er nicht als Bruch des allgemeinen Friedens in Betracht, kann er folglich auch nicht Friedlosigkeit für den Täter nach sich ziehen. Wohl aber ist er oder gilt er doch als willentliche Verletzung eines Rechtsgutes, und zwar von Privaten, z. B. der Ehre der eigenen Sippe des Täters[a] oder der Ehre oder ausschließlichen Gewalt seines Ehegatten[b] oder der Ordnung und Gewalt seiner Genossenschaft[c]. Daher ist dem Verletzten oder dem gesamten Kreis der verletzten Personen weit eher als ein Entschädigungsanspruch eine

a) Vgl. § 51, 3.

b) Nach Opet, Die Popularklage der Berner Handfeste (1894), hätte die Popularklage ein noch viel ausgebreiteteres Gebiet gehabt. Diese Annahme beruht auf irriger Auslegung der Quellen.

a) Vgl. § 27, 4.

b) Vgl. § 29, 1.

c) Vgl. §§ 32, 2; 35, 6.

Befugnis zum Strafen eingeräumt — sei es durch die Rechtsordnung der Gesellschaft überhaupt, sei es durch die Autonomie der engeren Gruppe, die den Täter und den Verletzten in sich befaßt. Eine solche Strafbefugnis findet sich im Altertum, wie wir sahen, bei der Sippe und beim Ehemann, im MA bei vielen Markgenossenschaften, bei der Gilde und ihren Ausläufern sowie in dienstherrschaftlichen Verbänden. In südgermanischen Rechten kommt sie bald nach der Völkerwanderung auch als geregeltes und daher klagebedürftiges Racherecht vor.

2. Je nach ihrer Zuständigkeit und ihrem Zweck waren die Strafmittel verschieden in ihrer Art und Schwere. Sollten sie die Verletzung einer Genossenschaft ahnden, so war diese befugt, den Täter auszustoßen. Eine Sippe durfte dabei nach dem Verwandtschaftsrecht der Frühzeit bis zur Tötung des Schuldigen gehen — ein Rudiment des vorstaatlichen Rechts, das sich aber in niederdeutschen Ländern noch das ganze MA hindurch erhalten hat. Auch die eheherrliche Strafgewalt schloß bis ins MA hinein die Tötungsbefugnis in sich. Ging die Strafgewalt der Gilde nicht ebensoweit, so war doch den Rechten der skandinavischen Schutzgilden das Ausstoßen mit dem Neidingsnamen geläufig. Dagegen gab das Ausliefern eines Übeltäters an den Verletzten, wie es in gewissen Fällen nach südgermanischen Rechten verlangt werden konnte, ihn ursprünglich der willkürlichen Tötung preis. Erst jüngere Gesetze beschränkten diese Willkür. Die Todesstrafe nach Privatstrafrecht entbehrte von jeher des sakralen Charakters, der in heidnischer Zeit die öffentliche Todesstrafe kennzeichnete. Dies schloß freilich nicht aus, daß sie unter besonderen Umständen einem sakralen Zweck dienstbar gemacht, noch auch daß gelegentlich ihre Form einer sakralen öffentlichen Strafe entlehnt wurde. Gewisse Gepflogenheiten in dieser Hinsicht mögen sich da und dort herausgebildet haben, ohne daß man sie doch als Rechtsregeln wird ansprechen dürfen.

3. Soweit sich nicht ihrer Natur nach die Strafgewalt bei einer einzigen Person oder soweit sie sich nicht bei einer Genossenschaft mit bestimmtem Entscheidungsorgan befand, war auch die Zuständigkeit ihrer Ausübung fast überall nur locker geordnet. In der Sippe konnte daher das Verfahren leicht einer Volksjustiz gleichen, wenn auch die verwandtschaftliche Munt ihren Träger vor andern Sippengenossen dazu berufen mochte. Nur in wisigotischen Gesetzen lassen sich entschiedene Versuche zu einer Organisation der sippenrechtlichen Strafgewalt nachweisen.

Siebenter Abschnitt

GERICHT UND RECHTSGANG

Literatur bei H. Brunner, RG [2]I §§ 20, 24, [2]II §§ 78, 80, 82—86, 98—124; demselben, Grundzüge [8]§§ 7, 9, 18, 22, 38, 40, 43; R. Schröder, Lehrbuch [7]§§ 8, 13, 25, 37, 49, 50 (S. 652—662), 63; Siegel, RG §§ 185—198; Gengler, Grundriß S. 388—405, 520—523; v. Schwerin, RG [2]S. 174—191; Stemann, Danske Retshistorie §§ 26—55; Brandt, Forelæsninger II S. 157.

Siehe ferner: Eckard Meister, Ostfäl. Gerichtsverfassung im MA (1912); A. v. Wrochem, Der Schultheiß in der Gerichtsverfassung des Sachsensp. (1908); F. Philippi, Westfäl. Landrechte I: Landrechte des Münsterlandes (1907) Einleitung; v. Schwerin in MIÖG XXIX S. 467—481; K. van Alkemade, Behandeling van't kampregt (1702); Jacob Grimm, Vorwort, u. J. G. Chr. Thomas, Einleitung vor des Letzteren: Der Oberhof zu Frankfurt a. M. u. das fränk. Recht (1841); de Geer in Nieuwe Bijdragen voor Regtsgeleerdheid VII S. 141—177; Svend Grundtvig, Om de gotiske folks våbenéd (Københ. 1871); Baechtold in Roman. Forschungen V S. 221—233; O. Opet in MIÖG XV S. 479—482; v. Amira in GGA 1896 S. 200—209; A. Schultze in Ztschr. für das Privat- u. öffentl. Recht XXII (1894) S. 99—127; G. L. v. Maurer, Geschichte der Fronhöfe usw. I (1862) S. 511—535, IV (1863) S. 84—274, 440—458; O. Stolz, Geschichte der Gerichte Deutschtirols (Wien 1912, auch AÖG CII, 1 S. 85—334); G. Sello in Märk. Forschungen XVI S. 1—121; Th. Pyl, Beiträge zur pommerschen RG II (1891); Clam. Neuburg, Über die Ausdehnung der Zunftgerichtsbarkeit (1878) S. 66ff.; Derselbe, Zunftgerichtsbarkeit u. Zunftverfassung (1880); J. W. v. Planck in SB München 1886 S. 155—180; Hugo Loersch, Der Ingelheimer Oberhof (1885) S. *90—*212; Ed. Rosenthal, Beiträge zur dt. Stadtrechtsgeschichte (1883) §§ 1—12; Franc. Brandileone in Studi e docum. d. stor. X (1889) S. 3—35; J. van Kuyk, Historische Beschouwingen over het antwoord van den gedaagde (Leiden 1908); Franz Beyerle, Beweisverteilung im gerichtl. Sühneverfahren der Volksrechte (Jenaer Habil. Schrift 1913); K. O. Müller, Zur Geschichte des peinl. Prozesses in Schwaben im später. MA (1910) [dazu H. Planitz in ZRG G XXXII (1911) S. 529—537]; v. Schwerin in Festschr. für v. Amira (1908) S. 179—233; Emil Goldmann, ebd. S. 81—101; Th. Unger in Ztschr. des Vereins für Volkskunde VI (1896) S. 284ff.; K. Lehmann, ebd. S. 208f.; R. Köstler in ZRG XXXIII = K II (1912); H. Planitz, Die Vermögensvollstreckung im dt. mittelalterl. Recht I (1912). — Stubbs, Constitutional History I S. 102f., 114f., 132; R. Gneist, Engl. Verfassungsgeschichte, S. 18—21, 45—57, auch 134ff.; Max Rintelen, Die Urteilfindung im angelsächs. Recht (Histor. Aufsätze [für] K. Zeumer 1910 S. 557—577); Fel. Liebermann, Die Eideshufen bei den Angelsachsen (ebd. S. 1—8); Wilh. Ed. Wilda in Verhandl. der Germanisten zu Lübeck (1848) S. 249—260; Th. Wolff, Zur Geschichte der Stellvertretung vor Gericht nach nord. Recht (Ztschr. für vergl. RW VI 1885 S. 1ff.) — Stein, Geschichte des dän. Civilprocesses (1841) S. 1—79; J. E. Larsen, Samlede Skrifter I, 1 (Københ. 1857) S. 70—105; J. Steenstrup in Danske Samlinger 2. R. II S. 229—241; H. Sylow, Den materielle Bevisteoris Udviklingshistorie i dansk Ret (1878);

V. A. SECHER, Om Vitterlighed og Vidnebevis i den ældre danske Proces (Københ. 1885) [dazu K. MAURER in Kr. Vjschr. XXVIII 1886 S. 90—94]; MAX PAPPENHEIM, Die altdän. Schutzgilden (1885) S. 277—322, sowie 23—37; LUDV. HOLBERG, Leges Waldemari regis (Københ. 1886) S. 156—173, 218—230, 235—252; Derselbe, Dansk Riglovgivning (Københ. 1889), insbes. §§ 4—11, 13, 20, 22 [dazu PAPPENHEIM in Kr. Vjschr. XXXII (1890) S. 32—81 spez. S. 44ff.]; HENNING MATZEN, Forelæsninger over den Danske Retshistorie, Offentlig Ret II (1894). — C. J. SCHLYTER, Juridiska Afhandlingar II S. 210—241; H. HJÄRNE, Om den fornsvenska nämden (Ups. Univ. Årsskr. 1872) [dazu SCHLYTER, Glossarium (CJSG XIII Lund 1877) S. 802—805]; K. G. WESTMAN, Den svenska nämden I (1913); TH. ENGSTRÖMER, Vittnesbewiset (1911) S. 30—103; FR. ÖDBERG, Om den svenske konungens domsrätt 1319—1389 (Stockh. 1875); UPPSTRÖM, Öfversigt af den svenska processens historia (Stockh. 1884) [dazu v. AMIRA in GGA 1885 S. 161—171]; O. SERLACHIUS, Om klander å jord etc. (Helsingf. 1884), insbes. S. *1—*15; ERNST ESTLANDER, Bidrag ... om klander å lösöre etc. (Helsingf. 1900); Derselbe in Tidskr. utg. af Juridiska föreniging i Finland 1908 S. 199—303. — K. MAURER, Vorlesungen I, 2 (1907), V (1910) S. 289—820; Derselbe in SB München 1883 S. 548—592, 1896 S. 3—48; MAX PAPPENHEIM, Ein altnorweg. Schutzgildestatut (1888) S. 63—68; JÓN ARNASON, Historisk Indledning til den gamle og nye Islandske Rættergang (Københ. 1762); A. KEMPE, Studier öfver den Isländska Juryn enligt Grágás (Lund 1885) [dazu K. MAURER in Kr. Vjschr. 1886 S. 80—88]; V. FINSEN, Om den oprindelige Ordning af nogle af den isl. Fristats Institutioner (Vidensk. Selsk. Skr. Københ. 1888) [dazu v. AMIRA in GGA 1889 S. 249—259 u. K. MAURER in Kr. Vjschr. 1890 S. 332—356].

⟨1913—1966⟩

⟨Literatur bei PLANITZ/BUYKEN, Bibliographie I S. 162f. (Nachträge 773)' 225—227 (780), 270 (784), 292—295 (786), 735—747 (818f.). — PLANITZ/ECKHARDT, RG ²§§ 11, 15, 32, 51, 53 Z. 2, 62; CONRAD, RG ²I S. 25—30, 140—151, 374—394.⟩

§ 57

Volksgericht

1. „Das gekrümmte Rechtsverhältnis wieder in die Richte zu bringen" — ahd. die *rihtunga* — ist Beruf des „Gerichts" (ahd. *girihti* neutr., mnd. *gerichte, richte,* mhd. ⟨mnd.⟩ auch *reht*), ein Beruf, der erfüllt wird durch Rechtsprechung oder Urteil (erst ahd. *urteili,* altsächs. *urdêli,* altfries. *urdêl*). Das Urteil aber war und hieß „Satzung" (skandinav. *dómr,* got. *dôms,* and. *dôm,* ahd. mhd. *tuom*) in dem Sinn, daß, auf einen Streitfall angewandt, Recht „gewiesen" und „gefunden", die Sache selbst dadurch „geordnet", der Streit zum „Stillstand" gebracht wurde (daher got. *staua* femin. = Urteil). Denn als ein „Formen" und „Schaffen" (skandinav. *skapa,* altfränk. **scapan*) wie als ein „Trennen" und „Abgrenzen" (skandinav. *skila*) wurde das Geschäft des Urteilers aufgefaßt. Gemäß dem Wesen des Volksrechts konnte aber diese Rechtsanwendung nur von der Rechtsgenossenschaft selbst ausgehen. Daher war, solange dieser Grundgedanke lebendig blieb, das germanische Staatsgericht, wiewohl keineswegs bloß zum Entscheiden von Streitigkeiten da, eine Versammlung aller selbständigen Rechtsgenossen (altengl. *folcgemót,* — dafür auch altsächs. *hwarf,* fries. *warf*) im Gerichtssprengel, eine Versammlung zum Verhandeln an bestimmtem „Termin" — *þing* (ahd. *ding,* langobard. *thinx,* aus vorgerman. **tenkos,* vgl. latein. *tempus,* got. *þeihs*), **maþul* (got. *maþl,* ahd. *madal,* altsächs. *mahal,* frankolatein. *mallus*). Die Gerichtsversammlung der ältesten Zeit ist entweder Landes- oder Bezirksversammlung. Und zwar konkurrierten Landes- und Bezirksversammlung hinsichtlich der Gerichtsbarkeit, ausgenommen die nach staatlichem Strafrecht todeswürdigen Sachen, in welchen die Landesversammlung (Landsgemeinde) ausschließlich zuständig war. Letzteres erklärt sich daraus, daß die Todesstrafe Staatsopfer war[a], die Staatsopfer aber auf der Landsgemeinde dargebracht wurden. Der Bezirksversammlung stellt das altnordische Marktrecht das Schiffsthing (*skipara stefna*) gleich. Im Zusammenhang mit der Auflösung der Bezirksverfassung[b] erhalten die neugegründeten Herrschaftsgebiete und fast immer auch die politischen Gemeinden ihre eigenen Gerichtsversammlungen.

2. Die Gerichtsversammlung findet, soweit sie staatlichen Ursprungs ist, periodisch (im Sachsensp. als *echteding,* mhd. *êhaftding,* fries. und niedersächs. *lotting* d. h. *logting*) und in diesem Sinn zu gesetzlicher Zeit, statt; außerdem kann sie, wann man ihrer bedarf, doch unter Beobachtung der gesetzlichen Fristen, aufgeboten oder „ausgelegt" werden (sogenanntes gebotenes Thing). Nur dem isländischen Recht ist das gebotene Thing unbekannt, und anderseits ist das altnord. Schiffsthing seiner Natur wie seinem Namen nach ein gebotenes. Zu gewissen Zeiten („gebundenen Tagen") soll regelmäßig kein Thing gehalten werden, kein Thing ferner bei Nacht, so daß die Gerichtsversammlung buchstäblich ein *tagadinc* (ahd. — mhd. auch *teidinc*) ist, — ausgenommen auf Island, wo es zur Sommerzeit nächtliche Gerichte gibt. Gesetzlich ist beim echten Thing auch die Dauer, gesetzlich der Ort (*echte* oder *rechte dingstat* nach deutschen Quellen). Der Ort (ahd. *mahalstat,* niedersächs. *tie*) ist regelmäßig eine herkömmliche Stätte im Gerichtssprengel, in Deutschland seit fränkischer Zeit wenigstens fürs echte Thing. Ursprünglich immer und im MA noch gewöhnlich lag die Thingstätte

---

a) Vgl. § 52, 1 u. 2.
b) Vgl. § 3, 2.

unter freiem Himmel[c]. Mit Vorliebe wählte man dazu Anhöhen, bei den Salfranken so regelmäßig, daß sie jede Gerichtsstätte *malloberg* nannten. Nicht ganz und gar diesem *malloberg* entsprechend, doch zum Behuf von Verkündigungen unentbehrlich ist im isländischen Untergericht der „Thingbrink" (*þingbrekka*), in der isländischen Landsgemeinde wie in der wermländischen der „Gesetzesfelsen" (*lǫgberg, laghberg*). In wirtlicheren Gegenden verlangte das Schattenbedürfnis der Versammlung Befriedigung, weswegen die Thingstätten insgemein mit Bäumen bestanden sein mußten. Aber auch Kultuszwecke konnten in heidnischer Zeit dabei in Betracht kommen. Viele Thingstätten waren damals Opferstätten, und eben hiermit mag es zusammenhängen wenn es noch in christlicher Zeit üblich bleibt, bei großen Steinen, bei Gewässern, auf Kirchhöfen zu thingen. Doch finden sich in Deutschland seit Karl d. Gr. Verbote gegen das Abhalten von Gerichten an geweihter Stätte. Seit derselben Zeit werden Gerichtsräume auch bedeckt, aber so, daß die Wände zum größeren Teil offen bleiben („Gerichtslauben"), wie solche noch in vielen Rathäusern erhalten sind. Erst im MA kommt es, und zwar meist im Zusammenhang mit einer prinzipiellen Änderung der Gerichtsverfassung, auf, in geschlossenem Raum, zuerst noch in Gildehäusern, Rathäusern, dann in eigenen Thing- oder Richthäusern Gericht zu halten. Aber auch nachdem das Gericht ein „Stubengericht" geworden, erinnert das Offenhalten von Türen oder Fenstern der Gerichtsstube an das einstige Tagen der Versammlung in freier Luft.

3. Gewöhnlich wurde auf Grund von Banngewalt das Thing berufen (daher „*placitum*" d. h. **thunc*[d], skandinav. *stefna*) und geleitet vom

---

c) Anschauliche Beispiele liefern viele erhaltene Thingstätten, wie die zu Dortmund (früherer Zustand bei B. THIERSCH, Der Hauptstuhl des westfäl. Vemgerichts auf dem Königshofe vor Dortmund, 1838, Titelbild; gegenwärtiger Zustand bei A. MEININGHAUS, Die Dortmunder Freistühle, 1910, S. 16f.); zu Basdorf (E. SCHRÖDER in Ztschr. des Vereins für Volkskunde 1896, S. 347—354); die hessischen Gerichtslinden zu Kaichen (Kunstdenkm. im Großherzogtum Hessen: Kreis Friedberg, S. 157), bei Berfelden (ebd. Kreis Erbach, S. 12), Großsteinheim (ebd. Kreis Offenbach, S. 65), bei Erbach (Denkmalpflege II, 1900, S. 42), Altenritte, Berghausen, Elgershausen, Elmshagen, Helsa, Vollmarshausen, sämtlich im Reg. Bez. Kassel (Ansichten und Grundrisse in Bau- u. Kunstdenkm. im Reg. Bez. Cassel IV Taf. 2); Jugenheim, Breitenbrunn, Bingenheim, Gütersbach u. auf dem Landberg bei Heppenheim, zu Feldkirchen bei Neuwied, die „Schranne" zu Oberalm/Salzburg und zu Non/Reichenhall (worüber WEINHOLD in Ztschr. des Vereins für Volkskunde VII, 1897, S. 404f. nebst Taf. IV); der Steinacker zu Mollis/Glarus, der Banco de la reson zu Cavalese im Fleimser Tal (Ztschr. des Vereins für Volkskunde IX, 1899, S. 69); und andere mehr (worüber O. SCHELL in Ztschr. des Vereins für Volkskunde XI, 1901, S. 47, 48, 296, 297).

d) Vgl. § 2, 3.

Gerichtshalter (ahd. *rihtari*, mhd. mnd. *rihter*). Dies pflegte die Hauptfunktion des Bezirksvorstehers zu sein und eine wichtige des Herrschers zu bleiben, welchen Namen dieser auch führen mochte. In der Zuständigkeit des Gerichtshalters kennt das älteste Recht nur Unterschiede nach Gegenständen der Rechtshändel und nach Sprengeln. Der erstere Unterschied, der auch im MA noch fortdauert, begründet den Gegensatz von Hoch- und Niedergericht. Jünger ist der Unterschied von Instanzen (Ober- und Untergericht)[e], und erst während des MA bildet sich in Deutschland im Zusammenhang mit der Über- und Untergenössigkeit[f] ein Unterschied der Zuständigkeit nach den der Gerichtsgewalt unterworfenen Personenklassen aus (Standesgerichte). Wahl des Gerichtshalters durch die regierende Versammlung der Rechtsgenossen bildete in der Frühzeit die Regel. Im MA wurde er unter den mannigfaltigsten Amtstiteln meist vom Herrscher (Gerichtsherrn), soweit dieser nicht selbst das Gericht abhielt, ernannt oder mit seinem Amt bzw. dessen Einkünften belehnt. Insbesondere war dies in den Grundherrschaften und in den landesherrlichen Territorien der Fall, wo der Gerichtshalter sogar oftmals sein Amt pachtweise innehatte. Aber auch erbliche Gerichtshalterschaften gab es damals in einigen deutschen Gegenden, wie z. B. die Dorfschulzenämter in den deutschen Kolonien Schlesiens und der Mark Brandenburg, während anderwärts — und zwar auch abgesehen von Freistaaten — eine Mitwirkung der Thingleute beim Bestellen des Gerichtsvorstehers sich forterhielt oder unter der Gunst lokaler politischer Verhältnisse wieder auflebte. So ist z. B. der auf die Dauer bestellte *gôgrêve* des Sachsenspiegels wie schon sein Vorläufer, der *centenarius*, dem Grafen von den Thingleuten durch Wahl präsentiert, wird anderseits den niederfränkischen Kolonisten in Siebenbürgen freie Richterwahl durch Privileg zugestanden. Daß ein Thing nicht vom Gerichtshalter, sondern von demjenigen Thingmann berufen wird, „der des Thinges bedarf", findet sich als Regel im norwegischen Recht, als Ausnahme für den Fall einer Klage um „jähe Tat" im ältern deutschen Recht (*nôtdinc*). Auf solchem Notthing wurde bei Abwesenheit des ständigen Richters einer zum Richten über den vorliegenden Fall gewählt. Im Richten der Femschöffen auf handhafter Tat lebte dies Notthing noch während des Spätmittelalters fort. Das Berufen geschah auf dem Lande meist durch Herumsenden eines Botschaftszeichens (ursprünglich des Botenstabes)[g], welches die einzelnen Thingleute untereinander selbst weiterzubefördern hatten, aber auch durch Geschrei

e) Vgl. § 58, 4; 59, 2.
f) Vgl. § 16.
g) Vgl. § 44, 3.

(*gerüchte, gerüfte*, so insbesondere beim Notthing), in Ansiedlungen mit Kirchen gewöhnlich durch Glockengeläute, in Städten, insbesondere nordischen, auch durch Hörnerschall. War für den Zusammentritt einer Gerichtsversammlung ein Tag durchs Gesetz bestimmt, so bedurfte es keiner besonderen Ansage. Das Erscheinen und Fungieren im Thing ist für die durch Gesetz oder gesetzmäßige Botschaft Berufenen insgemein nicht bloß Recht, sondern Pflicht („Thingpflicht", „Gerichtsfolge"), und zwar eine Genossenpflicht[h], deren Versäumnis bestraft wird.

4. Die Urteilsfindung ging ursprünglich wohl nur von einem Thingmann aus, indem dieser auf Befragen durch die Partei einen Urteilsvorschlag machte, sei es, daß wir uns in jenem nach Art des schwedisch-götischen *laghmaþer* und *hæraþshöfþingi*, des angelsächsischen *ealdorman* und *scirgeréfa*[i], des alamannischen *judex* den Gerichtshalter selbst, oder sei es, daß wir uns in ihm nach Art des friesischen *âsega* und des bayerischen *judex* (*êsago, êsagari*?) einen vom Gerichtshalter verschiedenen und eigens zum Rechtweisen angestellten Beamten zu denken haben. Jüngere Rechte, wie z. B. schon das altfränkische, übertragen die Urteilsfindung einem (vom Gerichtshalter ernannten?) Ausschuß der Thingversammlung: der Gerichtshalter ist an der Findung rechtlich unbeteiligt, erhält aber die neue Aufgabe, durch sein Rechtsgebot (*jussio*) das Urteil rechtskräftig zu machen, ohne freilich das Rechtsgebot nach seinem Ermessen verweigern zu dürfen. Allemal jedoch bedurfte der Urteilsvorschlag, um rechtskräftiges Urteil werden zu können, der Zustimmung (mhd. *volge*, mnd. *vulbort*) aller Thingleute, und ursprünglich war es die Folge allein, wodurch das Urteil Rechtskraft erlangte. Nach dem ältern Recht wurde sie durch Zuruf und Waffenrühren (skandinav. *vápnatak*, langobard. *gairethinx* = Speergeding, womit zu vgl. altnord. *geiraþing* = Kampf), nach jüngerem durch Stillschweigen erteilt. Eigentlich scheint aber jenes Waffenrühren noch mehr als bloßes Zustimmen bedeutet zu haben, nämlich das Gelübde oder den Schwur, daß man das Urteil für Recht halten wolle (vgl. einerseits den promissorischen Waffeneid, anderseits das Hinausschwören des Friedlosen)[k]. Daher wohl heißt altfränkisch nicht bloß das Mitglied des urteilfindenden Ausschusses, sondern auch jeder andere

---

h) Vgl. § 7, 1.

i) Entscheidend Éadward I pr., Éadgár III 3, 5, Cnut II 15 § 1, 18 u. Conc. Assandun. (in Forschg. XIV S. 395). Dazu stimmt auch die Beschreibung des ungerechten *déma* bei Liebermann, Die Gesetze der Angelsachsen I S. 475 (gegen 1000) c. 9 (1) 10.

k) Vgl. § 51, 3.

Thingmann ein „Bürge", d. h. Bewahrer des „Ratschlusses" — **ragin-burgjo*. Aus dem Gesagten ergibt sich, daß jedes rechtskräftige Urteil Einstimmigkeit der Thingleute erfordert. Nach jüngerem Recht muß sich diese wenigstens formell in der Weise ergeben, daß nicht noch nach der Urteilsfindung und vor der „Folge" der Mehrheit ein Widerspruch gegen das Urteil des Finders geltend gemacht wird.

5. Hiermit in Zusammenhang steht das Wesen der Urteilsschelte (salfränk. *lakina*, fries. *lakinge*, altengl. *forsacan*, mnd. *dat ordel scelden*, mhd. *daz urteil widerwerfen, widerahten*). Die Urteilsschelte ist ein Anschuldigen wegen Rechtsbeugung. Von jedem dem Urteiler ebenbürtigen und am eigenen Recht vollkommenen Thingmann und insofern allerdings auch von der beschwerten Partei kann sie ausgehen. Dabei muß der Schelter „unverwandten Fußes" und förmlich das Urteil finden, welches er für das richtige erklärt. Demnach führt die Urteilsschelte zur Zwiespältigkeit der Thingleute (altnord. *þingrof*) und verhindert so das Zustandekommen eines rechtskräftigen Urteils. Da anderseits die Natur des Volksurteils jede revidierende Instanz ausschließt[l], so kann der Streit nach altgermanischem Recht nur durch Zweikampf[m] zwischen dem Schelter und dem Gescholtenen ausgetragen werden, falls letzterer bei seinem Urteil beharrt, was er nach älterem Recht sogar muß. Nach Abschaffung des Zweikampfes freilich ergriff man ein analoges Auskunftsmittel wie zur Entscheidung über ein gescholtenes Beamtenurteil[n], so z. B. in Norwegen, wo man den Rechtszug (*skjóta dóme*) an eine höhere und größere Thingversammlung gestattete, soweit man noch am Prinzip der Einstimmigkeit festhielt. Im fränkischen Reich ist schon um 755 neben dem alten Scheltungsverfahren ein neues in Form einer Klage wegen Rechtsbeugung vor dem Königsgericht zugelassen.

6. Die Gerichtsverhandlung beginnt mit einem Gebot des Schweigens und Zuhörens, welches der Gerichtshalter, in der heidnischen Landsgemeinde auf deutschem Boden der Kultbeamte, an die Thingleute erläßt und wodurch er das Thing „befriedet" oder „bannt" oder im weitern Sinne „hegt". In älterer Zeit scheinen alle Thingleute bewaffnet im Kreise („Ring") zu sitzen. War zur Urteilsfindung ein Ausschuß berufen, so saß nur dieser nebst dem Gerichtshalter, und zwar innerhalb eines kreisförmigen oder viereckigen und insgemein eingehegten Raumes (mhd. *rinc*), die Urteilfinder auf Steinen oder Bänken (bayer. *schrannen*,

l) Vgl. § 58, 1—4.
m) Vgl. § 64, 1.
n) Vgl. § 58, 4.

niederländ. *dingbancken, vierschare*), der Gerichtshalter nach deutschen Rechten auf einer besonderen Bank mit gekreuzten Beinen, das Antlitz nach Osten gekehrt, den „gewaltigen" Stab, d. h. den weißen Stab des Gewaltboten, (doch im Hochgericht wohl auch statt dessen das Schwert) in der Hand, den Richterhut auf dem Haupt. Auch die Urteilfinder tragen im MA besonderes Gewand. Am Ende des Verhandelns oder der Thingzeit erfolgte meist eine förmliche Auflösung des Things (altnord. *þinglausn*), in Deutschland z. B. unter Umstürzen der Schrannen. Während der Thingzeit kündete ein Schild, aufgehängt an Speer oder Baum, oder ein Schwert, eine Fahne, aufgesteckt, den Thingfrieden[o] an. Überdies aber stand im Heidentum das Thing, wenigstens die Landsgemeinde, unter göttlichem Schutz. „Weihebande" (altnord. *vébǫnd*), an Haselstangen umhergezogen, „hegten" den Platz der Urteilfinder ein: das Thing wurde „gespannt". Auch die Thinghegung scheint ein sakrales Element enthalten zu haben. Daß mit Vorliebe der Dienstag oder Donnerstag zum Gerichtstag gewählt wurde[p], deutet nach derselben Richtung[q].

§ 58

Schöffengericht

1. Die im vorstehenden geschilderte Verfassung des altgermanischen Staatsgerichts hat sich nur in wenigen Ländern rein bis ins MA erhalten. In ihr Gegenteil verkehrt erscheint sie da, wo Befehlsgewalt und Urteil verbunden, das Schöpfen des rechtskräftigen Urteils dem Gerichtshalter (nunmehr got. *staua* mascul.) ausschließlich übertragen wurde. Dies ist nicht nur während oder alsbald nach der Völkerwanderung bei denjenigen Südgermanen (Goten, Burgunden, Langobarden) geschehen, welche unmittelbar dem römischen Einflusse ausgesetzt waren, sondern in der zweiten Hälfte des MA auch bei skandinavischen Völkern, insbesondere in Schweden (die Städte ausgenommen). Dogmatisch und teilweise auch genetisch ein Mittelglied zwischen den beiden gegensätzlichen Systemen der Gerichtsverfassung bildet dasjenige, welches zum Urteilen eine Mehrzahl von Schöffen einsetzt. Mit dem Gerichtshalter gemein hat dann der Schöffe, daß er — wiewohl ungelehrt — Beamter ist, gleichviel ob auf Lebenszeit oder bloß für die Dauer der

---

o) Vgl. § 50, 1.

p) Über den Donnerstag vgl. H. PETERSEN, Nordb. Gudedyrkelse, S. 67—69.

q) Daß aber weder der Mars Thingsus noch die Alaisiagae Gerichtsgottheiten waren, zeigt SIEBS in Ztschr. für dt. Philologie XXIV, S. 433—456.

Gerichtssitzung angestellt, gleichviel ferner ob durch Ernennung oder durch Erbgang zu seinem Amt berufen. Er findet daher das Urteil nicht mehr auf Grund seiner Genossenpflicht gegenüber der Partei und folglich nicht mehr auf deren unmittelbar an ihn gerichtete Aufforderung, sondern auf Grund seiner Amtspflicht und folglich auf Befehl des Gerichtshalters. Von diesem aber unterscheidet er sich dadurch, daß er lediglich an der Urteilsfindung beteiligt, während der Gerichtshalter regelmäßig davon ausgeschlossen ist, sie vielmehr von den Schöffen zu erfragen hat. Der Gerichtshalter kommt ins Gericht, „nicht um das Recht zu bringen, sondern um es bei den Schöffen zu finden", und das gefundene allenfalls förmlich kund zu machen („auszugeben").

2. Das Prototyp einer Schöffenverfassung gewährt das fränkische Bezirksgericht seit der Zeit zwischen 769 und 803. Der Schöffe (altfränk. **scapin*, darnach and. *scepeno*, fries. *sceppena*, ahd. *sceffino* — ferner ahd. *scephjo*, *sceffo*, alles zu *skapan*)[a] ist der Nachfolger des sitzenden Raginburgen, aber nicht wie dieser bloß für die Gerichtsdauer, sondern für Lebenszeit vom Gerichtsherrn unter Zustimmung der Thingleute ernannt und vereidigt. Das Urteil hat er, soweit das Gesetz geschrieben, dem geschriebenen Text gemäß zu finden. Sieben Schöffen müssen im Gericht sitzen; außer ihnen ist ein Umstand der Thingpflichtigen nur noch in dem vom Grafen abzuhaltenden echten Thing notwendig, und auch hier fällt die förmliche Vollbort des Umstandes weg, so daß an dessen ehemalige Bedeutung nur noch die Urteilsschelte erinnert. Den Übergang hierzu hatte ein Gesetz Karls d. Gr. vermittelt, wonach zum gebotenen Thing nur Notable aus den Thingpflichtigen zu beschicken waren. Die Verschiedenheit in der Zusammensetzung des echten und des gebotenen Things führte zu einer Verschiedenheit in der Kompetenz dieser Gerichte. Über Leben, Freiheit und Eigentum sollte fürderhin nur noch im echten Thing erkannt werden. Damit war dieses zum Hoch- (oder „freislichen"), das gebotene zum Niedergericht gemacht.

3. Die karolingische Schöffenverfassung ist nur in einigen Teilen Deutschlands durchgeführt worden (von Anfang an nicht in Friesland, auch nicht im sächsischen Gogericht), in noch wenigeren übers 12. Jahrh. hinaus erhalten geblieben. Auch wo sie aber sich forterhielt, sind erhebliche Modifikationen an ihr eingetreten. Die wichtigsten derselben bestanden darin, daß der „Umstand" als solcher nicht mehr im echten Thing beim Zustandekommen des Urteils mitwirkte, das Schöffenamt erblich oder durch Kooptation oder (wie in den Freigerichten) durch

a) Vgl. § 57, 1.

Aufnahme in einen Bund (mnd. *veme*) von Wissenden besetzt, die Kompetenz des gebotenen Things der des echten angenähert wurde. Unabhängig vom karolingischen Schöffenwesen sind im Grundgedanken verwandte Einrichtungen während des MA in verschiedenen Rechtsgebieten innerhalb und außerhalb Deutschlands ins Leben getreten. Dahin gehören z. B. die in Bayern und in Österreich nach dem Untergang des karolingischen Schöffenamtes in den Landgerichten (ca. 1200), aber auch die in Dänemark vom Richter aus den erschienenen Thingleuten ernannten Beisitzer, und insbesondere die sämtlichen Gerichte (*dómar*) im Verfassungssystem des isländischen Freistaates, deren Urteiler in beschränkter Zahl von den Goden[b], und zwar für die Thinggerichte aus den Thingleuten, ernannt wurden, während die Goden selbst sich lediglich mit der Justizverwaltung zu befassen hatten.

4. Mit diesen Veränderungen im Wesen des germanischen Gerichts ging eine Veränderung der Urteilsschelte und der Urteilsspaltung (isländ. *véfang* = Mißlingen) Hand in Hand. Im Gegensatz zum Volksurteil ist das Beamtenurteil verbesserlich, weil es kein unmittelbarer Ausdruck des Rechts ist. Nunmehr konnte der urteilende Richter bei dem ihn beaufsichtigenden Vorgesetzten bis hinauf zum Herrscher wegen Rechtsbeugung verklagt (langobard., angelsächs., schwed., norweg. Recht); es konnte ferner der Streit ums bessere Urteil von Schöffen zur Entscheidung durch vorzüglichere Urteiler des nämlichen Rechtsgebietes gebracht werden, sei es als Streit zwischen dem Schelter und dem Urteilfinder (älteres deutsches Recht und isländ. Recht), sei es als Streit zwischen dem Schelter und seinem Prozeßgegner (jüngeres deutsches Recht), sei es ferner in Form von Holen des Rechts („zu Haupt Gehen") im „Oberhof" und Wiedereinbringen des geholten im Untergericht (Deutschland)[c], oder sei es unter Erledigung des Prozesses im Obergericht (Island). So verschieden aber auch das Verfahren sein mochte, insgemein erinnerte ein Strafgeld des unterliegenden Schelters bzw. Urteilers an die ehemalige Entscheidung des Streites durch Kampf. Mußte das Strafgeld beim Beginn des Verfahrens deponiert werden, so wurde es zum „Wetteinsatz". — Mit dem Urteilfinden als einer Amtstätigkeit unverträglich scheinen konnte es, wenn ein Nichtbeamter das Urteil schalt. Wo dieser Gesichtspunkt maßgab (Sachsensp.), mußte dem Schelter erst auf seine Bitten die Bank geräumt und er so der Form nach zum amtlichen Urteiler gemacht werden, ehe er sein Gegenurteil finden konnte.

---

b) Vgl. § 25, 5.
c) Vgl. I § 20, 4.

5. Ein völlig neues Prinzip dagegen liegt der im MA aufkommenden kollegialen Organisation des Gerichts schon insofern zugrunde als sie den Gerichtshalter an der Urteilsfindung, die keiner Vollbort bedarf, teilnehmen, dann aber auch insofern, als sie zuweilen beim Zustandekommen des Urteils die Mehrheit der Gerichtsmitglieder entscheiden läßt. Durchgeführt wurde diese Verfassung zuerst in den Städten, wo der Rat Gerichtsbarkeit erlangte, ferner seit dem 13. Jahrh. teilweise in den friesischen „Ländern" und Landdistrikten, wo nach dem Vorbild der städtischen Räte *rêdgevan* (*consules*) oder *êhera* („Rechtsherren") oder *riuchtera*[d] oder *jurati* nach jahrweisem „Umgang" unter den hierzu allein Befähigten und unter Leitung eines von ihnen (*kêthere, edictor, enunciator, orator* — *grêtman* — *placitator*) das Gericht bildeten. Im Spätmittelalter kehrten auch in Landfriedensgerichten, wie sie durch die Landfriedensbündnisse in Deutschland eingesetzt wurden, die Teilnahme des Obmannes an der Urteilfällung und der Grundsatz der Mehrheitsentscheidung wieder. Systematisch genommen Zwischenstufen zwischen dem altgermanischen Gericht und dem mittelalterlichen Kollegialgericht ergaben sich, wenn zwar Justizverwaltung und Urteilsfindung verschiedenen Organen zugewiesen blieben, jedoch die Urteilsschelte ausgeschlossen wurde. Mehrheitsentscheidung und bei Stimmengleichheit künstliche Auskunftsmittel, wie z. B. das Los, (wie im isländischen obersten Gericht schon 1004) ließen sich dann nicht umgehen.

§ 59

Königsgericht

1. Während das ordentliche Staatsgericht stets nach dem Recht, und insofern nach der „Wahrheit", niemals „nach Wahn" zu urteilen hatte, kommt im Zusammenhang mit der Entwicklung der Königsgewalt ein Gericht auf, welches ebensosehr nach subjektivem Ermessen („Billigkeit") entscheiden durfte und sollte, wie nach dem Recht. Das ist das „Königsgericht", wie es sich schon zwischen Völkerwanderung und Frühmittelalter in den südgermanischen Großstaaten zeigt. Nicht bloß um die von seinen Beamten gesprochenen Urteile auf deren Rechtmäßigkeit zu prüfen, sondern mit der Befugnis, den Rechtsstreit unter bewußter Abweichung vom bestehenden Volks- oder Landrecht zu schlichten, sitzt der Herrscher (König, Unterkönig) zu Gericht, mithin auch keineswegs bloß, um einen Streit zwischen Urteilfindern des Unter-

d) Vgl. § 25, 4.

gerichts, sondern auch, um den Streit zwischen den Prozeßgegnern des Untergerichts zu entscheiden, sei es, daß schon dort ein Urteil gefällt war, sei es, daß das Urteil des Untergerichts umgangen wurde. Daher ist juristisch genommen im Königsgericht wie der Gerichtshalter so auch der Urteiler der Herrscher allein, auch wenn er, was in seinem Belieben steht und allerdings die Regel bildet, Beisitzer zu seiner Beratung ernennt. Insoweit bedarf das Königsgericht auch keiner Thing-Versammlung. Jene Funktionen kann der König auch dann ausüben, wenn er selbst Partei ist. Überhaupt aber ist er von der landrechtlichen Thingordnung entbunden, da über diese, wie über seine Urteilsnorm der Herrscher kraft seiner Dispensationsgewalt bestimmt. Der Gerichtsort ist, wenn der König persönlich richtet, sein Hof, daher das Gericht sein „Hof- oder Pfalzgericht" und mit des Königs Hof auf der Wanderschaft. Der König konnte aber an seiner Statt auch einen Bevollmächtigten (*missus*) richten lassen. Das fränkische (karolingische) Königsgericht erhielt in seinem Urkundsbeamten, dem „Pfalzgrafen" (*comes palatii*)[a], einen ständigen Vertreter des Königs. Während das Pfalzgrafenamt in Deutschland um die Wende des 9. und 10. Jahrh. verschwindet, dauert es in Italien fort, wo als sein Ausläufer das Amt des mit einer Reihe von missatischen Gewalten ausgestatteten Hofpfalzgrafen (*comes palatinus*) erscheint, welches im Spätmittelalter in Deutschland rezipiert worden ist.

2. Das Königsgericht war außerordentliches Gericht, sei es als Spezialgericht in bestimmten Rechtssachen, sei es als obere Instanz für bestimmte Personen, die solchergestalt (im Frankenreich mit der *reclamatio ad regis definitivam sententiam*) privilegiert waren. Am vollkommensten ausgebildet war das fränkische Königsgericht. Das langobardische hat nicht die gleiche Machthöhe erstiegen, da hier der König aufs Interpretieren und Ergänzen des geschriebenen Rechts beschränkt blieb. Dagegen nähert sich mehr dem fränkischen Königsgericht das aus ganz selbständigen Wurzeln seit dem 13. Jahrh. in Dänemark und in Schweden erwachsende, zwar regelmäßig nicht in Gestalt der von ihm abgezweigten Gerichte (*ræfsta þing, rættara þing*), wohl aber in dem vom König persönlich oder durch seine Spezialbevollmächtigten abgehaltenen Gericht, weil es des Königs Aufgabe ist, nicht nur wie der Gesetzsprecher das Recht zu weisen, sondern auch „alle überstrengen Urteile zu brechen". Anderseits konnte sich in Deutschland bei der zunehmenden Feodalisierung des Staats das Königsgericht nicht auf der im Frühmittelalter erreichten Höhe eines Billigkeitsgerichts erhalten. Das Finden der

---

a) Vgl. § 25, 2.

Urteile durch ernannte Beisitzer wurde seiner Verfassung wesentlich. Nur ist es nicht zu ständigen Pfalzschöffen gekommen, da dem Gericht nach wie vor die feste Stätte mangelte. Seit 1235 erscheint es in zwei Formen: als Fürstengericht unter persönlichem Vorsitz des Königs oder seines Stellvertreters und als allgemeines, doch in seiner Zuständigkeit vielfach durch privilegia de non evocando und de non appellando beschränktes „Reichshofgericht" unter dem Vorsitz eines vom König ernannten „Hofrichters", ausnahmsweise (in Reichsachtsachen) des Königs selbst. Seit 1442 neben dem „Reichshofgericht" und bald nachher statt desselben richtet der König persönlich oder durch seine Räte im „Kammergericht", bis die Reformgesetzgebung von 1495 den König aus dem Kammergericht verwies und dieses zu einem wesentlich ständischen Organe machte.

3. Nachdem in Deutschland das Königsgericht aufgehört hatte, Billigkeitsgericht zu sein, legten sich mit Erfolg diejenigen Grafschaftsgerichte, worin die königliche Bannleihe fortdauerte, nämlich die „kaiserlichen Landgerichte" und die sogenannten „westfälischen" oder „Frei"- (auch „Fem-)Gerichte" eine Gerichtsbarkeit bei, welche mit der des Reichsgerichts konkurrierte, und zwar die letzteren sogar über Reichsfürsten, obgleich ihre Urteiler („Freischöffen") allen Ständen von freier Art entnommen waren. In jenen verschwand, obgleich sie im Gegensatz zum Königsgericht gesetzliche Zeiten und Orte hatten, der Umstand, während die Femgerichte beim Verfahren gegen Wissende und beim Verkünden der Friedlosigkeit den Zutritt von Nichtwissenden und damit die Öffentlichkeit ausschlossen (daher *judicia secreta occulta*, „Stillgerichte" und das Verfahrendie „heimliche" oder „beschlossene Acht", d. h. heimliche Beratung).

§ 60

Privatgerichte

1. Vom Staatsgericht unterscheidet sich durch seine Herkunft und durch seine Verfassung das Privatgericht. Seine älteste und meist verbreitete Form ist das Schiedsgericht. Zwar wird, da die Tätigkeit der Schiedsleute (mhd. *scheideliute*, mnd. *korlüde*, altnord. *sáttarmenn*, *gerðarmenn*) ihre Kraft dem Vertrag der Parteien verdankt, das Schiedsgericht oftmals dem Staatsgericht als dem Gericht, das Schiedsverfahren als ein Verfahren *mit minnen* dem *mit rechte* entgegengesetzt. Aber dem Schiedsspruch kommt, da sich die Parteien vertragsweise ihm unterworfen haben, nach älterem Recht stets und im MA noch fast allgemein die Kraft eines staatsgerichtlichen Urteils zu, wie er auch den nämlichen Inhalt haben, z. B. auf Acht erkennen kann, daher auch das Schiedsgericht selbst im Norden ein *sáttardómr* oder *jafnaðardómr* und in Deutschland ein *teidinc* (mnd. *degeding*) heißt.

2. Während nun aber das gewöhnliche Schiedsgericht seinem Ermessen nach urteilte, entschieden besondere Abarten des Schiedsgerichts nach strengem Recht. Solche waren in Deutschland während des MA und noch später die Austräge, die als Instanzen unter dem Reichsgericht entschieden, ferner die Landfriedensgerichte[a], soweit sie von den Kontrahenten der Friedensbündnisse dazu berufen waren, unter ihnen selbst Recht zu sprechen. Aber auch der *skiladómr* des ältern westnordischen Rechts ist nichts anderes als ein gesetzlich geordnetes und nach strengem Recht urteilendes Schiedsgericht. Aus 12, seltener 6 oder 24 prinzipiell von den Parteien hälftig zu ernennenden Urteilern bestehend, entscheidet er als ordentliches Gericht regelmäßig in illiquiden Zivilsachen, und zwar in frühester Zeit gewöhnlich als „Türengericht" — *duradómr* — d. h. vor der Haustür des Beklagten, ausnahmsweise des Klägers, in Grundstücksachen auf dem streitigen Boden oder doch in dessen Nähe, nach jüngerm Recht auf der ordentlichen Thingstätte. In den Quellen des ostnordischen Rechts finden sich nur sehr unsichere direkte Spuren eines *skiladómr*[b]. Wiederum aber knüpften ans vertragsmäßige Schiedsgericht an die Gerichte der meisten autonomen Genossenschaften, wie z. B. der Markgenossenschaften, der Gilden[c], der Zünfte, der Schifferschaften, Gewerkschaften, Ritter- und Söldnergesellschaften. In ihrer reinen Gestalt, ob nun als echte oder gebotene Thinge aller vollberechtigten Genossen oder als Ausschuß (Rat, Schöffenkolleg) derselben, urteilen sie unter dem Vorsitz des Vorstehers der Genossenschaft nur in Angelegenheiten der letztern und der Genossen unter sich und verfügen, um sich die Genossen zu unterwerfen, über kein anderes Zwangsmittel als die Ausstoßung aus dem Verbande. Öfter jedoch haben Privilegien den Mitgliedern, wie z. B. den Münzerhausgenossen in deutschen Städten, einen ausschließlichen Gerichtsstand vor ihrem Genossengericht auch gegenüber Ungenossen verliehen.

3. Der bisherigen Gruppe von Privatgerichten gegenüber steht eine andere, bei welcher die Rechtspflege sich wesentlich aus einer privaten

a) Vgl. § 58, 5.

b) Nach Secher in Eriks Sællandske Lov III 26 — vielleicht auch aus dem anglodän. Recht: Leges Henrici c. 31, 8; Æðelréd III 13; Dunsæte 3 (?).

c) Vgl. § 32, 2 u. 3.

Herrengewalt ableitet[d]. Diese selbst kann freilich durch Vertrag zwischen den Parteien und Urteilern einerseits und dem Gerichtsherrn anderseits begründet sein. Das ist bei den deutschen Lehengerichten der Fall, gebotenen Gerichten am Hof des Lehenherrn, worin dieser selbst oder sein Vertreter in Lehenssachen zwischen ihm und seinem Mann oder zwischen seinen Mannen Urteil durch Vasallen nach Lehenrecht finden läßt. Seitenstücke dazu, doch mit teilweise größerer Kompetenz, stellen sich dar im norwegischen und im dänischen Gefolgenthing (altnord. *hirðstefna*, altdän. *húskarla stefna*). Dagegen ist jede auch nur mittelbare Zurückführung auf einen Vertrag ausgeschlossen beim deutschen Hofgericht des Herrn über seine Eigenleute. Je nach dem Stande der Gerichtspflichtigen erscheint es als *bûdinc* (*bûteidinc*), d. h. als Gericht über unfreie Bauern, und als Ministerialengericht. Von Haus aus gebotenes Gericht ist seine Zuständigkeit und Verfassung durch den Herrn bestimmt. Doch hat sich die Verfassung nach Analogie der Gerichte nach Landrecht bzw. Lehenrecht entwickelt. Ein Privatgericht ist (und heißt) in seiner reinen Gestalt auch das Immunitäts- und das grundherrliche Gericht[e], da dem Gerichtsherrn kein staatliches Gericht „übertragen" ist, er vielmehr das staatliche Gericht aus eigener Machtvollkommenheit durch sein Gericht ersetzt, nachdem die Freiung den Spielraum hierzu geschaffen hat. Auch die Organisation dieser Gerichte pflegte sich im wesentlichen an die der hergebrachten ordentlichen öffentlichen Gerichte anzuschließen.

§ 61

Älterer Rechtsgang

1. Der altgermanische Rechtsgang (Prozeß) beruhte auf folgenden Prinzipien. Der Prozeß ist ein Kampf (ahd. *strît*, mhd. *krieg [rehtens]*), worin ein Gegner den andern zu überwinden hat. Darum ist er, auch soweit er nur in Worten geführt wird, eine Verhandlung der Parteien nicht mit dem Richter, sondern untereinander; sie haben über die einzelnen Prozeßschritte zu verfügen (sogenanntes Verhandlungsprinzip). Daher ist jeder Prozeßschritt, soweit sich über ihn die Parteien nicht gütlich einigen, durch das Recht genau bestimmt (sogenanntes Legalprinzip). Folglich braucht der Prozeß keineswegs ganz und gar ein Verfahren vor Gericht zu sein. Zu einem solchen kommt es

d) Vgl. § 33, 2.

e) Vgl. §§ 23, 1; 25, 1.

überhaupt nur, sofern die Parteien eines Urteils bedürfen. Des Klägers Tätigkeit ist Angriff (Hauptterminus: got. altsächs. *sakan*, ahd. *sachan* — altsächs. *sôkian*, altnord. *sǿkja*), die des Beklagten Abwehr (got. *varjan*?, altnord. *verja*, ahd. *werjan*), daher der Prozeß selbst eine Verfolgung (westnord. *sǫk*, ostnord. *sak*, ahd. *sacha*) und jede Partei, als zu ihr in Beziehung stehend, Widersacher (ahd. *widarsacho*, altsächs. *withirsaka* — altsächs. altengl. *andsaca* — altengl. *gesaca*, altfränk. *gasakjo* — mhd. *sachwalte*). Die Verfolgung beginnt in der Regel mit einem Ansprechen (ahd. *mahalôn*, altfränk. **atmallôn* — altengl. *onsprecan*, fries. *onspreka*, niederfränk. *aenspreken* — ahd. *eiscôn*, mhd. *aischen*, mnd. *eschen* — mhd. mnd. *vordern* — altnord. *krefja* bzw. *kveðja*[a]) des Beklagten durch den Kläger regelmäßig am Wohnplatz des erstern. Da der Rechtsgenosse dem Rechtsgenossen zu allem Rechten helfen muß, selbst dann, wenn er sich mit ihm in Streit befindet, so hat der Angeforderte nur die die Wahl, entweder den Anspruch des Klägers zu bejahen (fries. *ia*, *iechta*) und dessen Erfüllung mindestens (unter Kaution) zu versprechen oder zu verneinen und sich damit auf den Prozeß einzulassen (fries. *biseka*, niedersächs. *besaken*), folglich sich zu verantworten (skandinav. *svara*). Aus der Genossenpflicht entspringt auch im weitern Verlauf des Prozesses für jede Partei die Pflicht, sich auf jeden rechtmäßigen Schritt einzulassen, den ihr der Gegner anbietet oder wozu er sie auffordert, so daß sich das Verfahren vertragsgemäß abspielt. Daher schließt sich an die Ansprache, wenn der Beklagte sich verneinend einläßt, zunächst ein Vertrag beider Parteien entweder über ein zu erbringendes Beweismittel, etwa den vom Angegriffenen zu schwörenden Unschuldseid, oder über Fortführung der Sache vor Gericht, wohin der Kläger den Antworter „mahnen" (altengl. altfränk. **manjan*, ahd. *manôn*) oder „berufen" (altnord. *stefna*) mag. Wo die Sache vor einen *skiladómr*[b] zu bringen ist, verspricht der Beklagte Mitwirkung beim Besetzen des Gerichts (altnord. *dómfesta*). Der Ansprache um Gut gegenüber konnte der Beklagte durch Gewährenzug[c] einen andern Antworter stellen.

2. Stehen die Parteien vor (genauer im) Gericht, so bewegt sich die Verhandlung zunächst in Rede und Gegenrede unmittelbar zwischen ihnen. Erst wenn sie an einen Punkt gelangt, wo eine Rechtsfrage zweifelhaft oder unter den Parteien streitig ist, wenden sie sich an die Urteilfinder mit dem Begehren, daß die Streitfrage durch ein Urteil

a) Vgl. § 42, 7.
b) Vgl. § 60, 2.
c) Vgl. § 40, 2.

entschieden werde. Da sich eine solche über jeden einzelnen Prozeßschritt ebensowohl wie über den Klaganspruch ergeben kann, so kommt es möglicherweise zu einer Reihe von Urteilen, bevor das Gerichtsverfahren seinen Abschluß findet. Da ferner durch diese Urteile der einen oder anderen Partei eine Auflage gemacht werden kann (z. B. zum Erbringen eines Beweismittels), die nur außergerichtlich zu erfüllen ist, so wird möglicherweise das gerichtliche Verfahren durch ein außergerichtliches mehrmals unterbrochen. Möglicherweise beendigt aber schon das erste Urteil, wenn es einer Partei den entscheidenden Beweisschritt zuspricht, das gerichtliche Verfahren. Wo freilich die Klage auf Ächtung oder auf Todesstrafe geht, muß ein Endurteil entweder gegen den Beklagten die Ahndung erkennen oder ihn freisprechen.

3. Wird durch ein Urteil der einen Partei eine Auflage gemacht, so hat jene dem Gegner auf dessen Verlangen die Erfüllung der Auflage unter Terminsetzung und Kaution zu versprechen, gleichviel ob in der Erfüllung Befriedigung des Klageanspruchs liegt oder ob sie lediglich in einer prozessualen Handlung besteht. Denn auch im letztern Fall ist sie eine Leistung nicht ans Gericht, sondern an den Gegner, der eben deswegen sie auch erlassen kann. Würde der Beklagte weder den Klageanspruch erfüllen noch sich auf den Prozeß einlassen, oder würde er sich in irgendeinem Abschnitt des Prozesses weigern, an dessen Weiterführung mitzuwirken (z. B. durch Ausbleiben in einer Tagfahrt, rechtswidriges Unterlassen der Antwort), so würde er sich des Verbrechens der Rechtsverweigerung (westnord. *lǫgleysa*, ostnord. *rætlösa*) schuldig machen, sei es sofort, sei es durch fortgesetzten Ungehorsam, und da das Recht nicht genießen soll, wer es andern nicht gönnt, der Acht verfallen.

4. Hingegen gewaltsam den Beklagten vor Gericht zu schleppen, ist der Kläger nur befugt, wenn er ihn auf handhafter Missetat verfolgt. In diesem Falle aber darf ihn der Kläger auch erschlagen. Dann jedoch hat er, wenn er die Totschlagsklage nicht abwarten will, mit dem Leichnam vor Gericht die Klage wegen des Friedensbruchs gegen den Toten nachzuholen (mnd. *op den doden klagen, den doden bereden*, altnord. *gefa dauðum sǫk*), um durch Urteil feststellen zu lassen, daß er einen friedlosen Menschen mit Recht getötet habe, was voraussetzt, daß er den Totschlag öffentlich begangen oder sofort gehörig kundgemacht hat. Nicht nur gemein-, sondern indogermanisch ist das Institut der Spurfolge (altengl. *trod bedrífan*, frankolatein. *vestigium minare*) und Haussuchung (ostnord. *ransak*, westnord. *rannsókn*, ahd. *hûssuocha, salisuochan*) nach gestohlenem Gut mit der Wirkung, daß als handhafter Dieb derjenige gilt, in dessen Gewahrsam die Sache gefunden wird, und der den Besitz geleugnet hat.

5. Alle Geschäfte, aus denen sich der Prozeß zusammensetzt, waren an strenge Formen gebunden[d]. Denn nur an äußeren Merkmalen konnte ihre Rechtmäßigkeit erkannt werden (sogenanntes Formalitätsprinzip). Sie mußten von den Parteien persönlich vorgenommen werden, wobei bedingungslos die Grundsätze der Mündlichkeit und Öffentlichkeit zu beobachten waren. Zur Mündlichkeit gehört nicht etwa bloß, daß überhaupt geredet, sondern auch daß in gesetzlichen Worten geredet werde. Jede Rede hat ihr unveränderliches Formular, welches überdies buchstäblich interpretiert wird. Daher muß auch jeder Angriff Wort für Wort erwidert werden. Die Öffentlichkeit wird durch Zuziehen von Solemnitätszeugen erzielt, was wiederum nur in gesetzlichen Formen geschehen kann. Jedes Geschäft hat seine gesetzliche Zeit, zu der oder binnen welcher es vorgenommen werden muß. Und wie die Zeit ist auch der Ort gesetzlich.

6. In bestimmten Fällen verlangt der Formalismus noch den Gebrauch von Symbolen und andern Feierlichkeiten, so namentlich nach deutschen Rechten, wenn der Beklagte auf handhafter Tat verfolgt wird, das „Gerüfte" (mnd. *gerüchte*, fries. *skrichte*) des Klägers, das Vorbringen des Erschlagenen oder doch seines „Leibzeichens" bei der Totschlagsklage, das Anpacken des Beklagten an dessen Rockkragen beim kämpflichen Gruß, beim Fordern gestohlener oder geraubter Fahrnis das Anfassen derselben[e], dann beim Gewährenzug[f] ihr körperliches oder symbolisches Zuführen an den Gewähren und allgemein das Aufbinden des gestohlenen Gutes auf dem Rücken des handhaften Diebes bei dessen Knebelung.

7. Da jeder Prozeßschritt, weil vertragsmäßig, unwiderruflich und unabänderlich geschieht, bringt der geringste Verstoß gegen die Form der schuldigen Partei Nachteil, sei es, daß sie bei unbedacht gesprochenem Wort genommen wird, sei es, daß ihr der fehlerhafte Prozeßschritt verlorengeht. Außerdem kann sie auch noch in eine Buße verfallen. Hierin liegt die „Gefahr" (mhd. mnd. *våre*) des Prozeßformalismus. Er birgt aber auch noch die andere Gefahr, daß er den Kniffen des Gewissenlosen zum Sieg verhilft. Demgegenüber gab es kein anderes Auskunftsmittel als Substitution des Zweikampfes mit tödlichen Waffen für den Zweikampf mit Worten[g].

d) Vgl. § 44, 1.
e) Vgl. § 40, 2.
f) Vgl. ebd.
g) Vgl. § 64, 2.

§ 62

Jüngerer Rechtsgang

1. Im weiteren Verlauf der germanischen Prozeßgeschichte sind an den vorstehenden Grundsätzen erhebliche Veränderungen eingetreten. Wo sich ein Königsgericht als Billigkeitshof entwickelte, mußten sie sogar — wenigstens zum Teil — durch die gegenteiligen Prinzipien ersetzt werden. Hier mußte die Prozeßleitung aus der Hand der Parteien in die des Richters übergehen, folglich der Rechtsgang wesentlich Gerichtsverfahren, die Parteihandlung eine Tätigkeit gegenüber dem Richter werden. Je entschiedener die Aufgabe des Billigkeitsrichters betont wurde, desto weniger konnte er an der Strenge des Formalismus festhalten. So entspricht dem neuen außerordentlichen Gericht ein neuer außerordentlicher Rechtsgang. Teils seine Analogie, teils aber und noch mehr der Machtzuwachs der Herrscher- und Beamtengewalt zieht auch in den ordentlichen Prozeß die Tätigkeit des Richters hinein. An die Stelle des Mahnens durch den Kläger tritt in den südgermanischen Rechten schon sehr frühzeitig das „Bannen" (ahd. *bannan*, altfränk. **bannjan*), d. h. Vorgebieten durch den Richter oder dessen „Bieter" (altengl. *bydel*, ahd. *butil*) oder „Banner" (fries. *bonnere*) oder „Sprecher" (got. *sajo*) oder „Boten" (mhd. *vrônbote*) oder „Läufer" (ahd. mhd. *weibel*), der ursprünglich im Privatdienst des Richters, später als dessen Gehilfe öffentlich angestellt ist. Vor Gericht hört nach denselben Rechten der unmittelbare Verkehr der Parteien unter sich ebenso wie mit den Urteilern auf[a]. Wiederum ist es der Richter, dem die Vermittlung durch seinen Bann zufällt, wie ja nun auch ihm „geklagt" wird. Sogar ein Fragerecht gegenüber den Parteien wird ihm mitunter eingeräumt.

2. In gewissen Strafsachen haben schon bald nach der Völkerwanderung südgermanische Gesetze auch ein richterliches Verfahren von Amts wegen ausgebildet. Unter den verschiedenen Formen desselben ist der karolingische Rügeprozeß hervorzuheben.

3. Während die nordgermanischen Rechte bis tief ins Spätmittelalter die ursprüngliche Stellung der Parteien ungeändert ließen, rief überall das Verkehrsbedürfnis Milderungen der Formenstrenge hervor. Freilich blieben dieselben, wenn wir von den romanisierten Rechten absehen, nur Ausnahmen. Die belangreichsten sind: Zulässigkeit des Ladens mittels öffentlichen Verrufs, Zulässigkeit eines Stellvertreters (in Deutschland *vormund*) für die Partei, einer Verbeistandung derselben durch

a) Vgl. § 58, 1.

„Vorsprecher"[b], „Warner" und „Rauner", des Ausbedingens von „Gesprächen" (Beratungen) vor und von „Erholung" und „Wandel" nach gesprochenem Wort. Südgermanische Rechte gestatteten auch Schriftform für gewisse prozessuale Geschäfte, insbesondere für richterliche Befehle, Ladungen. Eine prinzipielle Milderung erlitt im MA das Kontumazialverfahren auf Grund des neuen Gedankens, daß Ungehorsam (mnd. *overhore*) des Beklagten nicht sowohl Verbrechen gegen den Kläger als Geständnis oder doch Verzicht auf die Verteidigung sei. Sachfälligkeit des Beklagten war von nun an die Folge seines Ungehorsams, nach einigen Rechten unmittelbar, nach anderen, wenn der Kläger die ihm gegen den Gehorsamen obliegenden Prozeßschritte vollzog. Eine abermalige Milderung begab sich, indem die ferneren Wirkungen der wegen Ungehorsams eintretenden Sachfälligkeit gemeiniglich erst bei fortgesetztem Ungehorsam endgültig wurden.

4. Die zunehmende Feodalisierung der Gerichtsverfassung in Deutschland brachte eine so tiefgehende Unsicherheit der Rechtspflege mit sich, daß dem Kläger gestattet werden mußte, bei Unmöglichkeit des Rechtsganges den Beklagten nach gehöriger *widersage* (*diffidatio*) mit Privatkrieg zu überziehen. Das ist das „Fehde"- oder „Faustrecht", welches im Spätmittelalter auch in Dänemark zugunsten des Adels eindringt. Ohne genetischen Zusammenhang mit älteren Rechtsinstituten und insbesondere ohne jede Beziehung zum sogenannten Racherecht[c] läßt es doch den Grundgedanken des altgermanischen Zweikampfes[d], freilich in der rohesten Weise, wieder aufleben.

§ 63

Älteres Beweisverfahren

1. Das Beweisverfahren des ordentlichen Prozesses war ursprünglich darauf angelegt, nicht sowohl die Wahrheit oder Unwahrheit eines Tatbestandes ans Licht zu bringen als denselben außer Streit zu stellen, nicht sowohl auf das Erkennen als auf den Willen einzuwirken. Bewiesen wird dem Gegner, nicht einem Unparteiischen. Der Empfänger des Beweises soll genötigt werden, das Beweisthema gelten zu lassen. Der Beweisführer soll entweder ihn „überwinden" oder sich ihm „entreden". Denn das Beweisverfahren mußte die Natur des Parteikampfes teilen,

b) Vgl. § 44, 1.
c) Vgl. § 51, 1.
d) Vgl. § 64, 1.

dessen Stück es war. Gemäß diesem Prinzip konnten die ältesten Beweismittel nur einseitige Parteihandlungen, nur vom Gesetz nach Inhalt, Form und Verwendungsweise bestimmt, und niemals durch Gegenbeweis widerlegbar sein. Da jedes Beweismittel ein Kampfmittel, so kommt die Partei zu seinem Gebrauch nur, wenn sie sich dazu erbietet. Ihr bleibt es überlassen, ihr Recht darauf geltend zu machen. Nur zwei Beweismittel kannte der altgermanische Prozeß: Eid und Zeugenaussage.

2. Der Eid (got. *aiþs*, westnord. *eiðr*, altschwed. altdän. *eþer*, altengl. *áð*, ahd. *eid*)[a] dient als Gewährleistung für die Verlässigkeit des eigenen Wortes durch Einsatz eines Gutes für dessen Wahrheit. Diese Gewährleistung geschieht durch formelhaftes, ursprünglich zauberisches Reden, das „Schwören" (got. *svaran*, skandinav. *sverja*, ahd. altengl. altsächs. *swerjan*, altfries. *swera* eigentl. = singen, in-cantare). Daß dabei ein Gott angerufen („beschworen") werde, ist dem heidnischen Eid nicht wesentlich. Es geschieht nur dann, wenn der Verlust des eingesetzten Gutes bei „Meineid" gerade durch die Gottheit bewirkt werden soll. Auch in diesem Falle ist aber dem Heidentum die Vorstellung fremd, daß die Gottheit als Schützerin der Wahrheit den falschen Eid bestrafen werde. Man pflegte ebenso wie eine Gottheit, und öfter noch, Sachen zu „beschwören", z. B. die eigenen Waffen, das eigene Schiff, das eigene Roß. Dort wie hier soll das Leben des Schwörenden eingesetzt sein, dort die Gottheit, hier die Waffe, das Schiff, das Roß ihm den Tod bringen, wenn der Eid falsch ist. Als Surrogat schwächeren Eides genügte Verpfändung von Leibesgliedern oder der Freiheit oder der Ehre (altnord. *þegnskaparlagning*) oder von Vermögensstücken. Und hieraus erklärt sich das Schwören beim eigenen Bart oder Haar oder Zahn oder bei der eigenen Hand oder Brust oder bei einem dem Schwörenden angehörigen Menschen oder Haustier. Nach seiner Christianisierung konnte der Eid, wenn noch wie regelmäßig Beschwörung, nur Gott oder einen Heiligen anrufen. Aber nicht überall und allemal war er eine Anrufung. Den gleichen Dienst tat es, zumal nach angelsächsischem Recht, wenn der Schwörer sich als Stellvertreter Gottes gab, in dessen „Namen" oder „Minne" aussagte.

3. Stets suchten Inhalt und Wesen des Eides nach Ausdruck in der Symbolik. In der Heidenzeit wird die Gottheit beschworen, indem der geheiligte, von Opferblut gerötete „Eidring" oder ein Opfertier berührt

---

a) Die Grundbedeutung von urgerm. **aiþaz* ist nicht mit Sicherheit ermittelt. Nach einer neueren Hypothese wäre das Wort = Gang (O. SCHRADER, Schwiegermutter u. Hagestolz, S. 40; MERINGER in Indogerm. Forschgg. XVIII S. 290, 205). Dazu vgl. den skandinav. Ausdruck *ganga eið* = einen Eid gehen.

wird, in der christlichen Zeit unter Handauflage auf den Altar oder dessen Abbreviaturen: Reliquienbehälter („auf die Heiligen"), Evangelienbuch, Kreuz, unter Niederknieen. Waffen oder auch der eigene Stab wurden im Heidentum beschworen unter Anrühren oder Emporheben derselben, Schiffe unter deren Betretung, Rosse unter Einsetzen des Fußes in den Steigbügel. Oder es mußte der Gegenstand hingehalten oder angefaßt werden, den der Schwörer zu Pfand setzte: die Hand, das Haar, die Brust, das Viehstück. Manche dieser Feierlichkeiten, wonach die Eidesarten oftmals benannt werden, erhält sich noch lange in der christlichen Zeit, indem ihr ursprünglicher Sinn teils vergessen, teils umgedeutet wird. Nicht gleichgültig war der Ort, wo geschworen wurde, am wenigsten, wenn der Eid Kulthandlung war. In solchem Falle mußte in älterer Zeit stets auch an der Kultstätte geschworen werden (altnord. *hofseiðr*). Erst das christliche Recht hält nicht mehr überall daran fest. Doch muß nach fränkischem die Kultstätte nunmehr wenigstens durch einen geritzten Kreis vertreten werden[b]. Sonst hängt der Ort des Schwurs auch wohl vom Gegenstand der Eidesform ab.

4. Der Eid wird stets „geleistet" oder, gleichsam als Rechtsweg (daher ostnord. der Eid selbst *lagh* wie auch im Deutschen *reht*), „gegangen", einem, der ihn „nimmt" bzw. „sieht" und „„hört". Im Prozeß ist dieser nach älterem Recht der Gegner des Schwörers, später wohl auch der Richter oder der Urteilfinder. Der Empfänger nimmt den Eid, indem er ihn zugleich „gibt" oder „stabt", d. h. „steif vorspricht" (daher die Formel selbst „Eidstab"). Im deutschen Prozeß des MA hört dies Vorsprechen des Schwurempfängers auf, wogegen der Schwörende sich den Eid von einem besonderen „Staber" vorsprechen lassen darf, den er sich vom Richter zu erbitten hat.

5. Der Eid im ordentlichen Prozeß war ursprünglich stets Eid der Partei und stets assertorisch. Die Partei aber schwor entweder allein („mit alleiniger Hand", — „Eineid") oder mit helfenden Männern („Leite", altengl. *láde*, fries. *lâde, lêde*). Im einen wie im andern Falle schwört die Partei über das Beweisthema. Der Eidhelfer (langobard. *aido*, altengl. *ǽwda, æwdaman*, salfränk. **hamêdja*, worüber Kluge Urgermanisch § 5, ahd. *gieido*, mhd. *geeide, — conjurator, consacramentalis*) oder „Gefährte" (altengl. *geféra*, fries. *folgere*) oder „Verkünder" (altnorweg. *váttr*) dagegen schwört über die Glaubwürdigkeit seiner Partei, des Hauptschwörers, nämlich daß des letzteren Eid „rein und nicht mein" sei, daß „jener recht schwor", allenfalls auch, daß der

b) Vgl. mit dem *circulus* in Lex Ribvaria LXVII, 5 Jac. Grimm bei Rössler Rechtsdenkm. I p. VIII.

Mitschwörer „nichts Wahreres wisse, als was jener beschwor". Eben hierin besteht das „Schwören helfen" oder die „Eideshilfe" — altengl. *âðfultum*, altnord. *eiðafullting*. Da es sich unmittelbar nur auf die Verlässigkeit des Haupteides bezieht, ist unter den Eigenschaften des Eidhelfers weit weniger seine Kenntnis des zu beweisenden Sachverhalts als sein Verhältnis zum Hauptschwörer von Belang. Jene ist unter Umständen ganz und gar ausgeschlossen, während es darauf ankommt, daß der Eidhelfer sich über die Vertrauenswürdigkeit des Hauptschwörers ein Urteil bilden kann. Darum müssen so oftmals die Eidhelfer der Sippe, der Nachbarschaft, der Gilde oder Genossenschaft des Hauptschwörers entnommen und ihm ebenbürtig sein. Der Eidhelfer sind regelmäßig mehrere, und zwar ist ihre Zahl ebenso wie ihre Notwendigkeit überhaupt bedingt durch die Wichtigkeit, welche das Beweisthema für den Hauptschwörer hat, und durch den Wert, welchen das Recht der Person des letztern beilegt[c]. Hiernach gab es für die einzelnen Sachen und Stände Eidhelfertarife, und zwar pflegte bei deren Abstufung ein bestimmtes Zahlensystem beobachtet zu sein, wobei drei die Grundzahl bildete: der selbdritt geschworene Eid ist altnord. der „Eid nach Volksrecht" — *lýritareiðr*. Durch seine Vervielfachung entstehen zunächst der Sechst- und der Zwölfteid, der bei den Sachsen als „Volleid" (*plenum sacramentum*) bezeichnet wurde. Auch diese Eide kommen in verschiedenen Rechten wieder vervielfacht vor. Vereinzelt stehen andere Zahlen. Ursprünglich scheint, wie der selbdritt geschworene Eid vermuten läßt, die angegebene Zahl den Eid des Hauptschwörers mit befaßt zu haben. Doch findet sich oftmals, daß die höheren Zahlen auf die Helfereide allein bezogen werden. Zur Erschwerung des Eides diente es, wenn die Eidhelfer sämtlich oder teilweise nicht vom Hauptschwörer „genommen", sondern ihm vom Gegner oder vom Richter „ernannt" oder ausgelost wurden. Das Zeremoniell der Eideshilfe, so lang es sich rein erhielt, brachte deren rechtliche Natur zum Ausdruck. Zuerst leistete der Hauptschwörer seinen Eid, nachher die Helfer den ihrigen, entweder zu beiden Seiten des Hauptschwörers stehend und ihm bzw. einander die Hände reichend (ahd. *hantreichida*, altfränk. *hantrâda*) oder hinter ihm stehend und ihn anfassend, alle zugleich sprechend.

6. Durch Wiederholung konnte zuweilen der prozessuale wie der außerprozessuale Eid verstärkt, insofern auch durch Wiederholung des Eineides die Eideshilfe ersetzt werden. Anderseits brauchten, wo die Standesunterschiede tiefer eingriffen, Leute von höchstem, persönlichem Wert ihre Aussage überhaupt nicht eidlich zu beteuern.

---

c) Vgl. § 8.

7. Das Thema des Parteieneides enthielt regelmäßig seinem Wesen nach nur eine Verneinung: die Partei leugnete eine ihr vorgeworfene Handlung oder Schuld, sie „reinigte" sich von dem Vorwurf (sogenannter Leugnungs-, Reinigungs-, Unschuldeid, ostnord. *dulseþer,* altnord. *dulareiðr,* kent. *cann,* mhd. *unschult,* dazu altengl. *hine clǽnsjan,* fries. *ontswera, ontriuchta*). Nur eine Erscheinungsform des Leugnungseides war ursprünglich der Würderungseid. Auch der sogenannte Behaltungseid war nur ein durch Begründung des Beweisthemas qualifizierter Leugnungseid, so z. B. wenn der Besitzer sich durchs Beschwören seines Besitztitels „wehrte"[d]. Rein affirmativ dagegen, aber nur in bestimmten Fällen des ordentlichen Prozesses zulässig war der sogenannte Überführungseid, womit der Schwörende eine Haltung seines Gegners behauptete. Jüngeres Recht hat diesen Eid mit dem Gefährdeeid (altfränk. **viderêd*) kombiniert, der für sich allein kein Beweismittel, sondern nur ein Mittel des Angreifers war, den Angegriffenen zur Antwort zu nötigen. Eine solche Kombination ist beim ostnord. *assvaru eþer* (*assöres eþer*) und wohl auch beim altengl. *foreáð* eingetreten. Der Leugnungseid war seiner Natur nach das Beweismittel des (materiell) Angegriffenen, das zu gebrauchen er berechtigt, aber auch verpflichtet war, wofern nicht der Angreifer unter Angebot eines ihm zuständigen Beweismittels[e] seinen Angriff substanzierte. Was noch heute die Sitte, das forderte einst das Recht: man durfte sich einem Vorwurf gegenüber nicht untätig verhalten, wenn man Mittel zu seiner Abwehr besaß. Die Eidespflicht des Angegriffenen hatte aber ihre natürliche Grenze dort, wo ihm ein Eid zugemutet worden wäre über Vorgänge in der Person eines Dritten, z. B. seines Erblassers: man hat nicht zu schwören „vor der Brust eines Toten". In solchen Fällen ruhte die Beweislast schlechterdings auf dem Angreifer, stellten ihm dafür aber auch schon sehr alte Rechte einen Überführungseid zu Gebot.

8. Der Zeuge ist ein „Wissender", und zwar einer, der sein Wissen durch Zusehen und Zuhören erlangt hat (got. *veitvôds* = „der gesehen hat"[f], skandinav. *vitni,* altengl. *gevita,* ahd. *giwizo*). Das altgermanische Prozeßrecht verlangt überdies prinzipiell, daß er von der Partei zum Sehen und Hören förmlich aufgefordert worden (Solemnitätszeuge, altschwed. *akallat vitni*) sei. Mit anderen Worten: nur solche Tatsachen konnten durch Zeugnis bewiesen werden, denen von Anfang an Öffentlichkeit verliehen war. Jenes Auffordern geschah durch Rede (west-

d) Vgl. § 40, 2.
e) Vgl. § 63, 9.
f) Vgl. F. KLUGE, Urgermanisch ([3]1913) § 179.

nord. *skirskota*, ostnord. *skirskuta, skærskuta*), nach altdeutschem Recht außerdem aber auch noch durch Werk: man machte einen zum „Zeugen" (altfries. *tiuga*, ahd. *giziuc*), indem man ihn „zog" (ahd. *[urchundi] ziohan*), was bei einigen Stämmen durch Ohrzupfen geschah. Später kommen andere Mittel vor, um des Zeugen Aufmerksamkeit zu schärfen (Backenstreich, Trinken, Gesang). Das Ziehen des Solemnitätszeugen mußte nach ältestem Recht beim Beginn des zu bezeugenden Vorgangs geschehen, woraus schon folgte, daß nur über Geschäfte das Solemnitätszeugnis anwendbar war. Ausnahmsweise genügten zum Zeugnisse Leute, die nur aus zufälliger Wahrnehmung aussagen konnten (sogenannte Erfahrungszeugen, altschwed. *bræþa vitni*).

9. Daß er nach seiner eigenen unmittelbaren sinnlichen Wahrnehmung den Beweisgegenstand selbst kenne, sagt der Zeuge im Prozeß aus. Insofern ist er „Verkünder" (ahd. *urchundo*, altengl. *urcundeo*, fries. *orkunda, orkene* und altnord. *váttr*[g]), selbständiges Beweismittel und scharf vom Eidhelfer unterschieden. Anderseits ist er wie dieser einseitiges Beweismittel: er ist nur dann tauglich, wenn er Wort für Wort so aussagt, wie ihn die beweisführende Partei, der „Zeugenführer", gemäß dem Beweisurteil bzw. Beweisversprechen muß aussagen lassen. Der Zeugen mußten fast immer mehrere sein, und einige Stammesrechte begnügten sich nicht einmal mit zwei Zeugen. Vereidigt wurden in ältester Zeit die Zeugen nicht, und dabei blieb es noch bis tief in die historische Zeit hinein nach norwegischem Recht und prinzipiell nach langobardischem. Die Beweiskraft des Zeugnisses, das „Überzeugen", lag also lediglich in der Aussage selbst, welche den Gegner an eine öffentliche Tatsache „erinnerte". Das jüngere Recht allerdings suchte nicht nur durch Eidauflage, sondern auch durch Vermehrung der Rekusationsgründe die Verlässigkeit der Zeugenaussage zu verbürgen. Ihm erst gehört auch die öfter vorkommende Verbindung des Zeugenbeweises mit einem Parteieneid (Überführungseid) an. Die Zeugenaussage ist das regelmäßige Beweismittel für Behauptungen relevanter Tatsachen. Daher verlegte, wer eine solche Behauptung aufstellte und dafür den Zeugenbeweis anbot, dem Gegner den Leugnungseid. Die Zeugenaussage stellt sich somit als das Beweismittel des Angreifers dar, wovon er jedoch, soweit die Eidespflicht des Angegriffenen reicht, keinen Gebrauch machen muß, um den Prozeß zu gewinnen. Überflüssig wird zunächst der Zeugenbeweis, wenn der Gegenstand der Behauptung im Gericht oder vor einer Gerichtskommission vorgezeigt wird, und dies ist die rechtliche Grundbedeutung von *bewîsen* und

g) Dazu vgl. F. KLUGE, Stammbildung § 29.

bewîsunge. Später unterschied man es nddt. als das „leibliche Beweisen" (mnd. *lîflik bewîsen*) von anderm Beweisen. War nun aber die leibliche Beweisung einmal geführt, so konnte sie nachträglich durch Zeugnisse des Gerichts (mnd. *gerichtes tüch*, ostnord. *þingsvitni*) vergegenwärtigt werden.

§ 64

Zweikampf

1. Das den altgermanischen Beweis wie überhaupt den altgermanischen Prozeß schlechterdings beherrschende Prinzip des Formalismus bedurfte[a] eines Gegengewichts. Dieses war gegeben in der Zulässigkeit, den Rechtsstreit durch Zweikampf auszutragen. Der Zweikampf war der Kampf der persönlichen Tüchtigkeit, welcher der Vorrang gebührte vor den Formen des Wortkampfes. Die persönliche Tüchtigkeit aber war die körperliche Tüchtigkeit des freien Mannes. Wich er ihrer Bewährung aus, so bekannte er sich als den geringern Mann, der die Rechtlosigkeit[b] und leicht sogar den „Neidings"-Namen verdiente[c]. Sollte nun aber einmal die minder tüchtige Partei auch die minder berechtigte sein, so bedurfte es wiederum rechtlicher Merkmale, woran sicher und rasch der Sieg der persönlichen Tüchtigkeit zu erkennen war. Damit wurde der physische Kampf zum Rechtsinstitut. Waren ferner die Parteien einmal vom Weg der Verhandlung auf den des Machtstreites verwiesen, so war es nur folgerichtig, wenn dem Sieger gestattet wurde, den Widerstand des Gegners endgültig durch dessen Vernichtung zu Boden zu schlagen. Unter diesen Gesichtspunkten erklären sich Formen, Ausgang und Anwendungsfälle des Zweikampfes noch im Recht des christlichen MA, ja, noch in der Sitte der Gegenwart, ergibt sich ferner, daß der Zweikampf von Haus aus kein Beweismittel gewesen sein kann, vielmehr seine Stelle außerhalb des Beweisverfahrens, ja, überhaupt desjenigen Verfahrens hatte, dem wir gewöhnlich den Namen des Prozesses beilegen. Vom Standpunkt des germanischen Rechts aus war er selbst eine Form des Prozesses, da er nicht mehr und nicht weniger wie die andere Form, der Wortkampf, auf Beendigung des Streites abzielte, genau so wie der Zweikampf um ein gescholtenes Urteil[d]. In dieser Stellung erscheint er denn auch bei den Deutschen

a) Gemäß dem § 61, 7 angedeuteten Gedanken.
b) Vgl. § 17.
c) Besonders belehrend hierüber das altschwed. Hednalagh (vgl. I § 14, 1).
d) Vgl. § 57, 5.

an der römischen Reichsgrenze nach der Aussage des Vellejus, beim norwegischen Stamm nach den vielfältigen Sagaschilderungen, bei den „Russen" (= Schweden) um 900 nach den Angaben des Ibn Dustah[e]. Der altgermanische Zweikampf (and. *kamp*, ahd. *champf*, *champfwic*, fries. *strîd*) ist ein Alleinkampf (ahd. mhd. *einwic*, altengl. *ánvíg*, altnord. *einvígi*, worüber unten, — mittellatein. *singulare certamen*) unter den Parteien persönlich, von ihnen auszufechten gemäß vorgängigem Kampfvertrag (altbayer. *wehadinc*) — sonst ursprünglich ohne jede, dann in gesetzlicher Kleidung mit gesetzlichen Waffen (Axt oder Schwert, Kampfschild), an gesetzlichem Ort (altengl. *campstede*, mhd. *kampfstat*), bei Kampf um ein Grundstück auf demselben oder doch über einem Symbol desselben, und insbesondere auf abgestecktem oder doch abgemessenem Raum (mhd. *kampfrinc*, fries. *kampstal*), dessen Überschreitung als Kampfflucht galt, nur bei Tage, jeder Kämpfer mit seinem Sekundanten (fries. *gretwerdere*, ahd. *griezwarto*, mhd. *griezwart*). Der Sieger durfte den unterliegenden Gegner töten, nicht bloß, um ihn zu überwinden, sondern auch nach errungenem Sieg, sofern der Besiegte nicht durch einen im vorhinein festgesetzten Preis sein Leben „löste". Nach altnordischem Recht „beerbte" sogar der Sieger den Besiegten, mit anderen Worten: er nahm kraft Eroberungsrechtes dessen Habe an sich. Ein Opfer für den erlangten Sieg pflegte der Sieger darzubringen. Verschiedene Arten des Zweikampfes haben sich noch in heidnischer Zeit ausgebildet, z. B. drei isländische: *holmganga*, *kerganga* und *einvígi*, alle verschieden vom schwed. *spænna bælti* und norweg. *nifgang*.

2. Die Herausforderung zum Zweikampf (altnord. *skora* = einem den Kampfplatz abmarken) oder die „Mahnung" (schwed. *maning*) oder der „Kampfesgruß" (mnd. *to kampe groten*) hatte seine eigentliche Stelle gegenüber dem Parteieneid. Durch Kampfesgruß konnte man den Eid des Gegners schelten, was nach deutschem Recht nicht bloß in Worten, sondern auch symbolisch durch Wegziehen der Schwurhand geschah. Aber auch schon im Klagevorwurf konnte eine Eidesschelte liegen, z. B. wenn er auf ein Neidingswerk oder auf falsches Zeugnis gerichtet war. Da allemal der Kampf seinen Grund in der Eidesschelte hatte, so erklärt sich der „Kampfeid" als wesentlicher Bestandteil des Kampfzeremoniells im MA. Zwei Eide stehen einander gegenüber: Leugnungseid des Beklagten und Gegen-(Scheltungs-)Eid des Klägers, wie bei der Urteilsschelte[f] zwei Urteile, das gescholtene und das Gegenurteil des Schelters. Von der kampfbedürftigen Eidesschelte aus ergab

e) Siehe diese bei THOMSEN, Ursprung des russ. Staates, S. 27.

f) Vgl. § 57, 5.

sich aber auch die Zulässigkeit einer kampfbedürftigen Zeugnisschelte, und im Zusammenhang mit dem Grundsatz des Einlassungszwangs gab die Eidesschelte weiterhin den Rechtsgrund dafür ab, daß der Prozeß durch Herausforderung zum Zweikampf von vornherein abgeschnitten werden konnte, indem man die Eidesschelte stillschweigend antizipierte. Der Kampfesgruß mußte bei Vermeidung der Sachfälligkeit und Rechtlosigkeit angenommen werden, wenn er von einem Ebenbürtigen ausging. Dann schlossen die beiden Gegner unter Handreichung den Kampfvertrag[g].

§ 65

Jüngeres Beweisverfahren

1. Die fernere Geschichte des germanischen Beweisrechtes besteht in der Verwitterung seines Formalprinzips. Es wurden Beweismittel eingeführt, die wesentlich auf Hervorziehung der Wahrheit im Einzelfall abzielten (sogenannte „materielle" Beweismittl). Das deutsche Recht hat noch in der heidnischen Zeit den ersten Schritt hierzu getan, indem es für bestimmte Fälle die Ermittlung eines Sachverhaltes durch Orakel gestattete. Dies geschah, wenn wegen einer heimlich verübten oder verheimlichten Missetat geklagt werden sollte oder geklagt war. Das Losorakel verwendeten niederdeutsche Völker, um unter mehreren Beschuldigten den Täter ausfindig zu machen. Auch das Bahrrecht hatte keine andere Funktion[a]. Wahrscheinlich auch schon in heidnischer Zeit machte man in denjenigen Fällen, wo die Übeltat eines Unfreien zum Beweis stand, von der Peinigung desselben als einem Mittel der Wahrheitserforschung Gebrauch. Noch entschiedener wurde der Übergang zu materiellen Beweismitteln in der christlichen Zeit bewerkstelligt. Erreicht wurde dies durch Einführung des Gottesurteils und durch Fortbildung des Erfahrungszeugnisses.

2. Das Gottesurteil (*judicium dei* — altengl. *ordál*, altnord. *skirsl* = Reinigung) setzt voraus, daß von der Gottheit die Enthüllung des Wahren schlechterdings erwartet wird. Auf dem ererbten Boden ihrer heidnischen Gottesvorstellungen, wonach weder Allwissenheit noch Wahrhaftigkeit zum Wesen der Gottheit gehörte, konnten die germanischen Völker diese Voraussetzung nicht erfüllen. Folgt schon hieraus im Gegensatz zur herrschenden Lehre der Satz, daß erst durch Ver-

---

g) Über die späteren Schicksale des Zweikampfes vgl. § 65, 3.

a) Vgl. das Siebdrehen in der Volkssitte.

mittlung des Christentums das Gottesurteil ins germanische Recht gekommen sein kann, so wird er bestätigt durch die Wahrnehmung, daß von einem national-skandinavischen Gottesurteil schlechterdings nichts irgendwie verlässig überliefert ist, daß insbesondere der gemeiniglich für ein Gottesurteil ausgegebene Zweikampf in den skandinavischen Quellen zu keiner Zeit als ein solches hingestellt wird. Erst von Deutschland aus hat der Norden das Gottesurteil bezogen, was nicht einmal ohne Mißverständnisse seines Wesens abgegangen ist. Auch bei den Südgermanen aber waren die Gottesurteile weit weniger im Schwang als gewöhnlich geglaubt wird. Das angelsächsische Recht z. B. kannte wahrscheinlich vor dem 9. Jahrh. kein Gottesurteil, das altbayerische und altlangobardische Recht keines außer dem Zweikampf, von dem wir wissen, daß er ursprünglich weder Gottesurteil noch überhaupt Beweismittel war. Auch die andern Stammes- oder Landesrechte haben immer nur wenige von den sämtlichen bekannten Gottesurteilen und zuweilen nur eines für eine bestimmte Personenklasse rezipiert. Überdies endlich finden sich auch in südgermanischen Rechten Spuren einer mehr mechanischen als verständnisvollen Rezeption, wie z. B. das Verstärken des Ordals, die Zulassung eines Gegenordals. Vermutlich ist der Orient die Heimat des germanischen Gottesurteils ebenso wie so mancher scheinbar germanischer Volkstraditionen.

3. Das germanische Recht verwendet das Gottesurteil stets nur als subsidiäres Beweismittel, nämlich zur Bestätigung eines gescholtenen oder an sich scheltbaren Eides, dann aber auch zum Ersatz einer nicht zu erlangenden Eideshilfe. Daher dient das Gottesurteil historisch zum Ersatz des Zweikampfes, wofern dieser abgeschafft wird, wie z. B. in Dänemark (10. Jahrh.), bei den Angelsachsen, bei den Friesen, denen daher auch das Gottesurteil ein „Kampf" oder „Streit" heißt. Unter den sämtlichen überlieferten Gottesurteilen haben wir eine ältere von einer jüngern Schicht zu unterscheiden, in beiden Schichten wiederum die echten Gottesurteile von unechten. Das echte Gottesurteil ist streng einseitig, d. h. es wird lediglich durch eine Handlung dessen erbracht, der sich reinigt. Es ist ferner im strengsten Sinne Beweismittel, d. h. immer nur fähig, über Tatsachen Auskunft zu erteilen. Es ist endlich stets mit kirchlichen Kultakten verbunden; es hat seine Liturgie. Die echten Gottesurteile älterer Art sind „Elementordale", nämlich die Probe mit siedendem Wasser oder der Kesselfang (altengl. *wæterordál*, fries. *weterkamp* — *ketelfang*, altnord. *ketilfang*, *ketiltak*) und die Feuerproben des Haltens der Hand im Feuer, des Tragens von glühendem Eisen (westnord. *jarnburðr*, ostnord. *jærnbyrþ*) und des Ganges auf glühenden Pflugscharen. Unechte Gottesurteile entstanden, indem der Zweikampf und das Losorakel unter die Gottesurteile aufgenommen wurden. Die Zwitterhaftigkeit des unechten Gottesurteils zeigt sich am schlagendsten im Kampfurteil: einerseits fiel nunmehr das Erfordernis des persönlichen Fechtens fort, wurde sogar Stellvertretung der Partei durch einen gedungenen „Kämpen" zugelassen und ein eigener Zweikampf zwischen Mann und Frau ausgebildet. Anderseits unterließ man die Ausbildung einer kirchlichen Liturgie und hielt man im Prinzip an der Tödlichkeit des Kampfausgangs fest, führte sogar die Todesstrafe für den unterliegenden Kämpfer ein, so daß nach wie vor der Zweck des Kampfes über den eines bloßen Beweismittels hinausging. Einige Rechte kannten überhaupt keine unechten Gottesurteile, so namentlich die skandinavischen. Die jüngere Schicht der Gottesurteile besteht aus den Proben des kalten Wassers, des geweihten Bissens (altengl. *corsnǽd*), des Abendmahls, des Psalters, der Hexenwage, welche insgesamt echte Gottesurteile sind, und dem unechten, zum Ersatz des Zweikampfes dienenden, der Kreuzprobe.

4. Mit dem 9. Jahrh. begann eine kirchliche Opposition gegen die Gottesurteile. Im Bund mit dem noch ältern Mißtrauen gegen die Verlässigkeit der gebrauchten Mittel gelang es ihr, die Gottesurteile während des MA zurückzudrängen, in einigen Rechtsgebieten sogar vollständig abzuschaffen.

5. Während das Gottesurteil von Anfang an im ordentlichen Prozeß seine Stelle fand, hat sich die Fortbildung des Erfahrungszeugnisses zu einem materiellen Beweismittel überall außer auf Island zunächst im außerordentlichen Prozeß vollzogen. Dieses materielle Beweismittel ist das Institut der Jury. Drei Entstehungsherde desselben lassen sich nachweisen: das fränkische Königsgericht, das dänische Königsgericht, das isländische Gericht. Von Dänemark aus hat sich die Jury nach Schweden verbreitet. Die selbständige Entwicklung des Instituts in seinen drei Hauptgebieten spricht sich in den Verschiedenheiten der drei entsprechenden Systeme aus, welche sich hauptsächlich auf die Zahl, die Art der Beschaffung, Legitimation und Vereidigung der Geschworenen, auf das Verhältnis derselben zu Parteien und Richter sowie zu andern Beweismitteln, auf die Dauer ihrer Tätigkeit, endlich auch auf die ursprünglichen Anwendungsfälle der Jury beziehen. Nicht minder aber spricht es sich in der selbständigen Terminologie aus: der Beweis mit Geschworenen ist bei den Franken das Verfahren mit *inquisitio* und im mittelalterlichen Deutschland das Verfahren mit *kuntschaft*, im ostnordischen Gebiet das Verfahren mit *næfnd* (in Jütland für bestimmte Fälle *sanænd mæn*), auf Island das Verfahren mit *kviðr* (bzw. mit *sannaðar menn*). Die sämtlichen Beweismitteln dieser Art gemeinsamen Grundzüge aber sind, daß Auskunftsleute, die nicht Augen- und Ohrenzeugen zu sein brauchen, auf ihren Eid ihre Überzeugung von der Wahrheit oder Unwahrheit eines Tatbestandes aussprechen. Überall ist demnach für das neue Beweismittel dessen Zweischneidigkeit charakteristisch. Daher wurde es zum Ersatz von Gottesurteil und Zweikampf benützt und von skandinavischen Rechten zu solchem Zweck in den ordentlichen Prozeß eingeführt.

6. Die sonstigen Neuerungen von Belang, welche das System des Beweisrechts während des MA, bei den südlichen Stämmen teilweise noch früher und unter römischem Einfluß, durchbrochen haben, können hier nur genannt werden: die Legitimation des Eidhelfers nach Analogie der Zeugen, das Überbieten von Parteieneid und Erfahrungszeugnis durch Gegeneid und Gegenzeugnis, die Einführung der Urkunde, d. h. des schriftlichen Zeugnisses als Beweismittel oder doch als Mittel der Beweiserleichterung, die (spätmittelalterliche) Herübernahme des Überführungseides („Übersiebnens") aus dem außerordentlichen Verfahren wegen handhaften Friedensbruches in den ordentlichen Strafprozeß und der Ersatz dieses Beweismittels durch die Tortur gegen Freie im außerordentlichen Strafprozeß sowie das außerordentliche Verfahren auf Indizien und Leumund gegen Gewohnheitsverbrecher („schädliche Leute"), die Beweisführung gegenüber dem Richter bzw. Urteiler, letztere, die wichtigste von allen Neuerungen, zuerst im langobardischen Prozeß seit dem 8. Jahrh.

§ 66

Vollstreckung

1. Die Vollstreckung war nach altgermanischem Recht prinzipiell Strafvollzug, nämlich entweder Vollzug einer öffentlichen (Todes-) Strafe[a] oder Achtvollzug. Der Strafvollzug war nach heidnischem Recht Sache eines Beamten mit Kultfunktionen (**guþja*). Später wird das Vollstrecken der Strafe in vielen Rechtsgebieten dem siegreichen Kläger oder der Gerichtsgemeinde oder einzelnen Leuten aus derselben übertragen, während die Form des Verfahrens vom Gesetze genau geregelt, insbesondere Strafvollzug bei Nachtzeit ausgeschlossen bleibt. Ein amtlich angestellter Strafdiener (burgund. *witiscalc* — ahd. *wizinari*, mhd.

a) Vgl. § 52, 1.

wizenære oder *wizegære*) oder Scherge (langobard. und ahd. *scarjo*, d. h. eigentlich „Scharführer") oder „Züchtiger" ist noch im Spätmittelalter nicht in allen Gerichten vorhanden[b]. Als einzige Ausnahme vom angegebenen Prinzip hat sich in einigen Rechten aus der urgermanischen Raubehe[c] eine wahre Exekution auf Grund des Verlöbnisvertrags entwickelt.

2. Im übrigen hat sich die Exekution zur Befriedigung von Ansprüchen (nicht zu verwechseln mit der bloßen Pfandnahme)[d] als selbständiges Verfahren erst nach mehreren Jahrhunderten der historischen Zeit und nicht ohne Kampf mit dem Kollektiveigentum an Grund und Boden vom alten Achtverfahren wegen „Rechtsabschneidung" (altschwed. *afskaka ræt*) oder „Rechtsweigerung" abgelöst. Teils geschah dies, indem man zum Behuf einer vermögensrechtlichen Exekution von der Acht eine Konfiskation abzweigte mit der Auflage an die Obrigkeit, aus dem eingezogenen Gut den Betreiber zu befriedigen — eine Entwicklung, die sich am deutlichsten bei der dänischen Mobiliar- (seit 1282 auch Immobiliar-)Exekution mit Königsbriefen, der Vorläuferin des später *rigens ret og dele* genannten Verfahrens, im 13. Jahrh. beobachten, aber auch bei der karolingischen, das Frühmittelalter hindurch in Deutschland herrschenden Immobiliarexekution mit *missio in bannum* (*vrônunge* unter dem Symbol der Aufsteckung des königlichen Friedenskreuzes) wahrnehmen läßt. Teils wurde zur Wahl des Verfolgten neben das Achtverfahren eine Auspfändung (Nahme nicht zu Pfand, sondern zu Eigen) gestellt, wie die „ehehafte Beraubung" (altfränk. **strud*, frankolatein. *strudis legitima*, vgl. fries. *râf*), d. h. Mobiliarexekution nach altfränkischem Recht, welche bis um 575 nur Platz griff, wenn der Verfolgte durch förmliches Urteilserfüllungsgelöbnis (mit Wadiation)[e] das Achtverfahren abwandte, später aber auch gegen den Ungehorsamen nach vorgängigem Exekutionsurteil zugelassen wurde. Teils endlich wurde das Achtverfahren unmittelbar durch Realexekution ersetzt, wie im 12. Jahrh. in Norwegen durch die Heimsuchung (*atfǫr, heimreið*), oder durch eine unbeschränkte Auspfändung, wie bald nachher in Schweden durch die „Abschätzung" (*mæt, virþning*), wobei freilich subsidiär die Friedlosigkeit insofern im Hintergrund stand, als gegen Widersetzliche Gewalt erlaubt blieb. Obschon nun aber als Gewaltverfahren schlechterdings Angriff auf die Person des Verfolgten, kam die Exekution doch in ihrer ersten Zeit prinzipiell nach Losreißung seiner Habe zum Stillstand.

---

b) Über Achtvollzug vgl. § 51, 1.
c) Vgl. § 29, 2.
d) Vgl. § 42, 3.
e) Vgl. § 44, 3.

3. Die exekutivische Schuldknechtschaft ist im Gegensatz zur freiwillig eingegangenen ein Erzeugnis jüngerer Rechtsbildung. Anfangs fand sie sogar nur in wenigen bestimmten Fällen Anwendung, und im Gebiet des skandinavischen Landrechts hat sie diese Entwicklungsstufe auch nicht überschritten. Zuerst erscheint sie, analog der Strafknechtschaft, als definitive, später als lösbare Knechtschaft, welche weiterhin zur bloßen Schuldarbeit gemildert, zuletzt, und zwar vornehmlich in den Städten, durch die Schuldhaft ersetzt wird. So wenig wie diese Veränderungen der Exekution haben andere, spezifisch deutsche, welche hauptsächlich Form und Folgen der beiden Hauptarten der Exekution, Auspfändung und Fronung, dann die Verwischung dieses Unterschiedes im Institut der *anleite* betrafen, den alten Grundsatz zerstört, daß jedes Zwangsverfahren durch Straffälligkeit des Verfolgten bedingt sei. Auch dauerten noch neben der Exekution Reste der satisfaktorischen Acht fort, wie z. B. im *meteban* sächsischer Stadtrechte[f]. Anderseits breitete sich während des MA, begünstigt von der ausgebildeten Exekution, die Zulässigkeit eines vorsorglichen Zwanges aus, der durch „Aufhalten“, d. h. Festnahme des Verfolgten oder durch „Besetzen“ seiner Habe ausgeübt werden konnte. Die Rollenverteilung bei allem Zwangsverfahren, soweit es nicht Konfiskation war, beruhte nach einem dem ältesten Prozeß- wie Privatrecht gemäßen System auf dem Prinzip, daß wie Urheber, so auch Leiter des Angriffs der Kläger zu sein habe, während Obrigkeit und Thingpflichtige ihren Beistand schulden. Das gegenteilige System, im Zusammenhang mit einer allgemeinen Erhöhung der obrigkeitlichen Gewalt aufkommend, legt die Leitung des Zwangsverfahrens in die Hand des Richters, der dann persönlich oder durch den Fronboten oder durch von Fall zu Fall ernannte „Anleiter“ die Zwangsmaßregeln durchführt. Als Typus des ersten Systems kann die altnorwegische Exekution mit *atfǫr*, als Typus des zweiten die alte fränkische Exekution mit *strud* betrachtet werden.

---

f) Vgl. § 51, 1.

REGISTER

von

KARL AUGUST ECKHARDT

Register A—F beziehen sich auf den Text und die unmittelbar unter diesem stehenden Anmerkungen; dagegen nicht auf die Literaturzusammenstellungen in der Einleitung und an der Spitze der Textabschnitte.

Die angeführten Ziffern bedeuten die Seiten. Bei der Anordnung der Stichworte ist — auch innerhalb der Wörter — die alphabetische Folge a—z, ð, þ, æ, œ zu beachten; ä usw. ist als a gewertet, ae dagegen zwischen ad und af eingereiht.

A. AUTOREN

Amira, Karl v. VII—XI. 91. 99. 108. 137 und passim
Asbjørnsen, Peter Christen 22

Bar, Ludw. v. 137
Behrend, Fr. 98
Binding, Karl 137
Bötticher 81
Brandt, Fr. 100
Brate, E. 134
Brunner, Heinr. VII (mit Bild). 70. 98. 137

Eckhardt, Karl Aug. VII—XI und passim

Feilberg 81
Ficker, Julius 70
Friedensburg, F. 98

Glasson, E. 64
Grimm, Jacob 81. 89. 95. 168
Grueber, Herb. A. 98

Hauberg 98
Hauptmann, F. 27
Hefner, O. T. v. 27
Heineccius 83
Henning 67
Heusler, Andr. d. Ä. 115
Hildebrand, B. E. 98
Hildebrand, E. 49
Hildebrand, H. 98. 99
Hilliger, B. 98
Hoeniger, Rob. 124
Holmboe 99

Jaekel, Hugo 98
Joseph, P. 98

Kauffmann, F. 137
Keary, C. F. 98
Kern, H. 103
Kiss, v. 98
Kluge, Fr. 9. 74. 170. 171
Kögel, Rud. 8. 67. 89

Landtmanson 64
Lehmann, Karl 64. 119
Liebermann, Felix 50. 70. 98. 152
Lippert, J. 81
London, Paul 106

Maurer, Konr. 82
Meininghaus, A. 150
Meringer, Rud. 167
Meyer, Herb. VII
Moe, Jörgen 22
Mogk, Eug. 137
Müller, Sophus 98

Nordström 99

Opet, Otto 69. 145
Otte 27

Petersen, Henry 154
Planitz, Hans VIII
Post, Alb. Herm. 81

Ranisch, Wilh. 137
Richthofen, Karl Frhr. v. 98
Rockinger, Ludw. v. 98
Ruding 98

Schell, O. 150
Schive 99
Schmeller, Joh. Andr. 96
Schmid, Reinh. 98
Schrader, Otto 167
Schröder, Edw. 150
Schröder, Rich. 70. 98
Secher, V. A. 160
Siebs, Th. 96. 111. 154
Sievers, Ed. 68
Staub, Fr. 89
Steenstrup, Joh. 98
Stobbe, Otto 100
Strobl, Jos. 13
Stutz, Ulr. VII

Thiersch, B. 150
Thomsen 41. 173
Tobler, Ludw. 89

Weinhold, Karl 81. 150
Wilda, Wilh. Ed. 98

B. PERSONENNAMEN

Alaisiagae 154
Aethelred, Æðelréd (Angelsachse) 160
Alfred, Ælfréd, der Große von England 23. 24

Beda (Angelsachse) 8
Beowulf (Göte) 128
Berthold von Regensburg 13

Caesar (Römer) 137
Chilperich I. (Franke) 134

Éadgár (Angelsachse) 50, 121, 152
Éadward (Angelsachse) 152
Erich (Däne) 160

Friedrich II., Dt. König 59

Hálfdan svarti (Norweger) 46
Heinrich I. von England 160
Heinrich der Löwe 24
Hrôtharit *siehe* Rothari

Ibn Dustah (Araber) 173
Ine (Angelsachse) 23. 105

Justinian, röm. Kaiser 53

Karl der Große 10. 50. 51. 55. 145. 150. 155
Knut der Große von Dänemark 152
Knut IV. der Heilige von Dänemark 28

Maria (Mutter Christi) 140
Mars Thingsus 154
Moses (Hebräer) 42. 129

Óláfr Geirstaðaálfr (Norweger) 46

Rothari, Hrôtharit (Langobarde) 49. 72. 93
Rudolf von Habsburg, Dt. König 51

Tacitus (Römer) 8. 20. 46. 83. 112. 130. 137. 138

Vellejus Paterculus (Römer) 173

Waldemar II. von Dänemark 134
Wilhelm von Holland, Dt. König 51
Wulfila (Wisigote) 88

C. ORTSNAMEN

Aachen 24. 50. 51
Altenritte (Landkr. Kassel) 150

Basdorf (Kr. Frankenberg) 150
Benevent 11
Berfelden (Kr. Erbach) 150
Bergen 42
Berghausen (wüst im Landkr. Kassel) 150
Bern 145
Bingenheim 150
Birca (im Mälarsee) 13
Bologna 53
Breitenbrunn (Kr. Erbach) 150
Burghausen (Oberbayern) 108

Cavalese (Fleimser Tal) 150

Dortmund 150
Drontheim 49

Elgershausen (Landkr. Kassel) 150
Elmshagen (Landkr. Kassel) 150
Erbach (Bergstraße) 150

Feldkirchen (bei Neuwied) 150

Gottschee (bei Laibach) 134
Großsteinheim (Kr. Offenbach) 150
Gütersbach (Bergstraße) 150

Helsa (Landkr. Kassel) 150
Heppenheim (Bergstraße) 150

Jugenheim (Bergstraße) 150

Kaichen (Kr. Friedberg) 150
Köln 124

London 41

Magdeburg 98
Mollis (Glarus) 150
Morastein bei Upsala 48
München 108

Non (Reichenhall) 150

Obwalden (Kanton) 15
Oberalm (Salzburg) 150

Pavia 11

Spoleto 11

Tune 69

Upsala 48

Vollmarshausen (Landkr. Kassel) 150

Wisby 42

D. QUELLEN

Beda 8
Bellum Gallicum des Caesar 137
Beowulf 128
Bericht des Arabers Ibn Dustah 173
Berner Handfeste 145
Berthold von Regensburg 13
Be Wergilde 50
Bibelübersetzung des Wulfila 88
Biærke ræt, Biærköæ rætter, Bjarkeyjar réttr 13. 55
Bylov 100

Caesar 137
Capitularia regum Francorum 55. 82. 155
Cnut 152
Codex Justinianeus: Authenticae 53
Concilia Assadunensia 152
Corrector Burchardi 81

Dithmarscher Landrecht 117
Domesday book 35
Dunsæte 160

Éadgár 50. 121. 152
Éadward 152

Edictum Chilperici 134
Edictus Rothari 72. 93
Eriks Sællandske Lov 160

Femrechte 140. 151. 155f. 159

Germania des Tacitus 8. 20. 46. 83. 112. 130. 137. 138
Gottesfrieden 32. 130. 132
Grágás 100. 116
Gulaþingsbók 100

Hálfdanar saga svarta 46
Hednalagh 172
Historia ecclesiastica gentis Anglorum des Beda 8
Historia Romana des Vellejus Paterculus 173
Hænsa-Þóris saga 95

Ibn Dustah 173
Immunitätsprivilegien 53
Ine 23. 105
Inschrift von Tune 69
Isländische Formulare 143

Jarnsíða 100
Jydske Lov 100

Landfrieden 35. 130. 157. 160
Landslov 100
Leges Henrici I. 160
Lex Alamannorum 111
Lex (Francorum) Chamavorum 20
Lex Frisionum 111
Lex Ribvaria 39. 56. 71. 168
Lex Salica 71
Lex Saxonum 143

Mosaisches Recht 42. 129

Óláfr Geirstaðadlfr (Flateyarbók) 46
Östgötalagh 100

Predigten des Berthold von Regensburg 13
Privilegia de non evocando, de non appellando 59

Rectitudines 29
Reichsgesetze 59
Reichsreformgesetzgebung 159
Rígsþula 22

Sachsenspiegel 29. 34. 38. 39. 51. 93. 111. 143. 149. 151. 156
Sagas 173
Schreinsurkunden 124
Schwabenspiegel 38
Stadtbücher 124
Stadtrechte 179; von Burghausen 108; von München 108
Sællandske Lov Eriks 160; *Valdemars* 134

Tacitus 8. 46. 112. 130. 137. 138

Urkunden 122—124

Valdemars Sællandske Lov 134
Vellejus Paterculus 173
Vestmannalagh 134

Weichbild 13
Wulfila 88

Ælfréd 23
Æðelréd 160

E. SACHREGISTER

Abbreviaturen 168
Abendmahl 176
Aberacht 136
Aberkennung des Lehens 104
Abgaben 25. 31—34. 36—38. 42. 55. 61. 94. 102. 105
Abgeschwächte Strafe 139
Abirrender Mut 130
Abmarken des Kampfplatzes 173
Abmeierung 102
Abpflügen des Kopfes 138
Abschätzung 178
Abschichtung 93
Absicht 29. 108. 126—130

Absolutismus 50
Abt 25
Abteilung 79
Äbtissin 25
Abtrinken des Friedens 144
Abwehr 170
Abzählen 65
Abzeichen 20. 26. 36. 40. 45. 53. 154
Acht 46. 104. 113f. 133—136. 138f. 143 bis 145. 159f. 163. 177—179; heimliche 159 — Ächtergut 114. 135 — Achtverfahren 113. 163. 178 — Achtvollzug 177
Achten 57
Achtzahl 65
Acker 90 — Ackerfriede 131f.
Adel 21—27. 31. 38f. 44f. 50f. 55. 166 — Adelsart 22 — Adelsbrief 27
Administration 60. 62
Adoption 70f. 83
Aethelinge 24
Afterlehen 24. 104 — Afterleihe 59
Ahndung 163
Ahnenprobe 27
Alamannisch 11. 22f. 32. 74. 91. 152
Alden 32
Alimentation 79f. 83
Alleinkampf 173
Allgemeine Gütergemeinschaft 77f.
Allmende 89—91
Allmendregal 90
Allodialvermögen 72
Alpensiedlung 91
Altar 168
Altbürger 30
Altenteil 101
Älterer Rechtsgang 161—164 — Älteres Beweisverfahren 166—172 — Ältere Satzung 111f.
Altersvormundschaft 72
Altfreie 29
Altgermanisch, Urgermanisch 20. 22f. 31. 35f. 40. 44. 46. 66. 68f. 73. 80f. 86. 89. 95. 99f. 105. 109f. 112. 114. 117f. 122. 132. 134. 137. 140. 142. 146. 149. 151. 154. 157. 161. 166. 170—173. 177f.
Amt 37. 82. 151. 154. 158 — Ämter 10. 49. 60 — Amtsaristokratie, Amtsadel 24. 26f. — Amtsaufträge 103 — Amtseinkünfte 151 — Amtspflicht 155 — Amtsstab 120 — Amtstätigkeit 156 — Amtstitel 26. 151
Anbauperiode 90
Anbieten des Gleichheitseides, der Sühne 143
Anbrüderung 20. 71
Anefang 106f. 129
Aneignen 115
Anerkennung 78f.
Anfassen von entfremdeter Fahrnis 164
Anfordern 114
Angeborene Art 22
Angehöriger 167
Angelsächsisch, altenglisch 11—13. 23f. 26. 28f. 35. 45. 49f. 52. 55. 66. 74f. 81. 83—86. 93. 96f. 104. 122f. 130. 141. 143. 152. 156. 167. 170. 175
Anglodänen 7. 24. 29. 97. 160 — Anglonormannen 15. 21
Angreifen fremder Sachen 142
Anhöhen 150
Ankindung 83 — Annahme an Sohnes Statt 83
Anklagepflicht 145
Anleite 102. 179 — Anleiter 179
Annahmeverzug 143
Anpacken des Beklagten 164
Anriß 99
Anrufung 167
Anrühren der Waffen, des Stabes 168
Ansiedlung 12. 68. 90
Ansprache 162f. — Ansprechen 114. 162 — Anspruch 162. 178
Anstiftung 132
Antrauen 74. 76
Antrustionen 83
Antwort, Antworter 162f. 170 — Antwortfrist 38
Anwartschaft 29
Anzeigepflicht 145
Appellare 159
Arbeit 79 — Arbeitskräfte 102 — Arbeitsstrafen 139
Arbiträre Strafgewalt 140
Ärgere Hand 20. 39
Aristokratie 24. 26. 50. 52 — *Vgl. auch* Adel
Armenpflege, Wohlfahrtspflege 15. 58. 67
Assertorischer Eid 168

Asylrecht 23. 135
Aufbinden des Diebsgutes 164
Aufgebot 54. 61 — Aufgebotsfriede 131
Augenausstechen 139
Aufhalten 179
Auflage 116. 122. 163. 178
Auflassung 116. 118—120. 124
Aufrecken des Zeigefingers 120
Aufsagen 121
Aufstecken des Hauptes 138, des Friedenskreuzes 178
Aufstieg des Königtums 48—50
Aufteilung der Mark 91
Aufwiegen des Getöteten 142
Aufzug 58
Augenmaß, Seheweite 109 — Augenzeugen 177
Ausbessern des Schadens 140
Ausbleiben 163
Ausbürger 30
Ausdärmen 138
Ausländer 41
Auslieferung an den Verletzten 146
Auslosung 169
Auslösung 112
Auspfändung 178f.
Ausrüstung 83
Aussage 171
Aussätzige 21
Ausschließlicher Gerichtsstand 160
Ausschuß 60. 62. 153. 160
Außereheliche Geschlechtsverbindung 80
Außerordentliches Gericht 165 — Außerordentlicher Prozeß 165. 176f.
Außerprozessuale Pfandnahme 112 — Außerprozessualer Eid 169
Aussetzung 78f. 138
Ausstoßung 70. 82. 146. 160
Austrag *a*) 35; *b*) 160
Austrägler 35
Ausweichen 143
Autonomie 10f. 14. 41f. 82. 91f. 145f.
Avunculat 65f. 112
Axt 16. 173

Backenstreich 171
Bahre 78 — Bahrrecht 174
Balgfüllen, -hüllen 142
Bande, Bandenverbrechen 132f.
Bank 156
Bankgabe 75
Bann 46. 49. 52. 54. 59. 61. 119. 141f. 153. 165 — Banngebiet 135 — Banngewalt 150 — Bannleihe 52. 59. 159 — Bannschaub 107 — Bannung 153
Banner *1*) 165; *2*) 38
Barren 95f.
Bart 167
Barte 138
Bauermeister 14. 91
Bauern 14f. 28—30. 33—35. 37. 46. 56f. 59. 89. 91. 94. 101—103. 105. 161 — Bauerngut, Bauernhof 33f. 37. 57. 102 — Bäuerliche Leihe 102f. — Bauerschaften 15. 89 — Bauernlehen [103
Bauhütte 82
Bauland 90f.
Baum 16f. 138. 154
Bayern, bayerisch 11. 22f. 32. 34. 96. 145. 152. 156. 175
Beamte 8f. 11f. 20—24. 37f. 44—46. 48f. 53. 55. 57—60. 82. 105. 114. 151—159. 177 — Beamtengewalt 165 — Beamtenurteil 153. 156
Bede 60
Bedecken des Getöteten mit Gold 142
Beerbung 39
Befehlsgestus 120
Befehlshaberschaft 46. 61. 73 — Befehlsbefolgung 129 — Befehlsgewalt 154. 166
Befestigungsrecht 59f.
Befriedung 153
Befriedigung 163. 178
Begebung einer Urkunde 122—124
Begießen mit Wasser 78f.
Begnadigung 48f. 140 — Begnadung 53
Begräbnis 135 — Begräbnisplätze 25. 42
Begünstigung 132
Behaltungseid 170
Beihilfe 132f.
Beilager 75
Beisitzer 156. 158f.
Beispruchsrecht 68f. 93
Beistand, Beistandschaft 72. 165f.
Beklagter 106f. 160. 162. 164. 166
Bekleidung 105
Bekommensollen 107f.
Belastung des Grundeigentums 92. 94, des Lehens 104 — Belastbarkeit 102

Belehnung 116
Beleidigung 25. 40. 142
Beliebung 78
Beneficium 103—105
Beratung 165f.
Bergrecht, Bergregal 90. 94
Berufen 162
Bescheidenes Benehmen 143
Beschenkung 83
Beschlossene Acht (Beratung) 159
Beschränkte Rechtsfähigkeit 21 — Beschränkung der Haftbarkeit 115
Beschwören 167 — Beschworener Friede 130
Besen 143
Besetzen 162. 179
Besiedelung 71
Besitz 21. 28f. 73. 88f. 95. 99. 100f. 104 bis 107. 110—112. 114. 116. 118. 121. 164 — Besitzeinweisung 17 — Besitzergreifung 69 — Besitzprozeß 55 — Besitzrechte 101 — Besitzschutz 106 — Besitzstörung 112 — Besitztitel 106. 170 — Besitzverhältnisse 30 — Besitzverlust 99. 106. 124
Bestärkung 121f.
Bestattung 21. 25. 42
Besteuerungsrecht 54f. 60
Beteiligung mehrerer 132f.
Bettler 40
Beurkundung 122—124
Beute 99
Bevormundung 39
Bewaffnung 153
Bewahrer des Ratschlusses 153
Bewegliches Gut 95
Beweis 106. 128. 162. 166—177 — Beweiserleichterung 177 — Beweiskraft 171 — Beweislast 128. 170 — Beweismittel 106. 163. 170—172. 174—177. — Beweisthema 166. 168—170 — Beweisurkunde 122. 124 — Beweisurteil 171 — Beweisverfahren 166—172. 174—177 — Beweisversprechen 171 — Beweisen 171f.
Bewirtung 118
Bezirke 7—12. 61f. 89. 135. 149 — Bezirksgericht 155 — Bezirksscharmeister 12 — Bezirksstatthalter 58 — Bezirksverfassung 55. 62. 149 — Bezirksversammlung 149 — Bezirksvorsteher 150f.
Bienen 99
Biergelage 32
Bieter 165
Bild 139 — Bildende Kunst 140
Billigkeit 157. 165 — Billigkeitsgericht, -hof 158f. 165 — Billigkeitsrichter 165
Binden 136
Bischof 24—26. 62 — Bischöfliches Gericht 26
Bleigewicht 109
Blinde 69
Block 138
Blut 39. 69 — Blutgericht 54 — Blutkläger 67. 143 — Blutmischung 81 — Blutrache 127 — Blutsverband 65 — Blutsverwandtschaft, Blutsfreundschaft 64—66. 70f. 81. 85
Bodenbearbeitung 109
Bologneser Rechtsschule 53
Böswilligkeit 126f. 130f.
Bote 118. 120. 165 — Botenstab 151
Botschaft 152 — Botschaftszeichen 120f. 151f.
Brache 90 — Brachweide 91
Brandmarken 139
Braut als Ware 74 — Brauthaus 74 — Brautlauf 74f. — Brautschatz 77
Brief 122
Briten 33
Brotwart 46. 72. 83
Bruder 65. 81 — Bruderpflichten 81 — Brüderschaft 82
Brust 167f. — Brusterbe 66. 70 — Brustkreuz 47 — Brust des Toten 170
Buchbezirk 124 — Bucheintrag 124
Buchstäbliche Auslegung 118. 164
Bundbrüderschaft 80—83. 86. 94. 156 — Bündnisse 6. 10. 60f. 83
Bundesgerichte 61
Burg 13f. 56 — Burgfriede 14 — Burggrafschaft 13. 60 — Burgherr 56 — Burgmann 56 — Burgrecht 23
Bürge 110. 113. 153 — Bürgschaft 110 bis 113. 116. 120
Bürger 14. 30
Burgundisch 22f. 26. 32. 36. 46. 50. 74. 77. 96. 154

Burthing 91f.
Busen, Busenerbe 69f.
Bußen 21—31. 34f. 40. 54. 56. 67f. 108. 113. 133. 140—143. 164 — Büßbare Sachen 55 — Bußtaxen 31. 142 — Büßen sollen 107
Butter 142
Byzantinisch 96

Carta 123
Centena 7 — Centenar 151
Christlich 17. 42. 47. 52. 61f. 69. 72. 76. 79. 82. 92. 103. 110. 131f. 135. 139. 150. 167f. 172. 174f.
Connubium 37
Creditor 107

Dachtropfen, Dachtraufenmensch 31. 56
Dämonen 129
Dänisch 7. 9f. 24f. 27—29. 31. 35. 37. 48f. 52. 55. 78. 84. 95. 97. 105. 107. 135. 143. 156. 158. 161. 166. 175f. 178
Datierung 123
Deich- und Sielverbände 15 — Deichfriede 131
Delikt 75
Denar 33
Dieb, Diebstahl 55. 106f. 128. 130f. 163f.
Diener 35. 49. 84 — Dienerin 73
Dienst, Dienste, Fronden 21. 29. 31. 33 bis 38. 79. 83—85. 94. 102f. 105 — Dienstadel, Dienstaristokratie 23—27. 29 — Dienstgut 104f. — Dienstherren 38 — Dienstherrschaft 56. 58. 146 — Dienstleute 30. 37 — Dienstmannen, Dienstmannschaft 25f. 29f. 37—39. 51. 56. 59. 103—105. 161 — Dienstpflicht 85 — Dienstverhältnis 92
Dienstag 154
Dienstbarkeiten 101
Dinglicher Vertrag 116 — Dingliche Rechte an Lehen 104
Diktator 123
Diözesansynode 26
Dirne 35
Dispensationsbefugnis 49, -gewalt 158
Dispositive Urkunde 122—124
Dithmarschen 15. 61. 117
Domanialimmunität 54
Dominium 88
Donnerstag 154
Dorf 12. 89—91 — Dorfschulzenämter [151
Dos 74
Dotation 92
Drangeld 122
Dreißigster 67
Dukate 11
Dynastie 47. 60

Ebenburt, Unebenbürtigkeit 26. 29. 34. 38—40. 69. 153. 169. 174
Echtes Kind 79 — Echte Not 73. 79. 93 — Echtes Thing 9. 149. 155f. 160
Edelgeschlecht 22 — Edelhof 94 — Edelknecht 27 — Edelmann 25
Edelmetalle 95
Ehe 20. 36—38. 65. 73—78. 89. 145. 178 — Ehebruch 73 — Ehefähigkeit 37. 76 — Ehefrau 25. 27. 36. 73 — Ehegüterrecht 72. 76—78 — Eheherr 77 — Eheherrliche Gewalt 73. 76. 79. 145f. — Ehehindernisse 76 — Ehekonsens 38 — Ehescheidung 76 — Eheschwert 73
Ehehafte Beraubung 178
Ehre 21. 31. 39f. 70. 113. 140. 145. 167 — Ehr und Wehr 40 — Ehren 85 — Ehrenkränkung 143 — Ehrenstrafen 139f. — Ehrliche Tat 130 — Ehrlose, Ehrlosigkeit 40. 83. 113. 140 — Ehrschatz 102
Eid 20f. 37. 39. 42. 46. 51. 58. 70. 81. 83. 107. 121. 128. 136. 143. 162. 166—171. 173—177 — Eidauflage 171 — Eidbrüder 81. 86 — Eidesarten, Eidesform 168 — Eidesfähigkeit 37 — Eideshilfe 21. 29. 68. 169. 175 — Eidhelfer 21. 23. 29. 68. 168f. 171. 175. 177 — Eidhelfertarife 169 — Eidespflicht 170f. — Eidesschelte 173—175 — Eidring 167f. — Eidstab 168 — Eidliche Entschuldigung 128 — Eidliche Erklärung 143
Eifer 130
Eigen, Eigentum 26. 29. 38. 57f. 61. 68. 76f. 88—101. 110. 122. 155 — Eigentum an Grund und Boden 57. 89; an Unfreien 35. 37 — Eigentumsverletzung 133 — Eigentumserwerb 42. 95. 115

Eigenkirchenrecht 92. 99
Eigenleute 36f. 56. 161
Eigenmacht 106f. 111f. 114
Eigenschaft 36
Eigner 89 — Eignung 106
Einfriedung, Einfang 90
Einbürgerung 48
Eineid 168
Einführung in den Rechtsverband 21
Eingebrachtes Gut 76f. — Eingezogenes Gut 178
Einhändigung 116. 118. 120
Einlager 113
Einlassung 162f. — Einlassungszwang 174
Einlegen der Hände 84
Einleitung in ein Geschlecht 70f. 80. 83
Einmauern 139
Einquartierungsrecht 55
Einritt 58 — Einreiten 113
Einspruch 119
Einständerschaft 110
Einstandsrecht 57. 93f. — *Vgl. auch* Näherrecht
Einstimmigkeit 153
Eintreiben von Vieh 133
Eintritt 54
Einungen 14
Einwohnerklassen 30
Einzelhof, -gehöft 12. 91 — Einzelsiedlung 92
Eisen 175 — Eiserne Pflugschar 138
Elementordale 175f.
Elende 40
Eltern und Kinder 65f. 69. 78—80
Emporheben der Waffen, des Stabes 168
Endogamische Raubehe 73f.
Endurteil 63
England, englisch 7f. 15. 23. 33. 35. 41. 47f. 56. 74. 96—98. 106. 121. 123. 129. 135
Enkel 65
Entartung, Entarteter 130f.
Enteignung, Expropriation 94
Entführung 73f.
Enthaupten 138
Entlassung 110
Entreden 166
Entschädigungsanspruch 145
Entscheidung 153. 156
Entschuldigung 128
Entsippung 70f.
Entvogtung 55
Entwerung 106f.
Eponymus 65
Erbe 68 — Erbfähigkeit 79 — Erbeinsetzung 72 — Erbfolgeordnung 69f. 72 — Erbgang 53. 91. 155 — Erbgebühr 33. 38 — Erbgesessene 30. 39 — Erbgüter, privilegierte 23. 93 — Erbhuldigung 58 — Erblasser 170 — Erblehen 104 — Erblichkeit des Königtums, Erbmonarchie 48, der Gerichtshalterschaft 151, des Schöffenamtes 155 — Erbloses Gut 99 — Erbnehmer 68 — Erbrecht 31. 38f. 47—49. 55. 58. 61f. 66. 68—70. 72. 76f. 79f. 91. 100. 103—105. 108. 114f. — Erbschaftsantritt, -erwerb 69 — Erbverbrüderung 94 — Erbvertrag 72 — Erbwart 68f. — Erbzinsrecht 103
Erde 119
Erfahrungszeugen 171. 174. 176f.
Erfolg 127. 132f.
Erfüllung 108 — 111. 163 — Erfüllungszeit 109
Ergebung in Knechtschaft 36
Erholung 165f.
Erlaß 110
Erlaubtheit des Tötens 136
Ermessen 152. 157. 160
Ernennung 53. 155
Erntefriede 131
Eroberungsrecht 173
Errungenschaft 76—78
Ersatzpflicht 83. 127. 143
Erschlagen 163 — Erschlagener 164
Erschwerungsgrund 131
Ersitzung 21. 36
Ertragsquoten 102
Ertränken 138
Erwerbsmonopol 99
Eselreiten 140
Essen 121f.
Evangelienbuch 168
Evocare 159
Exekution, Eintreibung 36. 49. 53f. 61. 74. 111f. 114. 118f. 138. 177—179 — Exekutionsmittel 144 — Exekutionspfand 111 — Exekutionsurteil 178 — Exekutivische Schuldknechtschaft 179

Exemtionen 50 — Eximierte Gebiete 10. 55
Exkommunikation 129
Exogame Ehe 73. 76
Exsekration 121

Fackel 136
Fahne 13. 38. 45f. 154 — Fahnenlehen 24. 52. 105 — Fahnenträger 25 — Fahnenwagen 46
Fahrlässigkeit 127f.
Fahrnis, fahrendes Gut 35. 38. 68. 70. 72. 77f. 95—99. 111f. 118. 164. 178 — Fahrhabe und Geld 95—98 — Fahrnisgemeinschaft 77f.
Fahrtgenossenschaft 67
Fälschung 139 — Falsches Zeugnis 173
Fastnachthühner 34
Faustpfand 112 — Faustrecht 166
Fechterbrüderschaft 82
Fehde, Fehderecht 67. 134—136. 166
Fehlschießen 128
Feierlichkeit 118. 164. 168 — Feierliche Form 143
Feiertagsarbeit 37
Feind 40. 135 — Feindseligkeit 127 — Todfeindschaft 134
Feldmark 90. 101
Feme, Femgerichte 140. 145. 155f. 159 — Femschöffen 151
Feodalisierung 10. 51f. 60. 158. 166 — Feodalismus, Feodalsystem 10. 50—52. 103—105 — Feodalstaat 103
Fertigung 119
Feste 109f. — Festfriede 132
Festigung 75. 115. 121. 123 — Festigungspfennig 122
Festnahme 179
Feststellungsurteil 121
Feuer 95. 118 — Feuerprobe 175
Fideikommiß 93f.
Finanzgewalt, -verfassung 50. 55. 58. 60. 82 — Finanzpolitische Gesichtspunkte 117 — Finanzverwaltung 7
Finden des Rechts 148
Finger 120. 133. 136
Fischereirecht 99
Fiskus 7 — Fiskalinen 34. 37
Flamen 14. 34 — Flandern 13
Flet 35
Fluchtfrist 136
Flurzwang 91
Flußregal 90
Flutgrenze 138
Folge beim Urteil 152f. — Folge an den andern Herrn 104 — Folger 133
Folter *vgl.* Tortur
Forderung 114
Formalismus 133. 165. 172 — Formalprinzip, Formalitätsprinzip 164. 174 — Formelle Bedeutung 143
Formeln 95. 114. 167
Formen 70. 117—124. 137f. 144. 164 bis 166. 172. 179 — Demütige Form 128 — Formular 164 — Formverstoß 164
Forst 11 — Forstbann 90 — Forstrechte 101
Fragerecht des Richters 165
Fränkisch 10f. 23. 28. 30. 32—34. 37f. 45. 47—50. 52f. 55f. 70f. 83f. 96. 103f. 118—120. 122f 127. 132. 142. 149—153. 155. 158. 168. 176. 178f.
Frankreich 103. 129
Französischer Einfluß 26
Fraternität 82
Frau *vgl.* Weiber — Frauengut 77 — Frauenraub 73—75. 80
Freibauern 29f. 59
Freibürgerschaft 15
Freie 19—22. 31. 35f. 39. 102. 110f. 113. 141. 159. 172. 177 — Freienklassen 28—31 — Freie Herren 25f. 29f. 38f. — Freie Städte 59f.
Freigeborene 32 — Freigelassene 20f. 29—33
Freigerichte 59. 155f. 159
Freigrafschaft 59
Freihalsigkeit 19
Freiheit *a*) 19ff. 28ff. 113. 155. 167; *b*) 60 — Freilasser 20f. 31f., Freilassung 21. 31f. 36 — Freischenken 31
Freiheitsstrafen 139
Freischöffen 145. 159
Freisliches Gericht 155
Freistaat 61f. 85. 151 — Freistaatliches Strafrecht 141
Freiteil 72
Freiung 53f. 161
Freiwillige Schuldknechtschaft 179
Freizügigkeit 31—35. 37

Fremde 33f. 40—42. 57 — Fremdengerichte 41 — Fremdsprachige 33. 41
Freund, Blutsfreund 66f. 70f. 85. 143 — Freundesgabe 74
Frevel 144
Friede 46. 66f. 74f. 119. 130—132. 143 — Friedewirken 119 — Friedensbewahrung 46. 57. 61 — Friedensbruch, Friedbrecher 126—134. 137. 140f. 143—145. 163. 177 — Friedensgeld 46. 141—145 — Friedensgewährung 143f. Friedenskauf 140 — Friedenskreuz 178 — Friedenskuß 144 — Friedenslilie 47f. — Friedenstaube 47f. — Friedenszeichen 132
Friedel 73
Friedlosigkeit 127. 129. 132. 134—137. 140. 143—145. 152. 159f. 163. 178 — Friedloslegung 136. 144
Friesellenmark 98
Friesisch 7—9. 15. 22f. 30. 37. 60f. 69. 74. 93. 96. 98. 129. 133. 152. 155. 157. 175
Frische Tat 136
Frist 110. 112. 114. 128. 143. 149
Fronbote 179 — Fronung 111. 178f. — Fronungspfand 111
Fronden *vgl.* Dienste — Fronhof 57f. — Fronhofsvogtei 58
Früchte 99f. 105 — Fruchtgenuß 111
Führer 83
Fund 99
Fünfnächtefrist 110 — Fünftgericht 62
Fürsten, Fürstenstand 24f. 29f. 38f. 42. 46. 51f. 94. 158f. — Fürstengenossen 25f. — Fürstengericht 159 — Fürstenlehen 51. 105
Fuß treten 74 — Unverwandten Fußes 153 — Einsetzen des Fußes in den Steigbügel 168

Gabe 31f. 74—76. 83—85. 92—94. 116. 118. 122
Gaffel 82
Galgen 138f.
Galloromanischer Einfluß 84
Ganerbschaft 68. 72. 92—94
Gang, Gehen eines Eides 167f. — Gang auf glühenden Pflugscharen 175f.
Garantie 110
Gast 40f. 118 — Gastgeber 72 — Gastgerichte 41 — Gastrecht 40. 94. 100 — Gastung 48. 54f.
Gastalde 11
Gau 7—9
Gebärde 119f. 136
Geborener Vormund 72
Gebot 142 — Gebotenes Thing 149. 152. 155f. 160f.
Gebrauchsrechte 101. 103
Gebundene Tage 132. 149
Geburt eines Kindes 21. 39. 78; von freier Mutter 20; von unfreier Mutter
Geburtsadel 22f. 44f. [36
Gefahr 164 — Gefährde 127 — Gefährdeeid 170
Gefährten 72. 83f. — Gefährten beim Eid 168
Gefälle 59
Gefangenschaft 112f. — Gefängnis 54
Gefolgschaft 23—26. 35. 56. 83—85. 105. 141. 161 — Gefolgsherr 56. 83—85. 141 — Gefolgsmann 105 — Gefolgenart 26 — Gefolgenthing 161
Gegengabe 32. 74. 77. 84f. 116 — Gegenanspruch 112 — Gegenbeweis 167 — Gegeneid 173. 177 — Gegenordal 175 — Gegenrede 162 — Gegenurteil 156 — Gegenzeugnis 177
Gehilfe des Richters 165
Gehorsam 83
Geige 140
Geiselschaft 22. 112f. 116. 119
Geistesschwache 21
Geistlich 21. 24f. 28. 46. 52. 55—57. 82 — Geistlicher Adel 50. 55
Gekorene Ritterschaft 27 — Gekorener Vormund 72
Gelage 32. 81f.
Geld 39. 95—98. 102. 108f. 122. 141 bis 143 — Geldabgaben 34. 102 — Geldschulden 112 — Geldstrafe 144 — Geldwechsel 39 — Geldwerte Leistungen 140
Gelöbnis, Gelübde 115. 120. 152 — Gelöbnisgebärde 120 — Gelobter Friede 130
Gelten 109
Gemeinden 12—16. 30. 58—60. 68. 93. 149 — Gemeinderat 14

Gemeinder 92
Gemeinfreie 21—24. 29—32. 34. 38
Gemeingermanisch 13. 19. 45. 86. 88. 129. 144. 163
Gemeinland 90. 93
Gemeinschaft der Habe 68 — Gemeinschaftsverhältnisse 108
Gemütsverfassung 130
Genannte 121. 169
Generalhypothek 111
Genommenes Pfand 111f.
Genossen, Genossenschaften 21. 27. 39f. 57. 64. 68. 73. 81f. 84. 89. 91f. 132f. 145f. 155. 160. 169 — *Vgl. auch* Markgenossenschaft, Gilden — Genossengericht 160 — Genossenpflicht 152. 162
Genugtuung 127f.
Gerade 70 — Gerät 95. 109. 120
Gericht 9. 13—15. 19. 24. 28f. 34f. 38. 41. 46. 49. 52. 54—59. 61f. 82. 85. 121. 124. 135f. 148—161. 165. 177f. — Gerichtlichkeit 75. 124 — Gerichtsbeamter *vgl.* Gerichtshalter — Gerichtsbezirk 13 — Gerichtsbücher 124 — Gerichtsfolge 152 — Gerichtsgemeinde 177 — Gerichtsgewalt, -herrlichkeit, -verfassung 50. 53—55. 58. 62. 82. 151 — Gerichtsgottheiten 154 — Gerichtshalter, -beamter, -vorsteher, -herr, Richter 11f. 15. 52. 54. 119. 135f. 150 bis 159. 161. 165f. 168. 176f. 179 — Gerichtskommission 171 — Gerichtslauben 150 — Gerichtsort 158f. — Gerichtspflichtige 161 — Gerichtssprengel 149 — Gerichtsstand 25. 28. 160 — Gerichtsstube 150 — Gerichtstag 154 — Gerichtsverband 61 — Gerichtsversammlung 12. 121. 148—152 — Gerichtszeit 159 — Gerichtszeugnis 124. 172
Germanische Sakralstrafen 17. 137f. — Germanische Urverfassung 44
Gerüfte 164
Gesamte Hand 67. 78. 89f. 92—94. 100. 104 — *Vgl. auch* Ganerbschaft — Gesamteigentum an Liegenschaften 68. 88—92 — Gesamtvormundschaft 71
Gesamtstrafe 139
Gesang 171
Geschäfte 108. 115—124. 171 — Geschäftsformalismus 124 — Geschäftsformen 117—122 — Geschäftsleben 117 — Geschäftstypen 108 — Geschäftsunkunde 72 — Geschäftsurkunde 122—124
Geschenke 75. 83
Geschlecht, Geschlechter 20. 23. 29f. 44f. 65. 67—69. 82 — Geschlechterstaat 73 — Geschlechtsleite 20. 71 — Geschlechtsverband 79f. 83
Geschlecht des Opfers 138, des Getöteten 142
Geschlechtsvormundschaft 72
Gescholtener 153
Geschoß 30
Geschrei 151f.
Geschütztes Gut 131f.
Geschwister 65. 69. 76
Geschworene 29. 121. 176f.
Gesellenverbände 82
Gesellschaft *a)* 71. 82. 84; *b)* 22. 53. 66. 146
Gesetz 19f. 41. 46. 48f. 53f. 59—62. 101. 122. 126. 128. 138. 140—145. 155. 160. 167 — Gesetzesfelsen 150 — Gesetzgebung, Gesetzgebungsgewalt 46. 48f. 51. 59. 61. 143 — Gesetzsprecher 10f. 49. 62. 158 — Gesetzliche Beschränkung 132 — Gesetzliche Formen 164. 177f. — Gesetzliche Kleidung 173 — Gesetzliche Merkmale 129. 131 — Gesetzliche Waffen 173 — Gesetzliche Worte 164 — Gesetzliche Zeit 149. 152. 164 — Gesetzlicher Ort 164. 173 — Gesetzlicher Preis 93. 140
Gesetztes Pfand 111f. 116
Gesinde 27 — Gesindedienst 33
Gesippen *vgl.* Sippe
Gespräch 165f.
Geständnis 166
Gestohlene Sachen 54. 163f.
Geteile 94
Getreide 142
Gewähre 106f. — Gewährenzug 55. 106f. [162. 164
Gewahrsam 105. 164
Gewalt, Gewalthaber 36. 61. 73. 79. 113. 121. 145 — Gewaltanwendung 106. 163 — Gewaltbote 46. 58. 154 — Gewaltübertragung 74 — Gewaltverfahren 114. 178

Gewand 45. 120. 154 — Gewandmark 98
Gewann 90 — Gewanneinteilung 91
Gewässer 150
Geweihte Stätten 150 — Geweihter Bissen 176
Gewerbe 39. 57 — Gewerbsmäßige Kämpen 40
Gewere 105—107. 119
Gewerkschaften 160
Gewicht 97f. 109
Gewinngeld 102 — Gewinngut 72. 77f. 100
Gewohnheitsverbrecher 177
Gilden 30. 39. 81f. 112. 146. 150. 160. 169 — Gildebrüder 30. 82 — Gildehäuser 82. 150 — Gildeschwestern 82
Gläubiger 107f. 110—114. 120
Glaubwürdigkeit 22f. 40. 47. 168
Gleichheitseid 143
Gliederzählung 15
Glockenklang, Glockengeläute 132. 152
Glückszauber 32
Glühendes Eisen 175 — Glühende Pflugscharen 175f.
Gnade 36
Gode 21. 61f. 156
Go 60f. — Gogericht 155 — Gograf 151
Gold 24. 142 — Goldsolidus, Goldtremisse, Goldtriens 96 — Goldpreis 96 — Goldschmied 25
Gotisch 11. 23. 26. 34. 36f. 39. 41. 45. 50. 56. 69f. 74f. 79. 96. 115. 145f. 154 — Götisch 31. 74. 97. 107. 152 — Gotländisch 9. 42. 135
Gottesdienst 23f. 82 — Gottesfriede 130 bis 132 — Gottesgnaden 42 — Gotteshausleute 37 — Gottespfennig, Gottesgeld 122 — Gottesurteile 174—176, echte und unechte 175f.
Gottheit, Götter 17. 22. 45f. 92. 137f. 154. 167. 174 — Gottesvorstellungen 174f. — Göttliche Abstammung 22 — Göttliches Recht, jus divinum 47. 52
Grab 68. 70. 78 — Grabkirche Karls d. Gr. 50
Graf 9f. 24f. 29. 58. 151. 155 — Grafenschatz 30 — Grafschaft 9f. 13. 52. 58 bis 60. 159
Grausamkeit des MA 139
Grenze 6. 9f. 16f. 89—91. 95. 118. 132 — Grenzbegang 118 — Grenzumritt 17 — Grenzverwirrung 91 — Grenzzeichen 16f.
Grönland 62
Großeltern 65
Großgrundbesitz 26. 53. 101
Großjährigkeit 79
Großstaaten 6. 47—49. 53. 157
Grundbuch 124
Grunddienstbarkeiten 101
Grundeigentum, Grundstück 26. 28f. 53f. 85f. 88—95. 99. 142. 160. 173. 178 — Grundeigentümer 28—30. 34f. 55. 93f. 112
Grundherrschaft 14f. 33—36. 38. 55—62. 92. 101. 114. 151. 161 — Grundherrliches Gericht 34f. 161 — Grundherrliche Vogtei 58
Grundholden 34 — Grundhörige 34f.
Grundlasten 54. 114
Grundruhrrecht 99
Grundsteuern 94. 114
Gülten 114 — Gültschuldner 115
Güter 126 — Gütereinheit 77 — Gütergemeinschaft 77. 79. 81 — Güterrecht, eheliches 76—88; der Sippe 71
Gutsherr 29. 57 — Gutsherrschaft 57 — Gutsübergabe 102f. 114 — Gutsverschlechterung 102f. — Gutsverwalter 102. 105

Haar, Haargriff, Haarscheren 20. 35f. 83. 133. 140. 144. 167f.
Haben 105
Habsucht 131
Hafenregal 90
Haftung 73. 75. 78. 110—115. 119
Hagen 57
Halm 120f.
Halsgericht 54 — Hals und Hand 139. 144
Halsschlag 36
Hammer 16
Hand *a*) 13. 47f. 84. 106f. 119f. 123. 144. 167—169. 173—175; *b*) 34; *c*) 65. 67. 69. 100 — Handauflage 123. 168 — Handerheben 120 — Handfestigung 124 — Handabhauen 139 — Handänderungsgebühr 102 — Handanlegen 106f. — Handdurchstoßen 139 — Handgeld

75 — Handlohn 102 — Handreichung 119f. 169. 174 — Handschuh 13. 120f. 143 — Handtäter 133 — Handwerker 30. 34. 37f. 82
Handelsplätze 12f. 41
Handhafte Tat 112. 136. 151. 163f. 177
Handlungen 108 — Handlungsfähigkeit 31
Hängen 138 — Hängenlassen der Leiche 138
Hanse *a*) 41f.; *b*) 82 — Hansebrüder 42
Hantgemal 29. 93
Haselstab 107 — Haselstangen 154
Hassenswerter Mensch 130
Haubengut 75
Haufendorf 90
Haupt 36. 138 — Hauptlöse 140 — Zu Haupt gehen 156
Haupteid 169
Häuptlinge 23. 25. 45. 62
Hauptreif 47
Hauptmann der Klage 144
Hauptschwörer 68. 168f.
Haus 95. 103. 137 — Hausfrauschaft 73 — Hausfriede 56. 131f. — Hausgenossen, Hausgenossenschaft *a*) 39; *b*) 57f. 78. 102f.; *c*) 83f. — Hausgerichtsbarkeit 56 — Hausgut 77 — Hausherr, Hausherrschaft 35. 56. 73 — Hausleute 73 — Hausmann 83 — Hausrat 35 — Haussklave 36 — Haussohn 79 — Hausstätten, gerichtführende 23 — Haussuchung 163f. — Haustiere 112. 129. 167 — Haustür 160
Hausen und Hofen 135f.
Häusler 91
Haut und Haar 144
Heer 7. 20. 33. 45. 48. 54. 56. 67. 131f. — Heerbann 54. 56 — Heerdienst 29f. 85 — Heeresaufgebot 54 — Heerfahne 45 — Heerfahrt 104f. — Heerflucht 130 — Heerfriede 131f. — Heerführer 45 — Heergerät, -gewäte 70 — Heergewalt 48—50 — Heermann 20 — Heerschild 27 — Heerschildgenossen 27 — Heerschilling 30 — Heersteuer 30. 85 — Heerversammlung 20
Hegewisch 107
Hegung 153f.
Heidnisch 17. 37. 45. 47. 61f. 74. 76. 78f. 81. 92. 127. 129. 131f. 135. 137. 139. 146. 150. 153f. 167f. 173f. 177 *und passim*
Heilige 167f. — Heiligtum 61. 137 — Heiliggeistpfenning 122
Heilkraft 46
Heimfallsrecht 99. 101f.
Heimfriede 131
Heimführung 74f.
Heimlichkeit 130 — Heimliche Acht (Beratung) 159 — Heimlich verübte Missetat 174
Heimsteuer 77
Heimsuchung 178
Heiratsabgabe 33. 38 — Heiratsschranke 23 — Heiratszwang 38
Heißwasserprobe 175
Heldenname 22
Helm 27. 45
Henker 40. 140 — Henkerzehnt 140
Heraldik 27
Herausforderung 173f.
Herbstfriede 131
Herdsteuer 54
Herr 21. 23. 25—27. 29—31. 33. 36. 38. 47. 83—85. 103f. 141. 160f. — Herrenhof 33. 54 — Herrlichkeit 57 — Herrnfall 103
Herrenloses Gut 92. 95
Herrscher, Herrschaft 21. 43ff. 50—53. 58. 61f. 71f. 83. 90. 92. 99. 121. 135. 139—141. 151. 156—158 — Herrschaftsgebiete 149 — Herrschergewalt 165 — Herrschaftsrechte 61. 99. 116
Herzog, Herzogtum 11f. 24—26. 52. 58f.
Hexen 138 — Hexenwaage 176
Hinausschwören 136. 152
Hinrichtung von Tieren 129 — Hinrichtungsort 138
Hintersassen 26. 35. 55. 57f.
Hochadel 22
Hochgericht 25. 52. 58. 151. 154f.
Hochsitz 47
Höchstbetrag 133
Hochweiden 92
Hof 158. 161 — Hofamt 83 — Hofbeamte 25. 38. 83f. — Hoffahrt 85 — Hofgericht 159—161 — Höfische Dienste 38 — Höfische Lebensweise 26

— Hoflager 85 — Hoflehen 38. 103 — Hofleihe 102 — Hofleute 23 — Hofpfalzgraf 58. 158 — Hofrecht 56—58. 102f. — Hofrichter 159 — Hofstatt 103 — Hoftag 60 — Hofübernahme 35
Hoheitsrechte 50. 52. 54f. 59f. 103. 105. 111. 114. 121
Holen des Rechts 156
Holzgraf 91 — Holzstab 120
Hörbarkeit 117f. 121 — Hörweite 109 — Hören (des Eides) 168. 170
Hörige 29. 31—35. 37. 58
Hörnerschall 132. 152
Hufe 23. 35. 90f. — Hufeneinteilung 91
Hulde 51. 85. 103f. — Huldigung 46. 48f. 51. 58. 103f.
Hund 138 — Hundetragen 139 — Hunderecht 142
Hundertschaft 7—10. 13. 25. 44. 140f. — Hundertschaftsgrenzen 9
Hut 42. 154
Hypothek 111

Immobiliarbesitz 105 — Immobiliarexekution 178 — Immobiliarsale 116 — Immobiliarverkehr 124 — Immobiliarversatz 111
Immunität 53—58. 161 — Immunitätsgericht 56. 161 — Immunitätsherr 54f. — Immunitätsprivilegien 53f. — Immunitätsvogtei 58. 60
Individualeigentum an Liegenschaften 72. 92—95; an Fahrnis 72. 100 — Individualsukzession 49f. 69. 72 — Individualvogtei 71
Indizien 177
Indogermanisch 163
Inhaberklausel 124
Innung 82
Inschriften 17
Instanzen 151. 158. 160
Interessenvergütung 108
Interimswirtschaft 102f.
Interpretieren 158. 164
Interregnum 51
Inthronisierung 50
Inventar 102
Investitur 51. 92. 116. 119. 123 — Investiturstreit 50
Irrsinn 69. 129
Irrtum 118
Isländisch 6. 11. 15f. 21. 29. 31. 41. 61f. 65. 85. 91f. 95. 97. 109. 111. 116. 127. 135. 145. 149f. 156f. 173. 176f.
Italien 47. 102. 158

Jagdrecht, Jagdregal 94. 99
Jähe Tat 130. 151
Jahr und Tag 51. 119 — zu seinen Jahren kommen 117
Juden 34. 42 — Judenbischof 42
Jüngerer Rechtsgang 165f. — Jüngeres Beweisverfahren 174—177
Jungfrau 75
Jurisprudenz 137
Jury 176f.
Justizhoheit 60 — Justizpolizei 54 — Justizverwaltung 156f.
Jütland 176f.

Kaisertum 52f. — Kaisergesetze 53 — Kaisergewalt 53 — Kaiserliche Landgerichte 159 — Kaiserwürde 52f.
Kakstrafe 140
Kalten Blutes 131 — Kaltwasserprobe 176
Kammer 42 — Kammergericht 159
Kämmerer 38
Kampf 83. 99. 152. 156. 161. 166f. 172ff. — Kampfbedürftigkeit 173f. — Kampfeid 173 — Kampfflucht 173 — Kampfmittel 167 — Kampfplatz 173 — Kampfschild 173 — Kampfurteil 176 — Kampfvertrag 173f. — Kampfzeremoniell 173 — Kämpen 40. 176 — Kämpflicher Gruß 38f. 164. 173f.
Kanonische Standesprivilegien 28
Kanzlei 123 — Kanzler 123
Kapitalanlage 114 — Kapitalzahlung 114
Karolingisch, Karlisch 37. 52. 56. 58. 97. 136. 155f. 158. 165. 178
Kastration 138
Kasuistik 129
Katzenrecht 142
Kauf 35. 74. 116 — Kauffrau 72 — Kaufmann 26. 29f. 41f. 72. 82 — Kaufschiffe 25f.
Kausalzusammenhang 127
Kaution 116. 162f.
Kebse 73. 75 — Kebsehe 75

Kelten 137 — Keltische Einflüsse 86
Kentisches Recht 12. 74. 97. 117
Kesselfang 175
Kind 20. 39f. 45. 65f. 69f. 78—80. 89 — Kindesalter 85 — Kindespflege 86
Kirche *a*) 7. 21. 24. 28. 33. 37. 47. 50. 52. 66. 71. 76. 80. 82. 93. 111. 129. 175f.; *b*) 33. 76. 92 — Kirchenbann 113f. — Kirchenfriede 131f. — Kirchengut 28 — Kirchenhoheit, -regierung, -regiment 47. 50. 52 — Kirchenkämmerer 15 — Kirchenvogtei 55. 57 — Kirchhof 15. 150 — Kirchspiel 15. 61. 92. 152
Klagen 106. 128. 144f. 151. 161ff. — Klagberechtigte 144 — Kläger 106f. 135. 140f. 160. 162. 164—166. 177. 179 — Klaganspruch 163 — Klage gegen den toten Mann 163 — Klaginhaber 144 — Klagepflicht 144 — Klagevorwurf 173
Klasse 57; privilegierte 26—28. 39 — Klassen der Freien 21f. 28f. 31. 40
Klassifikatorisches System 65
Kleidung 37f. 173 — Kleidungsstücke 109
Kleinkönigtum 44—48 — Kleinstaaten 6. 49
Klerus 24f. 27f.
Knebelung des Diebes 164
Knechtschaft, Knechte 21. 31. 35—37. 179 — Knechtestat 129
Kniesetzung 75. 83 — Kniezählung 65f.
Kniffe im Prozeß 164
Knochenbruch 133
Kollegiale Gerichtsorganisation 157
Kollektiveigentum 89. 101. 178 — *Vgl. auch* Gesamteigentum
Kolonen 34
Kolonisation 6. 14f. 92. 151 — Kolonien Schlesiens u. der Mark Brandenburg 151 — Kolonisten in Siebenbürgen 151
Kommendation 84f.
Kompetenz 155f. 161
Konfiskation 94. 129. 178f.
König, Königtum 9—12. 22—26. 35. 37. 39. 41f. 44—52. 55. 58f. 71f. 84f. 90. 103. 105. 122. 140. 142. 157—159 — Königin 48 — Königliche Familie 24f. — Königsacht 135 — Königsbann 29. 49. 52. 59. 119. 142. 159 — Königsbrief 122. 178 — Königsdienst 23—25. 47. 49. 131 — Königsfriede 12f. 37. 47f. 50. 131. 178 — Königsgericht 48. 153. 157—159. 165 — Königsgewalt 157 — Königsgut 54 — Königsleiche 46 — Königsnamen 51 — Königsschutz 41f. 50 — Königsstuhl 47. 50 — Königswahl 50f.
Konkubinat 73. 75. 79f.
Konkurrenz von Verbrechen 133, von Gerichten 159
Konkursrecht 115
Konsekrierung 47
Kontumazialverfahren 144. 166
Kooptation 155
Kopf 36. 138 — Kopfzins 33. 37 — Kopfpreis 135
Körperverletzung 25. 130. 132f. 142
Korporationen 41. 60. 82. 91f.
Kostbarkeit 143
Kote 102 — Kotsäten, Kötter 29. 91 — *Vgl. auch* 103
Kraftproben 100
Kredit 110 — Kreditgeschäfte 112 — Kreditverhältnisse 111
Kreise *a*) 10; *b*) der Verwandten 65f. 68—70. 72. 76. 91f.; *c*) verletzter Personen 145; *d*) Kreis = Ring 153. 168
Kreuz 13f. 17. 47. 107. 143. 168. 178 — Kreuzprobe 176 — Kreuzweg 32
Kriegsgefangenschaft 36 — Kriegspflichten 38. 67 — Kriegsverfassung *vgl.* Heer
Kriminalsachen 54. 56
Krone 51. 53 — Krongut 48. 92. 105 — Krönung 47f. 50—53 — Kronvasallen 51
Küchenmeister 26
Kuhwert 95 — Kuhhaut 138
Kult, Kultus, Kulthandlung 10. 12f. 17. 22. 46. 61f. 66. 69. 81. 92. 129. 137f. 144. 150. 168. 175 — Kultbeamter 138. 153. 177 — Kultfriede 12 — Kultgemeinschaft 41. 61. 66f. — Kultpflicht 127 — Kultritual 139 — Kultusstätte 61. 168
Kündbarkeit 85 — Kündigungsrecht 102
Kundmachung 163

Kuren, mißlungene 128
Kurfürsten 51
Kuß 84

Lachs 16
Ladung durch öffentlichen Verruf 165
Land 6—10. 47. 58. 135. 140f. — Länder 6f. 9f. 48. 60—62. 149. 157 — Landdistrikte 157
Landesgericht 62 — Landesherr 10. 26. 49. 52. 58—61. 151 — Landesherrschaft 57—60 — Landesherrliche Territorien 10 — Landeshoheit 58 bis 60 — Landesrecht *vgl.* Territorialrecht — Landesversammlung 149 — Landesviertel 62
Landeigentum 103 — Landfolge 54 — Landfremde 40—42 — Landfriede, Landfriedensbündnisse, Landfriedensgerichte 10. 35. 50. 130. 157. 160 — Landgemeinde 12. 14f. 59f. — Landgerichte 10. 156; kaiserliche 159 — Landgraben 17 — Landgut 47 — Landherren 35. 38. 55 — Landleihe 101 — Landnahme 92. 95 — Landrecht 30. 51. 157f. 161. 179 — Landsprache 60 — Landsassen 59 — Landstände 59f. — Landstreicher 40 — Landwehr 17
Landgraf 24
Landsgemeinde 10. 19f. 44—50. 60—62. 149. 153f.
Landschaften 28. 48f. — Landtag 60
Langobardisch 11f. 21. 24. 31—33. 37. 45. 47. 49. 67. 70. 72. 74—76. 81. 96. 102. 107. 122f. 142. 154. 156. 158. 171. 175. 177
Laten 33
Laub 115 — Laubloser Baum 138
Laudemium 102
Läufer 165
Lebensberuf 79 — Lebensgefährdung 132 — Lebenslösung 173 — Lebenslängliche Rechte 101 — Lebensgemeinschaft 73. 76 — Lebensweise 21. 26. 40; verachtete 40
Lebendigbegraben 138
Ledigwerden des Lehens 104
Legalprinzip 161
Legendarisches 46. 138
Legitimation 70. 80. 176f.
Lehen, Lehenherr, Lehenrecht 21. 24. 26—28. 38—40. 51f. 54—56. 58f. 72. 84f. 103—105. 111. 116. 121. 160f. — Lehenerbe 104 — Lehenfähigkeit 26. 38. 40. 104 — Lehengerichte 38. 56. 85. 161 — Lehenhof 51 — Lehenseinkünfte 85 — Lehenserneuerung 104 — Lehensobjekte 103 — Lehenssachen 161 — Lehenstaat 21. 103 — Lehenträger 104 — Lehenvormundschaft 72. 104
Leib und Leben 24f. 36. 38. 131. 155. 167. 173 — Leib und Habe 127. 135 — Leibesbeschaffenheit 21. 36. 69 — Leibesglieder 109. 113. 119. 167 — Leibeskraft 109 — Leibesstrafen 139f. — Leibesverletzung 142 — Leibliches Beweisen 171f. — Leibzeichen 164
Leibeigene 56 — Leibherr, -herrschaft 56f.
Leiber 102
Leibspeise 138
Leibzucht 101f.
Leiche, Leichnam 138. 163f.
Leid 130
Leihe 101ff. 111. 114
Leinwand 95
Leisten, Leistung 112. 140. 163. 168 — Leistensollen 107f. — Leistung an Zahlungs Statt 116
Leitkauf 122
Leten 32
Leugnen des Besitzes 164, der Schuld 170 — Leugnungseid 170. 173
Leumund 177
Leute 20. 22. 47. 54. 57 — Leutgeld 21
Liebende 66
Liegendes Gut, Liegenschaft 95. 98. 101
Liegenlassen der Leiche 138
Lilie 47f.
Linien 65f.
Liquidierung des Nachlasses 115
Litauisch 46
Liturgie 175f.
Lockerung der Sippe 24. 92
Lohn 37f. 84 — Lohnanspruch 112
Los 90 — Losorakel 174. 176
Lösbare Knechtschaft 179

Losen 157. 174—176
Lossagung 68. 70
Losungsrecht *vgl.* Rektraktrecht
Lot 109
Luft macht eigen 36 — Luft macht frei 30
Luxusfronden 37f.

Magen 64. 76 — Magbuße 141
Magnaten 30. 51
Mahnung, Mahnverfahren 112. 114. 162. 165. 173
Majorat 72
Makel 39
Malberg 150
Malediktion 129
Malschatz 75f.
Mancus 96
Mann 83. 85. 117. 161. 176 — Mannfall 103f. — Mannbuße 141 — Manngeld 141 — Mannheiligkeit 19 — Männerseite 70 — Mannschaft 85. 103—105 — Mannsstamm 67f. — Mannwert 23
Mantel 42. 47. 70f. 120. 140 — Mariae Mantelschaft 140
Mark 57. 97f. 109 — Markbegang 17 — Märkerthing 91 — Markgemeinde 92 — Markgenossenschaft 56. 89—91. 93f. 146. 160 — Marklosung 91 — Markmeister 91 — Markverband 91. 94 — Markvogtei 56. 58. 92
Marke 89
Markgraf 9f. 24. 58f.
Markomannen 45
Markrechnung 97. 109
Markt 12—14. 59f. — Marktfahne 13 — Marktfriede 12—14. 131f. — Marktgemeinde 60f. — Marktkreuz 13f. — Marktplatz 14 — Marktrecht 149
Marschall 25. 38
Marschländereien 91
Maß, Messen 16. 90. 109. 133 — Maßstab 142
Materielle Beweismittel 174. 176
Matriarchat 80
Mediatisierung 51
Meeresufer 138
Mehrehe 73
Mehrheitsentscheidung 157
Meier 57 — Meierrecht 102
Meintat 130 — Meineid 139. 167f.
Menschenhäupter 35
Mercien 97
Messer 121
Metapher 105. 119. 121
Metrum 117f.
Miete 108f.
Milchbrüdersage 86 — Milchgeschwisterschaft 81. 86 — Milchkuh als Wertmesser 95
Militärgrenze 10 — Militärische Leistungen 105 — Militärische Stadtverfassung 82 — Militärstrafgewalt 56
Minderfreie 31—35. 37. 102; von Geburt 33f.
Minderjährigkeit 52. 104. 117. 129
Ministerialen *vgl.* Dienstmannen
Minne 159. 167
Minorat 72
Missetat 126f. 130. 133. 137—139. 142 bis 144. 163. 174
Missus 58. 158 — Missatische Gewalt [158
Mistgabel 143
Mißwachs 46
Miteigentum 92
Mithängen, Mitopfern von Hunden 138
Mitkaiser 53 — Mitkönig 47
Mitmärker 89
Mitschwörer 168f.
Mittelalterliche Strafen 139f.
Mittelbezirke 9—11
Mitteleuropäisch 27
Mobiliareigentum 99—101 — Mobiliarnachlaß 33 — Mobiliarexekution 178
Monatskost 95
Mönche 69
Monopol 39. 57
Moorländereien 91
Morathing 48
Mord 128. 130
Morgengabe 27. 75 — Morgensprache 82
Mosaisch 42. 129
Motiv 130
Mühlenfriede 131
Mündel 67f. 70. 75 — Mündelgut 68. 72
Mündigkeit 117
Mündlichkeit 117f. 124. 164
Munt 32. 34. 39. 56—58. 67. 70. 74. 79f. 84. 146 — Muntherr 56. 58. 141 —

Muntmann 34. 56 — Muntschatz 74 — Muntverhältnisse 34
Muten 104 — Mutschierung 104
Mutter 65. 79 — Mutterbruder, Oheim 66 — Mütterliche Gewalt 80 — Mutterrecht 65f. 80 — Mutterseite 65. 80 — Muttersprache 41
Münze 39. 52. 95—98 — *Vgl. auch* Geld —Münzfälscher 139 — Münzerhausgenossen 39. 160 — Münzherr 97 — Münzkonventionen 97 — Münzregal 97 — Münzwesen 59. 95—98

Nachbarschaft *a)* 94; *b)* 17. 82. 89. 91. 94. 108. 169
Nachlaß 41. 69. 71f. 114 — Nachlaßhaftung 114f. — Nachlaßruhe 69
Nächtliche Tat 130 — Nächtliches Gericht 149 — Nächtlicher Strafvollzug 177
Nachträgliche Handlungen 128. 130
Nadelstiche 133
Näherrecht 57. 91. 93f. — *Vgl. auch* Einstandsrecht
Name 167 — Namengabe *a)* 40; *b)* 78f.
Nationalität 51 — Nationales Königtum 50
Naturalien 142 — Naturalabgaben 102 — Naturalverträge 116
Nebenländer 53
Neffe 65
Negativer Schlußsatz 118
Nehmen des Eides 168
Neiding 40. 130. 137f. 146. 172f. — Neidingsname 40. 82. 146. 172 — Neidingswerk 130f. 137. 173
Neubürger 30
Neuere Satzung 111. 113
Nichte 65
Niederbrechen, Niederbrennen des Hauses 137
Niederer Adel 38
Niedergang des Königtums 50—52
Niedergericht 151. 155
Niederknien 168
Niederung des Heerschilds 27
Nießbrauch 101
Nordgermanisch 23. 96 — *Vgl. auch* Skandinavisch
Nordisch *vgl.* Skandinavisch
Norwegisch 8—11. 15f. 15—29. 31f. 41. 48f. 51f. 61f. 69. 77. 85f. 93. 95. 97. 105. 114. 118f. 135. 151. 153. 156. 161. 171. 173. 178f.
Not, echte 73. 79. 93 — Notthing 151f.
Notable 155 — Notabelntag 49
Notar 123
Notnumft 128 — Notzüchter 85
Notwehr 136
Nutzung 105. 110f. — Nutzungsanteile 91 — Nutzungsrechte 48. 56. 71. 89. 94. 101—105; abgeleitete 101—105; selbständige 99. 101 — Nutzungsvorbehalte 102

Oberacht, Überacht 136
Obereigentum 57
Obergericht 151. 156 — Oberhof 156
Obermärker 91
Oberlandesgericht 62
Obligation 110. 115. 119 — Obligationenrecht 110. 116 — Obligationenrechtliche Folgen 132 — Obligatorische Wirkung 75 — Obligierte Person 114
Obmann 157
Obrigkeitliche Beschlagnahme 119. 178f. — Obrigkeitliche Gewalt 34. 53—58. 61. 112. 179
Ödland 57
Offenhalten von Tür oder Fenster 150
Öffentlichkeit 20f. 75. 159. 163f. 170 — Öffentliche Ämter 32 — Öffentliches Gericht 161 — Öffentliche Gewalt 34. 50. 53f. 56. 68. 94. 140. 144f. — Öffentliche Schulden 54 — Öffentliche Strafe 135. 137. 139. 144. 146. 177 — Öffentliche Tatsache 171 — Öffentlicher Teil der Sühne 141 — Öffentliche Urkunden 124
Oheim, Mutterbruder 66
Ohrenzeugen 177 — Ohrzupfen 171
Okkupation 95. 99 — Okkupationsritus 95
Opfer 46. 73. 81. 137. 140. 149. 173 — Opferblut 167f. — Opferstätten 150 — Opfertier 167f. — Opfertod 137
Optimaten 23—26. 48. 50
Orakel 174
Ordentlicher Prozeß 165. 176f.

Orient 175
Organstellungen 21
Originärer Erwerb 115
Örterung 104
Osten 154
Österreich 17. 38. 156
Ostgermanisch 45. 65. 73. 76. 79. 89. 120
Ostnordisch 8. 20. 35. 79f. 85. 91. 93. 106. 136. 160. 170. 176f.

Pacht 102. 105. 111. 151 — Pachtbauern 30 — Pächter 105
Papst 53
Parentelen 66
Parteihandlungen 167 — Parteieneid 173. 177 — Parteikampf 166
Partikularrecht 28. 121
Passiva 108
Paternitätsbeweis 80
Patrimonialität 59
Patriziat *a*) 52; *b*) 30. 39
Patrocinium 26. 34
Patron 31f.
Peculium 36f.
Pein 137
Personalitätsprinzip 33f.
Personalkredit 112 — Personenhaftung, persönliche Haftung 110f. 114 — Personenklassen 175 — Personalsatzung 113 — Persönliche Vornahme 164
Persönliche Dienstbarkeiten 101
Pfaffe 27
Pfalbürger 30
Pfalzgraf 58. 158 — Pfalzgericht 158 — Pfalzschöffen, ständige 159
Pfand 36. 110—113. 116. 167. 178 — Pfändbarkeit 112 — Pfandlehen 111 — Pfandnahme 111—113. 178 — Pfandschaft 58. 111
Pfarrei 15
Pfeiferbrüderschaft 82
Pfeil 32
Pfennig 96—98. 122 — Pfennigmark 98
Pflanzen 115
Pflegebrüderschaft 81. 86 — Pflegegeschwister 86 — Pflegekindschaft 83. 85f. — Pflegeverwandtschaft 83. 85f.
Pfleghafte 30
Pflugeisen, Pflugschar 16. 138. 175f. — Pflugfriede 131 — Pflugtragen 139 Pflugland 90
Pfund 96. 109
Politische Gemeinden 12—16. 92. 149 — Politische Rechte 21. 33. 41 — Politische Verhältnisse 151
Polizei 7. 11. 13. 15. 54f. 60. 82. 117. 138f. 145
Polygamie 73. 76
Pontifikalkleidung 53
Possessorenwesen 26. 34
Prangerstrafe 140
Präsumtion 128
Präzedenzfälle 117
Preisgabe 112
Priester 25. 46. 61f. 76
Primäre Popularklage 145
Privatgerichte 23. 56. 159—161 — Privatgrenzen 89 — Privatherrschaft 30. 56f. 160f. — Privatkrieg 166 — Privatrechte an obrigkeitlichen Gewalten 21. 47. 50. 53f. 58—60. 94. 114 — Privatdienst des Richters 165 — Privatstrafrecht 126. 129. 141. 145f. — Privatsühne 141. 143 — Privatvertrag, -vergleich 56. 144f.
Privilegien 25f. 28. 41. 51. 53—56. 59f. 97. 151. 159f. — Privilegierung 41. 86 — Privilegierte Klasse 26. 30. 38. 158
Promissorischer Eid 121. 152
Protokoll 124
Provinzialvertretung 49
Prozeß 21. 25. 28. 38. 61. 100f. 106. 117. 128f. 133. 136. 144f. 161—179 — Prozeßfähigkeit 37 — Prozeßformalismus 164 — Prozeßgegner 156. 161 — Prozeßleitung 165 — Prozeßverteidiger 67f. 72 — Prozessuale Rechte 21 — Prozessuale Handlung 163. 166 — Prozessualer Eigentumsschutz 100f. — Prozessuales Mahnverfahren 114 — Prozessuale Verantwortlichkeit 129 — Prozessuale Verfolgung 144f.
Psalter 176

Qualifiziertes Verbrechen 131. 142 — Qualifizierter Eid 170
Querlinien 65f.
Quoten 141

Rabbiner 42
Rache, Racherecht 81f. 127. 129. 134f. 137. 146. 166 — Rachepflicht 81f.
Rad 139 — Rädern 138 — Radflechten 138 — Radspeichen 138
Raginburge 155
Rangklassen 27 — Rangordnung 66. 84
Rasenstreifen 81
Rasse 34. 36
Rat der Stadt 14. 30. 60. 124. 157. 160; des Landesherrn 38; des Reichs 25f. 48. 52 — Ratgeben 60f. Rathäuser 150 — Böser Rat 132
Raub 106. 128. 164 — Raubehe 73—76. 80. 178 — Raubliche Geschlechtsverbindung 80 — Raubliche Gewere 106
Rauchsteuern 54
Räumen der Bank 156
Rauner 165f.
Realexekution 178 — Reallast 94. 103. 114 — Realrecht 114 — Realunion 6 — Realverträge 116. 122
Recht 19f. 152. 156f. 159 — Rechtlosigkeit 40. 139. 143. 172. 174 — Rechtmäßigkeit 157. 164 — Rechtsabschneidung 178 — Rechtsanwendung 149 — Rechtsbeugung 153. 156 — Rechtsbruch 126 — Rechtsfähigkeit 21. 32f. 35. 37. 56. 68f. 129. 153 — Rechtsfrage 162 — Rechtsgang 161—166 — Rechtsgebot 152 — Rechtsgenosse 20. 33f. 82. 91f. 135f. 140f. 149. 151. 162 — Rechtsgenossenschaft 6. 34. 73. 82. 92. 121. 127. 135. 137. 149. 162 — Rechtsgeschäfte 70. 79. 115—117 — Rechtsherren 157 — Rechtskräftiges Urteil 152—154 — Rechtsminderung 40 — Rechtspflege 46. 60f. 160. 166 — Rechtsregel 146 — Rechtsschutz 134. 137 — Rechtsstreit 157. 172 — Rechtsverband 61. 134 — Rechtsverhältnis zwischen Vater und Kind 78f. — Rechtsverweigerung 163. 178 — Rechtswidrigkeit 130. 163. 170f. — Rechtsweisen 152 — Rechtszug 153
Rechte Gewere 106. 119
Rede 132. 136. 162. 164. 167 — Redegestus 120
Reformgesetzgebung 158
Regalien 42. 58f. 90. 94. 97. 99. 103
Regierung 61 — Regierungsfähigkeit 21 — Regierungsvormundschaft 52
Reich 6f. 10. 38. 47—49. 51—54. 61. 85 — Reichsacht 135f. 159 — Reichsämter 58 — Reichsapfel 53 — Reichsangehörige 41 — Reichsdienst 85 — Reichsdienstmannen 29. 51 — Reichsfremde 34. 41f. — Reichsfürstenstand 24f. 159 — Reichsgericht 160 — Reichsgerichtsbarkeit 52 — Reichsgrenze 9 — Reichsgut 51. 54 — Reichsheer 26. 30 — Reichshofgericht 159 — Reichskammerknechte 42 — Reichskanzler 24 — Reichslehen 51. 59 — Reichsrat 48. 52 — Reichsstädte 51. 58 — Reichsstände, Reichsstandschaft 25. 59 — Reichstag 24f. 48. 51 — Reichsuntertänigkeit 51. 58 — Reichsversammlung 48 — Reichsvogtei, -pfandschaften 54. 58. 60. 111
Reichtum 26. 30. 34
Reihendorf 91
Reim 117f.
Reinigung durch Gottesurteil 174 — Reinigungseid 170 — Reinigungsopfer 140
Reiterdienst, Roßdienst 25f.
Rekognoszent 123
Rekusationsgründe beim Zeugnis 171
Religion 21. 34. 42. 47 *und passim*
Reliquien 92 — Reliquienbehälter 168
Rentenkauf 114
Repräsentation 46. 48. 54. 66. 69
Retraktrecht 57. 93f. — *Vgl. auch* Näherrecht
Reuten 89
Revisionsinstanz 153
Rezeption 175
Rhätien 123
Richter *vgl.* Gerichtshalter — Richterhut 154 — Richterwahl 151 — Richthäuser 150 — Richtstätte 54
Ring *a*) 42. 75f. 118. 167f.; *b*) 153 — Ringdach 143
Ritter 25—27. 38. 94 — Ritterbürtigkeit, Rittermäßigkeit 27. 94 — Rittergesellschaften 160 — Rittergut 94f. — Ritterliche Dienste 38. 94 — Ritterliche Eigenleute 56 — Ritterliche Lebensweise 26f. — Rittersart 27 —

Rittersfrau 27 — Ritterschlag 27 — Rittersold 103 — Ritterstand 26f. 38 — Rittertitel 27
Ritual 135. 137—139
Ritzen eines Kreises 168
Rockkragen 164 — Rockschoß 118 — Rockzipfel 120
Roland 14
Rollen 124
Romanen 33f.
Römisches 17. 21. 26. 28. 32f. 45. 47. 52. 54. 56. 75. 80. 96. 101f. 107. 122. 137. 154. 165. 173. 177 — Römischer König 51
Roß 167f.
Rückenerbe 70
Rückenbrechen 138
Rückfall 83. 94. 131
Rüge, Rügepflicht 145 — Rügeprozeß 165
Russen 173
Rute 47f. 120
Rutscherzins 102

Saatfriede 131
Sachfälligkeit 112. 166. 174
Sachhaftung 110. 112
Sachsen 7. 9. 14f. 22f. 32. 34. 38. 93. 96. 119f. 135. 155. 179
Sakrales Königtum 45f. — Sakrale Thinghegung 154 — Sakralprozeß 61 — Sakralstrafen 17. 61. 137. 139. 146
Salbung 47f. 53
Salhof 103
Salung 116. 118f. 123
Salzregal 90
Sarkasmus 143
Satisfaktionsmittel 113—115 — Satisfaktionsverfahren 111 — Satisfaktorische Acht 179
Satteltragen 139
Satzung 111. 113
Schaden 108. 113. 126f. 129. 131f. 140. 142f. — Schädigung 126 — Schädliche Leute 177
Schalk 36
Schandlarve 140
Schatten 143
Schatz 95 — Schatzfreiheit 28 — Schatzwurf 33
Scheidung 76
Scheinbußen 40. 143 — Scheinvollzug von Strafen 133. 138
Schelter 153. 156. 173 — Scheltungseid 173 — Scheltungsverfahren 153. 173
Schenk 38
Schenkung *vgl.* Gabe
Schere 143 — Scheren 36
Scherge 177f.
Schiedsgericht, Schiedsleute, Schiedsspruch, Schiedsverfahren 159f.
Schiff 95. 111. 167f. — Betreten der Schiffe 168 — Schiffsbezirke 8. 16 — Schiffsfriede 131f. —Schiffsreeden 16 — Schiffsthing 149 — Schifferschaften 160
Schild 27. 45. 76. 154 — Schilderhebung 45
Schilling 96f.
Schimpfliche Strafen 36 — Schimpfliche Verbrechen 40
Schlagspuren 132 — Schlegel 138
Schleifen auf der Kuhhaut 138
Schlitz ins Recht 126
Schlüssel 78 — Schlüsselgewalt 73
Schmerzzufügung 137
Schmuck 95
Schöffen 29f. 38f. 154—156. 159f. — Schöffenamt 29. 155 — Schöffengericht 154—157 — Schöffenkolleg 160 — Schöffenverfassung 155
Schonisch 135
Schöpfen des Urteils 154
Schoß 69f. 74. 118 — Schoßsetzung 70. 74
Schrannen 153f.
Schreinsurkunden 124
Schrift 33. 117—124 — Schriftform 166 — Schriftwesen 122f. — Schriftliches Zeugnis 177
Schuhsteigung 70
Schuld *a*) 107—110. 112; *b*) 146 — Schuldarbeit 179 — Schuldbrief 124 — Schulden 78 — Schuldgenosse 108 — Schuldhaft 179 — Schuldherr 36 — Schuldknechtschaft 36. 79. 113. 179 — Schuldner 36. 107f. 120 — Schuldrecht 108 — Schuldtilgung 110. 113 — Schuldvertrag 115
Schultheiß 9. 11. 60

Schutzbürger 30 — Schutzgewalt, -vogtei 31f. 34f. 37. 52. 56. 61. 84 — Schutzgilde 30. 82. 146 — Schutzheiliger 82. 92 — Schutzherr 34. 46 — Schutzpflicht 68. 83 — Schutzrecht 34. 41 — Schutzuntertänigkeit 34 — Schutzverband 67f. 71. 81 — Schutzverhältnis 80 — Schutzzins 55
Schützenbrüderschaften 82
Schwägerschaft 76. 85f.
Schwedisch 8. 10. 25f. 28. 31. 35. 37. 48f. 52. 55. 74. 85. 93. 95. 97. 108. 121. 128. 149. 152. 154. 156. 158. 172f. 176. 178
Schweigegebot 153
Schweiz 14f. 61. 144f.
Schwemmen 139
Schwert, Schwertzücken 45. 47f. 53. 73. 118. 136. 139. 154. 173 — Schwertmagen 67f. 71. 93 — Schwertseite 63 — *Vgl. auch* Speerseite
Schwester 65 — Schwesterschaft 82
Schwiegermutter und Schwiegersohn 65
Schwur 152. 162. 167 — Schwurbrüder 81 — Schwurhand 173
Seelenheil 82 — Seelgabe 72
Seestädte 111
Seewehr 8
Segnung der Ehe 76
Sehen (des Eides) 168. 170
Sekundanten 173
Selbstbürgschaft 113. 120 — Selbstinternierung 113 — Selbstkrönung 53 — Selbsttrauung 76 — Selbstübergabe 84 — Selbstunterwerfung 114 — Selbstverlöbnis 76 — Selbstverpfändung 119 — Selbstverwaltung 15. 92
Seldner 91
Senior 84 — Seniorat 50
Setzen des Rechts 148
Sichtbarkeit 117f. 121
Siebdrehen 174
Siebenbürgen 14. 82. 151
Siebenter 69
Sieden 139
Siegel 14f. 72. 124 — Siegelbewahrer 15
Silbersiliqua, Silberdenar, Silberschilling 96 — Silberwährung 96
Simultansukzession 50
Sinnen 104
Sippe, Gesippen 20. 37. 45. 64—72. 76f. 79f. 81f. 89—91. 108. 112. 141. 145f. 169 — Sippeverband 92 — Sippenstrafrecht 70. 146 — Sippfächer 66
Sitte 144. 172. 174 — Sittlichkeit 126. 130
Skandinavisch, Nordisch 6—8. 10—15. 19. 23. 27. 29. 31. 36f. 40—42. 46. 52. 56. 65f. 70. 74f. 77. 81. 83—85. 91. 94 bis 98. 99. 105. 109f. 112f. 121—124. 127. 130. 134f. 141. 143f. 146. 149. 152. 154. 160. 165. 173. 175—177. 179
Slawen, slawisch 68. 81. 107
Sohn 65; Annahme als 83 — *Vgl. auch* Kind
Söldnergesellschaften 160
Solemnitätszeugnis 21. 164. 170f.
Sollen 107f.
Sondereigen 68. 70. 94. 101 — Sonderformen 11f. — Sondernutzung 90
Sondersieche 69
Sonnenlehen 95
Späher 139
Spaltung der Gemeinfreiheit 28—30
Spanisches Recht 75
Spannen des Things 154
Speer 16. 45. 118. 154 — Speerseite 63 — Speergeding 152
Speisesuchen 99 — Speisungsverbot 135f.
Spezialgericht 28 — Spezialbevollmächtigte 158
Spiegelnde Strafen 138
Spiel, Spielschulden 112f. — Spieleinsatz 113 — Spielleute 40
Spindelseite 65. 70
Sporen 32
Sprache 119 — Sprecher 165
Sprengel 151
Spur, Eintreten in die 112 — Spurfolge 163f.
Staatenbündnisse 6
Staatliches Strafrecht 126f. 136 — Staatsämter 137 — Staatseinnahmen 46 — Staatsgebiet 6f. — Staatsgericht 149. 154. 157. 159. 161 — Staatsopfer 149 — Staatsrecht, Staatshoheitsrechte 59. 61. 101 — Staatsverträge 41 — Feodalisierung des Staats 158

Stab 45. 47f. 107. 120f. 123. 154. 168 — Staben des Eides 168 — Staber 168 — Stabbrechen 136
Stadt 12—14. 29f. 39. 41f. 51. 55. 58 bis 61. 82. 121. 145. 152. 154. 157. 160. 179 — Stadtbewohner 29 — Stadtbezirke 11 — Stadtbücher 124 — Stadtfriede 13f. 130f. — Stadtgemeinde 60 — Stadtgraf 13 — Stadtmauer 14 — Stadtregiment 82
Städtische Leihe 103 — Städtische Rechte 108. 111. 124
Stahlhof 41f.
Stallmeister 26
Stammburg 29 — Stammgüter 29. 72. 77. 85f. 93f. — Stammvermögen 72. 77 — Stammvater 65
Stammesgebiete 53 — Stammesrechte 171. 175 — Stammfremde 33f. — Stammkönigtum 48f. — Stammsitze 92
Standesabzeichen 26. 28. 39f. —Standeserhöhung 39 — Standesgemeinschaft 73 — Standesgerichte 151. 159. 161 — Standesrechte 26. 28. 39f. 139. 142. 169
Stände 39. 57. 60. 159 — Ständeausschuß 60 — Ständekorporation 60
Stärkeunterschiede der Böswilligkeit 130f.
Stätigung 119
Statthalter 11f. 25
Stegreifhalten 85
Steiermark 60
Steigbügel 168
Steine 150 — Steinigen 138
Stellvertretung *vgl.* Vertretung
Steuerloses Fahrzeug 138
Steuern 7. 25. 28—30. 33. 48. 54f. 58f. 85. 94. 114 — Steuerbewilligung 60
Stift 55
Stiftungsbrief 124
Stillgericht 159
Stillschweigen 152f.
Stimmrecht 46. 51. 157
Stoppelweide 91
Strafe 83; öffentliche 135. 137—140. 144; schimpfliche 36 — Strafarten 138. 146 — Strafbefugnis 146 — Strafdiener 177f. — Straffolge 40 — Strafgeld 141. 156 — Strafklage 144f. — Strafknechtschaft 36. 179 — Strafmantel 140 — Strafsachen 165. 177 — Strafverschärfung 139 — Strafvollzug 177
Strafrecht 17. 21—23. 25. 28. 37f. 54f. 61. 66f. 82f. 91f. 134. 137. 145f. 149 — Strafrechtlicher Schutz 47. 49. 67. 75. 82 — Strafrechtliche Folgen 132
Strandrecht, Strandregal 25. 90. 99
Strang 140 — Strangtragen 139
Straßenregal 90
Streitanfang 129
Strenges Recht 160 — Strenge Form 164f.
Strick 107. 138
Strohbund 13 — Strohkragen 140 — Strohwisch 13. 107 — Strohzopf 140
Stubengericht 150 — Stubengesellschaft 82
Stuhl 47. 50. 118
Subsidiarität 78 — Subsidiäres Beweismittel 175 — Subsidiäre Friedlosigkeit 178 — Subsidiäres Klagrecht 145 — Subsidiäre Popularklage 145
Substitution des Zweikampfes 164
Südgermanisch 8. 22f. 32. 34. 37. 39. 46f. 53. 71f. 75. 90. 96. 101. 109. 112f. 121—123. 132. 144. 146. 154. 157. 165f. 175. 177
Sühne 67. 108. 112. 135. 140—144 — Sühnempfänger 143 — Sühninstanz 54 — Sühnkreuz 143
Surrogat 116. 167
Symbole 13f. 20f. 32. 36. 47f. 51. 53. 78. 81. 116. 118—123. 132. 137—140. 164. 167f. 173. 178 — Symbolische Investitur 119 — Symbolische Zwecke 138f.

Tadel 137
Tag 110. 152 — Tagelöhner 143 — Tagfahrt 163
Talion 139
Tat 126. 128. 143 — Tateinheit 133 — Täter 129f. 133. 141. 145f. 174 — Täterschaft 132 — Tätermehrheit 132f. — Täterzahl 132
Taube 47f.
Taufe 79

Tausch 116 — Tauschmittel 95
Tautologie 118
Taxierung des Schadens 142
Teich 99
Teilbarkeit 50. 61f.
Teilnahme, Teilnehmer 132f.
Tempeleigentum, Tempelgüter 61f. 92 — Tempelfriede 131f.
Termin 110. 114. 149. 163
Territorien 10. 59—61. 151 — Territorialrecht 42. 175
Testament 72
Thegenrecht 26
Thing 8f. 13. 149 — *Vgl. auch* Versammlungen — Thingbrink 150 — Thingfähigkeit 21 — Thingfriede 131f. 154 — Thinghäuser 150 — Thinghegung 153f. — Thingmann, Thingleute 61. 119. 136. 141. 145. 151—153. 155f. — Thingordnung 158 — Thingpflicht 152. 155. 179 — Thingstätte 149f. 160 — Thingverbände 10f. 61f. — Thingversammlung 152. 158 — Thingzeit 154
Thron 47. 51. 53 — Thronerbe 47. 49 — Thronfall 103 — Thronstreitigkeiten 60
Thüringen 11. 32. 119f.
Tiere 16. 108. 112. 129. 141 — Tierfalle 128
Tischbrüder 81 — Tischdiener 25 — Tischgenossen 83
Titel 24. 26f.
Tobsüchtige 21
Tochter 65
Tochterdorf 91
Todesstrafe 70. 133. 136—140. 142. 146. 149. 163. 176f. — Todeswürdige Verbrechen 139f. 149 — Todesarten 138 — Todbringend 167
Tortur 174. 177
Totenkult 81f. — Totenopfer 69 — Totenteil 68. 72
Toter erbt Lebendigen 69
Totsatzung 111
Tötung, Totschlag, Totschläger 37. 67. 71. 73. 81. 128—130. 132. 136. 140 bis 144. 163f. Totschlagskläger 81 — Totschlagsühne 143 — Tötungsbefugnis 146. 163. 173
Tracht 21f. 27. 35f. 42
Tragen glühenden Eisens 175
Transportleistungen 54
Treue 119 — Treubruch 83. 104. 130 — Treuegelöbnis, Treueid, -schwur 46. 58. 84f. 121 — Treuhänder 32. 115 — Treulosigkeit 40 — Treupflicht 31. 85. 130 — Treuverhältnis 75f. 80f. 83
Trinken 75. 121f. 141. 144. 171
Trost 83
Truchseß 38
Türengericht 160

Übeltun, Übeltat, Übeltäter 40. 67f. 73. 79. 108. 112. 126—129. 136. 142. 144. 146. 174
Überbuße 143
Übereignung 116. 122f.
Überführungseid 170. 177
Übergabe 118
Übergenosse 27. 39. 151
Überlegung 131
Übernächtige Tat 136
Übersiebnen 177
Überstrenge Urteile 158
Übertragbarkeit 114
Übertretung 126
Überwinden 166
Überzeugen 171
Üble Klugheit 127
Umarmen 70f.
Umfahrt 46
Umgang 157
Umstand 155. 159
Unabsetzbarkeit, Unentziehbarkeit 46. 50f.
Undankbarkeit 36
Uneheliche 40—79f.
Unehrliche Tat 130. 139
Unfreie 20f. 27. 31—33. 35—38. 56f. 75f. 80. 95. 102. 112f. 129. 141. 161. 174 — Unfreie Ritter 38
Ungefährwerk 128
Ungehorsam 163. 166. 178
Ungelehrte Beamte 154
Ungenosse 39. 160
Ungerichte 144
Ungeziefer 129
Unheiligkeit 134
Union 53

Unmündige 71
Unparteiischer 166
Unrecht 108. 113. 126. 134. 143
Unschuldseid 162. 170
Unsühnbare Verbrechen 137. 139
Untat 130
Unterbezirke 7—9 — Untergericht 49. 151. 156. 158 — Untergenosse 151 — Unterkönig 11. 47. 157
Unterlassen 126. 163
Unterpfand 110
Unterstützungspflicht 71. 82
Untertanen 20. 37. 41. 49f. 54f. 57. 61. 84. 92
Unterzeichnung 123
Unverwandten Fußes 153
Unze 97. 109
Urdorf 91
Urfehde 67. 130. 143f.
Urgermanisch *vgl.* Altgermanisch
Urkunden 33. 83. 94. 122—124. 177 — Urkundsbeamter 158 — Urkundsmänner 121
Urnordisch 48 — *Vgl. auch* Skandinavisch
Urteil 119. 148f. 152—159. 161f. — Urteilserfüllungsgelöbnis 178 — Urteilfinder, Urteilfindung 14. 19f. 24f. 29. 34f. 38f. 46. 48f. 54. 152—163. 165. 168. 177 — Urteilschelte 153. 155—157. 172f. — Urteilsspaltung 156 — Urteilsvorschlag 152
Ususehe 75

Vassall, Vassallität 27. 51. 56. 58f. 72. 84f. 103—105. 160f.
Vater 65. 78—80 — Vatergewalt 79 — Vaterschaftsbeweis 80 — Vaterseite 65. 80 — Vaterrecht 65f.
Verantworten 79. 84. 162
Veräußerlichkeit 61f. 102, des Lehens 104
Verbände 40. 58. 66f. 70. 83. 89. 92. 146. 160
Verbannung 135
Verbeistandung 165f.
Verbesserung des Urteils 156
Verbodmung 111
Verbot 142 — Verbotene Verwandtschaftsgrade 66
Verbrechen 36. 40. 126. 131f. 137. 139. 142. 144. 163. 166 — Verbrecherischer Willen 129f.
Verbrennen 138
Verdienen 100
Vereidigung der Zeugen 171, der Geschworenen 176
Vereinstage 61
Vererbung 51. 61f. 114 — Vererblichkeit 102
Verfahren vor Gericht 161f., von Amts wegen 165 — Form des Verfahrens 177f.
Verfall der Sippe 71f.
Verfallpfand 110f.
Verfehlung 126
Verfestung 135f.
Verfolgungsrecht 67. 114. 133f. 144f. 162f. — Verfolgungspflicht 143
Verfügungsrecht 115
Verführer 85
Vergabung 74 — *Vgl. auch* Gabe
Vergeiselung 119
Vergleich 144f.
Vergötterung 46
Vergütungspflicht 127
Verhaftung 179
Verhalten 127
Verhandlung 172 — Verhandlungsprinzip 161f.
Verheimlichte Missetat 174
Verheiratung 79f.
Verkauf 116 — Verkauf ins Ausland 37 — Verkauf der Ehefrau 73
Verkaufspfand 111
Verkaufsplatz 103
Verkehrsbedürfnis 165 — Verkehrsbeschränkungen 42 — Verkehrsmark 98 — Verkehrsrecht 94. 122
Verknechtung 36
Verköstigung 37f. 54. 102
Verkünder 168. 171
Verletzung, Verwundung 68. 128—130. 132f. 142. 145 — Verletzter 136. 140f. 143—146
Verlober 75. 80 — Verlöbnis 75. 80. 178
Verlosen 90f.
Vermächtnis 72
Vermessenheit 127
Vermögensfähigkeit 21. 67 — Vermö-

gensrecht 66. 115. 121. 142 — Vermögensstücke 167 — Vermögensstrafen 139 — Vermögensverkehr 112 — Vermögensvormund 68
Vernichtung des Gegners 172
Verpfändung der Ehre, der Freiheit, der Leibesglieder 113. 167
Verrat 83
Verrufen von Ächtern 136; von Münzen 97
Versammlungen 8—10. 12. 19—21. 40. 44. 48f. 51. 91. 121. 148—155. 158
Verschulden 104. 132
Versicherung auf Gegenseitigkeit 15
Versitzen der Schuld 108
Versprechen 83. 115
Verstandesunreife 72
Verstoßung 73
Verstrickung 135
Versuch 126f.
Verteidiger 67f. — Verteidigungskrieg 48 — Verteidigungsverzicht 166
Verträge 36. 55. 58. 60. 72. 74f. 78. 80f. 83. 85. 92. 94f. 101—103. 110. 112ff. 119—122. 159. 161f.; völkerrechtliche 41; zugunsten Dritter 115 — Vertragsbruch 122 — Vertragsgemäßes Verfahren 162 — Vertragstreue 22
Vertragsbrüder, Vertragsgenossen 81 — Vertragsehe 74—76
Vertreter, Vertretung, Stellvertretung 41. 45. 52. 56. 58. 72. 85. 118. 144f. 158f. 165. 167. 176
Vervielfachung der Grundbuße 142
Verwaltung 104 — Verwalterschaft 68. 72. 77. 79 — Verwaltungsgemeinschaft 77
Verwandte, Verwandtschaftsrecht 64 bis 86. 108. 146
Verwerfliche Gesinnung 130
Verwilderung 90
Verzicht 78. 116. 121. 166
Verzug 108f. 112f. 143 — Verzugsbuße 108. 113 — Verzugsschaden 108 — Verzugszins 109
Vetorecht 57. 60. 80
Vetterschaftssystem 65
Vieh 35. 68. 95. 111. 133. 142 — Viehstück 168 — Viehhäupter 35. 133
Viertel 62 — Viertelsthing 62
Vitalizienvertrag 114
Vogelflug 16 — Vogelsprache 22 — Erlauben des Toten an die Vögel 138
Vogt, Vogtei 10. 14f. 30. 38. 55—58. 61. 92 — Vogtrecht 30
Volk 20. 45. 47f. 76. 137 — Volkfreie 22 — Volkland *a)* 6. 10f.; *b)* 89 — Volksfriede 50 — Volksführer 45 — Volksgericht 148—154 — Volksglaube 22 — Volksjustiz 146 — Volkskunde 138 — Volksmark 98 — Volksmedizin 81 — Volksrecht 149. 157. 169 — Volkstraditionen 175 — Volksurteil 153. 156 — Volksversammlung 21 — Volkswaffen 20
Völkerrecht 83
Vollbort 155. 157
Vollbürger 30
Volleid 169
Vollhufen, adelige 23
Volljährigkeit 117
Vollmacht 46
Vollstreckung 20. 140. 177—179
Voraus 143
Vorbringen des Erschlagenen 164
Vorenthalten des Geschuldeten 108
Vorgeschichtlich 20. 65f. 68. 73f. 79f.
Vorkaufsrecht 93
Vormundschaft 21. 39. 52. 67f. 71—75. 77. 79f. 86
Vorsitz des Königs 159
Vorsorglicher Zwang 179
Vorsprecher 118. 165f. — Vorsprechen 168 — Vorspruch 121
Vorstaatliches Recht 146
Vorsteher 160
Vorvertrag 75
Vorwurf 170

Wachs 142 — Wachszins 33f.
Wadiation 120. 178
Wadmark 98
Waffen 20f. 27. 83. 95. 136. 152. 164. 167f. 173 — Waffenberührung 7. 152 — Waffeneid 152 — Waffenfähigkeit 21. 37 — Waffengewalt 60 — Waffenrühren 119. 136. 152 — Waffenstillstand 144 — Waffentüchtigkeit 20. 27

Wahl 53. 151 — Wähler 51 — Wahlkapitulation 48. 50 — Wahlkönigtum 48. 50—52
Wahn 157 — Wahnsinnige 69
Wahrheit 157. 166f. 174. 177 — Wahrheitserforschung 174 — Wahrnehmbarkeit 132 — Wahrnehmungszeugen 171
Wahrzeichen 120. 136
Wald 16. 57. 100 — Waldgang 134. 140 — Waldmensch 134
Wallfahrten 143
Wälsche 33f.
Wandalisch 11. 50
Wandel 140. 165f. — Wandelung 165f.
Wanderung 6. 92
Wappen 26f. 38 — Wappenfähigkeit 27
Warner 165f.
Warte 110
Wartrecht 93f.
Wasser 101 — Wasserbegießung 78f. — Wasserproben 175f.
Wechsel der obligierten Person 114
Wege 101 — Weggenosse 83 — Wegweisung 32 — Weg des Eides, des Rechts 168
Wegziehen der Schwurhand 173
Wehrgehänge 27 — Wehrfähigkeit 117 — Wehrhaftigkeit 67. 72 — Wehrhaftmachung 21 — Wehrlose 130
Wehtun 126
Weiber, weiblich 21f. 25. 27. 36. 66f. 69 bis 73. 76. 79. 82. 84. 104. 117. 129. 138. 140. 176 — Weibergemeinschaft 65. 73 — Weiberseite 70 — Weiberstrafen 138
Weide 57. 101
Weidenzweig 107 — Weidenstrang 138
Weidwerk 99
Weihe 47 — Weihgeschenke 92 — Weihebande 154
Weinkauf 122
Weisen des Rechts 148. 158
Weltliche Strafen 137. 139
Wenden 34
Wergeld 21—26. 30f. 33—35. 40f. 67. 71. 76. 79f. 81. 86. 141—143 — Wergeldtaxe 31
Werk (Handeln) 171
Wert geschützten Gutes 131 — Wertäquivalent 142 — Wertsachen 109 — Werttaxe 22. 25. 109
Westfalen 59. 91. 159
Westgermanisch 64f. 69f.
Westnordisch 16. 37. 75f. 78. 85f. 98. 107—109. 111. 121. 143. 160
Wetteinsatz 110f. 113. 156
Wettlauf 16
Wettvertrag 110. 112f. 115
Widerlage 77 — Widerruf 36. 103. 105. 143 — Widersacher 162 — Widersage 166 — Widersetzlichkeit 178 — Widerspruch 153
Wiedergänger 129 — Wiedergeburt 81
Wiederholung des Eides 169
Wiese 100
Wild 95. 99 — Wildbann 57. 90 — Wildfolge 99 — Wildnis 16 — Wildland 90
Willen 126f. 129f. 166 — Willebriefe 51 — Willkür 36f. 68. 73. 85; Willkürliche Tötung 146 — Willenserklärung 122
Winkelkind 79
Wirtin 73 — Wirtschaft 71. 79
Wisigotisch 23. 26. 34. 37. 39. 41. 50. 56. 75. 79. 96. 145f.
Wissende 156. 159. 170
Wittum 77
Witwe 71f. 75. 78. 80 — Witwentötung 73 — Witwenversorgung 77
Woche 110 — Wochenarbeit 29. 102
Wohlgewonnenes Gut 93
Wohnland 90
Wohnung, Wohnstätte 21. 90. 162
Wolf, Wolfsleben 134. 138
Wollenfries 95
Wort 40. 117—119. 123f. 164. 166. 171. 173 — Wortkampf 172
Wucher 42. 111
Wunden 132
Würderungseid 170
Wüstung 135. 137

Zahlen 112 — Zahlung 109; in Gold 24 — Zahlensystem beim Eid 169
Zahn 167
Zauber 81. 129f. 167
Zaun 56
Zeche 82

Zechschulden 112
Zehnerschaft 15
Zehnt 109f. 114
Zeidler 99
Zeigefinger 120
Zeitweiser 109f. 114
Zepter 47f. 53 — Zepterlehen 24
Zeremoniell der Eideshilfe 169
Zeuge, Zeugnis 20f. 29. 37—40. 42. 75. 114. 121. 123f. 164. 170—172. 174. 176f. — Zeugenaussage 167 — Zeugnisfähigkeit 37f. — Zeugnisschelte 174 — Zeugenführer 171
Ziehen des Zeugen 171
Zins 32f. 37. 54f. 94. 101—103. 105. 108. 111 — Zinsbarer Boden 30 — Zinsbauer 105 — Zinsbuße 102 — Zinsfreiheit 29 — Zinslehen 103 — Zinspflicht 103 — Zinsschulden 112 — Zinsversäumnis 102 — Zinszahler, Zinser 28f. 37
Zivilsachen 54, illiquide 160
Zoll 13. 27. 52. 55. 58f.
Zorn 130
Züchtigungsrecht 73. 85 — Züchtiger 177f.
Zufallsstrafen 138
Zuführen an den Gewähren 164
Zug um Zug 116
Zugrecht *vgl.* Retraktrecht
Zugriffsmann 113
Zuhören 153. 170
Zünfte 30. 82. 160 — Zunftkämpfe 30
Zunge 120 — Zungeausreißen 139
Zurückbehaltung 112
Zuruf 152
Zusehen 170
Zustimmung 76. 115. 152
Zuziehung von Zeugen 164
Zwang 37f. 118 — Zwangskurs 96f. 109 — Zwangsmaßregeln 179 — Zwangsmittel 160 — Zwangsverfahren 179 — Zwangswohnplätze 42
Zweikampf 26f. 38f. 153. 156. 164. 166. 172—177, mit Waffen 164, mit Worten 164, zwischen Mann und Frau 176
Zweischneidigkeit eines Beweismittels 177
Zwiespältigkeit 153
Zwing und Bann 54

F. TERMINOLOGIE

abba 9
absacitum se dicere 118
ábyrgð 110
achte 134
achtendeele 65
actio 11
actum 123
actus 11
adaling 22
adfathamire 71
advocatia ecclesiae 52 — *advocaticius homo* 34
advocatus 55
aenspreken 162
áfang 142
affratare 71
afgærþisbyr 91
afréttir 92
afskaka ræt 178
aft 76
afterlêhen 104
ágnung 106
âhte 134
aido 168
aigan 88f.
aigands 89
aihts 89
aischen 162
aiþaz, aiþs 167
akallat vitni 170
alagimeinida 89
ald 32 — *aldiariciae casae* 102
aldius, aldio 32
aldra Göta þing, aldra Svia þing 20
alecgan in scéat 74
alilanti 40
allr herr þing, alls herjar þing 20
almeinde 89
almenningr, almenningar, almænninger, almennr, alminning 89f. 92
alôd 94
alþinge 62 — *alþingisdómr* 62
ambaht 35
ambatn 36
ambátt 35
ambotanea 36
ánauðigr 36
andbahts 35
andeis 16
andsaca 162
anevanc, anefang a) 106; b) 129
anevelle 104
anleite 179
ánnauð 36

annöþogher 36
anrîs 99
antiquus liber 123
antrustio 83
anulus pronubus 75
ánvíg 173
appellare 59
apprisio 90
ar 8
aratrum arealis, areola 90
arbeo 68
arbi 68
arbinumja 68
arbja 68
árboren 29
arclist, argelist 127
areola, arealis aratrum 90
arfi 68
arfr 68. 99
arma 27 — armorum jus 60
armentum 142
arvabot 67
âsega 152
assvaru eþer, assöres eþer 170
asto 127
atchramjan 115
atfathumjan 70
atfǫr 178f.
atmallôn 162
atzunge 54
audientia privata 54
authenticae 53
auunka-imaz 66
áð 167
áðfultum 169
aðili sakar 144
aþal 22
aþalkona 73
aþiling 22
aþælby 91
æhtære 134

bád 111
bakarf 70
ban, bann 7. 54. 61
banebote 67
banmîle 54
bannan, bannjan 165
bannus 178 — bannus regius 142
bant 7
bargildan 30
barones 25
barragania 75
barun 27
barschalk, barman 34
basileus 45. 50
baugr 95
baugþak 143
béag 95
beddemund 38
bede, bete 30. 60
bedrífan 163
befón 106
befæstan 75
beheftunge 122 — beheftet [110
bekkjargjǫf 75
beneficium 103
bereden 163
berieldan 30
besaken 162
besthoubet 38
bete 60
beweddian 115f.
beweddung 75. 115
bewîsen 171 — lîflik bewîsen 172 — bewîsunge [172
bezaler 108
bifanc, bifang a) 7; b) 90
biltugher, bil 134
bîrgelden 30
biseka 162
bjarkey 13 — bjarkeyjar réttr, biærköa retter, biærkeræt 13. 55
blote gewere 106
bóc, bôk 94. 122 — bóc syllan 122
bôkinge 72
bôkland 122
bôkôs 122
ból, bol 12. 90
boldbreng 77 — boldsket 77
bónde, bonde 29
bonnere 165
bonum stipendiarium 103
borchgrêve 13
bordarius 29
borgan 110
borgarar 56
borh 110
boskipti 135
bót 140
bôta 140
branderfð 114
braþum gærning 130
brefabrot 142
bregostôl 47
breka 126 — breka thene fretho 126
breve 122
brut 126
brutsbarn 80
brystarf 70
bryta friþ 126 — bryta i lagh 126
bræþa vitni 171
bûdinc, bûteidinc 161
bûmede 38
buoh 122
buoza 140
burar 14
burcbann 13
burcgrâve 13
burcreht 103
burcvride 14
burgenses 30
burger 14
burhgemót 13
burhgeréfa 13
bûrschaft 14
bûteil 38
butil 165
by 12
bydel 165
bygð 12
býr 12
byrþ, byrþaluter 93
býþing 13
bœjarmenn 14
bœ́r 12f.

campstede 173
cann 170
captura 90
carta 122f. — carta primitiva 123 — cartam levare 123

cartularius 33
carruca 90
casa massaricia 102 — *casae coloniciae, c. aldiariciae* 102
casatus 37. 90
castellanus 13
causidicus 55
censuales 37
census 34. 102 — *census capitis, census capitalis* 37
centena 7 — *centenarius* 9. 11. 151
ceorl, ceorlisc man 22. 35
cerarius, cerocensualis 33
certamen singulare 173
certus armentorum ac pecorum numerus 142
champf, champfwic 173
charal 22
cingulum militare 27
circulus 168
civis 14. 30
civitas 11f. 14
clausura 90
claviger 15
clericalis persona 52
clǽnsjan 170
cnéoris 65
colloquium 51
coloniciae casae 102
comes 9. 11f. 83; *c. marchiae* 10; *c. palatii* 58. 158; *c. palatinus* 58. 158
comitatus 9. 11 — *comitiae liberae* 59
compositio 140f.
comprehensio furis 55
concilium 20
concives 30
confabulati 81
conjurator 168
consacramentalis 168
consobrini 65
consules 14. 60f. 157
contemptus brevium 142
convivium 81
corsnǽd 176
cotsetla 29. 35. 103
cousins 65
cugini 65
cuning 45
cunni 64
curia 51
curvatis digitis 120
cvide 72
cyn 64
cyning, cyne 45 — *cyninges mund* 50 — *cyninges þegn, cyninges genéat* 24
dagewarchte, dagewarde, dageskalk 37f. 143
dánar arfr, dána arfr, d. fé 99
danc, dank 127 — *dankes* 127
datum 123
dauðum gefa sǫk 163
decania 11f. — *decanus* 11
decuria 17
dêd 132
defensor 55
degeding 160
dei judicium 174
dele 178
déma 152
denarius 96 — *denariatio* 33 — *denarialis, denariatus* 33
dienestherr 38 — *dienestman* 38
diffidatio 166
digitum levare 120 — *digitis curvatis* 120
dinc, ding 115. 149 — *dingbanck* 154 — *dingstat* 149
diorna 35
disaþing 12
diu 35
diup 54
divinum jus, divino nutu, divina inspiratione 52
doden bereden, op den doden klagen 163
dôm, dôms 148
dómfesta 162
dominici servi 37
dominium 57
dómr, dómar 148. 156
dorf 12 — *dorfschaft* 14
dorslacht egen 94
dos 74
dotsate 111
drauhtins 83
dregil 36
drohtîn 83
dróttinn 47. 83
dryht 84
dryhten 47. 83
ducatus 11
duit 97
dulareiðr 170
dulgs 107
dulseþer 170
dunc 8
duradómr 160
durare, nec implacabiles durant 140
dux 10—12 — *dux limitis* 10
dǽd, dǽde 130. 132

ê 76
ealdorman 12. 24. 152
ecclesiae advocatia 52 — *ecclesiae servi* 37
echt 76
echteding 149 — *echte dingstat* 149
echtelôs 134
ecso 89
edele 27
edele heerden 23
edeling 22
edictor 157
edictus 20
egen 94 — *egendom* 88
egesa 89
êhaftding 149
êhera 157
êht 89
eht 134
eid 167
eidum, eidî 65
eiga 89. 108
eigande 89
eigenliche gewere 106
eigenliute 36

eiginkona 73
eindagi 110
eininge 115
einkunn 89
einôte 12
einvígi, einwic 173
einœde 12
eiscôn 162
eiðafullting 169
eiðbrœðr 81
eiðr 167
electio, electores 51
elldr 95
ellende 40
elmente 14
elmetha 14
êlôs 134
endimark 16
endracht 115
enti 16
enunciator 157
eorl 22. 24
epistola 122
eptigerþ 69
equestris ordo 26
erbelêhen 104
erbhiward 68
erbi 68
erfi 69
erfinge 68
erfivǫrðr 68
erfzoene 67
Eriksgata 48
erl 22
ertǫugh 109
erwetten 116
êsago, êsagari 152
esch 90
eschen 162
ethel 23. 93 — *etheling* 22
etter 54
evenbort 39
evocare 59
êwe 76
exercitus 20 — *exercitalis* 20
exitum se dicere 118
ezzisk, ezzisch 90
éðel 93
eþer 167. 170
fachten 66
faderfio 77
fâh 134
faida 134
faihu 95
fairina 130
familia 57 — *familiaris justitia* 54
fâra 127
fara 67
fara elldi um landit 95
fartelljan 136
fastar 121
fasti 123
fastinôd 115. 123
fastinôn 115
fastna 115
fastr œrer 98
fathum 65
fé, féo 95. 99
fegh 134
fêh, fêhida 134
fehôn 103
feodum, feoum 103
féránsdómr 135
ferdloshed 134
ferto 97
festa 115
festargjǫf, festarfé 75
festing 75
festinunga 115
festuca 120
feum, fevum 103
fidejussor 110
fieri jubet, fieri rogat 123
fihu 95
fijan 134
fimt 110
fimtardómr 62
firina, firine, firen, firn 130
firindâd, firintât 130
firinwerk, firenweorc, firnarverk 130
firmatio 123
firzellan 136
fiscalinus, fiscalis servus 37
fiæþerskipti 91
fjǫrbaugsgarðr 135
fjorðungr 62, *fjorðungsdómar, fjorðungsþing* 62
flagitium 130
fletföring 35
fletieve 77
flokkr 132
flýma 134
flytjande œrer 98
foghet 9
folcfréo, folkfræls 22
folcgemót 12. 149
folgere 168
folk 20 — *folkland* 6
folste 132
forakt, mæþ længre forakt 131
foramundo 67
foreáð 170
forefong 106
forgifan 74
fori privilegia 28
forisjurare 70
förningar 75
forráð manna 61
forsacan 70. 153
forskiæl 121
forspreca 68
fóstbrœðr 81 — *fóstbrœðralag* 81
fragifts 74f.
fralêts 31
fram 40
framadi, framaþs 40
frana 9
francum plegium 15
fratât 126
fravaurhts 126
fravili 127
fredus 141
freihals 19
frelse 19. 31
frelsesgjǫf 31
frelsisǫl 32
fremþe 40
fréols 19
fréolsgifa, fréolsgifan 31
fretho, frethu 141 — *thene fretho breka* 126 — *fretholâs* 134 — *frethopanning* 141

fri 25. 66
fríborg 15
frîhals 19
frîhalsi, frihelse 19
frija 19. 66
frîlaza 31
frîling 19
frithlœs 124
friðbrot 126
friðkaup, friþköp 141
friðlaus, friðléas, friþlös 134
friþbrut 126 — *friþ bryta* [126
friþlösa 134
frjáls 19
frjálse 19
frjálsgafe 31
frô 47
fræls 19. 25
frælsi 55
frælsis iorþ 95
frælsismæn 26
frændaskǫmm 70
fulboran, fulboren 79
fulcfree 22
fulle merk 98
fullesti, fulliste 132
fultum 132
furis comprehensio 55
fylke 6
fylst 132
fǽhðbót 141
fǽhðe 134
fælagh 68
fæmt 110
fæst 121
fæsta, fæstning, fæstninga-fæ 75

gâ 7
gabe 116
gafol 102
gafolgilda 28
gagngjald 77
gahlaiba 81
gairethinx 21. 152
galge 54
gamahalos 81
ganga eið 167 — *ganga í skuld* 113
garðr 12
gasakjo 162
gasind 83
gastaldatus 11 — *gastald* 11
gastiz 40 — *gastes wise* 30
gawadjôn 113. 115
gawi 7
geanervon 68
gebúr 28f. 35. 103 — *gebúrscipe* 15
gedálland 90
gedinge 115
geeide 168
gefa dauðum sǫk 163 — *gefa frelse* 31 — *gefa konungs nafn* 51
geféra 168
gefæstnian mit wedde 116
geiraþing 152
geld 81
gelt 140
geltære 108
gemechede 73
gemechte 72
gemene gewere 106
gemerke 89
gemæca 73
gemǽre 16f.
genéat 24. 103
generalis synodus 82
gengærþ 48
gêrhabe 67
gerichte 148 — *gerichtes tüch* 172
gerüfte, gerüchte 152. 164
gerðarmenn 159
gesaca 162
gescheffede 72
geschol 108
geschrei 54
gesibsumnes 67
gesíð 24. 83f. — *gesíðcundman* 24. 26. 104
getéama 107
gevita 170
gewande 16. 90
geweald 127 — *gewealdes* 127
gewedde 144
gewerî, gewere, gewer a) 105—107; b) 116
gewi 7
geþing 115
gidingi 115
gieido 168
gift, giftir, gifting 74
gifta 74
gild, gildi 81
gildastefna, gildstefna 82
gimahalo 75 — *gimahalâ* 75
gimahhidi 73
gimahho, gimahha 73
gipt, gipta, gipning 74
girihti 148
gisîth 83
giwant 16
giwerî, gewere a) 105—107; b) 116
giwizo 170
giziuc 171
giæfþræl 35
gjaferfð 71
gjaforð 74
gjald 140
glockenklanc 54
gô 7 — *gôgrêve* 151
Götar 20
goðe 21. 61
goðorð 61f.
grafia 9
grâfio 9
grata 97 — *grate merk* 98
grâvo, grâve 9
grêtman 157
gretwerdere 173
greve, greva 9
griezwarto, griezwart 173
griðbryce 126
griðcross 13
griþ 144
griþr 95
grossus 97
groten to kampe 173
gunþfano 45
Gutar 20
Gutnalþing 20
guþja 177
gyftigean 74

gæld 140
gærning, gærþ 126. 130
gœrsum 143

haban 88f. 105
habida 105
hafa 105
hafna 8
hagoste merk 98
haims 12
haist 127 — *haistan* 130 — *haistera handi, mit haster hond* 127
haitan 114
hamarskipt 91
hamêdja 168
hand 119. 127. 130
handfesti 123
handfæstan 75
handganga 85
handsama 106
handsǫl 119
hant schal hant waren 100
hantalôd 106
hantgemahale, hantgemâl 29. 93
hantnunft 122
hantrâda 20. 169
hantreichida 169
hanttruwe 75
har 8
haramscara 137
hariman 20
harms hand 130 — *harms vili* 130
hast 127. 130 — *fan hast* 127. 130 *mit haster hond* 127
hastmud 130
havdlesne 140
healsfang 143
hebbende gewere 106
hedna 74
hefð 105
heim, heimr 12
heimanfylgja, heimanferð, heimangerð 77
heimildarmaðr 107
heimreið 178
heimta 114
heipt 127 — *heiptugri hendi* [127
heiðfé 83
helbelinc 97
hemfylgia, hemfylgþ 77
hemgift 77
hemulsman 107
heraðsþing 13
heraþ 7. 13
herberge 54
here 132
hergewæte 38
herraþ 7
hêrro 47
herschilt 27
herser 8f.
herstiure 85
herth 90
hertoge 25
hervart 85
heþvarþæ mæn 25
himþigi 83
hion, hjón 73
hîrât 73
hirð, hirþ, híréd 83f.
hirðstefna 161
hîstiure 77
hîun 73
hîwiski 57
hîwunga 73
híð 90
hjón, hion 73
hjonalag 73
hláford 46. 83
hlóð 132
hluz 90
hodere 9
hof 61
hofgoðe 61
hofseiðr 168
hoftollr 61
hofvart 85
hold 29
holmganga 173
holzgangel 134
homagium 84
homo 35. 57. 83 — *homines dominorum* 25 — *homo advocaticius* 34 — *homo synodalis* 26 — *homo qui per silvas vadit* 134
hond 127 — *hond scel hond wera* 100
hornungr, hornung, horning 79 — *hornungssunu* 79
hospitalitas 101
hospitaticum 102
hostilicium 54
hostis 40
hôva 90
hovemark 54
hreilmerk 98
hreppr 15
hrísungr 80
hulde 85
hulder 58
hundafaþs 8
hundari, hundina 7
hundrað silfrs 97
hundred 7f. 12 — *hundredes ealdor* 8
hunno 9
huntari 7
huoba 90
húskarl 83. 161
hûssuocha 163
hwarf 149
hær 132
hæraþshöfþingi 8. 152
hærra mæn, hærmæn 25. 27
hærrar 25
hǫfuðlausn 140
hǫldr 29. 41

ia 162
iechta 162
ield 67 — *ieldmerk* 98
illustris 24
imperator 50
imperium 47 — *imperium mundi* 52
immunitatis privilegia 28
implacabilis 140
infangen þeof 55
infant 111
inferiores 22
ingenuiles mansi 102
inimicitiae 140
inquisitio 176
insignia 27

inspiratione divina 52
intaka 90
intertiare 107
investitura 116
ira mod 130
irwelen 51
ítǫk 101

jafnaðardómr 160
jafnaðareiðr 143
jarl 22. 25
jarnburðr 175
jorþ 89
judex 11. 46. 152
judicaria 11
judicium dei 174 — *judicium secretum occultum* 159
jurati 157
jus armorum 60 — *jus divinum* 52
jussio 152
justitia familiaris 54
jærnbyrþ 175

kamp 173 — *kampstal* 173
kampfrinc 173 — *kampfstat* 173
karl 22 — *karlgild* 98
kaupangr 13
kelstar 102
kerganga 173
kêsen bî namen 51
ketelfang, ketilfang 175
kêthere 157
ketiltak 175
kirkiu sokn, k. stæmna 15
klagen 163
kleften 66
kok 9
konungr 45 — *konungs almenningr, k. alminning* 90 — *konungs nafn* 51
konungstekja 49
köpgild 98
korlüde 159
krefja 114. 162
krieg 161
kúgildi 95
kuni, kunja 64
kuningas 46
kuntschaft 176
kunungslef 48
kur 51
kurmiete 38
kveðja 114. 162
kviðr 177
kyn 64
kýrlag 95

lâchboum 17
lâche, lâchene 17
lâd 109
láde, lâde 168
laet 34
lag 134
lagabrot 126
lagalǫstr 126
lagh 168 — *i lagh bryta* 126
laghabrut 126
laghahæfþ 106
laghberg 150
laghmaþer 152
laghslit, lahslit 126. 141
lahbryce 126
lahcóp 141
laib 72
laistjan 112
lakina 153
lakinge 153
land, lant a) 89. 95; b) 6. 58
landeign 49
landherren 25. 38
landhláford 55
landkaup 141
landnám 95. 142
landreht, von dem landrehte getan 134
landrica 55
lant 58
lantliute 59
lantschaft 60
lantscheide 16
lantsêten 30
lantsprâche 51. 60
lanzþing 20
lass 32
lassus, ladtus 32
lat 32
late 34
lathe 12
lats 32
laungetinn 80
lauss œrer 98
léad 109
lêde 168
ledeclîche gewere 105
legitima strudis 178
lêhen 104
leiga 108f.
leiða í lǫg 21
lén, lên 105f. — *lênes gewere* 106
lendrmaðr, -menn 9. 25. 27
léod, leode 20. 22. 141
léodgeld 141
léodscipe 20
lerept 95
lesus 32
let, leto 32
letma 32
letzt 32
leudes 22
leudi 22. 141
levare cartam 123 — *levare digitum* 120
lex 20
leysinge 31
leð 12
leþa til þriþia sala 107
leþsn 107
liber antiquus 123
liberae comitiae 59
liberi 22. 25
libra pensata 98 — *libra ad numerum* 98
lid in laib 72
lidiles mansi 102
líesing 31
lîftocht 101
limes 9f.
línfé 75
liodgarda 14 — *liodmerk* 98
lîpgedinge 101
liud 20
liudskepi 20
liuga 74
liute 38
liuti 20

lob, lobôn 115
locopositus 11
loco wadii 36
londrihtes ídel 134
lösöre 98
lotting (*logting*) 149
loub, loubên 115
lüde 29
luka 109
lûtereigen, lûteigen 94
lýritareiðr 169
lýritti 17
lædan þa gemǽru 17
lǽnland 101
læt 32
lǫgberg 150
lǫgbrot 126
lǫgfesta 107
lǫgleiga 109
lǫgleysa 163
lǫgmál 117
lǫgmansdœme 11
lǫgrétta 49. 62
lǫgsilfr 97
lǫgþing 10f. 49

mâc 83
madal 149
maechzoene 67
mâgâ, mâgôs 64
magnates 25
mahal a) 75; b) 149
mahalôn 162
mahalstat 149
mahelrinc 76 — *mahelschaz* 75f.
majores terrae 59
mál 115
mâlboum 17
máldage 115
máli a) 84; b) 115
malloberg 150
mallus 149
malsmaþer 68
malsæghandi 144
man 35
mana 114
manahoubit 35
mánaðarmatr 95
manbót 141
manbot 141
mancus, mancosus 96
manhælghi, mannhælgþ 19. 135
maning 173
manjan 162
manna forráð 61
manngjǫld, mangæld 141
mannhelgr 19
manôn 114. 162
manschaft 84
mansi ingenuiles, m. lidiles 102 — *mansi serviles* 102
mansionarius 37
mansus, mansa 90. 102
manumissio per hantradam 20
manus justitiae 48
manwyrð 21
marc 89
marchgang 17
marchia 10 — *marchio, marchisus* 10
marchleita 17
margo 16
maritagium 38
mark karlgild 98 — *mark köpgild* 98
marka 16
massaricia casa 102
massarius 102
matban 135
maðr (*menn*) 29. 85. 119
maþal, maþul, maþl 8. 149
mediani, medii 22
mediocres 22
mêgôs 64
meintât 130
meitele 67
meliores terrae 59
meliorissimi 22
memoratorium 122
menn vgl. *maðr*
merki 45
merkismaðr 25
merkjaganga 17
meta 74
meteban 135. 179
meziban 135
miles 26 — *milites* 38 — *militare cingulum* 27 — *militaris ordo* 26
minare vestigium 163
ministeriales 37f.
minna 114
minne 159
minoflidi 22
minores 22
misgerning, misgerð 126
missio in bannum 178 — *missio in vacuam possessionem* 118
missitât, misdǽd, missadêds 126
missus 46. 58. 158
miteban 135
mithio 56
mittere in tertiam manum 107
môd, bi ira mode 130
momber 67
mondzoene 144
mortuarium 38
mót 16
mund, munt 31f. 34. 50. 67
mundbora, -boro 46. 67
mundius 74
mundling 34
mundr 38. 74
mundsket 74
mundus 52
mundwald 67
munt vgl. *mund*
muntât 54
muntman 34
muntschaz 34
mûtschar 104
mǽgbót 141
mǽgburg 66
mǽgð 64 — *mǽgð forsacan* 70
mǽre 16
mærki 16. 89
mæt 178
mæþfylgþ 77
mæþgift 77
mǫrk 16 — *mǫrk vaðmála* 98

nachtselde 54

nafn 51
nâhgibûron 89
nam, nám, nâme 111
name 51
nedmund 73
nema land 95
nifgang 173
nihil de nobis sine nobis 51. 59
niman land 95
niðgjǫlld 67
níðing, níþinger 130 — *niðinges dǽde* 130 — *níþings verk* 130
niþ 64
niþjar, niþjôs 65
nobiles 25
nôtdinc 151
notitia 122
nox 48
nutu divino 52
nuz unde gewer 105 — *nuzliche gewere* 105
næfnd 176

obolus 97
obstagium 113
occulta judicia 159
ôdhil 93
oedrecht 102
oferhýrnes 142
officium 37
ofrælser mæn 35
óht 134
ómage 67
ombecht 7
onsprecan, onspreka 162
ontriuchta 170
ontswera 170
optimates 22
orator 157
orbus, orb 68
ordál 174
ordel scelden 153
ordo equestris, ordo militaris 26
örir 98. 109
orkene 171
orkunda 171
ornum 90
orphanos 68
ostendere scelera 139
overdracht 115
overhore 166
óðal 29. 93
oþolbyr 91

pactus 20
palatii comes 58. 158 — *palatinus comes* 58. 158
panningmerk 98
pant 111
panz 7
paraferedi 54
parentilla 70
patrocinium 56 — Vgl. auch 26. 34
pecunia 95 — *peculium* 95
pecus 142
pendingas, peningas 97 — *penningr* 97 — *pfantinc, pfenninc* 96
persona clericalis, p. regalis 52
placitum 8. 150 — *placitator* 157
plechhafte 30
plege 30
plegium francum, pl. liberale 15
plenum sacramentum 169
port, poort 13
possessio vacua 118
pouc 95
praefectus limitis 9f.
praemium 143
praestare 110
precaria a) 30; b) 101
primates 24
primi 22
primitiva carta 123
primores 24
princeps a) 8; b) 24. 47 — *principes electores* 51
privata audientia 54
privilegia fori, pr. immunitatis 28 — *privilegia de non evocando, de non appellando* 59
procuratio 48. 54
pronubus anulus 75
proprisus 90
proscriptio secunda 136
provincia 11
prûtigeba 74
punire 139

râd 115
râf 178
raginburgjo 153 — Vgl. auch 155
ramarkar 16
ramen 115
rannsókn, ransak 163
ranshæfþ 106
rape 12. 15
rât 115. 132
ráþ 115. 132
raþuskipti 91
recht vgl. *reht*
rechte dingstat 149 — *rechte gewere* 106
rechtelôs 134
reclamatio 158
red 132
rêdgeva 60. 157
regalis persona 52
regius bannus 142
reht, recht 40. 148. 159. 168 — *krieg rehtens* 161
reiki 6
reiten 109
reiða 109
resignatio 116
ret 178
réttr 40
rex 45 — *missus regis* 58 — *regis definitiva sententia* 158
rîce 6
richte 148
rift 16
rigens ret og dele 178
rihtari, rihter 151
rihtunga 148
rîki, ríke 6. 61
rinc 153
ringrör 17
ritter, rîter 26. 38
riuchte ield 67

riuchter 60. 157
riuchtferande statha 23
roboratio 123
rǽd 132
ræfsta þing 158
ræt 178
rætlösa 163
rættara þing 158
ræþa 109

saca and sócn 55
sacha 162
sachan 162
sachwalte 162
sacramentum 169
sagitta 32
saiga 96
sajo 165
sak 114. 162
sakan 162
sakar aðili 144
sala, sale, sal 116
salhof 54
sali 107
salisuochan 163
salman 115
saltarius 11
saltus 11
salunga, salung 116
samþingisgoðar 62
samþykt 115
sannaðar menn 177
sanænd mæn 177
satrapa 8
sátt 115
sáttardómr 160
sáttarmenn 159
scapan 148
scapin 155
scarjo 178
scaz, skat 95 — *scazwurf* 33 — *scazwurfun* 33
scéaf 13
scéat 74
sceat, sceatt 95. 97
sceffino 155
sceffo 155
scelden 153
scelus 130 — *ostendere scelera dum puniuntur* 139
scepenbare 29
scepene, scepeno 29. 155
scephjo 155
sceppena 155
scheideliute 159
schrannen 153
schuldenære 108 — *schuldigaere* 108
schuldman 108
schup 106
scillinc 24. 96
scir 12
scirgemót 12
scirgeréfa 12. 152
scirman 12
Sclavus 36
scotatio 118
scoup 13
scriptum 123
sculdascia 11 — *sculdhais, sculdahis* 11
scæt, scætt 95. 97
secreta judicia 159
secunda proscriptio 136
sedal 12
segjask í þing við (*með*) *goða* 61
selbschol 108
sempere liute 38
sempære 26. 38
senior 53. 84
senioria, senioratus, seigneurie 57
sententia regis 158
septum 90
servi dominici 37 — *serviles mansi* 102
servientes 37
servitium 37. 48. 54
servitores 37
servus cassatus, s. ecclesiae, s. fiscalis 37
sia 65
sib 64. 67
sibfǽc 66
sibja 64
sibjis 67
sif, sift 64
siliqua, silicha 96
silva 134
singulare certamen 173
sippea 64
sixhynde 24. 28
skalk, skalks 36
skapan, skapa 148. 155
skapi 126
skat, skatts 95
skata 16
skeltata 9
sket 95
skila 148
skiladómr 160. 162
skilgetinn 79
skilligs 96
skipara stefna 149
skipfylleð 8
skiplagh, skiplæghi 8
skipreiða 8
skipsócn 8
skipsysla 8
skipæn 8
skirgetinn 79
skirskota, skirskuta 171
skirsl 174
skjóta dóme 153
skógarmaðr 134
skóggangr 134f. — *skóggangsmaðr* 134
skogher 134
skora 173
skot 48
skötning 118
skrichte 164
skula, skulo 107
skulan 107
skuld 108. 113
skuldanautr 108
skuldarmaðr 108
skultheizo 9
skulthete 9
skunkufalls maþer 31
skutilsvein 25. 27
skyfling 135
skyldir 68
skyldugher 108
skæl 16. 117
skærskuta 171
skœyting 118f.
snád 16
snaida 17

snâtboum 17
sluter 15
sneida, snêde 16
sochemanni 35
societates 57
sócn 55
sôkian 162
sokn, soknastæmna 15
soknaþing 15
solidus 96
solskipt 91
són 140
sôna 140
sors 90
spruch 54
spænna bælti 173
stallare 25
stallbrœðr 81
stallunge 144
standa firi 110
statha 93
staua a) 148; b) 154
stefna 110. 150. 161f. — *húskarla stefna* 161 — *skipara stefna* 149
stein 54
stipendiarium bonum 103
stipulatio 123
stiure 30
stoc unde stein 54
strâfe 137
strîd 173
strît 161
strud 178f. — *strudis legitima* 178
stuolgenôz 58
stuþ 48
subjectus 57
subregulus 12
sulung 90
suona 140
suonari 144
suonstuol 144
supplicium 137
svara 162
svarabrœðr 81
svaran 167
svâsscara 93
sve 65
sverja 167
svês 88
Sviar 20
swera 167
swerjan 167
swethe 16
syllan 122
synodalis 26
synodus generalis 82
sysla, syssel 9
sædegaard 95
sæmia 115
sǫk 114. 162 — *gefa dauðum sǫk* 163
sœkja 162

tabularius 33. 56
tagadinc 115. 149
tak 110
taka i hand manni 119
taki 113
tale 67
téam 55. 106
teidinc a) 149. 160; b) 115
telonarius 41
temeritas 127
tempus 149
tenkos 149
téoðung 15
terrae dominium 58 — *terrae meliores et majores* 59
territorium 58
tertia manus 107
testamentum 122
theo 35
thinx 149
thiodan 45
thiorna 35
thriðing 12
thunc, thunchinium 8. 150
thuncjan 8
thunkin, thuncina, thuncinus, thunginus, thunzinus 8f.
thurp 12
tie 149
tilgiǫf 77
tilgæf 75
tiuga 171
tiældra 17
toll 55
tollere se de parentilla 70
tôtval 38
traditio 116
trager 58
traust 61
tremissis 96
tributa 102 — *tributarius* 34
triens 96
triuwen 115
trod bedrífan 163
trôstunge 144
trouwen 115
truht 84 — *truhtîn* 47. 83
trygd, trygðir, tryggvar 121. 143
træ 120
tüch 172
tún 12f.
túnscipe 15
tuom 148
twelfhynde 24
twinc unde ban 54
twyhynda 29
übergenôz 39
übersagen 136
ubiltât 126
úbótamál 139
úddð, úddðaverk 130
ûfgeben 116
ûfsaz 131
úheilagr 134
umbuzman 9
umferþ 118
undankes 127
undermaðr 61
unêrliche sache 130
unfæhðe 143
ungenôz 39
ungerihte 126. 144
ungewealdes 127
unreht 144
unriucht 126
unschult 170
untât 126. 130
unweldich dêde 127
unwilles 127
unþances 127
uodal 93

uplaten 116
Upsala öþer 48
upstippen 120
Upsvear 48
urbotamal 139
urchundo, urcundeo 171 — *urchundi ziohan* 171
urdêli, urdêl 148
urhap 129
urkund 122
urteil widerwerfen, urteil widerahten 153
urteili 148
urvêhede, urvêhe 143
úskil 126
usus 75
ûtlagh, útlah 134
útlagr, utlæger, utlagþer [134
útlegð 134f.
utskyld 48
utsværia 136

vadere 134
vadi 110
vadiare 113
vadimonium 110
vadium 36. 110
vaidêds 126
valdsverk 127
vang 90
vápnatak 119. 152
vâre a) 127; b) 164
vargr 134
varjan 162
varþnaþer 110
vas 110
vasallus 84
vassus 84
váttr 168. 171
vatubanda 135
vaðmál 95. 98 — *vaðmála mǫrk* 98
vaþaverk 127
vaþi 127
vealdgenga 134
vearh 134
vébǫnd 154
véfang 156
veihs 12
veitvôds 170
veizla 25. 105
veizlujǫrd 105
veiðr 99
velde 61
veme 156
venerabilis 24
verbunden 110
verdraht 115
vereldi 141
verheftet 110
verja 162
verlazen 116
verruofen 136
verstrickt 110
vertrac 115
verzellen 136
vesten, vestenen 75. 115
vestigium minare 163
vestinge 135
vestitura 105. 116
vestwein 122
veð 110
vicecomes 12
viderêd 170
vierschare 154
vígsbœtr 67
vili, viliaverk 127. 130
villa forensis 14
villae 15
villanus 14. 29. 35
villatae 15
vingjæf 74
virþning 178
vite 137
vitni 170f.
viþerlagh 84
viþermund 77
vocatus 55
voget 55 — *vogetman* 34
voirzoene 143
voit, vout 55
volge 152
volleist 132
vordern 162
vormund 165
vornæth 35
vorramen 115
vorsate 131
vorstand 110
vorsten 24
vrevele 54. 127. 144
vridebruch 126 — *vridelôs* 134
vrie herren 25 — *vrie scepenbare* 29
vrîheit 54
vrîunge 54
vrônbote 165
vrônhof 54
vrônunge 178
vræþs hand 130 — *vræþs vili* 130
vulbort 152
vürsten 24
vürvanc 106
væriandi, værie 68
væringi 41

wadia 120
wadium 36
walaha 33 — Vgl. auch *Walah* 36
wald 127
wandel 140
wâpen 27 — *wâpengenôz* 27
wâregang, wârgenga, wǽrgenga 41
warent 107
warf 149
warg 134
wargida 134
waringe, ware 110
wealas 33 — Vgl. auch *Wealh* 36
wed, wedde a) 110f. 116; b) 112; c) 115
wedbróðor 81
wedden 116
weddian, weddia 113. 115
wede 98
wedmerk 98
wehadinc 173
weibel 165
weldich dêde 127
weorc 102
weorðig 90
weotuma 74
wer 141
werageld, wergelt, wergild 141

werand 107
werandstef 68
werescap 110
werjan 162
weterkamp 175
weti 110
wetma 74
wette 25. 144
wetten 116
wîc 12
wîcbelede a) 13; b) 103
wîchbilde 13
widarsacho 162
widemo 74
widerahten 153
widersage 166
widerwerfen 153
widrigild 141
wîfa 13
wiffare 107
wille 127 — *willes* 127
wîp 13
wirigild 141
wise 30
wítena gemót 49f.
withirsaka 162
wíte 141
wîti 137
witimo 74
witiscalc 177
wizegære 178
wizenære, wizinari 177f.
wîzi 137
woestinge 137
wulfes héafod 134
wǽpengetæc, wǽpentac 7
wæterordál 175

yfermaðr 61
ymbgang 17
yrfe 68
yrfenuma 68
yrfeweard 68

zelga 90
zent 7 — *zentenære* 9 — *zentgrâve* 9
ziohan 171
zweers 65

þances 127
þangbrekka 16
þegenboren 26
þegenriht 26
þegn 24. 49. 84
þegnskaparlagning 167
þeihs 149
þéoden 45
þeof 55
þéow 35
þing 8. 61f. 149. 158
þingbrekka 150
þinghá 61
þinglausn 154
þingmannasveit 61
þingmenn 61
þingrof 153
þingsókn 62
þingsvitni 172
þiudans, þjóðann 45
þius 35
þiænistu maþer 85
þorp 12. 91
þriþiunger 9
þryms 97
þrǽll 36
þræstene 17
þukki 142
þveite 97
þý 35f.
þýborenn, þybarn 80

ǽht 89
ækteskap 76
ælþéodige mæn 33
ætfón 106
ætfong 106
ætleþing 20. 70
ǽtt 65
ættahögher 66
ættarbot 67
ǽttarskǫmm 70
ǽttboren 29
ǽttleiðing 70
ǽw, ǽwe 76
ǽwda, ǽwdaman 168
æðeling 22

œrtog 109
œyrer, œrer, örir 98. 109

GRUNDRISS DER GERMANISCHEN PHILOLOGIE

5. Band: Germanisches Recht. Von Karl von Amira. 4. Auflage bearbeitet von Karl August Eckhardt. 2 Bände. Ganzleinen.
   1. Band: Rechtsdenkmäler. XVI, 252 Seiten. 1960. DM 28,—
   3. Band: In Vorbereitung

6. Band: Geschichte der englischen Sprache. Historische Syntax. Von Eugen Einenkel. 3., verbesserte und erweiterte Auflage. XVIII, 222 Seiten. 1916. DM 8,10

7. Band: Geschichte der mittelniederdeutschen Literatur. Von Hermann Jellinghaus. 3., verbesserte Auflage. VIII, 90 Seiten. 1925. DM 6,75

8. Band: Deutsche Versgeschichte mit Einschluß des altenglischen und altnordischen Stabreimverses. Von Andreas Heusler. 2., unveränderte Auflage. 3 Bände. Ganzleinen.
   1. Band: Teil 1 und 2: V, 314 Seiten. 1956. DM 30,—
   2. Band: 3. Teil: VIII, 341 Seiten. 1956. DM 32,—
   3. Band: Teil 4 und 5: V, 427 Seiten. 1956. DM 40,—

10. Band: Germanische Heldensage. Von Hermann Schneider. 2 Bände.
   1. Band: 1. Buch: Deutsche Heldensage. 2., durch einen Anhang erweiterte, sonst unveränderte Auflage. VIII, 556 Seiten. 1962. Ganzleinen DM 56,—
   2. Band, 1. Abteilung, 2. Buch: Nordgermanische Heldensage. VII, 327 Seiten. 1933. DM 13,50
   2. Band, 2. Abteilung, 3. Buch: Englische Heldensage. Festländische Heldensage in nordgermanischer und englischer Überlieferung. Verlorene Heldensage. VIII, 181 Seiten. 1934. DM 9,75

11. Band: Romania Germanica. Sprach- und Siedlungsgeschichte der Germanen auf dem Boden des alten Römerreiches. Von Ernst Gamillscheg. 3 Bände. Neuauflage geplant.

12. Band: Altgermanische Religionsgeschichte. Von Jan de Vries. 2., völlig neu bearbeitete Auflage. 2 Bände. Ganzleinen.
   1. Band: XLIX, 505 Seiten mit 11 Tafeln und 13 Textabbildungen. 1956. DM 44,—
   2. Band: VI, 492 Seiten mit 12 Karten, 11 Tafeln, 9 Textabbildungen. 1957. DM 44,—

13. Band: Geschichte der deutschen Poetik. Von Bruno Markwardt. 5 Bände und Ergänzungsband. Ganzleinen.
   1. Band: Barock und Frühaufklärung. 3., um einen Nachtrag erweiterte Auflage. XII, 512 Seiten. 1964. DM 54,—
   2. Band: Aufklärung, Rokoko, Sturm und Drang. VIII, 692 Seiten. 1956. DM 54,—
   3. Band: Klassik und Romantik. VIII, 730 Seiten. 1958. DM 58,—
   4. Band: Das neunzehnte Jahrhundert. VIII, 750 Seiten. 1959. DM 58,—
   5. Band: Das zwanzigste Jahrhundert. VIII, 1032 Seiten. 1967. DM 128,—

14. Band: Geschichte der deutschen Elegie. Von Friedrich Beissner. 3. Auflage. XVI, 246 Seiten. 1965. Ganzleinen DM 28,—

15./16. Band: Altnordische Literaturgeschichte. Von Jan de Vries. 2., völlig neu bearbeitete Auflage. 2 Bände. Ganzleinen.
   1. Band: Vorbemerkungen — Die heidnische Zeit — Die Zeit nach der Bekehrung bis zur Mitte des zwölften Jahrhunderts. VIII, 359 Seiten. 1964. DM 66,—
   2. Band: Die Literatur von etwa 1150 bis 1300 — Die Spätzeit nach 1300. X, 577 Seiten. 1 Karte. 1967. DM 110,—

17. Band: Deutsche Wortgeschichte. Von Friedrich Maurer und Friedrich Stroh. 2., neubearbeitete Auflage. 3 Bände. Ganzleinen.
   1. Band: VIII, 492 S. 1959. DM 35,—
   2. Band: VI, 619 S. 1959. DM 44,—
   3. Band: Register, bearbeitet von Heinz Rupp. VI, 186 Seiten. 1960. DM 18,—

18. Band: Die nordischen Sprachen. Von Elias Wessén. Übersetzt von Suzanne Öhmann. VI, 161 Seiten. Mit 5 Abbildungen. 1968. Ganzleinen DM 24,—